21 世纪高等院校规划教材

经济法概论

Introduction to Economic Law

徐　磊　编著

上海交通大学出版社

内 容 提 要

本书在阐述经济法基本理论的基础上，着重介绍与市场主体及经营活动关系密切的经济法律制度。本书分为经济法总论、市场主体组织管理法律制度、市场主体经营行为法律制度、市场运行规制法律制度、宏观调控和对外经济贸易法律制度、经济仲裁和诉讼法律制度共6篇16章。

本书可作为高等院校经贸、旅游、涉外文秘等专业公共基础课教材，也可作为各类职业培训教材或教学参考书。

图书在版编目(CIP)数据

经济法概论/徐磊编著. －上海:上海交通大学出版社,2009(2016重印)
ISBN 978-7-313-05986-4

Ⅰ.经... Ⅱ.徐... Ⅲ.经济法－中国－高等学校－教材 Ⅳ.D922.29

中国版本图书馆CIP数据核字(2009)第160920号

经济法概论
Introduction to Economic Law
徐 磊 编著
上海交通大学出版社出版发行
(上海市番禺路951号 邮政编码200030)
电话:64071208 出版人:郑益慧
上海天地海设计印刷有限公司 印刷 全国新华书店经销
开本:787mm×960mm 1/16 印张:24 字数:454千字
2009年9月第1版 2016年10月第6次印刷
ISBN 978-7-313-05986-4/D 定价:39.00元

编写说明

经济法概论是高等院校经济类、管理类专业开设的公共基础课程。经济法是一个新兴的法律部门，其产生有深刻的社会经济基础。区别于纯法学意义上的概念，非法学专业的经济法课程更具有“公”、“私”交融的鲜明特征。该课程涵盖了我国各种调整经济关系的法律规范，包括一些经典领域的商法和民法的内容。

本书的主要特点是：

1. 理论性与应用性并重，实体性与程序性相结合。通过系统的经济法原理的阐释，帮助学生以法眼看经济，养成经济法律人的知识结构和基本素质。

2. 将案例教学法引入教材体例。通过对知识点的讲授与生动的案例分析相结合，加深读者对法律理论的理解；在每一章重点和难点内容部分，设置了“学生提问”，采用一问一答的方式进行引导；并在每一章课后设置题型丰富的练习题和要点分析，精心设计、环环相扣，以期训练学生的思辨能力和解决问题的能力。

3. 内容新颖，前瞻性强。本书关注最新的法律、法规、司法解释和前沿理论。在本书即将付印之际，经全国人大十一届常务委员会第六次会议修正通过的《中华人民共和国专利法》，将于2009年10月1日起施行。

本书可作为高等院校专业公共基础课程教材，也可作为各类职业培训教材或教学参考书。

本书分为经济法总论、市场主体组织管理法律制度、市场主体经营行为法律制度、市场运行规制法律制度、宏观调控和对外经济贸易法律制度、经济仲裁和诉讼法律制度共6篇16章。全书由徐磊（上海建桥学院副教授）编著，作者以微薄的理论和实务经验，在编写过程中力图博采众长，体例方面借鉴了中国政法大学隋彭生教授的《公司法》教材。

由于学识水平有限，不足之处恳请各位同行和读者批评指正，并一定恭敬聆听，闻过则喜。

编　者

2009年7月26日

目 录

第一篇 经济法总论

第二篇 市场主体组织管理法律制度

第三篇　市场主体经营行为法律制度

第一篇　经济法总论

第一章　经济法基本理论

【引例】

某瓷器厂与某礼品商业城(以下简称礼品城)多年有业务往来。在2005年3月双方第一次签署合同时,瓷器厂经理告知礼品城,以后双方业务均由该厂业务员李某负责。之后,瓷器厂每次与礼品城签订业务合同,都由李某携带介绍信、加盖公章的空白合同书及授权委托书办理相关手续。

2009年3月5日,李某又与礼品城签订了一份礼品加工合同,总价款100万元,50日内交货,预付款30万元。当天礼品城将30万元预付款汇入李某提供的银行账户里。由于多年合作的信任关系,礼品城这次没有要求李某出示厂方介绍信及授权委托书,只是在李某带来的加盖瓷器厂公章的空白合同书中与李某商定合同条款并签字盖章。

两个月过后,礼品城不见瓷器厂发货,便到瓷器厂询问,得知李某早在2008年12月就离开了瓷器厂。礼品城要求瓷器厂继续履行合同,遭到拒绝,于是于2009年6月诉诸法院。

问题:

1. 瓷器厂与礼品城之间的行为是否形成了经济法律关系?
2. 礼品城是否可以要求瓷器厂承担继续履行的责任?

【学习目标】

通过本章的学习,你应该能够:

(1) 掌握法的概念、特征和本质;
(2) 掌握法的作用、法的渊源和法律体系;
(3) 理解经济法的概念和调整对象;
(4) 理解并掌握经济法律关系;
(5) 理解并掌握民事法律行为、代理等相关经济制度。

第一节　法的基本理论

一、法的概念、特征和本质

1. 法的概念

法是国家制定或认可，并由国家强制力保证实施的行为规范的总称。它通过规定人们在社会关系中的权利和义务，确认、保护和发展有利于统治阶级的社会关系和社会秩序。

法律一词，有广义和狭义之分。狭义的法律专指拥有立法权的国家机关依照立法程序制定和颁布的规范性文件；广义的法律则指法的整体，与法的概念相同。

2. 法的特征

法的特征是指法与上层建筑的其他组成部分，如道德规范、宗教规范等相比较而言的特殊属性。主要有以下几点：

(1) 法是调整人们行为或社会关系的规范，具有规范性。

法通过对人们行为的作用来调整社会关系。换言之，法是一种调节器，其直接作用的对象是人们的行为，间接作用的对象是社会关系。法通过规定人们应该做什么(义务性规范，如婚姻法中关于夫妻之间及父母子女之间义务的规定)、可以做什么(授权性规范，如继承人是否行使继承权)、不应该做什么(禁止性规范)，进而调节和规范整个社会关系。

(2) 法是国家制定或认可的规范，具有国家意志性。

法产生的两种途径，使法具有了“国家意志”的内容。制定是指国家机关通过立法活动产生新规范；认可是国家对既存的行为规范予以承认，赋予法律效力。

(3) 法是由国家强制力保证实施的规范，具有国家强制性。

法不能为所有的人自愿地遵守，需要由国家强制力保证其实施和推行。这种国家强制力的物质形态即一系列的国家执法组织，如法院、监狱及其他执法机关。

(4) 法是以人们的权利和义务为主要内容的规范，具有内容特定性。

用法的视角透视各种社会关系，均呈现为权利、义务关系。法律上的权利是指法律赋予人们的某种权益；法律上的义务是指法律规定人们必须履行的某种责任。

(5) 法是具有普遍约束力的规范，具有普遍性。

一般来说，法律在一国全部地域范围内对一切人和组织发生效力。但在有些情况下，法律的普遍性程度是不一样的，因为不同的立法部门制定或认可的法律规范在空间、时间和对人的效力上有所差异。

3. 法的本质

根据马克思主义关于法的本质学说，应对法的本质进行多层次的阐释：

(1) 法是国家意志的表现。

法具有国家意志的属性，是法的本质属性。正是法的国家意志属性把法和上层建筑领域中的其他社会现象区别开来。

(2) 法是掌握国家政权的阶级意志的表现。

各个阶级由于经济地位的不同以及由此决定的政治地位的不同，它们的意志内容以及表现也存在诸多差异。法只能是属于统治阶级的，是在经济上、政治上占统治地位的阶级意志的体现，它不能同时又属于被统治阶级，它所体现的统治阶级的意志永远是和被统治阶级意志相对立的。

(3) 法的内容是由统治阶级的物质生活条件决定的。

法所体现的统治阶级的意志，不是随心所欲、凭空产生的，而是统治阶级所处的物质生活条件决定的，这是法的深层本质。

二、法的作用

法的作用是指法对社会发生的影响，国家制定法就是为了利用法对社会发生影响。法的作用可以从两个方面或角度进行分析，即法的规范作用和社会作用。

1. 法的规范作用

(1) 法的指引作用。是指法律规范对于人们的行为的一种指导和引领的作用。法像地图一样指引人们的行为，让人们知道该何去何从。比如，法律规定：律师有权查阅案件的卷宗资料，则其他一般主体无权查阅审判卷宗等资料。

(2) 法的教育作用。是指法对于人们今后行为的影响作用。法通过具体的规范，对各种违法犯罪行为的制裁，以及对先进人物、模范行为的嘉奖与鼓励，发挥其教育作用。

(3) 法的评价作用。是指法作为一种对于人们行为的评价标准或者尺度的作用。包括对行为人的行为是否合法或违法及其程度的评价，法的评价客体是一定的行为。

(4) 法的预测作用。是指法具有对于人们之间将要如何行为以及行为产生的后果进行预料和估计的作用。法的预测作用在法的遵守、法的适用方面都有着极为重要的意义。

(5) 法的强制作用。是指法具有的制裁和惩罚违法犯罪行为的作用。法的强制作用是法不可缺少的重要作用，也是其他功能和作用的保障。

2. 法的社会作用

法的社会作用，一般认为有两个方面：

(1) 法具有维护统治阶级的阶级统治的作用，它是法的社会作用的核心。

(2) 法具有执行社会公共事务的作用，就是指法对于关系到整个社会，不分阶级、阶层、社会组织、集团和个人的事务，都一视同仁，同样有利的作用。比如，在环境保护、道路交通安全、通信、科学技术发展等方面调整社会公共事务，促进物质文明和精神文明发展的作用。

三、法的渊源和法律体系

1. 法的渊源

法的渊源又称法律渊源、法的形式渊源，指法的效力的来源。根据制定机关的不同，我国的法律渊源主要包括宪法、法律、行政法规、地方性法规、自治区法规、规章和国际条约等。这些法律渊源具有不同的地位和效力。

(1) 宪法。宪法具有最高的法律地位和效力，是制定法律和其他规范性文件的依据。

(2) 法律。此处是指狭义上的法律，即全国人民代表大会及其常委会制定或颁布的规范性文件。其一般名称均称法，如合同法、专利法、商标法等。法律的地位和效力次于宪法，但高于其他国家机关制定的规范性文件。

(3) 行政法规。指由国家最高行政管理机关国务院制定、颁布的规范性文件，其具体名称有：条例、决定、决议等。行政法规的效力低于法律，高于地方性性法规、规章。

(4) 地方性法规。地方性法规是指省、自治区、直辖市的国家权力及其常设机关为执行和实施法律和行政法规，根据本行政区域的具体情况和实际需要，在法定权限内制定的规范性文件。只在本行政区域内有效，其效力高于木级和下级地方政府规章。

(5) 自治条例。自治条例是民族自治地方的权力机关所制定的特殊的地方性法律文件，即自治条例与单行条例的总称。自治条例和单行条例与地方性法规在立法依据、程序、层次和构成方面，均有区别，与宪法和其他规范性文件也有区别，可以作为民族自治地方的司法依据。

(6) 规章。规章是指国务院各部门和具有行政管理职能的直属机构，省、自治区、直辖市以及较大市的人民政府在各自的职权范围内制定的规范性文件，可分为部门规章和地方规章。部门规章与地方性规章具有同等效力，在各自的权限范围内施行。当两者的规定不一致时，根据我国《立法法》的规定，需由国务院裁决是适用地方规章还是部门规章。

(7) 国际条约。我国签订或加入的国际条约，对我国的组织和公民亦具有约束力，因而也构成我国法的渊源的组成部分，但我国持保留意见的条款除外。

？学生提问：在一次诉讼活动中，原告依据的是《合同法》，被告依据的是上海市政府的规章，两个法律规范性文件相矛盾该怎么办呢？

教师回答：遇到法律（广义）冲突时，通过法律渊源的分析确定效力高低，《合同法》属于“法律”（狭义），其效力高于政府规章。

2. 法律体系

法的结构是由法律规范、法律部门和法律体系三个层次构成的。其中法律规范是构成法的基本组织细胞，法律规范与法律条文是内容与形式的关系。它通常由“适用条件”、“行为准则”和“法律后果”三个要素构成。法律规范可依不同标准进行分类。按照法律规范本身的性质，可以分为义务性规范、禁止性规范和授权性规范；按照法律规范所包含的行为规则的确定程序，可以分为确定性规范、委任性规范和准用性规范。

法律体系通常是指由一国现行的各个部门法构成的有机联系的统一整体。法律体系具有内部协调一致性，因为它们具有相同的经济和政治基础，法律调整对象虽然纷繁复杂，但彼此有着密不可分的联系。

法律部门即部门法。是根据一定标准和原则所划分的同类法律规范的总称。我国现行法律部门可以分为三个层次：第一层次，宪法部门；第二层次，基本法律部门，包括行政法、民法、商法、经济法、刑法和诉讼法等部门；第三层次，子法律部门，包括各基本法律部门的各个子部门，如诉讼法部门中的刑事诉讼法、民事诉讼法、行政诉讼法部门。

第二节 经济法的概念、调整对象和基本原则

一、经济法的概念和调整对象

1. 经济法的产生和发展

“经济法”一词最早是由法国空想社会主义者摩莱里于1755年在他的《自然法典》一书中提出的。德国学者怀特1906年在《世界经济年鉴》中，以“经济法”一词来概括与世界经济有关的各种法规。法学界普遍认为，当时并不存在一个独立的经济法部门，经济法一词也没有概括确切的含义。

现代意义的经济法，是资本主义进入垄断阶段以后，国家运用法律手段干预经

济的产物。为削弱和消除垄断经济的负面作用，国家以有形之手涉入市场直接干预私人经济活动，以挽救崩溃了的经济，缓和社会矛盾。二战后，西方主要资本主义国家进入经济高速发展时期，经济立法以宏观调控手段，促进产业结构的合理化，使国民经济稳步协调发展。

第一次世界大战之后，德国出现了直接以经济法命名的立法，如《煤炭经济法》、《钾盐经济法》、《防止滥用经济权力法令》等。20世纪以来，随着世界各国经济制度的发展成熟、各国经济法规的大量颁行，现代经济法的概念逐渐形成，经济法也开始成为法律体系中一个独立的法律部门。

2. 经济法的概念

经济法是调整国家在协调本国经济运行过程中发生的经济关系的法律规范的总称。简言之，经济法是调整国家经济协调关系的法律规范的总称。经济法是为了克服市场经济的盲目性和局限性而制定的调整全局性和社会公共性的经济关系的法律部门。

3. 经济法的调整对象

经济法的调整对象主要包括以下几个方面：

(1) 市场主体组织管理关系。为协调本国经济运行，国家作为一种外部力量对市场主体经济组织进行调控。对于市场主体的设立、变更、终止，市场主体内部机构的设置及其职权、市场主体的财务、会计管理等所进行的必要的干预。具体而言，这方面的法律有公司法、国有企业法、集体企业法、私营企业法、中外合资经营企业法、中外合作经营企业法、外资企业法、合伙企业法、个人独资企业法、破产法等。

(2) 宏观经济调控关系。这是国家从长远利益和社会公共利益出发，对关系国计民生的重大经济关系实行全局性的管理，而与各类社会组织所发生的具有隶属性或指导性的社会经济关系。宏观经济调控关系的特点是国家对市场经济运行实行宏观调控，使经济各部门运行协调，使整个国家经济运行平稳。宏观调控法律制度的主要内容包括：计划与投资法、国有资产管理法、自然资源管理法、能源管理法、财政法、金融法、税收法、价格法、会计法和审计法、对外贸易法等。

(3) 市场运行规制关系。当前，培育和发展市场经济体系的重点在于发展生产要素市场，规范市场行为，打破地区、部门的分割和封锁，反对垄断和不正当竞争。一般认为，我国市场运行规制法律制度的主要内容包括：反垄断法、反不正当竞争法、消费者权益保护法、产品质量法、广告法、房地产管理法等。

(4) 社会分配调控关系。社会分配调控关系是指国家对国民收入进行初次分配和再分配过程中所发生的社会经济关系。初次分配是国民收入在物质生产部门所进行的分配，包括以按劳分配为主体的分配关系、财政收入关系、企业收入关系等；再分配是国民收入经过初次分配之后在全社会范围内所进行的分配，主要包括预算关系、价格关系、社会保障关系等。这方面的法律制度有保险法、劳动合同法等。

二、经济法的基本原则

经济法基本原则是贯穿于经济法立法、执法、司法活动始终的根本准则，是国家履行现代经济管理职能所发生的经济关系的本质和规律，是国家干预、调控社会经济生活的指导思想。经济法的基本原则主要有：

1. 国家适度干预原则

国家适度干预原则，体现了经济法的本质属性。经济法是国家干预社会经济生活的法律，同时国家干预社会经济生活必须适度，而非任意。国家干预经济生活的适度性，既包括干预范围的适度性，也包括干预手段的适度性。

国家适度干预原则要求经济法必须谋求下列矛盾的统一，即经济自由与经济秩序的统一、社会效益与经济效益的统一、经济民主与经济集中的统一、看得见的手与看不见的手的统一、国家调控与市场配置资源的统一等。

2. 效率优先、兼顾公平原则

建立和完善宏观调控法，规范政府的宏观调控行为，使之正确地运用计划、产业政策、财政、税收、金融等手段调控国民经济整体，实现产业、区域、阶层利益与发展的平衡、协调。通过引导人们的社会经济行为趋于理性，直接使国民经济整体效益得以最大限度实现。建立和完善市场规制法，规范和发展市场体系，创造公平竞争的市场环境，消弭影响整体社会经济效益实现的垄断、不正当竞争等市场缺陷，为企业、行业、地区创造一个统一、开放和有序的和谐市场。通过整体秩序的建立，间接使国民经济整体效益得以最大限度实现。

3. 经济公正原则

在国家与市场主体之间的关系中，政府应该严格依法行，对行政行为指向的市场主体一视同仁。经济法律关系中各管理主体的权力、权利、义务、职责必须相一致，不应当有脱节、错位、不平衡等现象存在。

经济法的基本原则，表明了经济法所要追求的价值目标。各原则协同一致，致力于实现公正、效益、经济自由、经济民主和经济秩序。

三、经济法与民商法的关系

经济法与民商法都调整经济关系，两者在经济关系调整中的作用是相辅相成的。区别在于民商法与经济法调整的内容不同。

民法是调整平等主体间的财产关系和人身关系。民法本质上是“自由的财产流转法”，它以民事法律行为和意思表示制度为核心，强调私权自治。任何主体参加民事法律关系，民法都确认其平等、平权的地位，不承认身份和权力的特权，因而民法调整公权力不直接介入的所有权和物权关系、债权（比如合同）关系、婚姻关系、财产继承关系等。

经济法调整国民经济管理关系、与国家计划、管理相连的涉及全局的一类横向经济关系以及内部经济关系。经济法的根本作用，是为了保证社会有一个正常、自由的竞争环境，从而使民法能够按照社会的需要和利益发挥其作用。凡公权力直接介入或直接体现国家意志的经济关系，都应该由经济法和其他公私法相融合的法来调整，或者优先适用经济法，其次才适用民法。

民商法是以个体权利为本位的，主要是在微观经济领域内，保护社会个体的权益。经济法是以社会责任为本位的，主要是在宏观经济领域内理顺整体和个体之间的责权利关系以及基于全局利益需要协调个体间的经济关系，以促进社会主义市场经济的发展。民法和经济法在社会主义市场经济关系中都具有基本法的地位，并不存在某种主辅或主次的关系。

第三节　经济法律关系

一、经济法律关系的概念

法律关系是法律规范在调整社会关系过程中所形成的权利和义务关系。经济法律关系，是由经济法律规范调整的、具有经济权利义务内容的社会关系。法律关系由主体、客体和内容三个要素构成。

(1) 法律关系的主体，是指参与法律关系享有权利或承担义务的人或组织。

(2) 法律关系客体，是法律关系主体的权利和义务所指向的对象。它包括物、行为和非物质财富（智力成果）。

(3) 法律关系的内容，是法律关系主体之间的权利和义务。

二、经济法律关系的构成要素

1. 经济法律关系主体

经济法律关系主体亦称经济法主体，是指参加经济法律关系，依法享有经济权利、承担经济义务的当事人。大致包括以下几类：

(1) 国家机关。国家机关包括国家权力机关和国家行政机关。一般情况下，作为经济法律关系主体的国家机关主要是指具有经济管理职能的国家机关。如税务机关、工商行政管理机关、质量监督管理机关等。国家机关作为经济管理的主体，在一定条件下也可以成为经济活动的主体。如国家对内对外发行政府债券、政府部门出让土地使用权等。

(2) 经济组织。是指从事生产经营或服务性活动的经济实体。经济组织包括两类，一是具备法人条件，享有法人资格的企业法人，如公司、国有企业等；二是不具备法人条件，不享有法人资格的其他经济实体，如个人独资企业、合伙企业等。

(3) 其他社会组织。主要指以从事文化教育、科学技术、医疗卫生等公益性活动为目的的组织，这类组织为了实现自身的社会职能必然要进行一系列的经济活动，从而成为经济法律关系的一方主体。

(4) 经济组织的内部机构虽然不具有独立的法人资格，但在经营管理与生产活动中所形成的纵向或横向的内部经济关系，也是经济法调整的对象，因而它们也就成为经济法律关系的主体。比如分公司可以在核准的经营范围内以自己的名义对外签订合同。

(5) 其他经济法主体。指城乡个体工商户、农村承包经营户、公民(自然人)及其他经济法主体。当他们与国家机关等发生经济权利和义务关系时也可以成为经济法的主体。比如，公民作为纳税主体与国家税务机关发生税收征纳关系。

? 学生提问：经济法律关系的主体，可以自由地从事经济法律行为吗？

教师回答：只有具备经济法律关系主体资格的当事人，才能参与经济法律关系。但是，依法成立的主体也只能在法律规定或者认可的范围内参加经济法律关系，超越法律规定或者认可范围的，则不具有参加"相应"经济法律关系的主体资格。比如说，公司的财务部、人力资源部等职能部门不得担任保证人；但是分公司如果取得法人的书面授权，就可以在授权范围内提供保证。

2. 经济法律关系内容

经济法律关系的内容是指经济法律关系主体享有的经济权利和承担的经济义务。

(1) 经济权利是指经济法主体依法具有自己为或不为一定行为，或者要求义务主体为或者不为一定行为的资格。这种资格通常表现为：权利主体在法定范围内可以依法做出一定行为；要求他人做出一定行为，以满足其实现权利之需要；如权利受到侵犯，权利人有权经法定程序请求国家机关保护。具体包括经济管理权，如组织权、许可权、审核权、调节权和监督权等；财产权，如经营权、承包权和债权等;请求权等。

(2) 经济义务是指经济法主体依法承担的为一定行为或不为一定行为的义务。经济义务包括正确行使所有权的义务、经营责任、经济职责、经济债务和正确行使工业产权的义务等。经济义务明显区别于民事义务的是服从合法干预的义务。

3. 经济法律关系客体

经济法律关系客体,是指经济法律关系主体之间的经济权利和经济义务所指向的对象,主要包括物、行为、智力成果。

(1) 物,是指能够为人们所控制和支配,具有一定经济价值并以物质形态表现出来的有形物。如:生产资料和生活资料;流通物和限制流通物;种类物和特定物;可分物和不可分物;动产与不动产;原物和孳息;主物和从物等。

(2) 行为即经济行为,是经济法律关系主体为实现一定的经济目的而进行的经济活动,包括经济管理行为、提供一定劳务的行为和完成一定工作的行为。

(3) 智力成果是人们脑力劳动所创造的非物质财富,智力成果可以转化为生产力,因而也是经济法律关系的客体。智力成果包括专利权、著作权、商标权、专有技术等。

三、法律事实

法律事实是指能够引起经济法律关系产生、变更和消灭的客观事实。根据经济法律事实是否以人的意志为转移,可将经济法律事实分为行为和事件两大类。

1. 行为

行为是以人们的意志为转移的客观事实。行为包括合法的行为和违法的行为,其中合法的行为又可分为经济法律行为、经济司法行为和经济行政行为;而违法的行为又可分为一般违法行为和严重违法行为。

2. 事件

事件是不以人们意志为转移的客观事实。事件包括自然事件和社会事件,前者是指由于自然现象所引起的客观事实,如发生地震、台风、洪水等;后者是指由于社会上发生了不以个人意志为转移的、难以预料的重大事变所形成的客观事实,如战争、社会动乱、武装冲突等。

第四节 民事法律行为与代理

一、民事法律行为的概念和特征

1. 民事法律行为的概念

民事行为是以意思表示为要素发生民事法律后果的行为。这种行为主要指民事法律行为、无效民事行为、违约行为、无因管理行为等事实行为。民事法律行为是指公民或者法人设立、变更、终止民事权利和民事义务的合法行为,民事法律行为是最普通的法律事实。

民事法律行为,从不同的方面和标准可以分为:单方法律行为、双方法律行为与多方法律行为;有偿法律行为与无偿法律行为;诺成法律行为与实践法律行为;要式法律行为与不要式法律行为;主法律行为与从法律行为;独立法律行为和辅助法律行为;有因行为和无因行为,等。

2. 民事法律行为的特征

《民法通则》规定,民事主体实施的民事行为只有符合法律规定的条件,才能产生相应的民事法律后果。民事法律行为具有以下特征:

(1) 民事法律行为是民事主体以达到一定民事法律后果为目的的行为,是民事主体创设法律关系的最主要方式,是人为的法律事实。民事主体实施的不以发生民事法律后果为日的的行为,不属于民事法律行为,如朋友聚餐、相约去旅游等。

(2) 民事法律行为以意思表示为要素。意思表示是行为人将其期望发生法律效果的内心意愿以一定方式表达于外部的行为。如签订买卖合同、订立入股协议等,意思表示是法律行为最基本的要素。

(3) 民事法律行为是具有法律拘束力的合法行为。合法性是民事法律行为与其他民事行为的根本区别,违法的民事行为不受法律的保护。

另外,依据不同的划分标准,民事法律行为还可以划分为负担行为与处分行为、生前行为和死因行为、基本法律行为和特殊法律行为等。

二、民事法律行为的形式

1. 口头形式与书面形式

口头形式是指以谈话的形式所进行的意思表示。"谈话"的外延包括电话交谈、托人带口信、当众宣布自己的意思等。口头形式的法律行为,是不要式的法律行为,具有简便迅速的缺点,但有因缺乏客观记载,一旦发生纠纷,日后难以取证的缺点,大多适用于即时清结、标的数额小的交易。

书面形式是指用书面文字所进行的意思表示。在现代电子技术条件下，书面形式包括电报、电传、电子数据交换和电子邮件等数据电文形式。书面形式在发生纠纷时有据可查，主要适用于标的额较大、履行期限较长、买卖规则较复杂、后果重大的民事法律行为。书面形式又可分为一般书面形式和特殊书面形式。

一般书面形式是指当事人意思表示的文字记载形式不需要由国家有关机关认可。特殊书面形式是指当事人的意思表示获得国家有关机关承认的文字记载形式。它又包括公证形式、鉴证形式、审核登记形式。特殊书面形式在法律有特别规定时，当事人必须采取，否则将影响法律行为的效力；在法律无特别规定时，当事人可以自由选择是否采取。

2. 明示形式与默示形式

明示形式即以作为的方式，使得相对人能够直接了解到意思表示的内容。明示形式是意思表示最为常见的形式。

默示形式可分为行为默示与沉默。行为默示又称为推定形式，是指虽然行为人不像明示那样直接表达了意思表示的内容，但仍然有所作为，从其行为中可以一般地推定其进行了意思表示。如房屋租赁期满后，承租人继续缴纳房租，出租人接受的，则推定当事人双方做出了延长租赁期的法律行为。

沉默形式是指对当事人既无语言表示，又无行为表示的纯粹的缄默，在法律有特别规定的情况下，视为作出了某种意思表示。如在继承关系中，法定继承人在继承开始前不作任何表示视为接受继承；而受遗赠人在 2 个月内不作表示则视为拒绝。

三、民事法律行为的成立和生效

民事法律行为的成立要件可分为一般成立要件与特殊成立要件，其中，一般成立要件是指一切民事法律行为成立都必须具备的要件，而特殊成立要件则是指在一般成立要件外，部分民事法律行为成立还必须具备的要件。

1. 法律行为的一般有效要件

根据我国现行法律规定以及学理通说，一般来说，法律行为的有效必须具备以下要件：

(1) 行为人具有相应的民事行为能力。

(2) 行为人意思表示真实。表意人的表示行为真实地反映其内心的效果意思，亦即表示行为与效果意思相一致。只有真实的意思表示才能发生私法上的效力。

(3) 不违反法律或者社会公共利益。民事法律行为只有在不违背强行法时才赋予法律行为以当事人预期的效力，才能够维护法律秩序的无矛盾性。法律行为不仅应符合法律的强行性规定，而且在内容上不得违反社会公共利益。

2. 法律行为的特别有效要件

在特殊情况下，法律行为除了具备一般有效要件外，还需要具备特别有效要件，才能产生法律效力，发生当事人所预期的法律效果。如附延缓条件或延缓期限的法律行为、遗嘱行为等成立且具备有效要件后，并不马上生效，只有在条件成就、期限届至或者遗嘱人死亡后，上述法律行为才发生法律效力。再如，需要办理审批、登记等手续方可生效的法律行为也存在相同的情况。

四、欠缺有效要件的民事行为

凡是不具备法律行为的有效要件的行为都属于欠缺有效要件的民事行为。不过，民事行为欠缺有效要件并非一概被宣告无效。欠缺有效要件的民事行为分为三种类型，即无效民事行为、可撤销民事行为、效力未定民事行为。

1. 无效民事行为

我国《民法通则》规定，以下民事行为均属于无效民事行为：①当事人为无民事行为能力人；②当事人为限制民事行为能力人；③当事人一方有欺诈、胁迫、乘人之危的行为；④双方恶意串通行为；⑤违反法律或者社会公益；⑥违反国家指令性计划；⑦以合法形式掩盖非法目的。可见，民法通则规定的无效民事行为的范围较为宽泛。不可否认，民法通则对无效法律行为规定得极为宽泛有利于加强国家对交易关系的干预和对不法行为的制裁，但此种规定也具有明显的弊端。

在市场经济条件下，民法，特别是合同法的目标在于尽可能地促成交易，只有这样社会财富才得以增进、经济才得以发展，过多的宣告法律行为无效，使一些本不应被消灭的交易被消灭，有悖于此目的。因此合同法作出了一定的修改，根据特别法优先于普通法的原则，应认为合同法效力优先（相关规定参考本书合同法部分）。

2. 可撤销民事行为

根据民法通则的规定，可撤销民事行为包括重大误解与显失公平两种。不过，合同法又将不损害国家利益的欺诈、胁迫、乘人之危等行为确认为可撤销的合同。

撤销权人行使撤销权的期限为1年，该期限从其知道或应当知道撤销事由之日起开始计算，撤销权人应当向人民法院或仲裁机构请求撤销。

3. 效力未定的民事行为

效力未定的民事行为是指已经成立但欠缺有效要件，其效力能否发生尚未确定，只有经过权利人追认才能有效的民事行为。效力未定的民事行为的类型包括：

(1) 限制民事行为能力人实施的其依法不得独立从事的民事行为。

(2) 无权处分行为。

(3) 无权代理行为

4. 民事行为被撤销、确认无效的法律后果

无效的民事行为从行为开始之日起就没有法律约束力，可撤销的民事行为一经撤销，视同无效的民事行为。确认无效或被撤销的民事行为发生如下法律后果：

(1) 返还财产以恢复原状为原则。恢复原状包括人身关系的恢复原状和财产关系的恢复原状两个方面的内容。如果只有一方给付财产的，应该单方返还；如果双方都给付了财产的，则应该双方返还。原物存在的，返还原物；原物不存在的，应折价返还其价值。除返还原物外，还应返还由原物所生的孳息。

(2) 赔偿损失。民事行为被确认无效或被撤销而给当事人造成损失的，有过错的一方应向无过错的一方赔偿因民事行为被确认无效或被撤销所造成的损失。在双方都有过错的情况下，应由当事人各自承担相应的责任。

(3) 其他法律后果。在当事人双方恶意串通，实施民事行为损害国家、集体、第三人利益时，要追缴双方所取得的财产，收归国家、集体所有或返还给第三人。

参考案例 1-1

甲、乙两企业2009年5月1日签订一份买卖合同。甲企业5月10日发现自己对合同有重大误解，5月15日向人民法院请求撤销该合同，6月10日人民法院依法撤销该合同。问：应该如何区分可撤销民事行为与效力未定民事行为的效力？

——可撤销民事行为起始状态是有效的，即该合同6月10日被撤销前是有效的；但撤销后，自5月1日起无效。

效力未定民事行为起始状态是无效的，比如甲公司委托乙购买一吨苹果，乙觉得苹果质量很好，就擅自决定购买了两吨，那么多买的一吨应该由乙自行负责。但是如果甲公司事后追认，比如表明“我公司同意乙的行为”，那么乙的行为始终由甲公司承担后果，自始有效。

五、代理

1. 代理的概念和种类

(1) 代理的概念。代理是指代理人在代理权限内，以被代理人(本人)的名义进行民事法律行为，而该法律行为的法律后果直接归属于被代理人(本人)的法律制度。以他人名义从事法律行为的人，称为代理人；由他人代为从事法律行为并承受法律行为后果的人，称为被代理人，也称为本人；与代理人实施法律行为的人，称为

第三人或相对人。

(2) 代理的种类。根据代理权产生依据，代理可分为委托代理、法定代理和指定代理。委托代理，是指因本人的授权行为而发生的代理。法定代理，是指由法律根据一定的社会关系直接规定的代理。法定代理人主要是为了弥补无行为能力人或限制行为能力人的行为能力的欠缺而设立的。指定代理，是指由人民法院或其他指定机关指定的代理。指定代理是在当事人无法定代理人和委托代理人的情况下，由有关机关依据职权予以指定的。

参考案例　1-2

2009年5月1日甲公司委托乙外贸公司（以下简称乙）以125～140元/平方米价格购买印度尼西亚玫瑰木地板，但在授权委托书中未明确玫瑰木地板的数量。5月16日，乙以甲公司的名义和印尼丙公司签订了1万平方米玫瑰木地板的买卖合同，丙公司于次日发货，但甲公司拒绝付款。问：丙公司应该如何索要货款？

分析：本案中乙是甲公司的委托代理人，其代理权基于委托授权。但甲公司对乙“授权不明”，这种情况下，依法被代理人甲公司应当对第三人承担合同责任，代理人乙对第三人承担连带责任。本案甲公司拒绝付款，丙公司可以要求代理人乙支付货款。如果乙也拒绝支付，丙公司可以以甲公司和乙作为共同被告进行诉讼或依约提起仲裁。乙承担责任后，可以向被代理人甲公司追偿，被代理人是最终责任承担者。

2. 代理行为的适用范围

(1) 可以代理的行为。除依照法律规定或当事人的约定不得代理的法律行为之外，一般法律行为均可以通过代理人实施。如代理履行债务、代写遗嘱、代理公司成立、代缴税款、代理民事诉讼行为等。

(2) 不可以代理的行为。

依照法律规定或当事人的约定不得代理的法律行为　依照法律规定或者按照双方当事人约定，应当由本人实施的民事法律行为，不得代理。按照我国法律的规定，收养子女、结婚登记等都属于必须由本人亲自实施的法律行为。

依行为的性质不得代理的法律行为　有些民事法律行为，法律虽未规定不适用代理，同时当事人也未约定不适用代理，但依据该法律行为的性质不能适用代理，如和某名画家约定由画家本人为其画像，具有严格的人身性质，所以不能由他人代理。

3. 禁止代理权滥用

代理权的实质是实现被代理人的利益，但如果代理人在行使代理权时，违背代理权的设立宗旨和代理行为的基本准则，损害被代理人的利益，则该代理行为将受到法律的禁止。滥用代理权的行为主要有下列三项：

(1) 自己代理，即代理人在代理权限内与自己为相对人而实施民事法律行为。在交易中，因各方当事人均追求自己的利益最大化，代理人应追求被代理人的最大利益。在自己代理中，代理人可能会为了的利益而牺牲被代理人的利益，这与代理制度的宗旨相违背。

(2) 双方代理，即一个代理人同时代理双方当事人进行民事法律行为。在交易中，由代理人同时代表双方当事人的利益，难免会顾此失彼，损害其中一方当事人的利益。

(3) 与第三人恶意串通。代理人在从事代理活动时应维护被代理人的利益，在其与第三人恶意串通时，往往将损害被代理人的利益，这违背了代理关系中被代理人对代理人的信任，是滥用代理权的极端表现形式。

4. 无权代理

无权代理，是指行为人不具有代理权而以被代理人的名义实施的代理行为。行为人不具有代理权有下列三种情况：①根本未经授权或者授权无效的代理；②超越代理权的代理；③代理权终止后的代理。

凡是属于无权代理的行为，只有经过被代理人的追认，被代理人才对其后果承担责任。没有经过被代理人追认的，由行为人自己承担责任。但是，如果本人知道他人以本人名义实施民事行为而不作否认表示的，视为同意，本人应承担责任。

5. 表见代理

表见代理，是指本人的行为足以使善意第三人相信无权代理人具有代理权，基于此项信赖而与无权代理人进行法律行为，由此造成的法律效果归属于本人的代理。表见代理属于广义的无权代理，其与狭义无权代理不同，表见代理人虽也无代理权，但法律强使其发生有权代理的法律效果。表见代理的作用在于维护交易安全，保护善意第三人的利益。

构成表见代理应当具备下列四个要件：

(1) 代理人在实施代理行为时无代理权。

(2) 客观上存在使善意第三人相信无权代理人具有代理权的理由。

(3) 第三人应当善意且无过失。即第三人对行为人未获得本人的授权不知情，而且第三人的不知情并非由其过失造成的。

(4) 无权代理人与第三人进行法律行为符合法律行为的有效要件。

表见代理的法律后果直接归属于本人。表见代理对本人产生有权代理的效力，本人不得以无权代理进行抗辩，故其法律效果直接由本人承受。

第三人可以选择主张表见代理或主张狭义无权代理。表见代理本身也符合狭义无权代理的构成要件，所以对相对人而言，其可以根据自己的利益主张成立表见代理，由本人承担法律后果，也可以主张成立狭义无权代理，由无权代理人承担法律后果。

本人因表见代理而造成的损失，有权向无权代理人追偿。尽管法律规定表见代理对本人产生有权代理的效力，但毕竟本人未对表见代理人授权，所以在本人承担表见代理的法律后果而受有损失时，本人有权向无权代理人请求赔偿。

【引例评析】

(1) 瓷器厂与礼品城之间的行为形成了广义上的经济法律关系(理解不应局限于纯法学意义上的经济法律关系)，是受法律调整的具有权利义务内容的经济关系。其中，主体是瓷器厂与礼品城；内容是瓷器厂负有保质保量完成礼品加工行为的义务及享有取得对应价款的权利，礼品城负有支付价款的义务及享有取得符合法律及约定要求的加工产品的权利；客体是加工行为，是双方主体的权利和义务所指向的对象。

(2) 李某的行为构成表见代理，瓷器厂应当承担履行合同的义务。所谓表见代理是指行为人"实际"没有代理权，但"善意"的第三人从"表面"上有充分理由相信该行为人有代理权，因而可使被代理人承担有权代理法律后果的一种行为。当然，瓷器厂承担责任后，有权向李某追偿。

需要指出的是，一般情况下，正是被代理人自己的"过失"造成善意第三人"有理由"相信行为人有代理权，为维护交易安全，法律规定该代理视同有效代理。本案中，瓷器厂与李某解除劳动关系时，应该收回其持有的加盖公章的空白合同书，并通知李某负责的客户礼品城。

【小结】

重点阐述了法的概念、特征、本质、作用、渊源、体系，经济法的概念、调整对象、基本原则，经济法律关系，以及民事法律行为与代理相关制度，掌握这些内容对理解经济法的原理具有重要的意义。本章还概要介绍了经济法的产生和发展以及经济法与民商法的关系。

【复习与思考】

1. 名词解释

法 经济法 经济法律关系 民事法律行为 代理

2. 思考题

(1) 简述法的特征和本质。

(2) 简述我国法的渊源和法律体系。

(3) 简述经济法的调整对象。

(4) 简述经济法的基本原则。

(5) 简述经济法律关系三要素。

3. 选择题(含多项选择)

(1) 对于可撤销的民事行为,当事人可行使撤销权的法定期间为(　　)。

A. 6个月　　B. 1年

C. 2年　　D. 20年

(2) 下列选项中,属于无效民事行为的是(　　)。

A. 限制民事行为能力人实施的民事行为

B. 恶意串通损害第三人利益的民事行为

C. 所附条件尚未成就的附条件民事行为

D. 因重大误解而实施的民事行为

要点提示:限制民事行为能力人"依法不能独立实施"的民事行为,才属于无效民事行为;附条件的民事行为所附条件尚未成就时,民事行为暂时不生效,并非无效;注意无效民事行为与可撤销民事行为的区别。

(3) 下列各项中,可以作为经济法律关系客体的有(　　)。

A. 阳光　　B. 房屋

C. 经济决策行为　　D. 非专利技术

要点提示:经济法律关系的客体包括物、行为和智力成果;非专利技术属于智力成果;注意判断"阳光"是否具有经济价值,如果不具有经济价值,则不属于经济法上"物"的范畴。

(4) 下列行为中,属于滥用代理权的有(　　)。

A. 没有代理权而进行代理

B. 代理他人与自己进行民事行为

C. 超越代理权进行代理

D. 代理人与第三人恶意串通,损害被代理人利益的行为

要点提示:注意滥用代理权与无权代理的区别。

第二篇　市场主体组织管理法律制度

第二章　内资企业法

【引例】

2008 年 6 月 15 日，甲出资 5 万元设立 A 个人独资企业（以下简称 A 企业），聘请乙管理企业事务，并要求乙凡对外签订标的额在 1 万元以上的合同，必须经过甲的同意。

2008 年 7 月 20 日，乙未经甲的同意，以 A 企业的名义向不知情的第三人丙购买了价值 2 万元的货物。2009 年 1 月 10 日，A 企业亏损，不能清偿到期债务，甲决定解散该企业。

2009 年 1 月 15 日，人民法院指定清算人对 A 企业进行清算。经查：A 企业欠缴税款 5000 元，欠乙工资 8000 元、社会保险 3000 元，欠债权人丁 10 万元；A 企业剩余资产 4 万元；甲拥有个人财产 10 万元。

问题：

1. 乙与丙之间的买卖合同是否有效？
2. 丁的债权应该如何实现？

【学习目标】

通过本章的学习，你应该能够：

（1）了解企业法的基本概念；
（2）了解全民所有制企业的设立、变更和终止；
（3）掌握合伙企业的概念和种类、设立的条件、合伙协议、责任承担；
（4）掌握个人独资企业的设立条件、事务管理、解散和清算。

第一节 企业法概述

一、企业概述

1. 企业的概念

企业是指依法成立并具备一定的组织形式，以营利为目的的独立从事商品生产经营活动和商业服务的经济组织。企业一般具有以下特征：组织性、营利性、独立核算性和法律许可性。

2. 企业的分类

依据不同的标准，企业可以分为若干种类，如：

(1) 以企业的财产所有制为标准，企业可分为全民所有制企业、集体所有制企业、私营企业、联营企业、外商投资企业和外国企业等。

(2) 以投资者承担的责任为标准，企业可分为公司企业、合伙企业和独资企业等。

(3) 以企业的法律地位为标准，企业可分为法人企业和非法人企业。

二、企业法的概念

企业法有广义和狭义之分。广义的企业法是指调整企业在组织管理和生产经营协作过程中所发生的企业管理与经济协作关系的法律规范的总称。狭义的企业法一般是指某一单行的企业法规，如：《中华人民共和国全民所有制工业企业法》、《中华人民共和国乡镇企业法》、《中华人民共和国合伙企业法》、《中华人民共和国个人独资企业法》、《中华人民共和国中外合资经营企业法》、《中华人民共和国中外合作经营企业法》、《中华人民共和国外资企业法》等。

第二节 全民所有制工业企业法

一、全民所有制工业企业法概述

全民所有制企业，又称国有企业，是指生产资料属于全民所有，以营利为目的的，依法自主经营、自负盈亏、独立核算的商品生产和经营单位。

全民所有制企业法是调整国有企业设立、生产经营运作及与企业所有者国家之间权利义务关系的法律规范的总称。目前，我国这方面的立法主要是：1988 年 4 月第七届全国人民代表大会第一次会议通过的《中华人民共和国全民所有制工业企业法》(以下简称《全民所有制工业企业法》)、1992年国务院颁布的《全民所有制工业企业转换经营机制条例》、1995年国家经贸委《关于深化企业改革搞好国有大中型企业的意见》、2000年国务院发布的《国有企业监事会暂行条例》等。

《全民所有制工业企业法》是全民所有制工业企业的基本法,同时适用于全民所有制的交通运输、邮电、地质勘探、建筑安装、商业、外贸、物资、农林、水利等企业,即适用于所有的全民所有制企业。

二、全民所有制企业的设立、变更和终止

1. 全民所有制企业的设立

(1) 全民所有制企业的设立条件。全民所有制企业的设立必须具备以下条件:①产品为社会所需要;②有能源、原材料、交通运输的必要条件;③有自己的名称和生产经营场所;④有符合国家规定的资金;⑤有自己的组织机构;⑥有明确的经营范围;⑦法律、法规规定的其他条件。

(2) 全民所有制企业的设立程序:①准备设立者提出申请;②依照法律和国务院规定,报请政府或者政府主管部门审核批准;③办理工商登记,领取《企业法人营业执照》,取得法人资格。

2. 全民所有制企业的变更

企业的变更,是指企业在组织上的合并、分立以及企业名称、营业地、经营范围等登记事项的变更。

(1) 企业的合并。两个或两个以上的企业依法联合组成为一个企业,或者一个企业兼并一个或一个以上的企业即为合并。政府可以决定或批准企业的合并,但仅限于全民所有制范围内,采取资产无偿划转方式进行,企业被兼并必须经政府主管部门批准。

(2) 企业的分立。一个企业依法分为两个或两个以上企业即为分立。企业分立也必须经政府主管部门批准,分立各方应该就财产、债权债务等事项达成协议。

(3) 其他重要事项的变更。包括改变企业名称、住所、经营场所、法定代表人、注册资本、经营范围、经营方式、经营期限以及增设或撤销分支机构等。根据法律规定,企业法人实有资金比原注册资金数额增加或者减少超过20%时,应持验资证明向原登记主管机关申请变更登记。

企业的变更,要依照法律、法规的规定,由政府或者政府主管部门批准。企业合并、分立,应当在审批机关批准后30日内向登记主管机关申请办理变更登记、开业登记或者注销登记。与此项衔接,企业应及时向国有资产管理部门申请变动产权登记、注销产权登记。企业其他重用事项的变更,应当在审批机关批准后30日内向登记主管机关申请办理变更登记。

企业的权利、义务不能因企业的变更而消失。在企业变更的情况下，原企业的权利和义务由变更后的企业享有和承担。企业合并、分立时，必须依法清理债权、债务。合并、分立前的企业的债权、债务，由合并、分立后的企业享有和承担。

3. 全民所有制企业的终止

企业终止是指企业法人资格消灭，企业不能再从事生产经营活动。企业终止的原因主要有：①违反法律、法规被责令撤销；②政府主管部门依照法律、法规的规定决定解散；③依法被宣告破产；④其他原因。

企业终止的，应先由有权部门作出企业终止的正式决定。然后成立企业清算组。如果企业是被政府主管部门决定解散的，由政府主管部门指定成立的清算组进行清算。企业是被撤销的，由行使撤销权的政府部门组织成立清算组。企业是被宣告破产的，由人民法院组织有关部门和有关人员组成清算组进行清算。清算完毕后，清算组应持法定代表人签署的申请注销登记报告、审批机关的批准文件、清理债务的完结证明或清算组负责清理债权债务的有关文件到工商行政管理部门办理注销登记。企业终止的还应当向国有资产管理部门办理产权注销登记。工商行政管理部门收缴企业的《企业法人营业执照》及其副本和公章，并将注销登记情况告知企业的开户银行。

三、全民所有制企业的权利、义务和责任

1. 全民所有制企业的权利

全民所有制企业的权利涉及人、财、物、产、供、销各方面。其中企业经营权是企业的主要权利之一，落实企业经营权是转换企业经营机制的关键。企业享有的权利主要包括：生产经营决策权；产品、劳务定价权；产品销售权，物资采购权；进出口权；投资决策权；留用资金支配权；资产处置权；联营、兼并权；劳动用工权；人事管理权；工资、奖金分配权；内部机构的设置权；拒绝摊派权。

？学生提问：全民所有制企业是国有企业，企业怎么行使资产处置权呢？

教师回答：企业根据生产经营的需要，对于一般性固定资产，可以自主决定出租、抵押或者有偿转让；对于关键设备、成套设备或重要建筑，可以出租，但抵押或者有偿转让应当经政府主管部门批准，企业的资产处置权是有一定限制的。

2. 全民所有制企业的义务

全民所有制企业的义务可以概括为对国家的义务、对社会的义务和对职工的义务三个方面。

(1) 企业对国家的义务主要有:①遵守法律、法规,坚持企业的社会主义性质;②完成国家依法定程序下达的指令性计划;③降低成本,提高劳动生产率;④遵守财经纪律,依法缴纳税金,接受政府的监督;⑤维护生产秩序,保护国家财产。

(2) 企业对社会的义务主要有:①保证产品质量和服务质量,对用户和消费者负责;②履行依法订立的合同;③做好环境保护工作,防止对环境的污染和破坏。

(3) 企业对职工的义务主要有:①贯彻安全生产制度,改善劳动条件,做好劳动保护工作,实行安全生产;②加强职工教育,提高职工队伍的素质;③支持和奖励职工进行科学研究、发明创造,开展技术革新、合理化建议和社会主义劳动竞赛活动等。

3. 全民所有制企业自负盈亏的责任

全民所有制企业以国家授予其经营管理的财产承担民事责任。企业对其法定代表人和其他工作人员以法人名义从事的经营活动,承担民事责任。厂长对企业盈亏负有直接经营责任;职工按照企业内部经济责任制,对企业盈亏也负有相应责任。

全民所有制企业自负盈亏责任主要是指企业因经营亏损引起的依法清偿债务的民事责任。企业为实现政府规定的社会公益目标或者生产指令性计划、因定价原因形成的政策性亏损,由国家按一定方法进行弥补。企业承担民事责任应以其全部法人财产为限。

四、全民所有制企业的经营管理制度

1. 全民所有制企业的厂长(经理)负责制

厂长(经理)负责制,即企业的生产经营管理工作由厂长(经理)统一领导和全面负责的企业内部管理制度。

(1) 厂长的地位和产生。在全民所有制企业中,厂长是企业的法定代表人,在企业中处于中心地位,对企业的各项工作负有全面责任。

厂长的产生,除国务院另有规定外,由政府主管部门根据企业的情况决定采取下列一种方式:①政府主管部门委任或者招聘;②企业职工代表大会选举;政府主管部门委任或者招聘的厂长,由政府主管部门免职或者解聘,并须征求职工代表的意见;企业职工代表大会选举的厂长,由职工代表大会罢免,并须报政府主管部门批准。

(2) 厂长的职权和职责。在企业的生产经营管理工作中,厂长行使下列职权:

• 依照法律和国务院规定，决定或者报请审查批准企业的各项计划；

• 决定企业行政机构的设置；

• 提请政府主管部门任免或者聘任、解聘副厂级行政领导干部。法律和国务院另有规定的除外；

• 任免或者聘任、解聘企业中层行政领导干部。法律另有规定的除外；

• 提出工资调整方案、奖金分配方案和重要的规章制度，提请职工代表大会审查同意；提出福利基金使用方案和其他有关职工生活福利的重大事项的建议，提请职工代表大会审议决定；

• 依法奖惩职工；提请政府主管部门奖惩副厂级行政领导干部。

2. 全民所有制企业的民主管理

全民所有制企业的职工代表大会是企业实行民主管理的基本形式，是职工行使民主管理权力的机构。它是厂长负责制的重要保障和必要补充，对企业领导的生产经营管理活动有直接监督作用。

(1) 职工代表大会的主要职权：①听取和审议企业重大经营决策，提出意见和建议的权利；②审查同意或者否决企业重大制度的权利；③审议决定职工重大福利事项的权利；④评议、监督企业各级行政领导干部，提出奖惩和任免建议的权利。⑤根据政府主管部门的决定选举厂长的权利。

(2) 职工代表大会的组织机构。会议期间包括选举出的主席团、工会委员会、专门小组。主席团负责主持会议，由工人、技术人员、管理人员和企业的领导干部组成。工会委员会是职工代表大会的工作机构，负责职工代表大会的日常工作。职工代表大会可以根据需要，设立若干临时性的或经常性的专门小组(或专门委员会)。

(3) 职工代表大会的会议制度。职工代表大会至少每半年召开一次。每次会议必须有 2/3 以上的职工代表出席。遇到重大事项，经厂长、工会委员会或者 1/3 以上职工代表提议，可以召开临时会议。职工代表大会进行选举或作出决议，必须经全体职工代表过半数通过。职工代表大会在其职权范围内决定的事项，非经职工代表大会同意不得修改。

? 学生提问：全民所有制企业厂长和职工代表大会的职权有什么区别呢？

教师回答：企业实行厂长负责制，厂长可以决定企业的经营方针、长远规划、年度计划等，对于这些重大事项，职工代表大会只能提出意见和建议，并无同意或者否决权。企业必须实行民主管理，厂长和职工代表大会不同的职权使集中领导和民主管理结合起来。

五、全民所有制企业的监督机构

全民所有制企业的监督机构主要有三种:国有重点大型企业监事会;稽查特派员;国有金融机构监事会。三类机构的性质、工作日的和方式基本相同,但各有其职权范围。本章概要介绍国有重点大型企业监事会(以下简称监事会),其依据主要是国务院于2000年3月15日发布施行的《国有企业监事会暂行条例》。

1. 监事会的性质

监事会由国务院派出,对国务院负责。监事会以财务监督为核心,代表国家对国有重点大型企业(以下简称企业)的国有资产保值增值状况实施监督。监事会与企业是监督与被监督的关系,监事会不参与、不干预企业的经营决策和经营管理活动。

2. 监事会的组成

监事会由主席一人、监事若干人组成。监事会成员不少于3人。监事分为专职监事和兼职监事。监事会主席人选按照规定程序确定,由国务院任命。监事会中的企业职工代表由企业职工代表大会民主选举产生,报监事会管理机构批准。企业负责人不得担任监事会中的企业职工代表。监事会成员每届任期3年,其中监事会主席和专职监事、派出监事不得在同一企业连任。监事会主席和专职监事、派出监事可以担任1至3家企业监事会的相应职务。

3. 监事会的职责

监事会履行下列职责:

- 检查企业贯彻执行有关法律、行政法规和规章制度的情况;
- 检查企业财务,查阅企业的财务会计资料及与企业经营管理活动有关的其他资料,验证企业财务会计报告的真实性、合法性;
- 检查企业的经营效益、利润分配、国有资产保值增值、资产运营等情况;
- 检查企业负责人的经营行为,并对其经营管理业绩进行评价,提出奖惩、任免建议。

4. 监事会的回避原则

监事会主席和专职监事、派出监事实行回避原则,不得在其曾经管辖的行业、曾经工作过的企业或者其近亲属担任高级管理职务的企业的监事会中任职;也不得接受企业的任何报酬、福利待遇,不得在企业报销任何费用。监事会成员不得接受企业的任何馈赠,不得参加由企业安排、组织或者支付费用的宴请、娱乐、旅游、出访等活动,不得在企业中为自己、亲友或者其他人牟取私利。

5. 监事会的监督检查

监事会一般每年对企业定期检查 1～2 次，并可以根据实际需要不定期地对企业进行专项检查。监事会开展监督检查，可以采取下列方式：

· 听取企业负责人有关财务、资产状况和经营管理情况的汇报，在企业召开与监督检查事项有关的会议；

· 查阅企业的财务会计报告、会计凭证、会计账簿等财务会计资料以及与经营管理活动有关的其他资料；

· 核查企业的财务、资产状况，向职工了解情况、听取意见，必要时要求企业负责人作出说明；

· 向财政、工商、税务、审计、海关等有关部门和银行调查了解企业的财务状况和经营管理情况。

监事会主席根据监督检查的需要，可以列席或者委派监事会其他成员列席企业有关会议。监事会每次对企业进行检查结束后，应当按法定程序向国务院上报检查报告。

监事会在监督检查中发现企业经营行为有可能危及国有资产安全、造成国有资产流失或者侵害国有资产所有者权益以及监事会认为应当立即报告的其他紧急情况，应当及时向监事会管理机构提出专项报告，也可以直接向国务院报告。

监事会开展监督检查工作所需费用由国家财政拨付，由监事会管理机构统一列支。监事会认为必要时，经监事会管理机构同意，可以聘请注册会计师事务所对企业进行审计。

第三节　合伙企业法

一、合伙企业法概述

1. 合伙企业

合伙企业，是指自然人、法人和其他组织依照《中华人民共和国合伙企业法》在中国境内设立的普通合伙企业和有限合伙企业。

所谓普通合伙企业，是指由普通合伙人组成，合伙人对合伙企业债务承担无限连带责任的合伙企业形式；有限合伙企业，是指由普通合伙人和有限合伙人组成，普通合伙人对合伙企业债务承担无限连带责任，有限合伙人以其认缴的出资额为限对合伙企业债务承担责任的合伙企业形式。

普通合伙企业又分为一般普通合伙企业和特殊普通合伙企业。一般普通合伙企业中所有的合伙人对所有的企业债务均承担无限连带责任；特殊普通合伙企业中某一合伙人因故意或者重大过失引起的企业债务，由该合伙人承担无限责任，其他合伙人承担有限责任，对于一般的企业债务，则由所有的合伙人承担无限连带责任。特殊普通合伙企业类型主要适用于专业服务机构，如登记为合伙企业的会计师事务所。

合伙企业的特征有：①合伙企业以合伙协议为成立的法律基础；②合伙企业须由全体合伙人共同出资，合伙经营；③合伙人共负盈亏，共担风险。

2. 合伙企业法概述

广义的合伙企业法是调整合伙企业在设立、经营、变更、终止过程中形成的各种社会关系的法律规范的总称。狭义的合伙企业法指1997年2月23日第八届全国人民代表大会常务委员会第二十四次会议通过，2006年8月27日第十届全国人民代表大会常务委员会第二十三次会议修订的《中华人民共和国合伙企业法》（以下简称《合伙企业法》），修订后的《合伙企业法》自2007年6月1日起施行。修订后的合伙企业法在三个方面做出重要调整：一是增加了有限合伙制度；二是增加了特殊普通合伙制度；三是允许公司等其他法人可以参与合伙。

？学生提问：如何区分特殊的普通合伙企业与有限合伙企业的债务承担？

教师回答：特殊的普通合伙企业是“先确定债务性质再找人”，如果债务是某一合伙人因故意或者重大过失引起的，由该合伙人承担无限责任，其他合伙人承担有限责任；对于一般的企业债务，则由所有的合伙人承担无限连带责任。

有限合伙企业是“先确定人的性质再确定责任”，只要是普通合伙人，对合伙企业债务就承担无限连带责任；而有限合伙人，只以其认缴的出资额为限对合伙企业债务承担有限责任。

二、合伙企业的设立、财产管理与事务执行

1. 合伙企业的设立

(1) 设立条件：

有两个以上合伙人　合伙人为自然人的，应当具有完全民事行为能力。

自然人、法人和其他组织均可以成为合伙人。国有独资公司、国有企业、上市公司以及公益性的事业单位、社会团体不得成为普通合伙人，但可以成为有限合伙人。

除法律有特别规定的以外，有限合伙企业由2个以上50个以下合伙人设立，

其中至少应当有1个普通合伙人。

有书面合伙协议　合伙协议依法由全体合伙人协商一致、以书面形式订立，并经全体合伙人签名、盖章后生效。订立合伙协议、设立合伙企业，应当遵循自愿、平等、公平、诚实信用原则。

合伙协议应当载明下列事项：合伙企业的名称和主要经营场所的地点；合伙目的和合伙经营范围；合伙人的姓名或者名称、住所；合伙人的出资方式、数额和缴付期限；利润分配、亏损分担方式；合伙事务的执行；入伙与退伙；争议解决办法；合伙企业的解散与清算；违约责任。

有限合伙企业的合伙协议除载明上述事项外，还应当载明下列事项：普通合伙人和有限合伙人的姓名或者名称、住所；执行事务合伙人应具备的条件和选择程序；执行事务合伙人权限与违约处理办法；执行事务合伙人的除名条件和更换程序；有限合伙人入伙、退伙的条件、程序以及相关责任；有限合伙人和普通合伙人相互转变程序。

合伙协议经全体合伙人签名、盖章后生效。合伙人按照合伙协议享有权利，履行义务。修改或者补充合伙协议，应当经全体合伙人一致同意；但是，合伙协议另有约定的除外。合伙协议未约定或者约定不明确的事项，由合伙人协商决定；协商不成的，依照本法和其他有关法律、行政法规的规定处理。

有合伙人认缴或者实际缴付的出资　合伙人可以用货币、实物、知识产权、土地使用权或者其他财产权利出资，也可以用劳务出资。其中，只有普通合伙人可以劳务出资，有限合伙人不得以劳务出资。合伙人以实物、知识产权、土地使用权或者其他财产权利出资，需要评估作价的，可以由全体合伙人协商确定，也可以由全体合伙人委托法定评估机构评估。合伙人以劳务出资的，其评估办法由全体合伙人协商确定，并在合伙协议中载明。

合伙人应当按照合伙协议约定的出资方式、数额和缴付期限，履行出资义务。以非货币财产出资的，依照法律、行政法规的规定，需要办理财产权转移手续的，应当依法办理。有限合伙人应当按照合伙协议的约定按期足额缴纳出资；未按期足额缴纳的，应当承担补缴义务，并对其他合伙人承担违约责任。有限合伙企业登记事项中应当载明有限合伙人的姓名或者名称及认缴的出资数额。

有合伙企业的名称和生产经营场所　普通合伙企业名称中应当标明“普通合伙”字样，特殊的普通合伙企业名称中应当标明“特殊普通合伙”字样，有限合伙企业名称中应当标明“有限合伙”字样。

法律、行政法规规定的其他条件。

(2) 设立程序。申请合伙企业设立登记，应当向登记机关即工商行政管理部门提交登记申请书、合伙协议书、合伙人身份证明等文件。依法登记领取合伙企业营业执照后，方可从事经营活动。

合伙企业的经营范围中有属于法律、行政法规规定在登记前须经批准的项目的，该项经营业务应当依法经过批准，并在登记时提交批准文件。

申请人提交的登记申请材料齐全、符合法定形式，企业登记机关能够当场登记的，应予当场登记，发给营业执照。除上述规定情形外，企业登记机关应当自受理申请之日起20日内，作出是否登记的决定。予以登记的，发给营业执照；不予登记的，应当给予书面答复，并说明理由。合伙企业的营业执照签发日期，为合伙企业成立日期。

合伙企业设立分支机构，应当向分支机构所在地的企业登记机关申请登记，领取营业执照。合伙企业登记事项发生变更的，执行合伙事务的合伙人应当自作出变更决定或者发生变更事由之日起15日内，向企业登记机关申请办理变更登记。

2. 合伙企业的财产管理

(1) 合伙企业财产的性质。合伙企业的财产由合伙人的出资、以合伙企业名义取得的收益和依法取得的其他财产三部分构成。

合伙人在合伙企业清算前，不得请求分割合伙企业的财产；但是，《合伙企业法》另有规定的除外。合伙人在合伙企业清算前私自转移或者处分合伙企业财产的，合伙企业不得以此对抗善意第三人。

(2) 合伙人财产份额的转让。普通合伙企业合伙人之间转让在合伙企业中的全部或者部分财产份额时，应当通知其他合伙人。除合伙协议另有约定外，合伙人向合伙人以外的人转让其在合伙企业中的全部或者部分财产份额时，须经其他合伙人一致同意。有限合伙人可以按照合伙协议的约定向合伙人以外的人转让其在有限合伙企业中的财产份额，但应当提前30日通知其他合伙人。

合伙人向合伙人以外的人转让其在合伙企业中的财产份额的，在同等条件下，其他合伙人有优先购买权；但是，合伙协议另有约定的除外。

? 学生提问：普通合伙人对内和对外转让其财产份额有什么不同规定？

教师回答：对内转让只是需要通知其他合伙人就可以了；对外转让应当经其他合伙人一致同意。

? 学生提问：那么，普通合伙人和有限合伙人对外转让其财产份额又有什么不同规定呢？

教师回答：除合伙协议另有约定外，普通合伙人外转让财产份额应当经其他合伙人一致“同意”；而有限合伙人可以按照合伙协议的约定对外转让其财产份额，但是只需要履行“通知”义务。

(3) 合伙人财产份额的出质。合伙人以其在合伙企业中的财产份额出质的，须经其他合伙人一致同意；未经其他合伙人一致同意，其行为无效，由此给善意第三人造成损失的，由行为人依法承担赔偿责任。有限合伙人可以将其在有限合伙企业中的财产份额出质；但是，合伙协议另有约定的除外。

(4) 新合伙人入伙。合伙人以外的人依法受让合伙人在合伙企业中的财产份额的，经修改合伙协议即成为合伙企业的合伙人，依照《合伙企业法》和修改后的合伙协议享有权利，履行义务。

参考案例 2-1

2009年1月，甲、乙、丙成立A普通合伙企业，甲以自己拥有的一辆别克汽车出资。3月，甲向李某借款15万元，李某要求甲提供担保。未经乙和丙同意，甲以已经出资的小汽车质押给债权人李某，李某不知道该汽车属于甲的出资。问：该质押行为的效力如何？如果该行为无效，给债权人李某造成损失的，谁将承担赔偿责任？

分析：合伙人以其在合伙企业中的财产份额出质的，须经其他合伙人一致同意；未经其他合伙人一致同意，其行为无效，因此甲的质押行为无效。

债权人李某并不知情，属于善意第三人，由此遭受损失的，应该由行为人甲依法向李某承担赔偿责任。

3. 合伙企业的事务执行

(1) 合伙企业的事务执行的方式。普通合伙企业可以由全体合伙人共同执行合伙事务；按照合伙协议的约定或者经全体合伙人决定，也可以委托一个或者数个合伙人对外代表合伙企业，执行合伙事务。作为合伙人的法人、其他组织执行合伙事务的，由其委派的代表执行。

有限合伙企业由普通合伙人执行合伙事务。执行事务合伙人可以要求在合伙协议中确定执行事务的报酬及报酬提取方式。有限合伙人不执行合伙事务,不得对外代表有限合伙企业。但有限合伙人的下列行为,不视为执行合伙事务:①参与决定普通合伙人入伙、退伙;②对企业的经营管理提出建议;③参与选择承办有限合伙企业审计业务的会计师事务所;④获取经审计的有限合伙企业财务会计报告;⑤对涉及自身利益的情况,查阅有限合伙企业财务会计账簿等财务资料;⑥在有限合伙企业中的利益受到侵害时,向有责任的合伙人主张权利或者提起诉讼;⑦执行事务合伙人怠于行使权利时,督促其行使权利或者为了本企业的利益以自己的名义提起诉讼;⑧依法为本企业提供担保。

(2) 合伙人的权利和义务:

合伙人的权利　普通合伙企业合伙人对执行合伙事务享有同等的权利;不执行合伙事务的合伙人有权监督执行事务合伙人执行合伙事务的情况;合伙人有权查阅合伙企业会计账簿等财务资料;受委托执行合伙事务的合伙人不按照合伙协议或者全体合伙人的决定执行事务的,其他合伙人可以决定撤销该委托。

有限合伙人可以同本有限合伙企业进行交易;但是,合伙协议另有约定的除外。有限合伙人可以自营或者同他人合作经营与本有限合伙企业相竞争的业务;但是,合伙协议另有约定的除外。

合伙人的义务　普通合伙企业合伙人不得自营或者同他人合作经营与本合伙企业相竞争的业务;除合伙协议另有约定或者经全体合伙人一致同意外,合伙人不得同本合伙企业进行交易。

合伙人不得从事损害本合伙企业利益的活动。

(3) 合伙企业的事务表决。合伙人对合伙企业有关事项作出决议,按照合伙协议约定的表决办法办理。合伙协议未约定或者约定不明确的,实行合伙人一人一票并经全体合伙人过半数通过的表决办法。《合伙企业法》对合伙企业的表决办法另有规定的,从其规定。

除合伙协议另有约定外,合伙企业的下列事项应当经全体合伙人一致同意:①改变合伙企业的名称;②改变合伙企业的经营范围、主要经营场所的地点;③处分合伙企业的不动产;④转让或者处分合伙企业的知识产权和其他财产权利;⑤以合伙企业名义为他人提供担保;⑥聘任合伙人以外的人担任合伙企业的经营管理人员。

(4) 合伙企业的利润分配与亏损分担。合伙企业的利润分配、亏损分担,按照合伙协议的约定办理。

合伙协议未约定或者约定不明确的,由合伙人协商决定;协商不成的,由合伙人按照实缴出资比例分配、分担;无法确定出资比例的,由合伙人平均分配、分担。

普通合伙企业合伙协议不得约定将全部利润分配给部分合伙人或者由部分合伙人承担全部亏损。有限合伙企业不得将全部利润分配给部分合伙人；但是，合伙协议另有约定的除外。

> ? 学生提问：普通合伙企业和有限合伙企业是不是都不能将全部利润只分配给部分合伙人？
>
> 教师回答：只要合伙协议有约定，有限合伙企业可以在企业成立后的一定期限里将全部利润只分配给部分合伙人（普通合伙人）；但是普通合伙企业的合伙协议无权约定将全部利润分配给部分合伙人。

4. 合伙企业与第三人的关系

（1）合伙企业的债务与第三人的关系。合伙企业对合伙人执行合伙事务以及对外代表合伙企业权利的限制，不得对抗善意第三人。

普通合伙人对企业债务，应先以企业全部财产进行清偿。合伙企业不能清偿到期债务的，合伙人承担无限连带责任。各合伙人应当用其在合伙企业出资以外的财产对外承担无限连带清偿责任。

特殊的普通合伙企业中，属于特定债务，即一个合伙人或者数个合伙人在执业活动中因故意或者重大过失造成合伙企业债务的，应当承担无限责任或者无限连带责任，其他合伙人以其在合伙企业中的财产份额为限承担责任；属于普通债务，即合伙人在执业活动中非因故意或者重大过失造成的合伙企业债务以及合伙企业的其他债务，由全体合伙人承担无限连带责任。

有限合伙人只以其认缴的出资额为限对合伙企业债务承担责任，因此当合伙企业财产不足以清偿到期债务时，有限合伙人不承担剩余债务的清偿义务。第三人有理由相信有限合伙人为普通合伙人并与其交易的，该有限合伙人对该笔交易承担与普通合伙人同样的责任。有限合伙人未经授权以有限合伙企业名义与他人进行交易，给有限合伙企业或者其他合伙人造成损失的，该有限合伙人应当承担赔偿责任。有限合伙企业仅剩有限合伙人的，应当解散；有限合伙企业仅剩普通合伙人的，转为普通合伙企业。

合伙人由于承担无限连带责任，清偿数额超过其应承担的亏损分担比例的，有权向其他合伙人追偿。

（2）合伙人个人债务与合伙企业的关系。

合伙人发生与合伙企业无关的债务，相关债权人不得以其债权抵销其对合伙企业的债务;也不得代位行使合伙人在合伙企业中的权利。

合伙人的自有财产不足清偿其与合伙企业无关的债务的,该合伙人可以以其从合伙企业中分取的收益用于清偿;债权人也可以依法请求人民法院强制执行该合伙人在合伙企业中的财产份额用于清偿。

人民法院强制执行合伙人的财产份额时,应当通知全体合伙人,其他合伙人有优先购买权;其他合伙人未购买,又不同意将该财产份额转让给他人的,依照《合伙企业法》的规定为该合伙人办理退伙结算,或者办理削减该合伙人相应财产份额的结算。

该合伙人退伙时,其他合伙人应当与该退伙人按照退伙时的合伙企业财产状况进行结算,退还退伙人的财产份额。退伙人对给合伙企业造成的损失负有赔偿责任的,相应扣减其应当赔偿的数额。退伙时有未了结的合伙企业事务的,待该事务了结后进行结算。

5. 合伙企业的入伙和退伙

(1) 入伙是指合伙企业存续期间,合伙人以外的第三人加入合伙,从而取得合伙人资格。新合伙人入伙,除合伙协议另有约定外,应当经全体合伙人一致同意,并依法订立书面入伙协议。

入伙的新合伙人与原合伙人享有同等权利,承担同等责任。入伙协议另有约定的,从其约定。新合伙人对入伙前合伙企业的债务承担无限连带责任。有限合伙人对入伙前有限合伙企业的债务,以其认缴的出资额为限承担责任。

(2) 退伙是指合伙人退出合伙企业,从而丧失合伙人资格。合伙人退伙包括自愿退伙和法定退伙两种情况。自愿退伙又包括协议退伙和通知退伙、法定退伙又包括当然退伙和除名两种情况。

协议退伙和通知退伙　合伙协议约定合伙期限的,在合伙企业存续期间,有下列情形之一的,合伙人可以退伙①合伙协议约定的退伙事由出现;②经全体合伙人一致同意;③发生合伙人难以继续参加合伙的事由;④其他合伙人严重违反合伙协议约定的义务。

合伙协议未约定合伙期限的,合伙人在不给合伙企业事务执行造成不利影响的情况下,可以退伙,但应当提前30日通知其他合伙人。合伙人违反上述规定擅自退伙的,应当赔偿由此给其他合伙人造成的损失。

当然退伙　普通合伙人有下列情形之一的,当然退伙,退伙事由实际发生之日为退伙生效日:①作为合伙人的自然人死亡或者被依法宣告死亡;②个人丧失偿债能力;③作为合伙人的法人或者其他组织依法被吊销营业执照、责令关闭撤销,或者被宣告破产;④法律规定或者合伙协议约定合伙人必须具有相关资格而丧失该资格;⑤合伙人在合伙企业中的全部财产份额被人民法院强制执行。

有限合伙人具有上述第二种情形，即“个人丧失偿债能力”并不当然退伙。有限合伙人不执行企业事务，个人丧失偿债能力与合伙企业并无关联。

普通合伙人被依法认定为无民事行为能力人或者限制民事行为能力人的，经其他合伙人一致同意，可以依法转为有限合伙人，普通合伙企业依法转为有限合伙企业。其他合伙人未能一致同意的，该无民事行为能力或者限制民事行为能力的合伙人退伙。作为有限合伙人的自然人在有限合伙企业存续期间丧失民事行为能力的，其他合伙人不得因此要求其退伙。

除名退伙　合伙人有下列情形之一的，经其他合伙人一致同意，可以决议将其除名：①未履行出资义务；②因故意或者重大过失给合伙企业造成损失；③执行合伙事务时有不正当行为；④发生合伙协议约定的事由。

对合伙人的除名决议应当书面通知被除名人。被除名人接到除名通知之日，除名生效，被除名人退伙。被除名人对除名决议有异议的，可以自接到除名通知之日起 30 日内，向人民法院起诉。

财产继承　普通合伙人死亡或者被依法宣告死亡的，对该合伙人在合伙企业中的财产份额享有合法继承权的继承人，按照合伙协议的约定或者经全体合伙人一致同意，从继承开始之日起，取得该合伙企业的合伙人资格。

有下列情形之一的，合伙企业应当向合伙人的继承人退还被继承合伙人的财产份额：①继承人不愿意成为合伙人；②法律规定或者合伙协议约定合伙人必须具有相关资格，而该继承人未取得该资格；③合伙协议约定不能成为合伙人的其他情形。

普通合伙人的继承人为无民事行为能力人或者限制民事行为能力人的，经全体合伙人一致同意，可以依法成为有限合伙人，普通合伙企业依法转为有限合伙企业。全体合伙人未能一致同意的，合伙企业应当将被继承合伙人的财产份额退还该继承人。

作为有限合伙人的自然人死亡、被依法宣告死亡或者作为有限合伙人的法人及其他组织终止时，其继承人或者权利承受人可以依法取得该有限合伙人在有限合伙企业中的资格。

退伙结算　合伙人退伙，其他合伙人应当与该退伙人按照退伙时的合伙企业财产状况进行结算，退还退伙人的财产份额。退伙人对给合伙企业造成的损失负有赔偿责任的，相应扣减其应当赔偿的数额。退伙时有未了结的合伙企业事务的，待该事务了结后进行结算。

退伙人在合伙企业中财产份额的退还办法，由合伙协议约定或者由全体合伙人决定，可以退还货币，也可以退还实物。

退伙人对基于其退伙前的原因发生的合伙企业债务，承担无限连带责任。

合伙人退伙时，合伙企业财产少于合伙企业债务的，退伙人应当依法分担亏损（详见本节“合伙企业的利润分配与亏损分担”部分）。

有限合伙人退伙后，对基于其退伙前的原因发生的有限合伙企业债务，以其退伙时从有限合伙企业中取回的财产承担责任。

有限合伙人转变为普通合伙人的，对其作为有限合伙人期间有限合伙企业发生的债务承担无限连带责任。普通合伙人转变为有限合伙人的，对其作为普通合伙人期间合伙企业发生的债务承担无限连带责任。

三、合伙企业的解散和清算

1. 合伙企业的解散

合伙企业有下列情形之一的，应当解散：合伙期限届满，合伙人决定不再经营；合伙协议约定的解散事由出现；全体合伙人决定解散；合伙人已不具备法定人数满30日；合伙协议约定的合伙目的已经实现或者无法实现；依法被吊销营业执照、责令关闭或者被撤销；法律、行政法规规定的其他原因。

2. 合伙企业的清算

合伙企业解散后应当进行清算，清算程序如下：

（1）确定清算人、执行清算事务。合伙企业解散，应当由清算人进行清算。清算人由全体合伙人担任；经全体合伙人过半数同意，可以自合伙企业解散事由出现后15日内指定一个或者数个合伙人，或者委托第三人担任清算人。自合伙企业解散事由出现之日起15日内未确定清算人的，合伙人或者其他利害关系人可以申请人民法院指定清算人。

清算人在清算期间执行下列事务：清理合伙企业财产，分别编制资产负债表和财产清单；处理与清算有关的合伙企业未了结事务；清缴所欠税款；清理债权、债务；处理合伙企业清偿债务后的剩余财产；代表合伙企业参加诉讼或者仲裁活动。

（2）通知和公告债权人。清算人自被确定之日起10日内将合伙企业解散事项通知债权人，并于60日内在报纸上公告。债权人应当自接到通知书之日起30日内，未接到通知书的自公告之日起45日内，向清算人申报债权。债权人申报债权，应当说明债权的有关事项，并提供证明材料。清算人应当对债权进行登记。清算期间，合伙企业存续，但不得开展与清算无关的经营活动。

（3）财产清算。合伙企业财产在支付清算费用和职工工资、社会保险费用、法定补偿金以及缴纳所欠税款、清偿债务后的剩余财产，按照合伙协议的约定办理；合伙协议未约定或者约定不明确的，由合伙人协商决定；协商不成的，由合伙人按照实缴出资比例分配；无法确定出资比例的，由合伙人平均分配。

（4）注销登记。清算结束，清算人应当编制清算报告，经全体合伙人签名、盖章后,在15日内向企业登记机关报送清算报告,申请办理合伙企业注销登记。

合伙企业注销后,原普通合伙人对合伙企业存续期间的债务仍应承担无限连带责任。合伙企业不能清偿到期债务的,债权人可以依法向人民法院提出破产清算申请,也可以要求普通合伙人清偿。合伙企业依法被宣告破产的,普通合伙人对合伙企业债务仍应承担无限连带责任。

四、违反合伙企业法的法律责任

1. 合伙企业的法律责任

提交虚假文件或者采取其他欺骗手段,取得合伙企业登记的,由企业登记机关责令改正,处以5000元以上5万元以下的罚款;情节严重的,撤销企业登记,并处以5万元以上20万元以下的罚款。

合伙企业未在其名称中标明“普通合伙”、“特殊普通合伙”或者“有限合伙”字样的,由企业登记机关责令限期改正,处以2000元以上1万元以下的罚款。

未领取营业执照,而以合伙企业或者合伙企业分支机构名义从事合伙业务的,由企业登记机关责令停止,处以5000元以上5万元以下的罚款。

合伙企业登记事项发生变更时,未依法办理变更登记的,由企业登记机关责令限期登记;逾期不登记的,处以2000元以上2万元以下的罚款。

2. 合伙人的法律责任

合伙企业登记事项发生变更,执行合伙事务的合伙人未按期申请办理变更登记的,应当赔偿由此给合伙企业、其他合伙人或者善意第三人造成的损失。

合伙人执行合伙事务,或者合伙企业从业人员利用职务上的便利,将应当归合伙企业的利益据为己有的,或者采取其他手段侵占合伙企业财产的,应当将该利益和财产退还合伙企业;给合伙企业或者其他合伙人造成损失的,依法承担赔偿责任。

合伙人对法律规定或者合伙协议约定必须经全体合伙人一致同意始得执行的事务擅自处理,给合伙企业或者其他合伙人造成损失的,依法承担赔偿责任。

不具有事务执行权的合伙人擅自执行合伙事务,给合伙企业或者其他合伙人造成损失的,依法承担赔偿责任。

合伙人违反合伙企业法规定或者合伙协议的约定,从事与本合伙企业相竞争的业务或者与本合伙企业进行交易的,该收益归合伙企业所有;给合伙企业或者其他合伙人造成损失的,依法承担赔偿责任。合伙人违反合伙协议的,应当依法承担违约责任。

合伙人履行合伙协议发生争议的,合伙人可以通过协商或者调解解决。不愿通过协商、调解解决或者协商、调解不成的,可以按照合伙协议约定的仲裁条款或者事后达成的书面仲裁协议,向仲裁机构申请仲裁。合伙协议中未订立仲裁条款,事后又没有达成书面仲裁协议的,可以向人民法院起诉。

3. 清算人的法律责任

清算人未依法向企业登记机关报送清算报告,或者报送清算报告隐瞒重要事实,或者有重大遗漏的,由企业登记机关责令改正。由此产生的费用和损失,由清算人承担和赔偿。

清算人执行清算事务,牟取非法收入或者侵占合伙企业财产的,应当将该收入和侵占的财产退还合伙企业;给合伙企业或者其他合伙人造成损失的,依法承担赔偿责任。

清算人违法隐匿、转移合伙企业财产,对资产负债表或者财产清单作虚假记载,或者在未清偿债务前分配财产,损害债权人利益的,依法承担赔偿责任。

4. 其他责任

有关行政管理机关的工作人员违反本法规定,滥用职权、徇私舞弊、收受贿赂、侵害合伙企业合法权益的,依法给予行政处分。

违反合伙企业法规定,构成犯罪的,依法追究刑事责任。

违反合伙企业法规定,应当承担民事赔偿责任和缴纳罚款、罚金,其财产不足以同时支付的,先承担民事赔偿责任。

第四节 个人独资企业法

一、个人独资企业法概述

1. 个人独资企业的概念和特征

个人独资企业,是指依法在中国境内设立,由一个自然人投资,财产为投资人个人所有,投资人以其个人财产对企业债务承担无限责任的经营实体。个人独资企业具有以下特征:

(1) 投资主体单一,即个人独资企业的投资人为一个自然人。

(2) 所有权与经营权合而为一,企业的投资人对其设立的个人独资企业有直接的、绝对的控制权与支配权。

(3) 个人独资企业的投资人对企业债务承担无限责任。

(4) 个人独资企业无法人资格。

个人独资企业不具有企业法人资格,不能独立承担民事责任,但有权以自己的名义独立进行民事活动。当个人独资企业发生债务时,先以企业的全部财产清偿,不足清偿的,投资人应以个人其他财产承担无限清偿责任。

2. 个人独资企业法的含义

广义的个人独资企业法，是指国家关于个人独资企业的各种法律规范的总称；狭义的个人独资企业法，指1999年8月30日第九届全国人民代表大会常务委员会第十一次会议通过的《中华人民共和国个人独资企业法》(以下简称《个人独资企业法》)。

《个人独资企业法》规范的是一个自然人单独投资设立的企业，不包括国家授权投资的机构和授权的部门单独投资设立的国有独资公司，也不包括外国资本单独投资设立的外资企业。

二、个人独资企业的设立

1. 个人独资企业的设立条件

(1) 投资人为一个具有完全民事行为能力的自然人，且只能是中国公民。法律、行政法规禁止从事营利性活动的人不能成为个人独资企业的投资人，如国家公务员、党政机关领导干部、警察、法官、检察官、商业银行工作人员等。

(2) 有合法的企业名称。个人独资企业的名称应当与其责任形式及从事的营业相符合，不能出现“有限”、“有限责任”或者“公司”字样。

(3) 有投资人申报的出资。投资人可以以货币出资，也可以以实物、土地使用权、知识产权或其他财产权利出资。

个人独资企业投资人以其家庭共有财产作为个人出资的，在申请企业设立登记时应当明确注明，并依法以家庭共有财产对企业债务承担无限责任。

(4) 有固定的生产经营场所和必要的生产经营条件。企业以其主要办事机构所在地为住所。必要的生产经营条件，是设立个人独资企业的物质基础。

(5) 有必要的从业人员。个人独资企业要有与其生产经营活动相应的营业人员。

? 学生提问：个人独资企业可以以“劳务”出资吗？

教师回答：不可以，在我国各种企业形式的投资人当中，只有“普通合伙人”可以以劳务出资。

参考案例 2-2

李某准备设立个人独资企业，事先租赁了经营场地、拟定了企业名称，准备以自有的5万元和其女儿个人的5万元出资登记。问：其出资是否符合法律规定？

分析：个人独资企业可以个人财产出资，也可以家庭共同财产出资，但不能以家庭其他成员的个人财产出资，所以李某以其女儿的5万元出资不符合法律规定。

2. 个人独资企业的设立程序

(1) 提出申请。申请设立个人独资企业，应当由投资人或者其委托的代理人向个人独资企业所在地的登记机关提交设立申请书、投资人身份证明、企业住所地证明和生产经营场所使用证明等文件。从事法律、行政法规规定须经有关部门批准的业务的，应当在申请设立登记时提交有关部门的批准文件。

(2) 工商登记。登记机关应当在收到设立申请文件之日起15日内，对符合法律规定条件的予以登记，发给营业执照；对不符合法律规定条件的不予登记，并给予书面答复，说明理由。个人独资企业的营业执照的签发日期，为个人独资企业的成立日期。在领取个人独资企业营业执照前，投资人不得以个人独资企业的名义从事经营活动。

(3) 分支机构登记。个人独资企业设立分支机构，应当由投资人或者其委托的代理人向分支机构所在地的登记机关申请登记，领取营业执照。分支机构的民事责任由设立该分支机构的个人独资企业承担。

(4) 变更登记。个人独资企业存续期间登记事项发生变更的，应当在作出变更决定之日起的15日内依法向登记机关申请办理变更登记。

三、个人独资企业的事务管理

个人独资企业投资人可以自行管理企业事务，也可以委托或者聘用其他具有民事行为能力的人负责企业的事务管理。

投资人委托或者聘用他人管理个人独资企业事务的，应当与受托人或者被聘用的人签订书面合同，明确委托的具体内容和授予的权利范围。受托人或者被聘用的人员应当履行诚信、勤勉义务，按照与投资人签订的合同负责个人独资企业的事务管理。投资人对受托人或者被聘用人员职权的限制，不得对抗善意第三人。

投资人委托或者聘用的管理个人独资企业事务的人员不得有下列行为：①利用职务上的便利，索取或者收受贿赂；②利用职务或者工作上的便利侵占企业财产；③挪用企业的资金归个人使用或者借贷给他人；④擅自将企业资金以个人名义或者以他人名义开立账户储存；⑤擅自以企业财产提供担保；⑥未经投资人同意，从事与本企业相竞争的业务；⑦未经投资人同意，同本企业订立合同或者进行交易；⑧未经投资人同意，擅自将企业商标或者其他知识产权转让给他人使用；⑨泄露本企业的商业秘密；⑩法律、行政法规禁止的其他行为。

个人独资企业应当依法设置会计账簿，进行会计核算。个人独资企业招用职工的，应当依法与职工签订劳动合同，保障职工的劳动安全，按时、足额发放职工工资；同时应当按照国家规定参加社会保险，为职工缴纳社会保险费。

个人独资企业可以依法申请贷款、取得土地使用权，并享有法律、行政法规规定的其他权利。任何单位和个人不得违反法律、行政法规的规定，以任何方式强制个人独资企业提供财力、物力、人力；对于违法强制提供财力、物力、人力的行为，个人独资企业有权拒绝。

四、个人独资企业的解散和清算

1. 个人独资企业的解散

个人独资企业有下列情形之一时，应当解散：①投资人决定解散；②投资人死亡或者被宣告死亡，无继承人或者继承人决定放弃继承；③被依法吊销营业执照；④法律、行政法规规定的其他情形。

2. 个人独资企业的清算

个人独资企业解散，由投资人自行清算或者由债权人申请人民法院指定清算人进行清算。投资人自行清算的，应当在清算前15日内书面通知债权人，无法通知的，应当予以公告。债权人应当在接到通知之日起30日内，未接到通知的应当在公告之日起60日内，向投资人申报其债权。清算期间，个人独资企业不得开展与清算目的无关的经营活动。在按前条规定清偿债务前，投资人不得转移、隐匿财产。

> ? 学生提问：哪些主体可以成为个人独资企业的清算人呢？
>
> 教师回答：投资人可以自行清算；债权人可以申请清算，注意债权人不能直接清算，只能申请人民法院指定清算人。

个人独资企业解散的，财产应当按照下列顺序清偿：①所欠职工工资和社会保险费用；②所欠税款；③其他债务。个人独资企业财产不足以清偿债务的，投资人应当以其个人的其他财产予以清偿。

个人独资企业解散后，原投资人对个人独资企业存续期间的债务仍应承担偿还责任，但债权人在 5 年内未向债务人提出偿债请求的，该责任消灭。

个人独资企业清算结束后，投资人或者人民法院指定的清算人应当编制清算报告，并于 15 日内到登记机关办理注销登记。

【引例评析】

(1) 乙与丙之间的买卖合同有效。丙对 A 个人独资企业的内部规定并不知情，属于善意第三人，个人独资企业的内部规定不得对抗善意第三人，所以买卖合同有效。

(2) 首先，用 A 企业的剩余资产 4 万元清偿所欠乙的工资 8 000 元、社会保险 3 000与税款 5 000 元后，剩余 24 000 元用于清偿所欠丁的债务；其次，不足部分 76 000元，应当用甲个人财产清偿。

【小结】

概要介绍了企业的概念、特征，企业法的含义。重点阐述了我国全民所有制企业、合伙企业和个人独资企业的现行法律规定。主要内容涉及各类企业的设立条件和程序、财产归属、企业及投资者的权利和义务、责任承担方式、企业的经营管理制度等。

【复习与思考】

1. 名词解释

企业　合伙企业　个人独资企业

2. 思考题

(1) 全民所有制企业的权利、义务和自负盈亏的责任有哪些内容？

(2) 国有重点大型企业监事会有哪些职责？

(3) 普通合伙企业、特殊的普通合伙企业、有限合伙企业在债务承担方面有什么不同？

(4) 简述有限合伙企业的事务执行。

(5) 简述个人独资企业的出资方式。

(6) 个人独资企业如何进行事务管理？

3. 选择题(含多项选择)

(1) 下列选项中，属于普通合伙人当然退伙的情形是(　　)。

A. 个人丧失偿债能力

B. 合伙协议约定的退伙事由出现

C. 未履行出资义务

D. 因故意或者重大过失给合伙企业造成损失

要点提示:注意协议退伙、通知退伙、当然退伙和除名的不同法定情形。特别注意个人丧失偿债能力对普通合伙人与有限合伙人不同的法律后果。

(2) 下列各项中,全民所有制企业厂长可以行使的职权有(　　)。

A. 决定企业工资调整的方案

B. 决定企业行政机构的设置

C. 任免企业副厂长

D. 依法奖惩职工

要点提示:注意厂长的职权与职工代表大会职权的区别。注意厂长无权直接任免或奖惩副厂级领导干部。

4. 案例分析题

(1) 2008 年 9 月,李某、陈某、赵某、王某达成书面协议,共同出资设立飞亚企业,注册登记为有限合伙企业形式。其中,李某、陈某为普通合伙人,赵某、王某为有限合伙人。2009 年 1 月,赵某以普通合伙人身份,代表飞亚企业与建华公司签订了 80 万元的买卖合同。建华公司在合同约定的期间内按时发货,飞亚企业却无力支付货款,于是建华公司诉诸法院。经查:飞亚企业的全部资产仅有 30 万元。

请问:对于剩余的 50 万元债务,各合伙人应该如何承担责任?

要点提示:①普通合伙人对企业债务均应承担无限连带责任;②有限合伙人只以其认缴的出资额为限对合伙企业债务承担责任;③第三人有理由相信有限合伙人为普通合伙人并与其交易的,该有限合伙人对该笔交易承担与普通合伙人同样的责任;④有限合伙人未经授权以有限合伙企业名义与他人进行交易,给有限合伙企业或者其他合伙人造成损失的,该有限合伙人应当承担赔偿责任。

(2) 投资人张某于 2009 年 2 月 1 日投资设立 A 个人独资企业,2009 年 5 月 1 日 A 企业与 B 银行签订 20 万元的借款合同。

问题 1:该借款合同主体如何确定,为什么?

问题 2:银行贷款到期后,如果以 A 企业的全部财产仍不能偿还时。则投资人张某是否应该承担无限责任,为什么?

要点提示:①个人独资企业是独立的民事主体,可以自己的名义从事民事活动;②个人独资企业无独立承担民事责任的能力,投资人应当以其个人财产对企业债务承担无限责任。

第三章　公司法

【引例】

2009年5月15日，和夏公司向建华公司购买30万元服装设备，双方约定在15天之内付清款项。但是履行期限已过，公司多次催款，和夏公司一直拒不支付。

建华公司经过调查发现和夏公司实际已经是负债累累了，同时还发现该公司为了逃债，把经营所得利润都转到董事长夏某名下，和夏公司实际上已经是空壳一个，只剩下很少的可执行财产。

2009年8月1日，建华公司委托律师发出律师函，但是和夏公司声称：我公司是有限责任公司，公司的所有的财产都在这里，我无力偿还，就算你告到法院也是执行不到的。

问题：

1. 如何理解公司的有限责任？
2. 建华公司可以追索到30万元货款吗？

【学习目标】

通过本章的学习，你应该能够：

(1) 掌握公司法的基本原理；
(2) 掌握有限责任公司和股份有限公司的设立；
(3) 掌握公司组织机构的组成和职权；
(4) 理解公司股份与公司债券；
(5) 理解公司财务与会计制度；
(6) 理解公司的变更、破产、解散和清算等法律制度。

第一节 公司和公司法概述

一、公司的概念和特征

公司是指依法设立的、以营利为目的的企业法人。我国公司法规定,公司是指依照公司法在中国境内设立的有限责任公司和股份有限公司。公司具有以下特征:

1. 公司必须依法成立,具有法定性

依法成立包含两方面:一是必须按照法律允许的形式、内容、经营范围和经营方式成立公司;二是在公司的组建、变更、解散等问题上,必须符合法定程序。

2. 公司是营利性的经济组织,具有营利性

公司以营利为目的,是指公司设立的目的及公司的运作,都是为了谋求经济利益。公司作为企业的一种具体形式,当然具有所有企业都具备的重要特征,这就是从事经济活动并以营利为自己的设立目的。公司属于营利法人,有别于以公益事业为目的的事业法人以及不直接从事经济活动的党政机关。

3. 公司是具有独立人格的企业,具有法人性

法人是与自然人并列的一类民商事主体,公司是企业法人,具有独立的主体资格,具有法律主体所要求的权利能力和行为能力。公司有独立的名称、住所和组织机构;拥有法人财产;并以自己的财产独立承担民事责任。

公司法人的债务,由公司的独立财产承担,公司的独立人格和独立责任意味着公司股东的有限责任。有限责任是有限责任公司和股份有限公司制度的基础。

公司股东不得滥用股东权利损害公司或者其他股东的利益;不得滥用公司法人独立地位和股东有限责任损害公司债权人的利益。公司股东滥用股东权利给公司或者其他股东造成损失的,应当依法承担赔偿责任。公司股东滥用公司法人独立地位和股东有限责任,逃避债务,严重损害公司债权人利益的,应当对公司债务承担连带责任。这在公司法理论上被称为"公司法人格否认制度",法学界也称之为"揭开公司的面纱"。法人人格否认制度已经发展成为各国普遍认可的一项原则,我国新公司法也对此做出了确认。

二、公司的种类

公司可从不同角度,依据不同的标准进行分类。主要的分类有:

1. 按公司构成的信用基础不同,可分为人合公司、资合公司和人合兼资合公司

人合公司是以股东个人的信用为基础而设立的公司,其典型代表是无限责任

公司。资合公司是以公司的资本规模而非股东个人信用为基础而设立的公司，股份有限公司是典型的资合公司。人合兼资合公司的信用基础兼具股东的个人信用和公司的资本规模两个方面，其典型代表如有限责任公司。

2. 按公司股东责任范围的不同，可分为无限责任公司、有限责任公司、两合公司、股份有限公司和股份两合公司

无限责任公司是指公司的全体股东对公司债务负无限连带责任的公司。有限责任公司是指公司的全体股东以各自的出资额为限对公司承担有限责任，公司以其全部资产为限对其债务承担有限责任的公司。两合公司是指部分股东对公司债务负无限责任，部分股东对公司债务负有限责任的公司。股份有限公司是指公司的全部资产分为等额股份，股东以其所持股份为限对公司承担责任，公司以其全部资产为限对其债务承担有限责任的公司。股份两合公司是指部分股东对公司债务负无限责任，部分股东以持有的股份额对公司债务负有限责任的公司。我国公司法仅规定了有限责任公司和股份有限公司。

3. 按公司之间是否存在控制关系，可分为母公司和子公司

母公司也称为控股公司，是指通过持有其他公司相对多数的股份而能实际控制其他公司经营活动的公司；子公司则是被母公司控股的公司，子公司有独立的法人资格。

4. 按公司之间是否存在管理关系，可分为总公司和分公司

总公司又称本公司，是依法设立并管辖公司全部组织的具有企业法人资格的总机构。分公司是由总公司管辖的分支机构，分公司不具有独立的法人资格。

5. 按公司股份转让方式的不同，可分为封闭式公司和开放式公司

封闭式公司是指公司股本全部由设立公司的股东拥有，且其股份不能自由转让的公司。有限责任公司属于封闭式公司。开放式公司是指可以按法定程序公开招股，股东人数无法定限制，股份可以在证券市场上公开自由转让的公司。采取募集方式设立的股份有限公司属于开放式公司。

6. 按公司国籍的不同，可分为本国公司、外国公司和跨国公司

本国公司指按所在国的公司法设立的，其国籍属于所在国的公司；外国公司指经所在国确认而按外国公司法设立的，其国籍属于外国的公司。跨国公司是指在多个国家设立的，具有两个以上国籍的公司。

参考案例 3-1

建华公司不断发展壮大，为扩大经营规模，准备要逐步向周边地区，乃至全国

发展业务。公司拟在苏州成立一家分公司或者子公司。问:分公司或子公司有什么区别?

分析:分公司是指公司在其住所以外设立的从事经营活动的机构。分公司不具有企业法人资格,其民事责任由总公司承担。如果建华公司在苏州成立分公司,则该分公司以后发生的民事责任由建华公司承担。子公司具有法人资格,依法独立承担民事责任。如果建华公司在苏州成立子公司,则该子公司以后发生的民事责任不应该由建华公司承担。

三、公司法的概念和特征

1. 公司法的概念

广义的公司法是指规范和调整公司设立、组织、活动、终止及其他对内对外关系的法律规范的总称。狭义的公司法是指 1993 年 12 月 29 日第八届全国人民代表大会常务委员会第五次会议审议通过,2005 年 10 月 27 日第十届全国人民代表大会常务委员会第十八次会议修订的现行《中华人民共和国公司法》(以下简称《公司法》)。

2. 公司法的特征

(1) 公司法是组织法与行为法相结合的法律。公司法明确规定了公司的设立条件和程序、内部组织机构的设置及运作。与此同时,公司法还对与公司组织特点密切相关的若干公司行为如公司的财务、会计管理、股票和债券的发行等作了规定。

(2) 公司法是强制性规范和任意性规范相结合的法律。为了维护社会经济秩序,保证国家对公司的有效管理,公司法以强制性规范为主。同时,为了体现公司法人的独立意志,公司法中也有不少的任意性规范。

第二节　公司的设立和组织机构

一、公司的设立

1. 公司设立概述

各国主要实行过以下几种公司设立的原则:

(1) 自由设立原则。又称放任主义原则,是指公司是否设立、设立何种类型的公司、怎样设立公司等完全依据设立人的自由意志,法律不加干涉。这种设立原则符合自由贸易时代客观的经济形势要求,但因其易导致公司滥设,不利于债权人利益的保护和经济秩序的稳定。后来很少有国家或地区采用这种设立原则。

(2) 特许设立原则。是指公司设立必须经国家元首颁布特许令，或由国家立法机关颁布特别法令予以特许。这种设立原则对公司的设立采取过于严格的限制，不能适应公司普遍发展的要求。近代各国公司立法除对某些特殊公司仍采取特许设立原则外，对一般公司的设立已经很少采用这一原则。

(3) 核准设立原则。是指公司的设立，除须符合法律规定的条件外，还必须经过行政机关审批。核准主义虽然克服了自由设立主义原则过于放任的缺陷，但仍然过于严格，所以现代各国除对涉及国计民生的公司的设立采用此主义外，对一般公司也较少采用。

(4) 准则设立原则。也称登记设立主义，是指法律对公司的设立条件作出规定，申请人以此为准则，向登记机关申请注册登记，而无须国家主管机关审批即可设立公司。目前世界各国公司立法普遍采用这种设立原则。

我国公司法修订之前，公司设立采用准则主义与核准主义相结合的原则。对于一般有限公司的设立采用准则主义；对于某些有限责任公司和全部股份有限公司的设立，采取核准设立主义。修订后的公司法规定："设立公司，应当依法向公司登记机关申请设立登记。符合本法规定的设立条件的，由公司登记机关分别登记为有限责任公司或者股份有限公司；不符合本法规定的设立条件的，不得登记为有限责任公司或者股份有限公司。法律、行政法规规定设立公司必须报经批准的，应当在公司登记前依法办理批准手续。"则现行公司法奉行以准则主义为基础，以许可主义为例外的设立原则。

2. 有限责任公司的设立

(1) 有限责任公司的设立条件。

股东符合法定人数　我国公司法规定，有限责任公司由 50 个以下股东出资设立。我国新公司法摒弃了原先至少两个投资人的限制，承认一人有限公司的合法性。有限责任公司的股东可以是自然人，也可以是法人。国有独资公司唯一的股东只能是国家，并由国有资产监督管理机构代行股东权利。

股东出资达到法定资本最低限额　有限责任公司最低注册资本为人民币 3 万元，首次出资不得低于 20%，且不得低于法定注册资本的最低限额；一人有限责任公司为 10 万元；特定行业的注册资本最低限额需要高于上述标准的，由法律、行政法规另行规定。

股东可以货币或实物、知识产权、土地使用权等可用货币估价并可依法转让的非货币财产作价出资。其中，全体股东的货币出资金额不得低于注册资本的 30%。

有限责任公司股东认缴的出资，可以在公司设立时一次缴清，也可以在公司成立后 2 年内分期缴纳，投资公司可以在 5 年内缴足。一人有限责任公司必须一次足额缴纳公司章程规定的出资额，不允许分期缴纳。

股东共同制定公司章程　公司章程是有限责任公司设立的核心文件，我国立法明确要求采取共同书面订立的方式。章程应载明下列事项：公司名称和住所；公司经营范围；公司注册资本；股东的姓名或者名称；股东的出资方式、出资额和出资时间；公司的机构及其产生办法、职权、议事规则；公司法定代表人；股东会会议认为需要规定的其他事项。股东应当在公司章程上签名、盖章。

有公司名称，建立符合有限责任公司要求的组织机构　公司名称必须标明“有限责任公司”或者“有限公司”字样，并建立符合有限责任公司要求的组织机构。

有公司住所　公司应当有固定的生产经营场所和必要的经营条件，法律规定公司以其主要办事机构所在地为住所。

? 学生提问：新公司法已经把有限责任公司最低门槛降到了 3 万元，而其可以分两年付清，只要首次出资不低于 20%就行了。那么，是不是第一次只要投资 6000 元就可以办一个公司了？

教师回答：注意法律还限制性地规定了首次出资不得低于法定注册资本的最低限额，就是说第一次出资不得低于 3 万元。

(2) 有限责任公司的设立程序。有限责任公司的设立手续较为简单。一般由全体设立人制定公司章程，各自认缴出资并验资，即可在公司登记机关即工商行政管理机关登记设立，手续齐全没有违反法律规定的，取得企业法人营业执照。体现了准则设立主义原则。

3. 股份有限公司的设立

(1) 股份有限公司的设立方式。股份有限公司的设立，可以采取发起设立或者募集设立的方式。发起设立，是指由发起人认购公司应发行的全部股份而设立公司。募集设立，是指由发起人认购公司应发行股份的一部分，其余股份向社会公开募集或者向特定对象募集而设立公司。以募集设立方式设立股份有限公司的，发起人认购的股份不得少于公司股份总数的 35%；但是，法律、行政法规另有规定的，从其规定。

(2) 股份有限公司的设立条件。设立股份有限公司，应当具备下列条件：

发起人符合法定人数　设立股份有限公司，应当有 2 人以上 200 人以下为发起人，其中须有半数以上在中国境内有住所。发起人可以是自然人，也可以是法人。

发起人认购和募集的股本达到法定资本最低限额　股份有限公司注册资本的最低限额为人民币500万元。法律、行政法规对股份有限公司注册资本的最低限额有较高规定的，从其规定。

股份有限公司采取发起设立方式设立的，注册资本为在公司登记机关登记的全体发起人认购的股本总额。公司全体发起人的首次出资额不得低于注册资本的20%，其余部分由发起人自公司成立之日起2年内缴足；其中，投资公司可以在5年内缴足。在缴足前，不得向他人募集股份。股份有限公司采取募集方式设立的，注册资本为在公司登记机关登记的实收股本总额。

股份发行、筹办事项符合法律规定　股份有限公司股份发行、筹办事项均由法律严格规定，发起人必须严格遵守，才能有效设立公司。

发起人制订公司章程，采用募集方式设立的经创立大会通过　股份有限公司章程较有限责任公司复杂，主要应当载明下列事项：公司名称和住所；公司经营范围；公司设立方式；公司股份总数、每股金额和注册资本；发起人的姓名或者名称、认购的股份数、出资方式和出资时间；董事会的组成、职权和议事规则；公司法定代表人；监事会的组成、职权和议事规则；公司利润分配办法；公司的解散事由与清算办法；公司的通知和公告办法；股东大会会议认为需要规定的其他事项。

有公司名称，建立符合股份有限公司要求的组织机构　股份有限公司，必须在公司名称中标明“股份有限公司”或者“股份公司”字样。股份有限公司必须建立股东大会、董事会和监事会等组织机构。

有公司住所　与有限责任公司相同，法律规定股份有限公司也是以其主要办事机构所在地为住所。

(3) 股份有限公司的设立程序。采取发起方式设立股份有限公司的，其程序相对较为简单，主要包括：签订发起人协议；订立公司章程；发起人认购股份和缴纳股款；选任董事和监事，申请登记注册等步骤。

采取募集方式设立股份有限公司的，其程序相对较为复杂，主要步骤包括：确定发起人，签订发起人协议；制定公司章程；向工商行政管理部门申请名称预先核准，向社会公开募集股份设立股份公司的，应制作招股说明书，并应取得中国证监会的核准；股份发行、认购和缴纳股款；召开创立大会；设立登记并公告。设立股份有限公司的同时设立分公司的，应当就设立分公司向公司登记机关申请登记，领取营业执照并进行公告。

参考案例	3-2

建华有限责任公司研发部门通过科技攻关,研发了哥白尼搜索引擎,并由上海市高新技术成果转化项目认定办公室认定为高新技术成果,享有多项优惠政策。专家对该项目的应用前景十分看好,但是前期的资金投入量比较大。问:公司可以通过成立股份有限公司的形式将这个项目投产运营吗?

分析:股份有限公司的设立,可以采取发起设立或者募集设立的方式。募集设立分为社会公开募集和定向募集两种方式。定向募集也叫私募,是新公司法修订增加的内容。由于私募不需要通过专门的证券公司承销,所以费用比较少;由于进入门槛较低,发行成本也比较小,比较适合中小规模股份有限公司的设立。本案建华公司采取私募方式比较恰当。

建华公司可以通过投资咨询公司,寻找投资者或风险投资机构。准备商业计划书、投资协议书及招股材料等,通过私募股份的方式融资成立股份有限公司将这个项目投产运营。

二、公司的组织机构

1. 有限责任公司的组织机构

(1) 股东会。

股东会的性质和组成　股东会由全体股东组成,是有限责任公司的权力机构。除公司法有特别规定的之外,有限责任公司必须设立股东会。股东会不是常设机构,而是以会议形式对公司的重大事项作出决议。

股东会的职权　股东会行使下列职权:①决定公司的经营方针和投资计划;②选举和更换非由职工代表担任的董事、监事,决定有关董事报酬的事项;③审议批准董事会报告;④审议批准监事会或者监事的报告;⑤审议批准公司的年度财务预算、决算方案;⑥审议批准公司的利润分配方案和弥补亏损方案;⑦对公司增加或减少注册资本作出决议;⑧对发行公司债券作出决议;⑨对公司合并、分立、解散、清算或变更公司形式作出决议;⑩修改公司章程;⑪公司章程规定的其他职权。

一人有限责任公司不设股东会。股东作出上述决定时,应当采用书面形式,并由股东签名后置备于公司。

股东会会议的召开　有限责任公司股东会作出决议原则上采取召集会议的方式。但股东以书面形式一致表示同意的,可以不召开股东会会议,直接作出决定,并由全体股东在决定文件上签名、盖章。

股东会议分为定期会议和临时会议两类。定期会议召开时间由公司章程确定，一般每年一次；临时会议在具备下列情形之一时召开：代表 1/10 以上表决权的股东；1/3 以上的董事；监事会或不设监事会的公司的监事提议，应当召开临时会议。

股东会的首次会议由出资最多的股东召集和主持。成立董事会后，股东会议由董事会召集，董事长主持。董事长因特殊原因不能履行职务时，由董事长指定的副董事长或者其他董事主持。副董事长不能履行职务或者不履行职务的，由半数以上董事共同推举一名董事主持。不设董事会的有限责任公司，股东会议由执行董事召集并主持。

召开股东会议，应当于会议召开 15 日以前通知全体股东。但是，公司章程另有规定或者全体股东另有约定的除外。

股东会决议　有限责任公司股东会议作出决议，采取“资本多数制”原则，即股东按照出资比例行使表决权。但公司法或公司章程对表决方式另有规定的，从其规定。

有限责任公司股东会的决议分为普通决议和特别决议，前者采取资本简单多数议决方式，即以过半数表决权同意为通过；后者采取资本绝对多数议决方式，即以 2/3 以上表决权同意为通过。下列事项必须采取特别决议：①修改公司章程；②公司增加或者减少注册资本；③公司分立、合并、解散或者变更公司形式。

参考案例　3-3

建华有限责任公司近年来蓬勃发展，效益可观。董事长眼光长远，决定增加公司注册资本，对资本信用进行增值，也为变更为股份有限公司做好准备工作。董事长和各位股东进行了电话联系，股东们都表示支持。但有几位股东不在本市，暂时不方便参加股东会议。问：股东会议一定要以召集方式作出决议吗？

分析：公司增加注册资本是重大经营事项，应该由股东会作出特别决议。股东会作出决议原则上采取召集会议的方式，但《公司法》作出了变通规定，如果股东以书面形式对该事项一致表示同意的，可以不召开股东会会议，直接作出决定，并由全体股东在决定文件上签名、盖章。所以，公司可以依法律规定制作决定文件，通过 EMS 或其他方式请全体股东签名盖章即可作出决议。

(2) 董事会。

董事会的性质和组成　董事会是负责有限责任公司决策和具体业务的执行机构。董事会是常设机关。有限责任公司董事会由3～13名董事组成，设董事长1人，可以设副董事长，董事长和副董事长的产生办法由公司章程决定。股东人数较少或规模较小的有限责任公司可以不设立董事会，只设1名执行董事。

两个以上的国有企业或者两个以上的其他国有投资主体投资设立的有限责任公司，其董事会成员中应当有公司职工代表；其他有限责任公司董事会成员中可以有公司职工代表。董事会中的职工代表由公司职工通过职工代表大会、职工大会或者其他形式民主选举产生。

董事的任期由公司章程规定，但每届不得超过3年，董事任期届满，连选可以连任。董事任期届满未及时改选，或者董事在任期内辞职导致董事会成员低于法定人数的，在改选出的董事就任前，原董事仍应当依照法律、行政法规和公司章程的规定，履行董事职务。

董事会的职权　董事会对股东会负责，行使下列职权：①召集股东会会议，并向股东会报告工作；②执行股东会的决议；③决定公司的经营计划和投资方案；④制订公司的年度财务预算方案、决算方案；⑤制订公司的利润分配方案和弥补亏损方案；⑥制订公司增加或者减少注册资本以及发行公司债券的方案；⑦制订公司合并、分立、解散或者变更公司形式的方案；⑧决定公司内部管理机构的设置；⑨决定聘任或者解聘公司经理及其报酬事项，并根据经理的提名决定聘任或者解聘公司副经理、财务负责人及其报酬事项；⑩制定公司的基本管理制度；⑪公司章程规定的其他职权。

董事会的召开和决议　董事会会议由董事长召集和主持；董事长不能履行职务或者不履行职务的，由副董事长召集和主持；副董事长不能履行职务或者不履行职务的，由半数以上董事共同推举一名董事召集和主持。该规则同样适用于股份有限公司。

董事会决议的表决，实行一人一票制。董事会应当对所议事项的决定作成会议记录，出席会议的董事应当在会议记录上签名。董事会的议事方式和表决程序，除公司法有规定的外，由公司章程规定。

(3) 经理。有限责任公司可以设经理，经理由董事会决定聘任或者解聘。经理列席董事会会议。

经理对董事会负责，行使下列职权：①主持公司的生产经营管理工作，组织实施董事会决议；②组织实施公司年度经营计划和投资方案；③拟订公司内部管理机构设置方案；④拟订公司的基本管理制度；⑤制定公司的具体规章；⑥提请聘任或者解聘公司副经理、财务负责人；⑦决定聘任或者解聘除应由董事会决定聘任或者解聘以外的负责管理人员;⑧董事会授予的其他职权。公司章程对经理职权另有规定的,从其规定。新公司法规定,经理可以担任公司的法定代表人。

(4) 监事会。

监事会的性质和组成　监事会是有限责任公司的内部监督机构,监事会对股东会负责,并向其报告工作。监事会是常设机关。

监事会的成员不得少于3人,监事会应当包括股东代表和不少于1/3的公司职工代表,具体比例由公司章程规定。监事会中的职工代表由公司职工通过职工代表大会、职工大会或者其他形式民主选举产生。监事会设主席1人,负责召集和主持监事会会议。股东人数较少或者规模较小的公司也可以不设监事会,只设1～2名监事。

监事每届任期3年,连选可以连任。董事、高级管理人员不得兼任监事。

监事会的职权　有限责任公司的监事会、不设监事会的公司的监事行使下列职权:①检查公司财务;②对董事、高级管理人员执行公司职务的行为进行监督,对违反法律、行政法规、公司章程或者股东会决议的董事、高级管理人员提出罢免的建议;③当董事、高级管理人员的行为损害公司的利益时,要求董事、高级管理人员予以纠正;④提议召开临时股东会会议,在董事会不履行本法规定的召集和主持股东会会议职责时召集和主持股东会会议;⑤向股东会会议提出提案;⑥依照公司法第152条的规定,对董事、高级管理人员提起诉讼;⑦公司章程规定的其他职权。

监事可以列席董事会会议,并对董事会决议事项提出质询或者建议。监事会、不设监事会的公司的监事发现公司经营情况异常,可以进行调查;必要时,可以聘请会计师事务所等协助其工作,费用由公司承担。

监事会的召开和决议　监事会每年度至少召开1次会议,监事可以提议召开临时监事会会议。监事会的议事方式和表决程序,除公司法有规定的外,由公司章程规定。监事会决议应当经半数以上监事通过。监事会应当对所议事项的决定作成会议记录,出席会议的监事应当在会议记录上签名。

2. 股份有限公司的组织机构

(1) 股东大会。股份有限公司股东大会的性质、组成和职权与有限责任公司的股东会基本相同,其特别规定主要有:

股东大会的召开　股东大会分为定期会议和临时会议两种。定期会议应当每年召开1次。如果出现了下列情形,应当在2个月内召开临时股东大会:①董事人数不足公司法规定的人数或者公司章程所定人数的2/3时;②公司未弥补亏损达股本总额的1/3时;③单独或合计持有公司股份10%以上的股东请求时;④董事会认为必要时;⑤监事会提议召开时;⑥公司章程规定的其他情形。

<u>股东大会的召集、主持及通知</u>　股东大会会议由董事会召集，董事长主持；董事长不能履行职务或者不履行职务的，由副董事长主持；副董事长不能履行职务或者不履行职务的，由半数以上董事共同推举一名董事主持。董事会不能履行或者不履行召集股东大会会议职责的，监事会应当及时召集和主持；监事会不召集和主持的，连续 90 日以上单独或者合计持有公司 10%以上股份的股东可以自行召集和主持。

召开股东大会会议，应于会议召开 20 日、临时股东大会于 15 日前通知各股东；发行无记名股票的，应当于会议召开 30 日前进行公告。无记名股票持有人出席股东大会会议的，应当于会议召开 5 日前至股东大会闭会时将股票交存于公司。

<u>股东大会的决议</u>　股东出席股东大会会议，所持每一股份有一表决权。但是，公司持有的本公司股份没有表决权。

股东大会作出普通决议，必须经出席会议的股东所持表决权过半数通过。但是，股东大会作出修改公司章程、增加或者减少注册资本的特别决议，以及公司合并、分立、解散或者变更公司形式的特别决议，必须经出席会议的股东所持表决权的 2/3 以上通过。

股东可以委托代理人出席股东大会会议，代理人应当向公司提交股东授权委托书，并在授权范围内行使表决权。

股东大会应当对所议事项的决定作成会议记录，主持人、出席会议的董事应当在会议记录上签名。会议记录应当与出席股东的签名册及代理出席的委托书一并保存。

<u>累积投票制</u>　新公司法规定，股东大会选举董事、监事时，可以实行累积投票制，这是我国公司法为保护中小股东的权益作出的一项新修订。

所谓累积投票制，是指股东大会选举董事或者监事时，每一股份拥有与应选董事或者监事人数相同的表决权，股东拥有的表决权可以集中使用。公司法规定，股东大会选举董事、监事，可以依照公司章程的规定或者股东大会的决议，实行累积投票制。

(2) 董事会。

<u>董事会的性质和组成及职权</u>　股份有限公司董事会的性质和职权与有限责任公司基本相同。在组成方面，股份有限公司董事会的成员为 5～19 人。发起设立的公司，董事由发起人选举产生；募集设立的公司，董事由创立大会选举产生；公司成立后，董事由股东大会选举产生。董事长和副董事长由董事会以全体董事的过半数选举产生。

<u>董事会会议的召集、召开和主持</u>　股份有限公司的董事会会议分为常务会

议和临时会议两种。常务会议每年度至少召开 2 次，每次会议应当于召开 10 日以前通知全体董事和监事。代表 10%以上表决权的股东、1/3 以上董事或者监事会，可以提议召开董事会临时会议。董事长应当自接到提议后 10 日内，召集和主持董事会会议。董事会召开临时会议，可以另定召集董事会的通知方式和通知时限。

董事长召集和主持董事会会议，检查董事会决议的实施情况。副董事长协助董事长工作，董事长不能履行职务或者不履行职务的，由副董事长履行职务；副董事长不能履行职务或者不履行职务的，由半数以上董事共同推举一名董事履行职务。

董事会的决议　董事会会议应由 1/2 以上的董事出席方可举行。董事会作出决议，必须经出席会议全体董事过半数通过。董事会决议的表决，实行一人一票。

董事会会议，应由董事本人出席；董事因故不能出席，可以书面委托其他董事代为出席，委托书中应载明授权范围。董事会应当对会议所议事项的决定作成会议记录，出席会议的董事应当在会议记录上签名。董事应当对董事会的决议承担责任。董事会的决议违反法律、行政法规或者公司章程、股东大会决议，致使公司遭受严重损失的，参与决议的董事对公司负赔偿责任。但经证明在表决时曾表明异议并记载于会议记录的，该董事可以免除责任。

(3) 经理是对股份有限公司日常经营管理负有全责的高级管理人员，由董事会聘任或解聘，对董事会负责。公司法关于有限责任公司经理职权的规定，适用于股份有限公司的经理。

(4) 监事会。股份有限公司监事会的组成、职权以及议事规则与有限责任公司基本相同。

股份有限公司监事会成员不得少于 3 人。监事会应当包括股东代表和适当比例的公司职工代表，其中职工代表的比例不得低于 1/3，具体比例由公司章程规定。监事会中的职工代表由公司职工通过职工代表大会、职工大会或者其他形式民主选举产生。董事、高级管理人员不得兼任监事。

监事会每 6 个月至少召开一次会议。监事可以提议召开临时监事会会议。监事会的议事方式和表决程序，除公司法有规定的外，由公司章程规定。监事会决议应当经半数以上监事通过。监事会应当对所议事项的决定作成会议记录，出席会议的监事应当在会议记录上签名。

? 学生提问:独立董事有什么职能呢?

教师回答:独立董事制度是一种公司内部监督机制。独立董事不是普通意义上的董事,独立董事一般有着财务、管理或者法律的专业背景,通过参与董事会的运作,发表独立意见,保护公司的利益,发现公司经营的危险信号时提出警告。当然公司的主要监督职能还是由监事会完成的。

目前法律规定上市公司必须建议独立董事制度,对其他公司没有强制性规定。

第三节　股份有限公司股份的发行与转让

一、股份的概念与分类

1. 股份的概念

股份是股份有限公司特有的概念,是指以股票为表现形式的、体现股东权利义务的、公司资本最基本的构成单位。股票是股份证券化的形式,是股份有限公司签发的证明股东所持股份的凭证。

股份有以下含义:股份是公司资本的组成部分,每一股份所代表的金额相等;股份体现股东的权利和义务,持有股份数量代表股东享有权益的范围;股份以股票为表现形式,便于流通转让。

2. 股份的分类

在公司法理论上,依据不同的标准,可对股份作如下分类:

(1) 普通股和优先股。普通股,就是通常发行的不具有特别权利的、属于公司资本构成的基本股份。优先股是指相对于普通股而具有某些特别权利的股份。普通股股东有表决权而优先股股东没有。优先股优先于普通股分配股利,在公司解散或破产时,优先于普通股股东分配公司剩余财产。

(2) 表决权股、限制表决权股和无表决权股。表决权股的股东享有表决权,通常为一股一票,也有变种形式即一股多票或多股一票。无表决权股的股东不享有表决权,但其收益权不受影响,收益权还具有优越性。限制表决权股的表决权则受到公司章程的限制。

(3) 记名股和无记名股。记名股,是指将股东的姓名或名称直接记载于股票的股份。转让时要作记名背书,并在股东名册上变更。无记名股则是指股票上不记载股东姓名或名称的股份。只要持有该股份,即可取得股东资格,转让时也只需交付即生效。

我国《公司法》规定,公司对社会公众可以发行记名股票,也可以发行无记名股票。但向发起人、国家授权投资的机构、法人发行的股票,应当为记名股票。

(4) 面值股和无面值股。面值股,亦称额面股,是指股票票面上直接标明一定金额的股份。无面值股,亦称无额面股或比例股,无面值股不标明金额,只标明每股占公司资本的比例。我国现行公司法要求股票记载票面金额,即我国公司目前发行都是面值股。

(5) 国家股、法人股、个人股和外资股。国家股是指由国家授权投资的机构或者国家授权的部门,以国有资产向公司投资形成的股份。法人股是指具有法人地位的组织以其可支配的资产向公司投资形成的股份。个人股是以个人财产投资形成的股份。外资股是指外国和中国港、澳、台地区的投资者,以购买人民币特种股票的形式,投资形成的股份。

参考案例 3-4

建华有限责任公司在龙斗士股份有限公司募集设立的时候,因看好网络游戏的广阔市场和发展前景,认购了价值500万元的股权,成为该公司的记名股东。数日前,保险柜里的贵重物品被洗劫一空,其中包括龙斗士公司的记名股票。问:建华有限责任公司该如何补办股票呢?

分析:《公司法》规定,记名股票被盗、遗失或者灭失,股东可以依照《中华人民共和国民事诉讼法》规定的公示催告程序,请求人民法院宣告该股票失效。人民法院宣告该股票失效后,股东可以向公司申请补发股票。因此,建华有限责任公司可以先向人民法院申请公示催告,经过除权判决之后,再向龙斗士股份有限公司申请补发股票。

二、股份的发行

1. 股份发行的类型

股份发行有设立发行与新股发行、公开发行与非公开发行之分。设立发行是指公司在设立过程中发行股份,其目的是筹集必要的资本,以便公司设立。而新股发行则是在公司成立以后,再次发行股份。公开发行,是指面向社会公众公开募集股份,这是股份有限公司发行的基本种类,无论是设立发行还是新股发行,均可采用公开发行。不公开发行是指向公司的发起人、股东、内部职工或向特定对象募集股份。

2. 股份发行的原则

(1) 公平、公正的原则。向社会公开募集股份时,应就有关股份发行的信息依法公开披露。

(2) 同股同价、同股同权原则。同次发行的股份,每股的发行条件和价格应当相同;发行同种股份,股东所享有的权益相同。

(3) 禁止折价发行原则。股票发行价格可以按票面金额,也可以超过票面金额,但不得低于票面金额。以超过票面金额发行所得溢价款,应列入公司资本公积金。

(4) 禁止公司成立前交付原则。股份有限公司成立后,即向股东正式交付股票。公司成立前不得向股东交付股票。

三、股份的转让

1. 股份转让的类型

我国公司法确定了股份自由转让的原则。股份转让的方式因股票是否记名而存在差异。对于记名股票,股东可以背书方式或法律、行政法规规定的其他方式转让。对于无记名股票,只要股东将股票交付受让人即发生转让的效力。

2. 股份转让的限制

股份转让实行自由转让的原则。但是为了保护公司、股东及债权人的利益,我国《公司法》对股份转让规定了以下限制:

(1) 股东转让其股份,必须在依法设立的证券交易场所进行,或者按照国务院规定的其他方式进行。

(2) 发起人持有的本公司股份,自公司成立之日起1年内不得转让。公司公开发行股份前已发行的股份,自公司股票在证券交易所上市交易之日起1年内不得转让。

(3) 公司的董事、监事、高级管理人员应当向公司申报所持有的本公司的股份及其变动情况,在任职期间每年转让的股份不得超过其所持有本公司股份总数的25%;所持本公司股份自公司股票上市交易之日起1年内不得转让。上述人员离职后半年内,不得转让其所持有的本公司股份。公司章程可以对公司董事、监事、高级管理人员转让其所持有的本公司股份作出其他限制性规定。

(4) 公司不得收购本公司股份,有下列情形之一的除外:①减少公司注册资本;②与持有本公司股份的其他公司合并;③将股份奖励给本公司职工;④股东因对股东大会作出的公司合并、分立决议持异议,要求公司收购其股份。

公司因上述第①至第③种情形收购本公司股份的，应当经股东大会决议。公司依照上述情形收购本公司股份后，属于第①种情形的，应当自收购之日起10日内注销；属于第②、第④种情形的，应当在6个月内转让或者注销。公司依照第③种情形收购的本公司股份，不得超过本公司已发行股份总额的5%；用于收购的资金应当从公司的税后利润中支出；所收购的股份应当在1年内转让给职工。另外，公司不得接受本公司的股票作为质押权的标的。

第四节　公司债券的发行与转让

一、公司债券的概念和特征

公司债券是指公司依法向社会公众发行的、约定在一定期限内还本付息的有价证券。公司债券与股票都是可以自由流通转让的有价证券。与公司股票相比，债券具有以下特点：

1. 代表的权利不同

公司债券持有人与公司之间是债权债务关系，是公司债权人，债权人不参与公司经营；而股份持有人是公司的股东，股东可以以其享有的股权参与公司经营管理。

2. 收益稳定性不同

公司债券持有人按照事先约定的利息享有固定收益，其风险很小，收益比较稳定；而股东的股权收益与公司的经营业绩有直接关系，且遇公司破产或解散时，还应以其出资额对公司承担有限责任。

3. 利益的分配不同

公司债券持有人无论公司的经营状况，均可要求公司到期还本付息；而股东只有在公司有税后利润时，才有分配股息的请求权，且在公司存续期间，原则上不能请求返还股本。

二、公司债券的分类

1. 根据债权人是否在债券上记名，将公司债券分为记名公司债券和无记名公司债券

记名债券的券面明确记载持有人的姓名或名称，而无记名债券则没有记载。公司既可以发行记名债券，亦可以发行无记名债券。

2. 根据股份有限公司所发行的债券是否可以转换为该公司的股票，将公司债券分为转换公司债券和非转换公司债券

转换公司债券，是指持有人可以选择将其持有的债券转换为公司股份的债券，转换公司债券到期时，债权人可以选择收回本金、取得利息；也可以选择以期享有的债权抵缴认股款而取得公司股份，从而成为公司的股东。非转换公司债券不可以转换为该公司的股票。根据我国《公司法》的规定，只有具备公开发行股票条件的上市公司，才可以申请发行可转换公司债券。

3. 根据公司发行债券时是否提供偿还本息的担保，将公司债券划分为有担保公司债券和无担保公司债券

有担保公司债券是指以公司全部或部分资产作为偿还本息的担保，而发行的债券。债券到期如不能还本付息，持有人可以以该担保财产作价抵偿债务或以变卖价金清偿其债务。有担保公司债券的持有人既为公司的债权人，又是公司财产的抵押权人，其债权优先受偿。无担保公司债券，是指公司仅凭自身信用，而不提供其他财产担保所发行的债券。

三、公司债券的发行

1. 公司债券的发行条件

公开发行公司债券，应当符合下列条件：

(1) 股份有限公司的净资产不低于人民币3000万元，有限责任公司的净资产不低于人民币6000万元。

(2) 累计债券余额不超过公司净资产的40%。

(3) 最近3年平均可分配利润足以支付公司债券1年的利息。

(4) 筹集的资金投向符合国家产业政策。

(5) 债券的利率不超过国务院限定的利率水平。

(6) 国务院规定的其他条件。

公开发行公司债券筹集的资金，必须用于核准的用途，不得用于弥补亏损和非生产性支出。上市公司发行可转换为股票的公司债券，除应当符合第一款规定的条件外，还应当符合本法关于公开发行股票的条件，并报国务院证券监督管理机构核准。

有下列情形之一的，不得再次公开发行公司债券：①前一次公开发行的公司债券尚未募足；②对已公开发行的公司债券或者其他债务有违约或者延迟支付本息的事实，仍处于继续状态；③违反本法规定，改变公开发行公司债券所募资金的用途。

2. 公司债券的发行程序

公司债券的发行，主要经过以下程序：

(1) 由董事会制订方案，股东会审议作出决议。

(2) 向国务院证券管理部门提出发行公司债券的申请,并提交相关文件。

(3) 国务院证券管理部门对发行公司债券的申请进行审查,对符合法定条件的予以核准。

(4) 与证券商签订承销协议。发行公司债券,必须由证券经营机构承销。

(5) 公告公司债券募集办法。发行公司债券的申请经批准后,应当公告债券的募集办法。公司发行可转换债券的,还应当在募集办法中载明具体的转换方法。

四、公司债券的转让

1. 一般规定

公司债券的转让,实质上是债权的转让。公司债券可以转让,转让价格由转让人与受让人约定。公司债券在证券交易所上市交易的,按照证券交易所的交易规则转让。

2. 记名公司债券的转让

记名公司债券,由债券持有人以背书方式或者法律、行政法规规定的其他方式转让;转让后由公司将受让人的姓名或者名称及住所记载于公司债券存根簿。

3. 无记名公司债券的转让

无记名公司债券的转让,由债券持有人将该债券交付给受让人后即发生转让的效力。

第五节　公司财务会计

公司应当依照法律、行政法规和国务院财政部门的规定建立本公司的财务、会计制度。公司除法定的会计账簿外,不得另立会计账簿。对公司资产,不得以任何个人名义开立账户存储。公司聘用、解聘承办公司审计业务的会计师事务所,依照公司章程的规定,由股东会、股东大会或者董事会决定。公司股东会、股东大会或者董事会就解聘会计师事务所进行表决时,应当允许会计师事务所陈述意见。公司应当向聘用的会计师事务所提供真实、完整的会计凭证、会计账簿、财务会计报告及其他会计资料,不得拒绝、隐匿、谎报。

一、公司财务会计报告制度

1. 财务会计报告的种类

(1) 财务会计报表,主要有资产负债表,损益表和财务状况变动表。

资产负债表　是反映公司在某一特定日期财务状况的报表。为正确表示该特定日期公司财产构成的状态,该表分列借方与贷方。借方记载资产,贷方记载股东权益和负债。

损益表　又称利润表，是反映公司一定期间的经营成果及其分配情况的报表。该表的项目，应当按利润的构成和利润分配各项目分项列示。

财务状况变动表　又称资金来源与运用表，也称资金表。它是反映一定会计期间内营运资金来源和运用及其增减变动情况的报表。其中，营运资金来源分为利润来源和其他来源；营运资金运用分为利润分配和其他用途。

(2) 财务会计附属明细表。

财务情况说明书　是记载公司特定年度财务状况的文书。它主要说明公司的营业情况、利润实现与分配情况、资金增减与周转情况、税金缴纳情况、各项财产的物资变动情况，对本期或下期财务状况发生重大影响的事项、资产负债表编制日后至报出财务会计报告前发生的对公司财务状况有重大影响的事项，以及需要说明的其他事项。

利润分配表　是反映公司利润分配情况和年末未分配利润情况的会计报表，是损益表的附属明细表。

以上是《公司法》规定每个公司都必须制作的财务会计报告。清算中的公司，还需要编制财产清单。公司根据需要，还可编制《公司法》未规定的会计附表。

2. 财务会计报告的规定

公司应当在每一会计年度终了时编制财务会计报告，并依法经会计师事务所审计。财务会计报告应当依照法律、行政法规和国务院财政部门的规定制作。

有限责任公司应当依照公司章程规定的期限将财务会计报告送交各股东。股份有限公司的财务会计报告应当在召开股东大会年会的 20 日前置备于本公司，供股东查阅；公开发行股票的股份有限公司必须公告其财务会计报告。

二、公司税后利润的分配

《公司法》规定了公司税后利润的分配，其顺序如下：

1. 弥补上一年度亏损

公司的法定公积金不足以弥补以前年度亏损的，在依法提取法定公积金之前，应当先用当年利润弥补亏损。

2. 提取法定公积金

法定公积金又称强制公积金，主要用于弥补亏损、扩大公司生产经营、转为增加公司资本，法定公积金转为资本时，所留存的该项公积金不得少于转增前公司注册资本的 25%。公司分配当年税后利润时，应当提取利润的 10%列入公司法定公积金。公司法定公积金累计额为公司注册资本的 50%以上的，可以不再提取。

3. 提取任意公积金

公司从税后利润中提取法定公积金后，经股东会或者股东大会决议，还可以从税后利润中提取任意公积金。《公司法》对任意公积金无强制性规定。

4. 向股东分配股利

公司弥补亏损和提取公积金后所余税后利润，有限责任公司依照股东实缴的出资比例分配股利；股份有限公司按照股东持有的股份比例分配，但股份有限公司章程规定不按持股比例分配的除外。公司持有的本公司股份不得分配利润。

股东会、股东大会或者董事会违反公司法规定，在公司弥补亏损和提取法定公积金之前向股东分配利润的，股东必须将违反规定分配的利润退还公司。

? 学生提问：法定公益金是什么含义呢？现在《公司法》还要求企业提取法定公益金吗？

教师回答：法定公益金，就是公司在税后利润中依法提取的用于企业职工福利支出的专项基金。法定公益金只能用于公司职工的集体福利。修订前的原《公司法》规定必须在税后利润中提取5%～10%，这是违反所有权理论的，新《公司法》取消了这一规定。

三、资本公积金

资本公积金是指依法直接从公司有关收入中提取形成的公积金，资本公积金不同于法定公积金，它的提取不需要以公司盈余为前提。只要公司收入中出现法律规定的情况，就应当纳入提取范围。《公司法》规定，股份有限公司以超过股票票面金额的发行价格发行股份所得的溢价款以及国务院财政部门规定列入资本公积金的其他收入，应当列为公司资本公积金。资本公积金不得用于弥补公司的亏损。

第六节　公司变更、解散和清算

一、公司的合并和分立

1. 公司的合并

(1) 公司合并的概念和形式。公司的合并是指两个或者两个以上的公司变更为一个公司主体的法律行为。公司合并可以采取吸收合并或者新设合并。一个公司吸收其他公司为吸收合并，被吸收的公司解散。两个以上公司合并设立一个新的公司为新设合并，合并各方解散。

(2) 公司合并的程序。合并各方签订合并协议，并编制资产负债表及财产清单；公司合并应经股东会或股东大会特别决议通过；自作出合并决议之日起10日内通知债权人，并于30日内在报纸上公告。债权人自接到通知书之日起30日内，未接到通知书的自公告之日起45日内，可以要求公司清偿债务或者提供相应的担保；履行了债权人保护程序后，进行资本的合并以及财产的转移；办理工商登记手续。

公司合并后，合并各方的债权、债务，应当由合并后存续的公司或者新设的公司享有和承担。

2. 公司的分立

(1) 公司分立的概念和形式。公司的分立是指一个公司依法分为两个或者两个以上公司主体的法律行为。公司的分立有派生分立和新设分立两种形式。派生分立是指从原公司中分立出新的公司，原公司仍然存在的分立方式；新设分立是指新设立两个或者两个以上的公司，原公司解散的分立方式。

(2) 公司分立的程序。公司分立也属于公司的重大法律行为，须经股东会或股东大会的特别决议通过；签署分立协议；编制资产负债表和财产清单，进行财产分割；自作出分立决议之日起10日内通知债权人，并于30日内在报纸上公告；办理工商登记手续。

公司分立前的债务由分立后的公司承担连带责任。但是，公司在分立前与债权人就债务清偿达成的书面协议另有约定的除外。分立后的公司之间可约定内部承担比例，但不具有对外效力。

二、公司的增资和减资

增资是指有限责任公司或股份有限公司增加注册资本，有限责任公司可以通过股东增加出资增资；股份有限公司可以通过发行新股来增资，也可将公积金转为注册资本。增资一般不会损害公司债权人的利益，所以程序相对较为简单。《公司法》规定，股东认缴新增资本或缴纳股款必须依法律规定执行。

减资是指有限责任公司或股份有限公司减少注册资本，公司原则上不允许减资，而且减资有可能损害债权人的利益，因此公司法对减资规定较为严格。公司需要减少注册资本时，必须编制资产负债表及财产清单。公司应当自作出减少注册资本决议之日起10日内通知债权人，并于30日内在报纸上公告。债权人自接到通知书之日起30日内，未接到通知书的自公告之日起45日内，有权要求公司清偿债务或者提供相应的担保。公司减资后的注册资本不得低于法定的最低限额。

增资和减资都是公司的重大法律行为，均须经股东会或股东大会的特别决议通过，并办理工商变更登记。

三、公司形式的变更

公司形式的变更是指有限责任公司和股份有限公司两种形式的互相转换。有限责任公司变更为股份有限公司，应当符合公司法规定的股份有限公司的条件。股份有限公司变更为有限责任公司，应当符合公司法规定的有限责任公司的条件。

有限责任公司变更为股份有限公司的，或者股份有限公司变更为有限责任公司的，公司变更前的债权、债务由变更后的公司承继。

四、公司的解散

公司解散是终止公司法人资格的一种程序。公司解散的原因有：

1. 主动解散

(1) 公司章程规定的营业期限届满或者公司章程规定的其他解散事由出现。

(2) 股东会或者股东大会决议解散。

(3) 因公司合并或者分立需要解散。

2. 强制解散

公司依法被吊销营业执照、责令关闭或者被撤销。

3. 股东请求解散

公司经营管理发生严重困难，继续存续会使股东利益受到重大损失，通过其他途径不能解决的，持有公司全部股东表决权 10%以上的股东，可以请求人民法院解散公司。

五、公司的清算

公司清算，是指公司解散后，依照一定程序，终结公司的一切法律关系，处理公司剩余财产的行为。并非所有公司解散都需要清算，比如，公司因合并或分立解散无需清算。公司清算必须依法进行。

1. 成立清算组

除因公司合并或者分立外，解散的公司应当自解散之日起 15 日内成立清算组，开始清算。有限责任公司的清算组由股东组成，股份有限公司的清算组由董事或者股东大会确定的人员组成。逾期不成立清算组的，人民法院可以依债权人申请指定有关人员组成清算组进行清算。

2. 通知与债权申报

清算组应当自成立之日起 10 日内通知债权人，并于 60 日内在报纸上公告。

债权人应当自接到通知书之日起30日内，未接到通知书的自公告之日起45日内，向清算组申报其债权。债权人申报债权，应当说明债权的有关事项，并提供证明材料。清算组应当对债权进行登记。在申报债权期间，清算组不得对债权人进行清偿。

3. 清理财产

清算组在清理公司财产、编制资产负债表和财产清单后，应当制定清算方案，并报股东会、股东大会或者人民法院确认。清算组在清理公司财产、编制资产负债表和财产清单后，发现公司财产不足清偿债务的，应当依法向人民法院申请宣告破产。公司经人民法院裁定宣告破产后，清算组应当将清算事务移交给人民法院。

4. 清偿债务、分配财产

清算的目的之一就是要清偿债务。公司财产在分别支付清算费用、职工的工资、社会保险费用和法定补偿金，缴纳所欠税款，清偿公司债务后的剩余财产，有限责任公司按照股东的出资比例分配，股份有限公司按照股东持有的股份比例分配。

5. 注销登记并公告

公司清算结束后，清算组应当制作清算报告，报股东会、股东大会或者人民法院确认，并报送公司登记机关，申请注销公司登记，公告公司终止。

第七节　违反公司法的法律责任

一、发起人、股东的法律责任

1. 以欺诈手段注册的法律责任

违反公司法规定，虚报注册资本、提交虚假材料或者采取其他欺诈手段隐瞒重要事实取得公司登记的，由公司登记机关责令改正，对虚报注册资本的公司，处以虚报注册资本金额5%以上15%以下的罚款；对提交虚假材料或者采取其他欺诈手段隐瞒重要事实的公司，处以5万元以上50万元以下的罚款；情节严重的，撤销公司登记或者吊销营业执照。

2. 虚假出资的法律责任

公司的发起人、股东虚假出资，未交付或者未按期交付作为出资的货币或者非货币财产的，由公司登记机关责令改正，处以虚假出资金额5%以上15%以下的罚款。

3. 抽逃出资的法律责任

公司的发起人、股东在公司成立后，抽逃其出资的，由公司登记机关责令改正，处以所抽逃出资金额5%以上15%以下的罚款。

二、公司的法律责任

1. 另立会计账簿的法律责任

公司违反公司法规定，在法定的会计账簿以外另立会计账簿的，由县级以上人民政府财政部门责令改正，处以5万元以上50万元以下的罚款。

2. 提供虚假财务会计报告等材料的法律责任

公司在依法向有关主管部门提供的财务会计报告等材料上作虚假记载或者隐瞒重要事实的，由有关主管部门对直接负责的主管人员和其他直接责任人员处以3万元以上30万元以下的罚款。

3. 未依法提取法定公积金的法律责任

公司不依照公司法规定提取法定公积金的，由县级以上人民政府财政部门责令如数补足应当提取的金额，可以对公司处以20万元以下的罚款。

三、与清算有关的法律责任

公司在合并、分立、减少注册资本或者进行清算时，不依照公司法规定通知或者公告债权人的，由公司登记机关责令改正，对公司处以1万元以上10万元以下的罚款。公司在进行清算时，隐匿财产，对资产负债表或者财产清单作虚假记载或者在未清偿债务前分配公司财产的，由公司登记机关责令改正，对公司处以隐匿财产或者未清偿债务前分配公司财产金额5%以上10%以下的罚款；对直接负责的主管人员和其他直接责任人员处以1万元以上10万元以下的罚款。

公司在清算期间开展与清算无关的经营活动的，由公司登记机关予以警告，没收违法所得。

清算组不依照公司法规定向公司登记机关报送清算报告，或者报送清算报告隐瞒重要事实或者有重大遗漏的，由公司登记机关责令改正。清算组成员利用职权徇私舞弊、谋取非法收入或者侵占公司财产的，由公司登记机关责令退还公司财产，没收违法所得，并可以处以违法所得1倍以上5倍以下的罚款。

四、中介机构违法的法律责任

承担资产评估、验资或者验证的机构提供虚假材料的，由公司登记机关没收违法所得，处以违法所得1倍以上5倍以下的罚款，并可以由有关主管部门依法责令该机构停业、吊销直接责任人员的资格证书，吊销营业执照。

承担资产评估、验资或者验证的机构因过失提供有重大遗漏的报告的，由公司登记机关责令改正，情节较重的，处以所得收入1倍以上5倍以下的罚款，并可以由有关主管部门依法责令该机构停业、吊销直接责任人员的资格证书，吊销营业执照。

承担资产评估、验资或者验证的机构因其出具的评估结果、验资或者验证证明不实，给公司债权人造成损失的，除能够证明自己没有过错的外，在其评估或者证明不实的金额范围内承担赔偿责任。

五、登记机关或上级部门违法的法律责任

公司登记机关对不符合公司法规定条件的登记申请予以登记，或者对符合公司法规定条件的登记申请不予登记的，对直接负责的主管人员和其他直接责任人员，依法给予行政处分。

公司登记机关的上级部门强令公司登记机关对不符合公司法规定条件的登记申请予以登记，或者对符合公司法规定条件的登记申请不予登记的，或者对违法登记进行包庇的，对直接负责的主管人员和其他直接责任人员依法给予行政处分。

六、其他法律责任

(1) 未依法登记为有限责任公司或者股份有限公司，而冒用有限责任公司或者股份有限公司名义的，或者未依法登记为有限责任公司或者股份有限公司的分公司，而冒用有限责任公司或者股份有限公司的分公司名义的，由公司登记机关责令改正或者予以取缔，可以并处10万元以下的罚款。

(2) 公司成立后无正当理由超过6个月未开业的，或者开业后自行停业连续6个月以上的，可以由公司登记机关吊销营业执照。

公司登记事项发生变更时，未依照公司法法规定办理有关变更登记的，由公司登记机关责令限期登记；逾期不登记的，处以1万元以上10万元以下的罚款。

(3) 外国公司违反本法规定，擅自在中国境内设立分支机构的，由公司登记机关责令改正或者关闭，可以并处5万元以上20万元以下的罚款。

(4) 利用公司名义从事危害国家安全、社会公共利益的严重违法行为的，吊销营业执照。

公司违反公司法规定，应当承担民事赔偿责任和缴纳罚款、罚金的，其财产不足以支付时，适用民事责任优先原则，先承担民事赔偿责任。违反公司法规定，构成犯罪的，依法追究刑事责任。

【引例评析】

(1) 公司的有限责任基于公司作为法人的独立人格，公司自成立开始就成为独立的法律主体。公司以自己的名义开展经营活动，以自己独立的财产承担全部

债务。

（2）本案中，和夏公司董事长夏某滥用公司法人独立地位和股东有限责任损害公司债权人的利益，规避法律、逃避债务。债权人建华公司可依据《公司法》的规定，提起否认和夏公司法人人格的诉讼请求，“揭开和夏公司的面纱”，要求其董事长夏某承担连带责任。

【小结】

重点阐述了公司和公司法的基本原理，有限责任公司和股份有限公司的设立、组织机构和职权，公司股份和公司债券，公司的财务与会计制度，公司的合并、分立、增资、减资，公司的解散与清算，以及违反公司法的法律责任等内容。

【复习与思考】

1. 名词解释

有限责任公司 股份有限公司 募集设立 累积投票制 资本公积金

2. 思考题

（1）有限责任公司的出资形式。

（2）有限责任公司股东会的会议制度和表决权。

（3）有限责任公司监事会的职权。

（4）股份有限公司的组织机构。

（5）股份有限公司临时董事会的召开条件。

（6）公司变更后债权、债务的承担。

3. 选择题（含多项选择）

（1）以公司间的控制关系为标准，可把公司分为（　　）。

A. 资合公司与人合公司　　B. 总公司与分公司

C. 有限公司与无限公司　　D. 母公司与子公司

要点提示：注意公司间控制关系与管理关系的不同。

（2）根据《公司法》的规定，公司不依法提取法定公积金的，由县级以上人民政府财政部门责令如数补足应当提取的金额，并可以对公司处以（　　）。

A. 10万元以下的罚款　　B. 20万元以下的罚款

C. 30万元以下的罚款　　D. 50万元以下的罚款

（3）下列各项中，可以作为有限责任公司股东出资的有（　　）。

A. 货币　　B. 实物

C. 劳务和个人信用　　　　　　　　D. 土地使用权

(4) 下列选项中，属于股份有限公司监事会职权的有(　　)。

A. 检查公司财务

B. 提议召开临时股东大会

C. 选举和更换由股东代表出任的监事

D. 决定公司内部管理机构的设置

要点提示：注意股东大会、董事会、监事会职权的不同。

4. 案例分析题

(1) 甲股份有限公司于2008年6月6日发行股票，股票种类为人民币普通股(A股)，每股面值1元，发行股数为3800万股，占发行后股本的25%。每股发行价格为14.31元。

问题1：股票的发行与股票的转让有何不同？

问题2：股票的发行价格能否高于面值？为什么？

要点提示：①股票发行的主体是公司，购买股票的人成为公司股东；股票转让的出让人是股东，受让人成为新股东。②《公司法》规定，股票发行价格可以按票面金额，也可以超过票面金额，但不得低于票面金额。

(2) 甲股份有限公司成立于2001年，注册资本为2000万元。成立后公司业绩良好，规模迅速扩大。但是至2007年，由于盲目扩张等原因，业绩大幅下滑，出现严重亏损。2009年3月，为了弥补亏损，公司董事会形成决议，决定向社会发行公司债券。随后向证监会提出发行2000万元公司债券的申请。经评估，该公司净资产为3500万元。

问题1：向社会发行公司债券在民法上是什么行为？

问题2：证券管理机构是否应该核准甲公司发行公司债券的申请？为什么？

要点提示：①向社会公开发行公司债券，在民法上是公司向社会不特定的多数人借贷的行为。②公司发行债券的目的只能是为了生产经营筹集资金，而不能将公司债用于弥补亏损和非生产性支出；所申请公司债的累计债券余额不得超过公司净资产的40%；公司债券的发行，需要由公司股东大会形成普通决议，董事会无权决议。

第四章　外商投资企业法

【引例】

中国的甲公司与韩国的乙公司准备在中国组建一家中外合作经营企业。乙公司以一套价值 10 万美元的机器设备出资；甲公司出资 30 万美元，以合作企业的机器设备为担保，由甲公司向银行借贷。合作协议约定：合作企业的董事长和副董事长由中方担任，总经理和副总经理由韩方担任；合作企业成立的前 5 年，按中方 40%、韩方 60%的比例分配利润，合作期满，机器设备归中方所有。

问题：

1. 该合作企业属于中国法人还是外国法人？
2. 该合作企业的出资和合作协议中约定的事项是否符合法律规定？

【学习目标】

通过本章的学习，你应该能够：

(1) 了解我国外商投资企业的立法概况、概念和特征；
(2) 掌握外商投资企业的投资方向、外国投资者并购境内企业；
(3) 掌握中外合资经营企业、中外合作经营企业、外资企业的基本法律制度。

第一节　外商投资企业法概述

一、外商投资企业的概念和特征

1. 外商投资企业的概念

外商投资企业，是指按照中国法律规定，在中国境内设立的，由中国投资者和外国投资者共同投资设立或者仅由外国投资者投资设立的企业。其中，中国投资者包括中国的公司、企业、其他经济组织，外国投资者包括外国的公司、企业、其他经济组织或者个人。我国香港、澳门和台湾地区的投资者也视为外国投资者。我国目前的外商投资企业主要有中外合资经营企业、中外合作经营企业和外资企业。

? 学生提问：一个美国人和一个中国人可不可以在中国设立一家中外合资经营企业？

教师回答：设立外商投资企业，外国投资者可以是个人；中国投资者不可以是个人。所以一个中国人和一个美国人不可以设立中外合资经营企业。

2. 外商投资企业的特征

(1) 外商投资企业是外商直接投资举办的企业。直接投资是指投资者将资金投入企业，并不同程度地参与企业的经营决策，通过企业盈利分配获取投资收益的投资方法。其相对于间接投资而言，具有更大的稳定性。

(2) 外商投资企业是外国投资者私人投资举办的企业。私人投资是指以公司、企业和其他经济组织或者个人的名义进行的投资。它与政府的对外援助不同，具有民间经济技术合作的性质。

(3) 外商投资企业是依照中国的法律，在中国境内设立的企业。这一特征区别于外国企业或外国企业派驻在我国境内的分支机构。

? 学生提问：假设纽约一家公司在美国登记注册，到上海开设了一个分公司或办事处，是不是外商投资企业呢？

教师回答：当然不是，这家美国公司是外国法人。外商投资企业即使全部资本都由外方投资，也是按照中国法律在中国设立的中国法人。

二、外商投资企业的立法概况

外商投资企业法，是指调整外商投资企业在设立、变更、终止以及组织管理和经营活动过程中发生的各种经济关系的法律规范的总称。

《公司法》第 218 条规定，外商投资的有限责任公司和股份有限公司适用本法；有关外商投资的法律另有规定的，适用其规定。除此之外，关于外商投资企业的法律、法规主要还包括：

1979年7月1日，第五届全国人民代表大会第二次会议通过，并于1990年4月4日第七届全国人民代表大会第三次会议和2001年3月15日第九届全国人民代表大会第四次会议修正的《中华人民共和国中外合资经营企业法》(以下简称《中外合资经营企业法》)及其实施条例。

1988年4月13日，第七届全国人民代表大会第一次会议通过，并于2000年10月31日第九届全国人民代表大会第一次会议修正的《中华人民共和国中外经营企业法》(以下简称《中外合作经营企业法》)及其实施细则。

1986年4月12日，第六届全国人民代表大会第四次会议通过，2000年10月31日第九届全国人民代表大会常务委员会第十八次会议修正的《中华人民共和国外资企业法》(以下简称《外资企业法》)及其实施细则。

? 学生提问：如果外商投资企业的相关立法和《公司法》的规定不一致，该怎么办呢？

教师回答：外商投资企业的相关立法可以看作是《公司法》的特别法。规定不一致时，特别法优先适用。

三、外商投资企业的投资项目

1. 鼓励类外商投资项目

属于下列情形之一的，列为鼓励类外商投资项目：

(1) 属于农业新技术、农业综合开发和能源、交通、重要原材料工业的。

(2) 属于高新技术、先进适用技术，能够改进产品性能、提高企业技术经济效益或者生产国内生产能力不足的新设备、新材料的。

(3) 适应市场要求，能够提高产品档次、开拓新兴市场或者增加产品国际竞争能力的。

(4) 属于新技术、新设备，能够节约能源和材料、综合利用资源和再生资源以及防治环境污染的。

(5) 能够发挥中西部地区的人力和资源优势，并符合国家产业政策的。

(6) 法律、行政法规规定的其他情形。

2. 限制类外商投资项目

属于下列情形之一的，列为限制类外商投资项目：

(1) 技术水平落后的。

(2) 不利于节约资源和改善生态环境的。

(3) 从事国家规定实行保护性开采的特定矿种勘探、开采的。

(4) 属于国家逐步开放的产业的。

(5) 法律、行政法规规定的其他情形。

3. 禁止类外商投资项目

属于下列情形之一的,列为禁止类外商投资项目:

(1) 危害国家安全或者损害社会公众利益的。

(2) 对环境造成污染损害,破坏自然资源或者损害人体健康的。

(3) 占用大量耕地,不利于保护、开发土地资源的。

(4) 危害军事设施安全和使用效能的。

(5) 运用我国特有工艺或者技术生产产品的。

(6) 法律、行政法规规定的其他情形。

4. 允许类外商投资项目

不属于鼓励类、限制类和禁止类的外商投资项目,为允许类外商投资项目。

四、外国投资者并购境内企业

为了促进和规范外国投资者来我国投资,引进国外的先进技术和管理经验,提高利用外资的水平,实现资源的合理配置,保证就业、维护公平竞争和国家经济安全,依据外商投资企业的法律、行政法规及《公司法》和其他相关法律、行政法规,商务部等六部委 2006 年第 10 号公布的《关于外国投资者并购境内企业的规定》。

1. 并购形式

外国投资者并购境内企业的形式,可以分为股权并购和资产并购。

(1) 股权并购。是指外国投资者购买境内公司股东的股权或者认购境内公司增资,使该境内公司变更为外商投资企业。

(2) 资产并购。

先设立、再并购　外国投资者先设立外商投资企业,并通过该企业协议购买境内企业的资产并运营该资产。

先并购、再设立　外国投资者协议先购买境内企业资产,并以该资产投资设立外商投资企业并运营该资产。

2. 并购规则

(1) 外国投资者在并购后所设外商投资企业注册资本中的出资比例高于 25% 的,该企业享受外商投资企业待遇。

(2) 境内公司、企业或自然人以其在境外合法设立或控制的公司名义并购与其有关联关系的境内的公司，应报商务部审批。

(3) 外国投资者并购境内企业并取得实际控制权，涉及重点行业、存在影响或可能影响国家经济安全因素或者导致拥有驰名商标或中华老字号的境内企业实际控制权转移的，当事人应就此向商务部进行申报。

(4) 外国投资者股权并购的，并购后所设外商投资企业承继被并购境内公司的债权和债务；外国投资者资产并购的，出售资产的境内企业承担其原有的债权和债务。

(5) 并购当事人应以资产评估机构对拟转让的股权价值或拟出售资产的评估结果作为确定交易价格的依据。

3. 注册资本与投资总额的关系

外国投资者股权并购的，除国家另有规定外，对并购后所设外商投资企业应按照以下比例确定投资总额的上限：

(1) 注册资本在 210 万美元以下的，投资总额不得超过注册资本的 10/7。

(2) 注册资本在 210 万美元以上至 500 万美元的，投资总额不得超过注册资本的 2 倍。

(3) 注册资本在 500 万美元以上至 1 200 万美元的，投资总额不得超过注册资本的 2.5 倍。

(4) 注册资本在 1 200 万美元以上的，投资总额不得超过注册资本的 3 倍。

4. 出资期限

(1) 外国投资者并购境内企业设立外商投资企业，外国投资者应自外商投资企业营业执照颁发之日起 3 个月内向转让股权的股东，或出售资产的境内企业支付全部对价。对特殊情况需要延长者，经审批机关批准后，应自外商投资企业营业执照颁发之日起 6 个月内支付全部对价的 60%以上，1 年内付清全部对价，并按实际缴付的出资比例分配收益。

(2) 外国投资者认购境内公司增资，有限责任公司和以发起方式设立的境内股份有限公司的股东应当在公司申请外商投资企业营业执照时缴付不低于 20%的新增注册资本，其余部分的出资时间应符合《公司法》、有关外商投资的法律和《公司登记管理条例》的规定。

(3) 外国投资者资产并购的，并通过该企业协议购买境内企业资产且运营该资产的：

对与资产对价等额部分的出资　投资者应自外商投资企业营业执照颁发之日起 3 个月内向境内企业支付全部对价。对特殊情况需要延长者，经审批机关批准后，应自外商投资企业营业执照颁发之日起 6 个月内支付全部对价的 60%以上，1 年内付清全部对价，并按实际缴付的出资比例分配收益。

<u>其余部分的出资</u>　合同、章程中规定一次缴清出资的，投资者应当自外商投资企业营业执照颁发之日起 6 个月内缴清；合同、章程中规定分期缴付出资的，投资者第一期出资不得低于各自认缴出资额的 15%，并应自外商投资企业营业执照颁发之日起 3 个月内缴清。

(4) 外国投资者并购境内企业设立外商投资企业，如果外国投资者出资比例低于企业注册资本 25%的，投资者以现金出资的，应自外商投资企业营业执照颁发之日起 3 个月内缴清；投资者以实物、工业产权等出资的，应自外商投资企业营业执照颁发之日起 6 个月内缴清。

参考案例　4-1

新加坡的甲公司以 1000 万美元并购我国境内乙公司 65%的股权。乙公司依法变更为中外合资经营企业。问：如何确定甲公司并购价款的支付期限？

分析：如果甲公司一次性付清并购款，支付期限为营业执照颁发之日起 3 个月内；如果有特殊情况需要延长，经审批机关批准后，应自外营业执照颁发之日起 6 个月内支付全部对价的 60%以上，总期限不能超过 1 年。

参考案例　4-2

我国境内乙公司准备增资 2000 万元，新加坡的甲公司拟认购其中的 80%，其出资期限又该如何确定？

分析：由于甲公司的加入，乙公司依法变更为中外合资经营企业，合资经营企业在申请营业执照时，甲公司和乙公司作为股东实际缴付的出资不得低于新增资本的 20%，即 400 万元，其余部分按照公司法的规定，出资期限不超过 2 年。

5. 并购的反垄断审查

(1) 外国投资者并购境内企业有下列情形之一的，投资者应就所涉情形向商务部和国家工商行政管理总局报告：

- 并购一方当事人当年在中国市场营业额超过 15 亿元人民币；
- 1 年内并购国内关联行业的企业累计超过 10 个；
- 并购一方当事人在中国的市场占有率已经达到 20%；
- 并购导致并购一方当事人在中国的市场占有率达到 25%。

(2) 境外并购有下列情形之一的，并购方应在对外公布并购方案之前或者报所在国主管机构的同时，向商务部和国家工商行政管理总局报送并购方案：

• 境外并购一方当事人在我国境内拥有资产30亿元人民币以上；

• 境外并购一方当事人当年在中国市场上的营业额15亿元人民币以上；

• 境外并购一方当事人及与其有关联关系的企业在中国市场占有率已经达到20%；

• 由于境外并购，境外并购一方当事人及与其有关联关系的企业在中国的市场占有率达到25%；

• 由于境外并购，境外并购一方当事人直接或间接参股境内相关行业的外商投资企业将超过15家。

(3) 有下列情况之一的并购，并购一方当事人可以向商务部和国家工商行政管理总局申请审查豁免：

• 可以改善市场公平竞争条件的；

• 重组亏损企业并保障就业的；

• 引进先进技术和管理人才并能提高企业国际竞争力的；

• 可以改善环境的。

第二节　中外合资经营企业法

一、中外合资经营企业的概念

中外合资经营企业(以下简称合营企业)，是指外国的企业和其他经济组织或个人与中国的企业或其他经济组织依照中国法律，在中国境内共同投资、共同经营，并按照投资比例共担风险、共负盈亏的企业。

二、中外合资经营企业的设立

1. 合营企业的设立条件

合营企业应当能够促进中国经济发展和科学技术水平的提高，符合下列一项或者数项要求：①采用先进技术设备和科学管理方法，能增加产品品种，提高产品质量和产量，节约能源和原材料；②有利于企业技术改造，能做到投资少、见效快、收益大；③能扩大产品出口，增加外汇收入；④能培训技术人员和经营管理人员。

对有损中国主权、违反中国法律、不符合中国国民经济发展要求、造成环境污染、签订的协议、合同、章程显属不公平，损害合营一方权益的不予批准。

2. 合营企业的设立程序

(1) 申请。由中国合营者向企业的主管部门呈报拟与外国合营者设立合营企业的项目建议书和初步可行性研究报告。

由中方合营者负责向审批机构报送以下文件:设立合营企业的申请书;合营各方共同编制的可行性研究报告;由合营各方授权代表签署的合营企业协议、合同和章程;由合营各方委派的合营企业董事长、副董事长、董事人选名单;中国合营者的企业主管部门和合营企业所在地的省、自治区、直辖市人民政府对设立该合营企业签署的意见。

(2) 审批。审批机构自收到中国合营者按规定报送的全部文件之日起 3 个月内决定批准或者不批准。

(3) 登记。申请者应在得到批准后的 1 个月之内,向合营企业所在地的省、自治区、直辖市的工商行政管理局办理登记手续,领取企业法人营业执照。合营企业营业执照的签发日期,即为合营企业的成立日期。

三、中外合资经营企业的投资

1. 注册资本

合营企业的注册资本,是指为设立中外合资企业在工商登记机关登记的企业实有资本,即为各方认缴的出资之和。合营企业的注册资本可以以人民币表示,也可以以外国货币表示。在注册资本中,外国合营者的投资比例不得低于 25%。特殊情况需要低于该比例的,须报国务院审批。

合营企业在经营期间,其注册资本可以增加或转让。任何一方如将注册资本转让,必须经过他方的同意,并报审批机构批准,完成变更登记。合营一方转让出资额的,他方有优先购买权。

2. 投资总额

合营企业的投资总额,是指按照合营企业合同或者章程规定的生产规模需要投入的基本建设资金和生产流动资金的总和。

合营企业的注册资本和投资总额的比例,应该遵循以下规定:

(1) 投资总额在 300 万美元以下(含 300 万美元)的,其注册资本至少应占投资总额的 7/10。

(2) 投资总额在 300 万美元以上 1 000 万美元以下(含 1 000 万美元)的,其注册资本至少应占投资总额的 1/2,其中投资总额在 420 万美元以下的,注册资本不得低于 210 万美元。

(3) 投资总额在 1 000 万美元以上 3 000 万美元以下(含 3 000 万美元)的,注册资本至少应占投资总额的 2/5,其中投资总额在 1 250 万美元以下的,注册资本不得低于 500 万美元。

(4) 投资总额在 3 000 万美元以上的，注册资本至少应占投资总额的 1/3，其中投资总额在 3 600 万美元以下的，注册资本不得低于 1 200 万美元。

3. 出资方式

合营者可以用货币出资，也可以用建筑物、厂房、机器设备或其他物料、工业产权、专有技术、场地使用权等作价出资。

以建筑物、厂房、机器设备或其他物料、工业产权、专有技术、场地使用权作价出资的，其作价由合营各方按照公平合理的原则协商确定，或者聘请合营各方同意的第三者评定。

外国合营者作为投资的技术和设备，必须确实是适合我国需要的先进技术和设备。如果有意以落后的技术和设备进行欺骗，造成损失的，应赔偿损失。

中国合营者的投资可包括为合营企业经营期间提供的场地使用权。如果场地使用权未作为中国合营者投资的一部分，合营企业应向中国政府缴纳使用费。

? 学生提问：外国投资者通过许可证方式取得的专利使用权，可以用来出资吗？

教师回答：设立外商投资企业，中外投资者用于出资的实物、工业产权或专有技术，必须属于自己所有并且没有设立任何抵押权等担保物权。通过许可证方式取得的专利使用权，不属于出资者所有，不得用来出资。

4. 出资期限

合营企业的出资期限由合营各方依照法律的规定在合营合同中订明。

(1) 合营合同中规定一次性缴清出资的，合营各方应从营业执照签发之日起 6 个月内缴清。

(2) 合营合同中规定分期缴付出资的，合营各方第 1 期出资，不得低于各自认缴出资额的 15%，并且应当自营业执照核发之日起 3 个月内缴清。

分期出资的总期限，不得违反规定：①注册资本在 50 万美元以下(含 50 万美元)的，自营业执照核发之日起 1 年内，应将资本全部缴齐；②注册资本在 50 万美元以上、100 万美元以下(含 100 万美元)的，自营业执照核发之日起 1 年半内，应将资本全部缴齐；③注册资本在 100 万美元以上、300 万美元以下(含 300 万美元)的，自营业执照核发之日起 2 年内，应将资本全部缴齐；④注册资本在 300 万美元以上、1 000 万美元以下(含 1 000 万美元)的，自营业执照核发之日起 3 年内，应将资本全部缴齐。

(3) 合营各方未能按照合营合同的规定如期缴付或者缴清其出资的,即构成违约。守约方应当催告违约方在1个月内缴付或者缴清出资。逾期仍未缴付或缴清的,视同违约方自动退出合营企业,守约方可依法要求违约方赔偿因未缴付或未缴清出资造成的经济损失。守约方应当在逾期1个月内,向原审批机关申请批准解散合营企业或者另找投资者。

四、中外合资经营企业的组织机构

1. 合营企业的组织形式

合营企业的组织形式是有限责任公司。合营企业合营各方以其认缴的出资额对企业承担有限责任,合营企业以其全部资产对企业债务承担责任。

2. 合营企业的组织机构

(1) 董事会是合营企业的最高权力机构,合营企业不设股东会。董事会有权按照合营企业章程的规定,讨论决定合营企业的一切重大问题。包括:企业的发展规划,生产经营活动方案,收支预算,利润分配,劳动工资计划,停业,以及总经理、副总经理、总会计师、审计师的任命或聘请及其职权或待遇等。

董事会的人数,由合营各方协商,在合营企业的合同、章程中确定,但人数不得少于3人。董事的名额分配,由合营各方参照出资比例商定。董事的任期为4年,可以连任。董事长、副董事长由合营各方协商确定或者由董事会选举产生。合营企业中,一方担任董事长的,副董事长由另一方担任。董事长是合营企业的法定代表人。

董事会会议由董事长负责召集或主持。董事长不能召集时,由董事长委托副董事长或者其他董事召集主持。董事会会议每年至少召开1次,经1/3以上的董事提议,可以召开临时董事会会议。董事会会议应有2/3以上的董事出席方能举行。

以下事项应由出席会议的董事的一致通过方可作出决议:①合营企业章程的修改;②合营企业的中止、解散;③合营企业注册资本的增加、转让;④合营企业与其他经济组织的合并。

其他事项的表决,可以根据章程规定的议事规则进行。

(2) 经营管理机构。合经营企业设经营管理机构,负责企业的日常经营管理工作。经营管理机构设总经理1人,副总经理若干人。总经理、副总经理由合营企业董事会聘任,可以由中国公民担任,也可以由外国公民担任。董事长、副董事长、董事经董事会聘请,可以兼任合营企业的总经理、副总经理或者其他高级管理职务。总经理、副总经理或其他高级管理人员有营私舞弊的行为或者其他严重失职行为时，经董事会决议可以随时解聘。

五、中外合资经营企业的生产经营管理

合营企业在其合同规定和批准登记的经营范围内，享有生产经营自主权。合营企业制定的生产经营计划，由董事会执行，报企业主管部门备案。企业的主管部门和各级计划管理部门不得对合营企业下达指令性的生产经营计划。

合营企业所需的机器设备、原材料、燃料、配套件、运输工具和办公用品等物资，有权自行决定在中国购买或向国外购买。

中国政府鼓励合营企业向国际市场销售其产品。合营企业生产的产品，属于中国亟需的或中国需要进口的，可以在中国国内市场销售。

合营企业的销售收入扣除成本，缴纳企业所得税后，由董事会根据企业自身的情况决定扣除储备基金、职工奖励及福利基金、企业发展基金。余额根据合营各方的出资比例进行分配。

六、中外合资经营企业的期限、解散与清算

1. 合营期限

合营企业的合营期限，可以根据不同的行业作不同的约定。有的行业的合营企业应当约定合营期限，有的行业的合营企业可以约定、也可以不约定合营期限。但下列行业必须约定合营期限：

(1) 服务性行业。

(2) 从事土地开发及经营房地产的。

(3) 从事资源勘查开发的。

(4) 国家规定为限制类投资项目的。

(5) 国家其他法律、法规规定需要约定合营期限的。

合营期限届满，合营各方同意延长合营期限的，应在合营期满前 6 个月，向审批机构提出申请。审批机构应在接到申请之日起 1 个月内批复。合营期限的延长经批准后，应及时办理变更登记手续。

2. 合营企业的终止

(1) 合营企业的解散。是指合营企业基于法定或约定事由的出现而归于终止。法律规定，合营企业在出现下列情况之一时解散：

- 合营期限届满；
- 合营企业发生严重亏损，无力继续经营；
- 合营一方不履行合营企业协议、合同、章程规定的义务，致使企业无法继续经营；

- 合营企业因自然灾害、战争等不可抗力遭受严重损失,无法继续经营;
- 合营企业未达到其经营目的,同时又无发展前途;
- 合营企业合同、章程规定的其他解散原因已经出现。

合营企业解散,除因期限届满的,其他情况下应由董事会提出解散申请书,报审批机关批准。在第三种情况下,不履行合营企业协议、合同、章程规定的义务的一方,应对合营企业由此造成的损失负赔偿责任。

(2) 合营企业的清算。合营企业宣告解散时,应当进行清算。董事会应提出清算程序、原则和清算委员会人选、报企业主管部门审核并监督清算。清算委员会的成员一般应在合营企业的董事会中选任,也可以聘请在中国注册的会计师、律师担任。审批机构认为必要时,可以派人监督。

清算委员会的任务是对合营企业的财产、债权、债务进行全面清查,编制资产负债表和财产目录,提出财产作价和计算依据,制定清算方案,提请董事会会议通过后执行。

在清算期间,清算委员会代表合营企业起诉和应诉。合营企业以其全部资产对其债务承担责任。合营企业清偿债务后的剩余财产按照合营各方的出资比例进行分配,但合营企业协议、合同、章程另有规定的除外。

清算工作结束后,由清算委员会提出清算结束报告,提请董事会会议通过后,报原审批机构,并向原登记管理机构办理注销登记手续,缴销营业执照。

第三节　中外合作经营企业法

一、中外合作经营企业的概念

中外合作经营企业(以下简称合作企业),是指外国的企业和其他经济组织或个人与中国的企业或其他经济组织,依照中国法律规定,在中国境内举办的,按合作企业合同约定双方权利和义务关系的企业。

二、中外合作经营企业的设立

国家鼓励举办产品出口的和技术先进的生产型合作企业。合作企业设立的程序与合营企业的设立程序相似,要经过中国合作者提出申请、报审批机关审查批准和工商登记三个阶段。与合营企业不同,审批机关应当自收到全部申请文件之日起 45 日内决定批准或者不批准。

三、中外合作经营企业的组织机构

1. 合作企业的组织形式

合作企业可以申请为具有法人资格的合作企业，也可以申请为不具有法人资格的合作企业。

具有法人资格的合作企业，其组织形式为有限责任公司。合作各方以各自提供的投资为限对企业承担责任，合作企业以企业全部财产对外承担责任。不具有法人资格的合作企业，合作各方应按合作协议的规定共同分享受益、分担风险和责任，合作各方之间的关系是合伙关系。

2. 合作企业的组织机构

《中外合作企业法》规定，合作企业应当设立董事会或者联合管理机构，依照合作企业合同或者章程的规定，决定合作企业的重大问题。除此之外，合作企业还可以委托第三方经营管理。因而合作企业的经营管理形式和组织机构具有多样性。

(1) 董事会制。具有法人资格的合作企业，一般实行董事会制。其规定与中外合资经营企业基本相同，但是董事的名额分配不是依各方出资比例确定而是由各方协商确定。

(2) 联合管理制。不具备法人资格的合作企业，一般实行联合管理制。联合管理机构由合作各方代表组成，中外合作者的一方担任联合管理机构的主任的，由他方担任副主任。

(3) 委托管理制。合作企业成立后，可以委托中外合作者以外的第三方经营管理，但必须经董事会或者联合管理机构一致同意，报审查批准机关批准，并向工商行政管理机关办理变更登记手续。

董事会或者联合管理机构可以决定任命或者聘请总经理负责合作企业的日常经营管理工作。总经理对董事会或者联合管理机构负责。

四、中外合作经营企业的投资与合作条件

1. 出资比例

取得法人资格的合作企业，外国合作者的投资比例一般不得低于注册资本的25%；不具备法人资格的合作企业，合作各方的投资比例或合作条件，由商务部规定。

2. 出资方式

合作企业的合作者可以以现金、实物、土地使用权、工业产权、非专利技术和其他财产权利出资。合作企业的合作者出资的方式比较灵活，各方不必对投资和提供的合作条件计算出资额，也不必确定合作各方的出资比例，具有契约性的特征。

五、中外合作经营企业的损益分配和投资回收

1. 损益分配

合作企业的合作各方按照合作合同的约定分配收益或者产品，承担风险和亏损。合作各方可以约定在合作企业期满前始终按同一比例实行利润或产品分成，也可以在合作期满前的一定时期按某种比例分成，在另外的时期按其他比例分成。

2. 外国投资者的投资回收

合作企业的中外合作者如果在合同中约定合作期满时，企业全部固定资产无偿归中国合作者所有，外国投资者可以先行收回投资。

外商先行回收投资的方式主要有：扩大外国合作者的利润分成；外国合作者在缴纳企业所得税前回收投资；以及经财政税务机关和审批机关批准的其他回收投资方式。

对于税前回收投资的，必须经财政税务机关审查批准。双方必须依照有关法律的规定和合作合同的约定，对合作企业的债务承担责任。外国合作者提出先行回收投资的，应当具体说明先行回收的总额、期限和方式，经财税机关审查同意后，报审批机关审批。外国合作者应当在合作企业的亏损弥补之后，才能先行回收投资。

？学生提问：合营企业的外国投资者不可以提前回收投资吗？

教师回答：合营企业的外国投资者在合营期内不得先行回收投资，只能在企业解散清算后才能依法定程序回收投资。

六、中外合作经营企业的期限和终止

1. 合作期限

合作企业的合作期限必须在合作合同中订明。合作期限届满，双方同意延长合作期限的，应当在合作合同期限届满的180日前向审查机关提出申请。审查批准机关应在收到申请之日起的30日之内，决定批准或者不批准。经批准延长合作期的，应及时向工商行政管理部门变更登记手续。

合作企业合同约定外方先行回收投资，并且投资已经回收完毕的，合作企业期限届满不再延长。但外国合作者增加投资、经合作各方协商同意的除外。

2. 合作企业的终止

合作企业有下列情形之一的，应当解散：

(1) 合作期限届满。

(2) 合作企业发生严重亏损，或者因不可抗力遭受严重损失，无力继续经营。

(3) 中外合作一方或者数方不履行合作企业合同、章程规定的义务，致使合作企业无法继续经营。

(4) 合作企业合同、章程中规定的其他解散原因已经出现。

(5) 合作企业违反法律、行政法规，被依法责令关闭。

合作企业期满或者提前终止时，应当依照法定程序对资产和债权、债务进行清算。中外合作者应当依照合作企业合同的约定确定合作企业财产的归属。合作企业期满或者提前终止，应当向工商行政管理机关和税务机关办理注销登记手续。

第四节　外资企业法

一、外资企业的概念

外资企业也称外商独资企业，是指外国的企业和其他经济组织或个人，依照中国法律规定在中国境内设立的，全部资本由外国投资者投资的企业。不包括外国企业和其他经济组织在中国境内设立的分支机构。

二、外资企业的设立

1. 外资企业的设立条件

设立外资企业，必须有利于中国国民经济的发展。国家鼓励举办产品出口型或者技术先进型的外资企业。有以下情形之一的，设立外资企业的申请不予批准：有损中国主权或者社会公共利益的；危及中国国家安全的；违反中国法律、法规的；不符合中国国民经济发展要求的；可能造成环境污染的。

2. 外资企业的设立程序

(1) 申请。外国投资者在提出设立外资企业的申请前，应当向拟设立外资企业所在地的县级或县级以上人民政府提交报告。县级或县级以上人民政府应当在30日内，以书面形式作出答复。

外国投资者设立外资企业，应当通过拟设立外资企业所在地的县级或县级以上人民政府向审批机关提交申请，并报送相关文件。

两个或者两个以上外国投资者共同申请设立外资企业，应当将其签订的合同副本报送审批机关备案。

(2) 审批。中华人民共和国商务部负责审查批准外资企业的设立申请。属于下列情形的，国务院授权省、自治区、直辖市和计划单列市、经济特区人民政府审查批准：

• 投资总额在国务院规定的投资审批权限以内的；

• 不需要国家调拨原材料，不影响能源、交通运输、外贸出口配额等全国综合平衡的。

审批机关应当在收到申请材料后的 90 日之内作出批准或者不予批准的决定。如果批准，发给批准证书。如果发现报送的文件不齐备或者有不当之处，可以要求限期补报或者修改。

(3) 登记。外国投资者在收到批准证书的 30 日之内向工商行政管理机关申请登记，领取营业执照。营业执照的签发日期为外资企业的成日期。外资企业应当在企业成立之日起 30 日内向税务机关办理税务登记。

三、外资企业的注册资本和出资

1. 外资企业的注册资本

外资企业的注册资本是指为设立外资企业在工商行政管理机关登记的资本总额，即外国投资者认缴的全部出资额。外资企业的注册资本要与其经营规模相适应，注册资本与投资总额的比例参照中外合资经营企业的有关规定执行。

外资企业在经营期限内不得减少其注册资本，但因投资总额和生产经营规模等发生变化，确需减少注册资本的，须经审批机关批准。外资企业注册资本的增加、转让，须经审批机关批准，并向工商行政管理机关办理变更登记手续。外资企业将其财产或者权益对外抵押、转让，须经审批机关批准，并向工商行政管理机关备案。

2. 外国投资者的出资

外国投资者可以用可自由兑换的外币出资，也可以用机器设备、工业产权、专有技术等作价出资。经审批机关批准，外国投资者也可以用其从中国境内兴办的其他外商投资企业获得的人民币利润出资。

外国投资者以机器设备作价出资的，该机器设备必须是外资企业生产所必需的，而且作价不得高于同类机器设备当时的国际市场正常价格。工业产权和专有技术，其作价金额不得超过企业注册资本的 20%。

3. 出资期限

外国投资者缴付出资的期限应当在设立外资企业申请书和外资企业章程中载明。外国投资者可以分期缴付出资，其中第一期出资不得少于外国投资者认缴的出资额的 15% ，并应当在外资企业营业执照签发之日起 90 日内缴清。最后一期出资应当在营业执照签发之日起 3 年内缴清。违反以上规定的，外资企业批准证书自动失效，并吊销营业执照。外国投资者缴付每一期出资后，外资企业应聘请中国的注册会计师验证并出具验资报告，报审批机关和工商行政管理局备案。

四、外资企业的组织机构和经营管理

1. 外资企业的组织机构

外资企业的组织形式为有限责任公司，经批准也可以为其他责任形式。外资企业为有限责任公司的，外国投资者以其认缴的出资额为限，外资企业以其全部资产为限对其债务承担责任。

外资企业的组织机构可以由外国投资者自行设置，中国政府不加干涉。外资企业应根据其组织形式设立董事会并推选出董事长，同时向审批机关申报备案。董事长是企业的法定代表人。

2. 外资企业的经营管理

外资企业在制定生产经营计划、购买物资、销售产品等方面享有与中外合资经营企业大致相同的自主权。

外资企业应当按照国家统一的财务会计制度，并根据中国有关法律和财务会计制度的规定，制定适合本企业的财务会计制度，报当地财政、税务机关备案。外资企业以前会计年度的亏损未弥补前，不得分配利润。外资企业以前会计年度未分配的利润，可与本会计年度可供分配的利润一并分配。外资企业的年度会计报表和清算会计报表，以及中国注册会计师出具的报告，应当在规定的时间内报送财政、税务机关，并报审批机关和工商行政管理机关备案。

外资企业的职工有权建立工会组织，开展工会活动。企业研究决定有关职工奖惩、工资制度、生活福利、劳动保护和劳动保险等问题时，工会代表有权列席会议。企业应当听取工会的意见，与工会充分合作。

五、外资企业的经营期限和终止

1. 外资企业的经营期限

外资企业的经营期限，根据不同行业和企业的具体情况，由外国投资者在设立外资企业的申请书中拟订，经审批机关批准。外资企业的经营期限，从其营业执照签发之日起计算。

外资企业经营期限届满需要延长的，应当在距经营期满 180 日前向审批机关递交申请书，审批机关应当在收到申请书之日起 30 日内决定批准或者不批准。批准延长的，应当在收到批准文件的 30 日内向工商行政管理部门办理变更登记手续。

2. 外资企业的终止

外资企业出现下列情形之一时,应予终止:

(1) 经营期限届满。

(2) 经营不善,严重亏损,外国投资者决定解散。

(3) 因自然灾害、战争等不可抗力因素而遭受严重损失,无法继续经营的。

(4) 破产。

(5) 违反中国法律、法规,危害社会公共利益被依法撤销。

(6) 外资企业章程规定的其他解散事由已经出现。

因以上(1)、(3)、(4)项情形而终止,外资企业应自行提交终止申请,报审批机关核准。审批机关作出核准的日期为外资企业的终止的日期。

3. 外资企业的清算

外资企业因上述(1)、(2)、(3)、(6)项情形终止的,应在终止之日起15日内对外公告并通知债权人。并在终止公告发出之日起15日内提出清算顺序、原则及清算委员会人选,报审批机关后清算。

外资企业的清算委员会应当由外资企业的法定代表人、债权人代表以及有关主管机关的代表组成,并聘请中国的注册会计师、律师参加。

外资企业在清算结束前,除为执行清算外,外国投资者不得自行处理财产。在清算结束后,如果资产净值和剩余资产部分超过注册资本的,还应依法交纳所得税。缴纳所得税后的剩余财产,按照外资企业章程的规定进行分配。外资企业清算处理财产时,在同等条件下,中国的企业或者其他经济组织有优先购买权。外资企业清算结束,应办理注销登记手续,缴销营业执照。

【引例评析】

(1) 外商投资企业是依照中国的相关法律,在中国境内设立的企业,属于中国法人。

(2) 该合作企业的出资不符合法律规定,《中外合作经营企业法》规定,任何一方不得以合作企业或者合作他方的财产和权益为其出资提供担保。甲公司不可以以合作企业的机器设备为担保,向银行借贷出资。

合作协议中关于董事长和副董事长由中方担任的约定不符合法律规定,《中外合作经营企业法》规定,中外合作者的一方担任董事长,由他方担任副董事长。

合作协议中关于利润分配的约定是合法的,《中外合作经营企业法》规定,合作企业的中外合作者如果在合同中约定合作期满时,企业全部固定资产无偿归中国合作者所有,外国投资者可以通过扩大利润分成等方式先行收回投资。

【小结】

简要介绍了我国外商投资企业的概念、特征、立法概况，重点阐述了外商投资企业的投资方向、外国投资者并购境内企业的法律规定、中外合资经营企业、中外合作经营企业、外资企业的设立、注册资本和出资方式、组织机构、经营管理、终止等基本法律制度。

【复习与思考】

1. 名词解释

外商投资企业　中外合资经营企业　中外合作经营企业　外资企业

2. 思考题

(1) 外国企业并购境内企业的并购形式、并购要求、反垄断审查。

(2) 合营企业注册资本与投资总额之间的比例有什么规定。

(3) 合营企业和合作企业在组织形式、组织机构、收益分配、投资回收等方面的区别。

3. 选择题(含多项选择)

(1) 设立外资企业，因依法由(　　)向审批机关提出申请，并报送有关文件。

A. 外国投资者

B. 外国投资者通过其所在国的驻华机构

C. 外国投资者通过拟设立外资企业所在地的县级或县级以上人民政府

D. 外国投资者通过拟设立外资企业所在地的市级或市级以上人民政府

要点提示：外国投资者设立外资企业，应当通过拟设立外资企业所在地的县级或县级以上人民政府向审批机关提出申请。

(2) 下列各项中，属于国家限制类外商投资项目的有(　　)。

A. 运用我国特有工艺生产产品的项目

B. 不利于节约资源的项目

C. 技术水平落后的项目

D. 不利于改善生态环境的项目

要点提示：注意限制类外商投资项目和禁止类外商投资项目的不同。

4. 案例分析题

外国投资者甲与中国境内企业乙共同投资举办中外合资经营企业丙，其中甲出资40%，乙出资60%；投资总额为400万美元。

请问:根据中外合资经营企业法律制度的规定,如何确定甲、乙的出资额?

要点提示:合营企业投资总额在 300 万美元以上 1 000 万美元以下的,其注册资本至少应占投资总额的 1/2,其中投资总额在 420 万美元以下的,注册资本不得低于 210 万美元。

第五章　企业破产法

【引例】

2009年1月,甲公司向人民法院提出破产申请,人民法院依法受理并指定了管理人。管理人接管甲公司后对其债权债务进行了清理,查明:

(1) 2008年6月,甲公司与乙公司订立买卖合同,尚欠乙公司80万元货款未付。2008年7月,甲公司协议承诺于2009年3月8日前偿还所欠乙公司货款及利息共计85万元,并以甲公司的一间厂房作抵押。还款协议签订后,双方办理了抵押登记。

(2) 2007年7月,甲公司与丙公司签订了一份广告代理合同,该合同约定:丙公司代理发布甲公司产品广告;期限为2年;一方违约,应当向另一方承担违约金20万元。

问题:

1. 管理人是否有权请求人民法院撤销甲公司的抵押行为?

2. 如果管理人决定解除甲公司与丙公司之间的广告代理合同,并由此给丙公司造成实际损失5万元,则丙公司应如何主张债权?

【学习目标】

通过本章的学习,你应该能够:

(1) 掌握破产法的适用范围;
(2) 掌握破产界限、破产的申请和受理;
(3) 掌握管理人制度;
(4) 掌握债务人财产、破产费用和共益债务;
(5) 掌握债权人会议、和解与整顿、破产宣告和破产清算的法律规定。

第一节　企业破产法概述

一、破产的概念

破产，是指当债务人不能以其财产清偿到期债务时，法院对债务人的总财产进行概括的强制执行，以使全体债权人获得公平清偿的程序。破产制度是为了清理不能清偿到期债务的债务人的财产，通过破产程序以使债权人获得公平清偿的法律制度。

二、破产法的概念和适用范围

1. 破产法的概念

1986年，我国通过了《中华人民共和国企业破产法(试行)》，该法仅适用于全民所有制企业法人。1991年修订的《中华人民共和国民事诉讼法(试行)》专章规定了“企业法人破产还债程序”，适用于非全民所有制的企业法人。

2006年8月27日，第十届全国人民代表大会常务委员委会第二十三次会议通过了《中华人民共和国企业破产法》(以下简称《企业破产法》)，该法于2007年6月1日起施行，原有的《中华人民共和国企业破产法(试行)》同时废止。《企业破产法》扩大了适用范围。

广义的破产法是指关于破产的实体规范和程序规范的总称，即指调整国家协调、干预破产当事人、破产参加人相互之间在破产过程中发生的各种关系的法律规范的总称。狭义的破产法仅指《企业破产法》。

2. 企业破产法的适用范围

《企业破产法》规定，破产法的适用范围为企业法人，这其中不仅包括国有企业法人，同时包括承担有限责任的其他所有制的企业法人。《企业破产法》规定，其他法律规定企业法人以外的组织的清算，属于破产清算的，参照适用破产法规定的程序。此外，破产法附则中对于国有企业破产、金融机构破产还有特别规定。

三、破产原因

破产原因又称破产界限、破产条件，是指企业在何种情况下被申请破产或者自己申请破产，破产原因是适用破产程序所依据的特定法律事实。按照现行法律，它也是破产案件受理的实质条件。《企业破产法》规定，企业法人不能清偿到期债务，并且资产不足以清偿全部债务或者明显缺乏清偿能力的，依照破产法规定清理债务。企业法人有上述规定情形，或者有明显丧失清偿能力可能的，可以依照破产法规定进行重整。则破产原因包括：

1. 不能清偿到期债务

不能清偿到期债务，即无力偿债，具体是指债务的履行期限届满而债务人明显缺乏清偿能力。

2. 资产不足以清偿全部债务

资产不足以清偿全部债务，即资不抵债，具体是指企业法人的资产负债表上，全部资产之和小于其对外的全部债务。

3. 明显缺乏清偿能力

明显缺乏清偿能力和资产不足以清偿全部债务是一个并列的条件，这一条件更有利于保护债权人的利益。对债权人来说，对债务人是否资不抵债较难认定。

四、破产案件的管辖

1. 地域管辖

企业破产案件由债务人住所地人民法院管辖。债务人住所地，是指债务人的主要办事机构所在地，债务人主要办事机构不明确的，由其注册地人民法院管辖。

2. 级别管辖

破产案件的级别管辖，按如下原则确定：①基层人民法院一般管辖县、县级市或者区的工商行政管理机关核准登记企业的破产案件；②中级人民法院一般管辖地区、地级市（含本级）以上的工商行政管理机关核准登记企业的破产案件；③纳入国家计划调整的企业破产案件，由中级人民法院管辖。

3. 跨境破产

破产法对跨国界破产问题采用的是有限的普及主义原则。首先，我国境内的破产程序对债务人在我国境外的财产发生效力；其次，对外国法院作出的发生法律效力的破产案件的判决、裁定，涉及债务人在中华人民共和国领域内的财产，申请或者请求人民法院承认和执行的，人民法院依照中华人民共和国缔结或者参加的国际条约，或者按照互惠原则进行审查，认为不违反中华人民共和国法律的基本原则，不损害国家主权、安全和社会公共利益，不损害中华人民共和国领域内债权人的合法权益的，裁定承认和执行。

第二节　破产的申请和受理

一、破产申请

1. 破产申请的主体

破产申请是破产申请人请求法院受理破产案件的意思表示。

破产申请人是与破产案件有利害关系、依法具有破产申请资格的民事主体。根据我国法律规定，只有债权人、债务人和清算责任人才是合格的破产申请人。法院不得自行依职权开始破产程序。

(1) 债务人不能清偿到期债务，债权人即可向人民法院提出对债务人进行重整或者破产清算的申请。

(2) 债务人具有不能清偿到期债务，并且资产不足以清偿全部债务的情形，可以向人民法院提出重整、和解或者破产清算申请。

企业法人已解散但未清算或者未清算完毕，资产不足以清偿债务的，依法负有清算责任的人应当向人民法院申请破产清算。

2. 破产申请的形式

企业破产法规定，提出破产申请，应当采用书面形式，提交破产申请书和有关证据。破产申请书应当载明下列事项：

- 申请人、被申请人的基本情况；
- 申请目的；
- 申请的事实和理由；
- 人民法院认为应当载明的其他事项。

债务人提出申请的，还应当向人民法院提交财产状况说明、债务清册、债权清册、有关财务会计报告、职工安置预案以及职工工资的支付和社会保险费用的缴纳情况。

3. 破产申请的撤回

人民法院受理破产申请前，申请人可以请求撤回申请。我国破产法采取的是受理开始主义，即法院收到破产申请之时，程序尚未开始；只有当法院对破产申请作出受理裁定时，程序才告开始。但是，申请人的撤回权是有时间限制的，即请求撤回申请只能在人民法院受理破产申请之前。在人民法院受理破产案件后，申请人请求撤回破产申请的，应予驳回。

二、破产案件的受理

破产案件的受理，又称立案，是指人民法院在收到破产案件申请后，认为申请符合法定条件而予以接受，并由此开始破产程序的司法行为。法院裁定受理破产申请，是破产程序开始的标志。

1. 破产申请的受理时限

(1) 债权人提出的破产申请。债权人提出破产申请后，人民法院应当自收到破产申请之日起5日内通知债务人。债务人对债权人的申请有异议的，可以自收到人民法院的通知之日起7日内向人民法院提出。法院应在异议期满后10日内作出受理或者不受理破产申请的裁定。

(2) 债务人或清算责任人提出的破产申请。在债务人或者清算责任人提出破产申请的情形下，不存在债务人提出异议的问题。因此，人民法院应当自收到破产申请之日起15日内裁定是否受理。

(3) 特殊情况下破产申请的受理时限。当出现特殊情况时，例如债权人人数众多、债权债务关系复杂、资产状况混乱等，人民法院经上一级人民法院的批准，可将裁定受理的时间延长15日。

人民法院受理破产申请的，应当自裁定作出之日起5日内送达受理破产申请的裁定书。送达的对象，在债务人申请或者清算责任人申请的情况下，为申请人；在债权人申请的情况下，为申请人和债务人。受理裁定的送达，应直接送交受送达人。直接送达有困难的，可以根据实际情况，采用民事诉讼法规定的其他方式送达。

2. 破产申请的驳回

(1) 裁定不受理破产申请。人民法院在收到破产申请书以及相关的证据材料后，通过形式审查和实质审查，认为不符合破产条件的，应该依法作出不受理的裁定。

不受理破产申请的裁定应当自作出之日起5日内送达申请人，并说明不受理的理由。申请人对裁定不服的，可以自裁定送达之日起10日内向上一级人民法院提起上诉。申请人因相关证据不足被裁定不受理的，可以在补足证据后重新提出破产申请。

(2) 受理后驳回破产申请。在受理破产申请后，裁定破产宣告前，人民法院发现债务人不具备破产原因时，可以驳回该申请，终结破产程序。

破产申请人对驳回破产申请的裁定不服的，可以在裁定送达之日起10日内向上一级人民法院提起上诉。

3. 受理的通知和公告

人民法院受理破产案件后，除要求债务人提供相关情况外，还应在25日内通知已知的债权人，并予以公告。公告内容包括：①申请人、被申请人的名称或者姓名；②人民法院受理破产申请的时间；③申报债权的期限、地点和主要事项；④管理人的名称或姓名及其处理事务的地址；⑤债务人的债务人或者财产持有人应当向管理人清偿债务或交付财产的要求；⑥第一次债权人会议召开的时间和地点；⑦人民法院认为应当通知和公告的其他事项。

三、破产案件受理后的法律效果

1. 债务人有关人员的义务

债务人有关人员，是指债务人的法定代表人。经人民法院决定，可以包括企业的财务管理人员和其他经营管理人员。债务人的有关人员在破产程序中应承担下列的义务：

- 妥善保管其占有和管理的财产、印章和账簿、文书等资料；
- 根据人民法院、管理人的要求进行工作，并如实回答询问；
- 列席债权人会议并如实回答债权人的询问；
- 未经人民法院许可，不得离开住所地；
- 不得新任其他企业的董事、监事、高级管理人员。

2. 个别清偿无效

人民法院受理破产申请后，债务人对个别债权人的债务清偿无效。个别清偿具备以下要件：①须是债务人实施的清偿；②须是债务人对实际存在的债务实施的清偿；③须是债务人在破产申请受理后实施的清偿。个别清偿无效，是绝对无效，即任何人均可主张的无效。

3. 对管理人为给付

人民法院受理破产申请后，债务人的债务人或者财产持有人应当向管理人清偿债务或者交付财产。

债务人的债务人或者财产持有人故意违反破产法规定向债务人清偿债务或者交付财产，使债权人受到损失的，不免除其清偿债务或者交付财产的义务。

4. 待履行合同的处理

人民法院受理破产申请后，管理人对破产申请受理前成立而债务人和对方当事人均未履行完毕的合同，有权决定解除或者继续履行，并通知对方当事人。管理人自破产申请受理之日起2个月内未通知对方当事人，或者自收到对方当事人催告之日起30日内未答复的，视为解除合同。

管理人决定继续履行合同的，对方当事人应当履行；但是，对方当事人有权要求管理人提供担保。管理人不提供担保的，视为解除合同。

5. 保全解除和执行中止

破产制度的目标就是通过集体程序实现全体债权人之间的公平清偿。人民法院受理破产申请后，有关债务人财产的保全措施应当解除，执行程序应当中止。

6. 民事诉讼或者仲裁的中止

人民法院受理破产申请后，已经开始而尚未终结的有关债务人的民事诉讼或者仲裁应当中止；在管理人接管债务人的财产后，该诉讼或者仲裁继续进行。

人民法院受理破产申请后，有关债务人的民事诉讼，只能向受理破产申请的人民法院提起。

? 学生提问：人民法院受理破产申请后，债务人为什么不能清偿个别债权人的债务？

教师回答：破产程序开始后，债务人财产要公平地清偿全体债权人，所以法律规定，对个别债务人的清偿无效。

参考案例　5-1

甲、乙企业于2009年3月签订买卖合同，乙企业发货后，甲企业拒绝支付30万元货款。为此，乙企业于4月10日对甲企业提起诉讼，上海市黄浦区人民法院审理后于5月25日终审判决甲企业向乙企业支付货款及违约金合计33万元。根据乙企业的申请，黄浦区人民法院将甲企业的办公楼查封。

因欠众多债权人债务，资不抵债、无力偿还，2009年6月3日，上海市静安区人民法院受理了甲企业的破产申请。问：进入破产程序后，对甲企业办公楼的保全措施是否应该解除？如果应该解除，乙企业该如何求偿？

分析：甲企业与乙企业之间的民事纠纷案件已经审结但尚未执行，对办公楼的保全措施应当解除。因为企业破产程序开始后，其财产应该公平地清偿全体债权人。因此，办公楼应计入债务人财产，用于对全体债权人的分配。

上海市静安区人民法院受理破产案件后，有关债务人甲企业的执行程序应当中止。乙企业只能凭黄浦区人民法院生效的法律文书向静安区人民法院申报其33万元破产债权。

第三节 管理人

一、管理人的概念

管理人，是指破产程序开始后，在对企业进行重整、和解、清算过程中对破产企业的财产清理、营业维持、权利行使和财产处分等破产财产和事务进行管理的人。为实现债务人财产的及时保全，人民法院裁定受理破产申请的，应当同时指定管理人。

二、管理人的产生

1. 产生方式

管理人由人民法院指定。债权人会议认为管理人不能依法、公正执行职务或者有其他不能胜任职务情形的，可以申请人民法院予以更换。指定管理人和确定管理人报酬的办法，由最高人民法院规定。

2. 产生时间

管理人应当在人民法院裁定受理破产申请时同时指定。从人民法院受理破产案件起，管理人即要进入企业，接管债务人的相关破产事务。

3. 费用和报酬

管理人经人民法院许可，可以聘用必要的工作人员。管理人的报酬由人民法院确定。债权人会议对管理人的报酬有异议的，有权向人民法院提出。管理人执行职务的费用、报酬和聘用工作人员的费用，作为破产费用由债务人财产随时清偿。关于指定管理人和确定管理人报酬的具体办法，由最高人民法院规定。

三、管理人的选任资格

1. 积极资格

(1) 机构管理人。管理人可以由有关部门、机构的人员组成的清算组或者依法设立的律师事务所、会计师事务所、破产清算事务所等社会中介机构担任。

(2) 个人管理人。人民法院根据债务人的实际情况，可以在征询有关社会中介机构的意见后，指定该机构具备相关专业知识并取得执业资格的人员担任管理人。为了降低管理人的职业风险，破产法规定，个人担任管理人的应当参加执业责任保险。

2. 消极资格

机构或者个人有以下情形之一的，不得担任管理人：①因故意犯罪受过刑事处罚；②曾被吊销相关专业执业证书；③与本案有利害关系；④人民法院认为不宜担任管理人的其他情形。例如，存在重大债务纠纷或因违法行为正被相关部门调查。

四、管理人的职责

管理人履行下列职责：①接管债务人的财产、印章和账簿、文书等资料；②调查债务人财产状况，制作财产状况报告；③决定债务人的内部管理事务；④决定债务人的日常开支和其他必要开支；⑤在第一次债权人会议召开之前，决定继续或者停止债务人的营业；⑥管理和处分债务人的财产；⑦代表债务人参加诉讼、仲裁或者其他法律程序；⑧提议召开债权人会议；⑨人民法院认为管理人应当履行的其他职责。

对管理人的职责另有规定的，适用其规定。另有规定的职责，主要指：决定待履行合同的解除或继续履行；对债务人在破产程序前的不正当财产处分行使撤销权和追回权；接受债权申报、调查职工债权和编制债权表；重整期间主持债务人营业或者对债务人自行营业进行监督；制备重整计划草案；申请人民法院批准重整计划草案；监督重整计划的执行；在破产宣告后，拟订破产变价方案；拟订和执行破产分配方案；破产程序终结时，办理破产人的注销登记等。

五、管理人的义务

1. 忠实义务和勤勉义务

忠实义务，又称诚信义务，指管理人在执行职务时，应当最大限度地维护债务人财产和全体债权人的利益，不欺瞒，不谋私利。勤勉义务，又称善管义务，指管理人在履行职务的过程中，应当以善良管理人的注意，认真、谨慎、合理、高效地处理事务，不疏忽，不懈怠。

2. 报告义务

(1) 一般报告义务。管理人依照企业破产法规定执行职务，向人民法院报告工作，并接受债权人会议和债权人委员会的监督。管理人应当列席债权人会议，向债权人会议报告职务执行情况，并回答询问。

(2) 特殊报告义务。管理人实施下列行为，应当及时报告债权人委员会，未设立债权人委员会的，应当及时报告法院；在第一次债权人会议召开前实施的，应当经法院许可：①涉及土地、房屋等不动产的转让；②探矿权、采矿权、知识产权等财产权的转让；③全部库存或营业的转让；④借款；⑤设定财产担保；⑥债权和有价证券的转让；⑦履行债务人和对方当事人均未履行完毕的合同；⑧放弃权利；⑨担保物的取回；⑩对债权人利益有重大影响的其他财产处分行为。

3. 不辞任义务

管理人没有正当理由不得辞去职务。管理人辞去职务应当经人民法院许可。

第四节　债务人财产

一、债务人财产的概念和范围

债务人财产，是指在破产程序中被纳入破产管理的为债务人所拥有的财产。破产申请受理时属于债务人的全部财产，以及破产申请受理后至破产程序终结前债务人取得的财产，为债务人财产。

二、撤销权和追回权

1. 撤销权的概念

撤销权，又称否认权，是指债务人实施的有损于债务人财产的行为危及债权人的债权时，管理人可以请求人民法院撤销该行为的权利。

2. 撤销权适用的情形

(1) 可撤销行为。人民法院受理破产申请前1年内，涉及债务人财产的下列行为，管理人有权请求人民法院予以撤销。

- 无偿转让财产的；
- 以明显不合理的价格进行交易的；
- 对没有财产担保的债务提供财产担保的；
- 对未到期的债务提前清偿的；
- 放弃债权的。

(2) 个别清偿行为。人民法院受理破产申请前6个月内，债务人已具有破产界限的情形，仍对个别债权人进行清偿的，管理人有权请求人民法院予以撤销。但是，个别清偿使债务人财产受益的除外。例如，为维持企业经营而购买生产所需的原材料支付的货款，属于该条的例外情形。

3. 追回权

债务人的董事、监事和高级管理人员利用职权从企业获取的非正常收入和侵占的企业财产，管理人应当追回。

三、债务人的无效行为

涉及债务人财产的下列行为无效：①为逃避债务而隐匿、转移财产的；②虚构债务或者承认不真实的债务的。

四、取回权

取回权,是指从管理人接管的财产中取回不属于债务人的财产的请求权。破产宣告后,破产程序终结前,取回权人得随时向管理人请求取回财产。管理人收到取回权人的请求后,经证明属实的,应予以返还。管理人在处理以取回权为由提出的给付请求时,如果认为请求人缺乏权利根据,可以拒绝给付。由此发生争议的,请求人可以向受理破产案件的人民法院提起诉讼。

1. 一般取回权

人民法院受理破产申请后,债务人占有的不属于债务人的财产,该财产的权利人可以通过管理人取回。

2. 特别取回权

人民法院受理破产申请时,出卖人已将买卖标的物向作为买受人的债务人发运,债务人尚未收到且未付清全部价款的,出卖人可以取回在运途中的标的物。但是,管理人可以支付全部价款,请求出卖人交付标的物。

参考案例 5-2

甲、乙企业于 2009 年 5 月签订买卖合同,合同价款 30 万元。5 月 25 日,乙企业发货后,人民法院受理了甲企业的破产申请。此时,货物正在运输途中,甲企业尚未付款。问,乙企业应该怎么办?

分析:乙企业应该向管理人表示行使取回权,该"表示"发生取回在途运输货物的效力。否则,30 万元的货款只能属于破产债权。当然,管理人可以支付全部 30 万元价款,请求乙企业交付标的物。

五、别除权

别除权,是指债权人不依破产程序,而由破产财产中的特定财产单独优先受偿的权利。

对破产人的特定财产享有担保权的权利人,对该特定财产享有优先受偿的权利。该"财产担保"包括抵押、质押、留置三种形式,依据民法通则和担保法成立的抵押权、质押权和留置权是别除权的基础权利。

六、破产抵销权

1. 破产抵销权的概念

破产抵销权，是指债权人在破产申请受理前对债务人负有债务的，不论债的种类和到期时间，得于清算分配前以破产债权抵销其所负债务的权利。

2. 不适用破产抵销的情形

不适用破产抵销的有以下三种情形：

(1) 债务人的债务人在破产申请受理后取得他人对债务人的债权的。

(2) 债权人已知债务人有不能清偿到期债务或者破产申请的事实，对债务人负担债务的；但是，债权人因为法律规定或者在破产申请1年前所发生的原因而负担债务的除外。

(3) 债务人的债务人已知债务人有不能清偿到期债务或者破产申请的事实，对债务人取得债权的；但是，债务人的债务人因为法律规定或者有破产申请1年前所发生的原因而取得债权的除外。

七、破产费用和共益债务

1. 破产费用

破产费用，是指人民法院受理破产申请后，为破产程序的顺利进行以及为全体债权人的共同利益而从债务人财产中优先支付的费用。

破产费用包括：①破产案件的诉讼费用；②管理、变价和分配债务人财产的费用；③管理人执行职务的费用、报酬和聘用工作人员的费用。

? 学生提问：破产程序开始后，债权人为了参加债权人会议而发生的差旅费属于破产费用吗？

教师回答：破产费用必须是为全体债权人的共同利益而发生的费用，比如说管理人的报酬等。债权人的差旅费是为了个人债权而发生的费用，不属于破产费用。

2. 共益债务

共益债务，是指人民法院受理破产申请后，管理人为全体债权人的共同利益而管理、变价和分配破产财产而负担或产生的债务，与之相对应的权利为共益债权。

共益债务包括：

(1) 因管理人或者债务人请求对方当事人履行双方均未履行完毕的合同所产生的债务。

(2) 债务人财产受无因管理所产生的债务。

(3) 因债务人不当得利所产生的债务。

(4) 为债务人继续营业而应支付的劳动报酬和社会保险费用以及由此产生的其他债务。

(5) 管理人或者相关人员执行职务致人损害所产生的债务。

(6) 债务人财产致人损害所产生的债务。

? 学生提问:破产费用和共益债务有什么区别呢?

教师回答:两者有一个很重要的区别在于,破产费用是在破产程序中必然会发生的费用;而共益债务是有可能发生,也有可能不发生的债务。当然,两者都发生在破产程序开始后,都是为了全体债权人的共同利益。

3. 破产费用和共益债务的清偿

破产费用和共益债务的清偿,采用以下原则:

(1) 随时清偿。破产费用和共益债务由债务人财产随时清偿。在债务人财产足以清偿破产费用和共益债务时,两者的清偿不分先后。

(2) 破产费用优先清偿。在债务人财产不足以清偿所有破产费用和共益债务的情况下,先行清偿破产费用。

(3) 按比例清偿。债务人财产不足以清偿所有破产费用或者共益债务的,按照比例清偿。

(4) 不足清偿时终结程序。债务人财产不足以清偿破产费用的,管理人应当提请人民法院终结破产程序。人民法院应当自收到请求之日起15日内裁定终结破产程序,并予以公告。

第五节　破产债权申报

一、债权申报的期限

我国企业破产法对债权申报期限实行法定范围内的法院酌定原则。人民法院受理破产申请后,应当确定债权人申报债权的期限。债权申报期限自人民法院发布受理破产申请公告之日起计算，最短不得少于30日，最长不得超过3个月。

在人民法院确定的债权申报期限内，债权人未申报债权的，可以在破产财产最后分配前补充申报；但是，此前已进行的分配，不再对其补充分配。为审查和确认补充申报债权的费用，由补充申报人承担。

二、债权申报的范围

(1) 未到期的债权，在破产申请受理时视为到期。附利息的债权自破产申请受理时起停止计息。

(2) 附条件、附期限的债权和诉讼、仲裁未决的债权，债权人可以申报。

(3) 债权人应当在人民法院确定的债权申报期限内向管理人申报债权。

债务人所欠职工的工资和医疗、伤残补助、抚恤费用，所欠的应当划入职工个人账户的基本养老保险、基本医疗保险费用，以及法律、行政法规规定应当支付给职工的补偿金，不必申报，由管理人调查后列出清单并予以公示。职工对清单记载有异议的，可以要求管理人更正；管理人不予更正的，职工可以向人民法院提起诉讼。

(4) 债权人申报债权时，应当书面说明债权的数额和有无财产担保，并提交有关证据。申报的债权是连带债权的，应当说明。

(5) 连带债权人可以由其中一人代表全体连带债权人申报债权，也可以共同申报债权。

(6) 债务人的保证人或者其他连带债务人已经代替债务人清偿债务的，以其对债务人的求偿权申报债权。债务人的保证人或者其他连带债务人尚未代替债务人清偿债务的，以其对债务人的将来求偿权申报债权。但是，债权人已经向管理人申报全部债权的除外。

(7) 连带债务人数人被裁定适用《企业破产法》规定的程序的，其债权人有权就全部债权分别在各破产案件中申报债权。

(8) 管理人或者债务人依照《企业破产法》规定解除合同的，对方当事人以因合同解除所产生的损害赔偿请求权申报债权。

(9) 债务人是委托合同的委托人，被裁定适用《企业破产法》规定的程序，受托人不知该事实，继续处理委托事务的，受托人以由此产生的请求权申报债权。

(10) 债务人是票据的出票人，被裁定适用《企业破产法》规定的程序，该票据的付款人继续付款或者承兑的，付款人以由此产生的请求权申报债权。

三、债权申报的程序

1. 向管理人申报债权

债权人应当在人民法院确定的债权申报期内，向管理人申报债权。债权人申报债权时，应当书面说明债权的数额和有无财产担保，并提供债权证明、身份证明、担保证明等文件。

2. 登记造册

管理人收到债权申报材料后，应当登记造册，对申报的债权进行审查，并编制债权表。债权表应当记明债权人名称、住所、开户银行、申报债权数额、申报债权的证据、财产担保情况、申报时间、联系方式以及其他必要的情况。登记造册时，应当对有财产担保的债权和无财产担保的债权，予以分别登记。

3. 核查确认

管理人编制的债权表，应当提交第一次债权人会议核查。债务人、债权人对债权表记载的债权无异议的，由人民法院裁定确认。原则上只有债权被确定的债权人，才能够出席债权人会议行使表决权和接受破产分配。

4. 查阅和异议

债权表和债权申报材料由管理人保存，供利害关系人查阅。债务人、债权人对债权表记载的债权有异议的，可以向受理破产申请的人民法院提起诉讼。

第六节　债权人会议

一、债权人会议的概念

债权人会议是全体债权人参加破产程序并集体行使权利的决议机构。债权人会议在性质上是债权人团体在破产程序中的意思发表机关，使全体债权人成为一个整体，对内协调和形成全体债权人的共同意思，对外通过对破产程序的参与、决策和监督来实现全体债权人的破产参与权。

二、债权人会议的组织程序

1. 债权人会议的组成

依法申报债权的债权人，成为为债权人会议的成员，享有表决权。

债权尚未确定的债权人，除人民法院能够为其行使表决权而临时确定债权额的外，不得行使表决权；对债务人的特定财产享有担保权的债权人，未放弃优先受偿权利的，对于通过和解协议和破产财产的分配方案不享有表决权。

债权人会议应当有债务人的职工和工会的代表参加。债权人会议设主席1人，由人民法院从有表决权的债权人中指定。债权人会议主席主持债权人会议。

2. 债权人会议的召集

第一次债权人会议应当在债权申报期限届满后15日内，由人民法院召集并主持。以后的债权人会议，在人民法院认为必要时，或者管理人、债权人委员会、占债权总额1/4以上的债权人向债权人会议主席提议时召开。召开债权人会议，管理人应当提前15日通知已知的债权人。

3. 债权人会议的决议

债权人会议的决议，由出席会议的有表决权的债权人过半数通过，并且其所代表的债权额占无财产担保债权总额的半数以上；但是《企业破产法》另有规定的除外。

通过和解协议的决议，由出席会议的有表决权的债权人过半数同意，并且其所代表的债权额占无财产担保债权总额的2/3以上。

通过重整计划草案的决议，按债权类型分组进行表决，由出席会议的同一表决组的债权人过半数同意重整计划草案，并且其所代表的债权额占该组债权总额的2/3以上的，即为该组通过。

债权人会议的决议，对全体债权人均有法律约束力。债权人会议应当对所议事项的决议作成会议记录。债权人认为债权人会议的决议违反法律规定，损害其利益的，可以自债权人会议作出决议之日起15日内，请求人民法院裁定撤销该决议，责令债权人会议依法重新作出决议。

债权人会议通过债务人财产的管理方案以及破产财产的变价方案等事项时，经债权人会议表决未通过的，由人民法院裁定。债权人对人民法院作出的裁定不服的，可以自裁定宣布之日或者收到通知之日起15日内向该人民法院申请复议。

债权人会议通过破产财产的分配方案时，经债权人会议两次表决仍未通过的，由人民法院裁定。债权额占无财产担保债权总额1/2以上的债权人对人民法院作出的裁定不服的，可以自裁定宣布之日或者收到通知之日起15日内向该人民法院申请复议。

> ? 学生提问：重整计划的表决和和解协议的表决有什么不同？
>
> 教师回答：一般决议采用“1/2+1/2”的决议方式。和解协议属于特别决议，应当采用“1/2+2/3”的决议方式；重整计划需要分组表决，各组表决时采用“1/2+2/3”的决议方式。

三、债权人会议的职权

债权人会议行使下列职权：核查债权；申请人民法院更换管理人，审查管理人的费用和报酬；监督管理人；选任和更换债权人委员会成员；决定继续或者停止债务人的营业；通过重整计划；通过和解协议；通过债务人财产的管理方案；通过破产财产的变价方案；通过破产财产的分配方案；人民法院认为应当由债权人会议行使的其他职权。

四、债权人委员会

债权人会议可以决定设立债权人委员会。债权人委员会由债权人会议选任的债权人代表和 1 名债务人的职工代表或者工会代表组成。债权人委员会成员不得超过 9 人。

债权人委员的职权主要表现为监督权，可分为一般监督权和特别监督权。

1. 一般监督权

一般监督权的内容包括：①监督债务人财产的管理和处分；②监督破产财产分配；③提议召开债权人会议；④债权人会议委托的其他职权。

2. 特别监督权

债权人委员会的特别监督权对应管理人的特殊报告义务。

第七节　重整与和解

一、重整与和解的概念

重整，又称更生，是指债务人的经营与财务状况达到或濒临破产界限，进入或尚未进入破产程序，债权人或债务人以及出资达到一定比例的出资人提出申请，经法院批准对债务人进行重新整合，以期扭亏为盈回复清偿能力的制度。

和解，是指为了避免破产宣告或破产分配，由债务人提出申请，债权人会议讨论通过并经法院许可的，解决债权人与债务人之间的债权债务问题的制度。

破产清算制度目的在于以债务人的现有财产，对债权人进行公平的清偿。但是破产企业往往已经资不抵债，只能有限清偿，而且债务人的财产变价将使企业财产有一定损失，进一步影响债权人最终从破产清算中获得的清偿。另外，企业破产影响范围广泛，除了债权人、债务人及其投资人以外，还涉及企业的职工、与债务人有交易往来或利益关系的其他企业、国家的财政税收和社会保障负担等等，因此，企业破产预防就显得尤为重要。重整制度与和解制度正是预防企业破产的重要组成部分。

二、重整

1. 重整的适用情形

重整程序可适用于两种情形：

(1) 债务人达到破产界限，即不能清偿到期债务并且资产不足以清偿全部债务的，或者不能清偿到期债务并且明显缺乏清偿能力的。

(2) 债务人濒临破产界限，即有明显丧失清偿能力可能的。

2. 重整申请

债务人或者债权人可以依照企业破产法的规定，直接向人民法院申请对债务人进行重整。

债权人申请对债务人进行破产清算的，在人民法院受理破产申请后、宣告债务人破产前，债务人或者出资额占债务人注册资本10%以上的出资人，可以向人民法院申请重整。

人民法院经审查认为重整申请符合破产法的规定的，应当裁定许可债务人进行重整并予以公告。

3. 重整期间

重整期间是重整程序开始后的一个法定期间，其目的在于防止债权人在重整管理期间对债务人及其财产采取诉讼或其他程序行动，以便保护企业的营运价值和制定重整计划。

自人民法院裁定债务人重整之日起至重整程序终止，为重整期间。

(1) 财产管理。

管理人监督下的债务人自行管理　在重整期间，经债务人申请，人民法院批准，债务人可以在管理人的监督下自行管理财产和营业事务。在此情形下，已接管债务人财产和营业事务的管理人应当向债务人移交财产和营业事务，管理人的职权由债务人行使。

管理人负责及债务人参与的管理　在债务人没有提出自行营业的申请，或者其自行营业申请未获法院批准的情况下，管理人当然地负责重整期间债务人财产管理和营业事务。管理人负责管理财产和营业事务的，可以聘任债务人的经营管理人员负责营业事务。

(2) 营业保护。

对担保物权的限制　在重整期间，对债务人的特定财产享有的担保权暂停行使。但是,担保物有损坏或者价值明显减少的可能,足以危害担保权人权利的,担保权人可以向人民法院请求恢复行使担保权。此外,管理人有权通过清偿债务或者提供替代担保取回质物,留置物。

对新借款的规定　重整期间债务人或者管理人为继续营业而借款的,可以为该借款设定担保。由于这种担保设定于债务人的无担保财产之上,故其权利人实际上取得了一种优先于破产费用和共益债务的"超优先权"。

对取回权的限制　债务人合法占有的他人财产,该财产的权利人在重整期间要求取回的,应当符合事先约定的条件。

对出资人和管理层的限制　在重整期间,债务人的出资人不得请求投资收益分配;债务人的董事、监事、高级管理人员不得向第三人转让其持有的债务人的股权。但是,经人民法院同意的除外。

4. 重整程序的终止

在重整期间,有下列情形之一的,经管理人或者利害关系人请求,人民法院应当裁定终止重整程序,并宣告债务人破产:

(1) 债务人的经营状况和财产状况继续恶化,缺乏挽救的可能性。

(2) 债务人有欺诈、恶意减少债务人财产或者其他显著不利于债权人的行为。

(3) 由于债务人的行为致使管理人无法执行职务。

另外,债务人或者管理人自人民法院裁定债务人重整之日起6个月内,或者在人民法院裁定延期后的3个月内,没有向人民法院和债权人会议提交重整计划草案的,人民法院应当裁定终止重整程序,并宣告债务人破产。

5. 重整计划

(1) 重整计划的制定。债务人自行管理财产和营业事务的,由债务人制作重整计划草案。管理人负责管理财产和营业事务的,由管理人制作重整计划草案。

债务人或者管理人应当自人民法院裁定债务人重整之日起6个月内,同时向人民法院和债权人会议提交重整计划草案。期限届满,经债务人或者管理人请求,有正当理由的,人民法院可以裁定延期3个月。债务人或者管理人未按期提出重整计划草案的,人民法院应当裁定终止重整程序,并宣告债务人破产。

(2) 重整计划的内容。重整计划草案应当包括下列内容:①债务人的经营方案;②债权分类;③债权调整方案;④债权受偿方案;⑤重整计划的执行期限;⑥重整计划执行的监督期限;⑦有利于债务人重整的其他方案。

(3) 重整计划的批准。重整计划草案在债权人会议上进行分组表决。出席会议的同一表决组的债权人过半数同意重整计划草案,并且其所代表的债权额占该组债权总额的2/3以上的,即为该组通过重整计划草案。各表决组均通过重整计划草案时,重整计划即为通过。

自重整计划通过之日起10日内，债务人或者管理人应当向人民法院提出批准重整计划的申请。部分表决组未通过重整计划草案的，债务人或者管理人可以同未通过重整计划草案的表决组协商。该表决组可以在协商后再表决一次。未通过重整计划草案的表决组拒绝再次表决或者再次表决仍未通过重整计划草案，但重整计划草案符合法定条件的，债务人或者管理人可以申请人民法院批准重整计划草案。

(4) 重整计划的执行。重整计划由债务人负责执行。自人民法院裁定批准重整计划之日起，在重整计划规定的监督期内，由管理人监督重整计划的执行。在监督期内，债务人应当向管理人报告重整计划执行情况和债务人财务状况。

经人民法院裁定批准的重整计划，对债务人和全体债权人均有约束力，包括对债务人的特定财产享有的担保权的债权人。债权人对债务人的保证人和其他连带债务人所享有的权利，不受重整计划的影响，可以依据原合同约定行使权利。

按照重整计划减免的债务，自重整计划执行完毕时起，债务人不再承担清偿责任。

债务人不能执行或者不执行重整计划的，人民法院经管理人或者利害关系人请求，应当裁定终止重整计划的执行，并宣告债务人破产。

三、和解

1. 和解申请

债务人在达到破产界限时可以直接向法院申请和解，也可以在人民法院受理破产申请后、宣告破产前，向人民法院申请和解。

2. 和解协议的通过及生效

债务人申请和解，应当提出和解协议草案。人民法院经审查认为和解申请符合法律规定的，应当受理其申请，裁定和解，予以公告，并召集债权人会议讨论和解协议草案。和解程序对就债务人特定财产享有担保权的权利人无约束力，该权利人自人民法院裁定和解之日起可以对担保物行使权利。

债权人会议通过和解协议的，由人民法院裁定认可，终止和解程序，并予以公告。管理人应当向债务人移交财产和营业事务，并向人民法院提交执行职务的报告。

和解协议草案经债权人会议表决未获得通过，或者已经债权人会议通过的和解协议未获得人民法院认可的，人民法院应当裁定终止和解程序，并宣告债务人破产。

和解协议生效必须同时具备两个条件：和解协议草案的内容必须由债权人会议表决通过；债权人会议通过的和解协议必须经人民法院认可并发布公告。

3. 和解协议的效力

经人民法院裁定认可的和解协议，对债务人和全体和解债权人均有约束力。和解债权人对债务人的保证人和其他连带债务人所享有的权利，不受和解协议的影响。

债务人不能执行或者不执行和解协议的，人民法院经和解债权人请求，应当裁定终止和解协议的执行，并宣告债务人破产。和解协议只具有程序法上的意义，没有强制执行的效力。

按照和解协议减免的债务，自和解协议执行完毕时起，债务人不再承担清偿责任。

人民法院受理破产申请后，债务人与全体债权人就债权债务的处理自行达成协议的，可以请求人民法院裁定认可，并终结破产程序。

第八节　破产宣告和破产清算

一、破产宣告

破产宣告，是指法院对债务人具备破产原因的事实作出有法律效力的认定。债务人被宣告破产后，债务人称为破产人，债务人财产称为破产财产，人民法院受理破产申请时对债务人享有的债权称为破产债权。

人民法院依照破产法规定宣告债务人破产的，应当自裁定作出之日起5日内送达债务人和管理人，自裁定作出之日起10日内通知已知债权人，并予以公告。

人民法院宣告企业破产，应当公开进行，应当通知债权人、债务人到庭，当庭宣告裁定。拒不到庭的，不影响裁定的效力。在破产宣告后，债权人或者债务人对破产宣告有异议的，可以在人民法院宣告企业破产之日起10日内，向上一级人民法院申诉。上一级人民法院应当组成合议庭进行审理，并在30日内作出裁定。

破产宣告前，有下列情形之一的，人民法院应当裁定终结破产程序，并予以公告：①第三人为债务人提供足额担保或者为债务人清偿全部到期债务的；②债务人已清偿全部到期债务的。

二、破产清算

1. 破产财产变价

破产变价，是指管理人将非金钱的破产财产，通过合法方式加以出让，使之转化为金钱形态，以便于清算分配的过程。破产宣告后，管理人应当及时拟订破产财产变价方案，提交债权人会议讨论。

管理人应当按照债权人会议通过的或者人民法院裁定的破产财产变价方案，适时变价出售破产财产。

变价出售破产财产应当通过拍卖、招标出售等方式进行。破产企业可以全部或者部分变价出售。企业变价出售时，可以将其中的无形资产和其他财产单独变价出售。按照国家规定不能拍卖或者限制转让的财产，应当按照国家规定的方式处理。

2. 破产分配

破产分配，是指破产管理人将变价后的破产财产，根据符合法定顺序并经合法程序确定的分配方案，对全体破产债权人进行公平清偿的程序。破产分配标志着破产清算的完成。破产分配结束是破产程序终结的原因。管理人应当及时拟订破产财产分配方案，提交债权人会议讨论。破产财产分配方案应当载明下列事项：参加破产财产分配的债权人名称或者姓名、住所；参加破产财产分配的债权额；可供分配的破产财产数额；破产财产分配的顺序、比例及数额；实施破产财产分配的方法。债权人会议通过破产财产分配方案后，由管理人将该方案提请人民法院裁定认可。破产财产分配方案经人民法院裁定认可后，由管理人执行。

破产财产在优先清偿破产费用和共益债务后，依照下列顺序清偿：

(1) 破产人所欠职工的工资和医疗、伤残补助、抚恤费用，所欠的应当划入职工个人账户的基本养老保险、基本医疗保险费用，以及法律、行政法规规定应当支付给职工的补偿金。

(2) 破产人欠缴的除前项规定以外的社会保险费用和破产人所欠税款。

(3) 普通破产债权。

破产财产不足以清偿同一顺序的清偿要求的，按照比例分配。

债权人未受领的破产财产分配额，管理人应当提存。债权人自最后分配公告之日起满 2 个月仍不领取的，视为放弃受领分配的权利，管理人或者人民法院应当将提存的分配额分配给其他债权人。

破产财产分配时，对于诉讼或者仲裁未决的债权，管理人应当将其分配额提存。自破产程序终结之日起满 2 年仍不能受领分配的，人民法院应当将提存的分配额分配给其他债权人。

3. 破产程序终结

(1) 破产终结的情形。出现下列情形，应当终结破产程序：

• 人民法院受理破产申请后，债务人与全体债权人就债权债务的处理自行达成协议的，可以请求人民法院裁定认可并终结破产程序。

• 债务人的财产不足以清偿破产费用的，管理人应当提请人民法院裁定终结破产程序。

• 破产人无财产可供分配的，管理人应当提请人民法院裁定终结破产程序。

• 破产财产分配完毕，管理人应当提请人民法院裁定终结破产程序。

管理人在最后分配完结后，应当及时向人民法院提交破产财产分配报告，并提请人民法院裁定终结破产程序。人民法院应当自收到管理人终结破产程序的请求之日起 15 日内作出是否终结破产程序的裁定。裁定终结的，应当予以公告。

(2) 破产终结的效力。管理人应当自破产程序终结之日起 10 日内，持人民法院终结破产程序的裁定，向破产人的原登记机关办理注销登记。管理人于办理注销登记完毕的次日终止执行职务。但是，存在诉讼或者仲裁未决情况的除外。

破产程序终结后，债权人通过破产分配未能得到清偿的债权不再予以清偿，破产企业未偿清余债的责任依法免除。但是自破产程序依法终结之日起 2 年内，有下列情形之一的，债权人可以请求人民法院按照破产财产分配方案进行追加分配：发现有依照法律规定应当追回的财产的；发现破产人有应当供分配的其他财产的。

破产人的保证人和其他连带债务人，在破产程序终结后，对债权人依照破产清算程序未受清偿的债权，依法继续承担清偿责任。

第九节 违反企业破产法的法律责任

一、债务人的法律责任

1. 董事、监事或者高级管理人员造成企业破产的法律责任

企业董事、监事或者高级管理人员违反忠实义务、勤勉义务，致使所在企业破产的，依法承担民事责任。同时此类人员自破产程序终结之日起 3 年内不得担任任何企业的董事、监事、高级管理人员。

2. 有关人员违反破产程序义务的法律责任

有义务列席债权人会议的债务人的有关人员，经人民法院传唤，无正当理由拒不列席债权人会议的，人民法院可以拘传，并可处以罚款。债务人的有关人员违反破产法规定，拒不陈述、回答，或者作虚假陈述、回答的，人民法院可处以罚款。

债务人违反破产法规定，拒不向人民法院提交或者提交不真实的财产状况说明、债务清册、债权清册、有关财务会计报告以及职工工资的支付情况和社会保险费用的缴纳情况的，人民法院可以对直接责任人员依法处以罚款。

债务人违反破产法规定，拒不向管理人移交财产、印章和账簿、文书等资料的，或者伪造、销毁有关财产证据材料而使财产状况不明的，人民法院可以对直接责任人员依法处以罚款。

债务人的有关人员违反破产法规定，擅自离开住所地的，人民法院可予以训

诫、拘留，可以依法并处罚款。

3. 欺诈破产行为的法律责任

债务人实施的有损于债务人财产的行为，损害债权人利益的，债务人的法定代表人和其他直接责任人员依法承担赔偿责任。

二、管理人的法律责任

管理人未依照企业破产法规定勤勉尽责，忠实执行职务的，人民法院可以依法处以罚款；给债权人、债务人或者第三人造成损失的，依法承担赔偿责任。

债务人或管理人违反企业破产法情节严重，构成犯罪的，还应当依法追究刑事责任。

【引例评析】

(1)《企业破产法》规定，人民法院受理破产申请前1年内，债务人对没有担保的债务提供财产担保的，管理人有权请求人民法院予以撤销。在正常情况下，企业为债务提供担保是法律许可的财产处分行为。但在企业困境的情况下，实施这类行为可能减少破产财产从而损害全体债权人的利益，因此法律规定该行为可撤销。本案中，甲公司在人民法院受理破产申请前1年内对此前没有担保的乙的货款设定了担保，管理人有权请求人民法院予以撤销。

(2) 管理人依照《企业破产法》规定解除合同的，对方当事人以因合同解除所产生的损害赔偿请求权申报债权。可申报的债权以实际损失为限，违约金不作为破产债权。本案中管理人解除甲与丙之间的合同给丙造成的损失是5万元，因此丙只能够以5万元去申报债权。

【小结】

重点阐述了破产、破产原因、破产申请和受理，管理人，债务人财产、撤销权和追回权、债务人的无效行为、取回权、破产费用和共益债务，债权人会议的组成成员、职权、表决、债权人委员会，重整与和解，破产宣告、破产清算，破产责任。

【复习与思考】

1. 名词解释

破产　重整　和解

2. 思考题

(1) 破产条件。

(2) 破产申请受理的效力。

(3) 债权申报的要求。

(4) 撤销权的情形。

(5) 债权人会议的决议。

3. 选择题(含多项选择)

(1)《企业破产法》规定,人民法院受理破产案件后,管理人由(　　)指定。

A. 职工代表大会　　B. 人民法院

C. 债权人会议　　D. 债权人委员会

(2)《企业破产法》规定,人民法院受理破产案件后,下列各项中,债权人可以申报债权的有(　　)。

A. 附条件、附期限的债权　　B. 诉讼、仲裁未决的债权

C. 未到期的债权　　D. 债务人所欠职工的工资

4. 案例分析题

甲企业和乙企业签订 30 万元的买卖合同,债务人甲企业尚未支付债权人乙企业 30 万元的货款。

问题 1:如果债权人乙企业分立为丙企业和丁企业。随后,债务人甲企业破产,则如何申报债权?为什么?

问题 2:如果债务人甲企业分立为丙企业和丁企业,而且丙企业和丁企业随后分别破产,则乙企业如何申报债权?为什么?

要点提示:《企业破产法》规定,连带债权人可以由其中一人代表全体连带债权人申报债权,也可以共同申报债权;连带债务人数人被裁定适用《企业破产法》规定的程序的,其债权人有权就全部债权分别在各破产案件中申报债权。

第三篇　市场主体经营行为法律制度

第六章 合同法和担保法

【引例】

2009 年 6 月 5 日，美国瑞肯公司向中国建华公司发盘，出售 10 000 公吨菜籽粕，质量标准为：油蛋白在 38%以上，水分在 12.5%以下。单价 FOB 纽约 89 美元/吨。

2009 年 6 月 7 日，建华公司接受瑞肯公司的发盘，并要求瑞肯公司传真合同和信用证条款。收到瑞肯公司传真的《售货合同》后，建华公司删除了原合同上“不接受超过 20 年船龄的船舶”的要求，并将“运费已付”修改成“运费按租船合同支付”，对其他条款如“本合同发生争议，任何一方均可向中国国际经济贸易仲裁委员会提请仲裁”等均未作变动，签字盖章后于 6 月 9 日传真给瑞肯公司。

此后，《售货合同》确定的交货期限届至，瑞肯公司拒绝履行，建华公司打电话到瑞肯公司询问，对方称建华公司对《售货合约》修改后的传真内容为新要约，瑞肯公司未予接受，因此合同未成立。

问题：

《售货合同》是否成立？

【学习目标】

通过本章的学习，你应该能够：

(1) 掌握合同法的概念、适用范围、基本原则；

(2) 掌握合同的订立、效力与履行，合同的变更、转让和终止，无效合同以及违约责任等方面的法律规定；

(3) 初步了解我国合同法规定的几种规范合同；

(4) 掌握担保法律制度的基本原理；

(5) 了解我国保证担保、抵押担保、质押担保、留置担保和定金担保的法律规定。

第一节 合同法概述

一、合同的概念和法律性质

1. 合同的概念

合同是指平等主体的自然人、法人,其他经济组织之间设立、变更、终止民事权利义务关系的协议。在私法领域中,允许当事人根据合同自由的原则设定自己的权利义务,因此,合同就成了私法上权利义务的最重要依据。

2. 合同的法律性质

依法订立的合同具有以下法律性质:

(1) 合同是一种民事法律行为。

(2) 合同是两方以上当事人的意思表示一致的民事法律行为。法律行为分为单方行为、双方行为和多方行为。合同既为双方法律行为,就必须有双方当事人,双方当事人处于彼此相反之利害关系的地位,相互进行意思表示。

(3) 合同是以设立、变更、终止民事权利义务关系为目的的民事法律行为。婚姻、收养、监护等有关身份关系的协议,不适用合同法的规定。

二、合同法的概念和调整范围

1. 合同法的概念

广义的合同法,是指调整平等主体之间当事人的合同权利义务关系的法律规范的总称。狭义的合同法指《中华人民共和国合同法》(以下简称《合同法》)。

2. 合同法的调整范围

(1) 平等主体之间订立的民事权利义务关系的协议,主要指民事法律关系。

(2) 合同法仅调整属于财产关系的民事法律关系,民事关系中属于人身关系的部分不适用合同法。

(3) 合同法分则或者其他法律没有明文规定的合同,适用合同法总则的规定,并可以参照合同法分则或者其他法律最相类似的规定。

? 学生提问:劳动合同是不是由《合同法》规范和调整呢?

教师回答:当然不是,《合同法》调整的是平等主体之间订立的有关财产权利和义务关系的合同。劳动合同的双方主体是用人单位和劳动者,是管理和被管理、属于和被属于的关系,不是平等主体。

三、合同法的基本原则

合同法的基本原则，是指适用于合同法全部领域的原则。合同法的基本原则包括：平等原则、合同自由原则、公平原则、诚实信用原则、遵守法律和维护道德原则。

合同法的基本原则既是合同立法的准则，也是解释和补充合同法的准则，还是解释和补充合同的依据。合同法的基本原则是强行性的法律规则，指导合同当事人行使权利、履行义务；违反基本原则的合同无效；当事人也不能通过合同约款排除合同法基本原则的适用。

第二节　合同的订立

一、订立合同的主体及其资格

法人、自然人或者其他组织都可以成为合同主体，但是必须具备合同主体的资格。《合同法》规定，当事人订立合同，应当具有相应的民事权利能力和民事行为能力。当事人依法可以委托代理人订立合同。

二、合同的形式

合同的形式是指当事人采用何种形式来表现所订立合同的内容。《合同法》规定，当事人订立合同，有书面形式、口头形式和其他形式。

三、合同的内容

合同的内容就是当事人之间就设立、变更或者终止权利、义务关系所表示一致的意思。通常称为合同的条款。合同条款直接明确了当事人双方的合同权利和合同义务。

依照《合同法》第 12 条的规定，当事人约定的合同的内容，一般应包括下列条款：①当事人的名称或者姓名和住所；②标的；③数量；④质量；⑤价款或者报酬；⑥履地期限、地点和方式；⑦违约责任；⑧解决争议的方式。

四、订立合同的过程——要约和承诺

《合同法》规定，当事人订立合同，采取要约、承诺方式。依照这一规定，当事人订立合同要经过要约和承诺的过程。

1. 要约的概念和条件

(1) 要约的概念。要约是特定人以缔结合同为目的而向相对人作出的意思表示。依照《合同法》的规定,要约就是希望与他人订立合同的意思表示。要约又称为发价、报价和发盘等,当事人可以通过发信、发电报、传真等方式向对方发出要约。

要约的目的在于订立合同,这是要约与要约邀请的本质区别。要约邀请,是指希望他人向自己发出要约的意思表示。寄送的价目表、拍卖公告、招标公告、招股说明书、商业广告一般为要约邀请,商业广告的内容符合要约规定的,视为要约。

(2) 要约的条件。依照《合同法》的规定,有效的要约必须具备以下条件:①要约的内容要具体确定。②要约应当表明经受要约人承诺,要约人即受该意思表示的约束。这也是要约和要约邀请的主要区别。

2. 要约的生效

要约的生效时间,因要约的不同形式而有差异。对于口头形式的要约,其法律效力从相对人了解要约时开始生效。对于书面形式的要约,其法律效力的生效时间,各国立法例采用两种不同的做法,即发信主义和到达主义。我国合同法不区分要约的形式,一律采用到达主义。

3. 要约的撤回和撤销

要约人在发出要约后即对要约人产生约束力,但为了尊重要约人的意志和保护要约人的利益,已发出的要约可以撤回和撤销。同时为保护受要约人的利益,这种撤回或撤销又是有条件限制的。

要约的撤回,是指在要约发出之后,但在发生法律效力之前,要约人欲使该要约不发生法律效力而作出的意思表示。撤回要约的通知应当在要约到达受要约人之前或者与要约同时到达受要约人。

要约的撤销,是指要约人在要约发生法律效力之后而在受要约人承诺之前,欲使要约失去法律效力的意思表示。撤销要约的通知应当在受要约人发出承诺意思表示之前到达受要约人。但有下列情形之一,要约不得撤销:①要约人确定了承诺期限或者以其他形式明示要约不可撤销;②受要约人有理由认为要约是不可撤销的,并已为履行合同作了准备工作。

4. 要约的失效

要约的失效,是指要约丧失了法律拘束力,不再对要约人和受要约人产生法律拘束力。《合同法》规定,有下列情形之一的,要约失效:

(1) 拒绝要约的通知到达要约人。但是,对不特定的人发出的要约,不因特定的人表示拒绝而归于消灭。

(2) 要约人依法撤销要约。

(3) 承诺期限届满,受要约人未作出承诺。

(4) 受要约人对要约的内容作出实质性变更。

(5) 要约人或受要约人死亡或终止。

参考案例 6-1

甲市发生了一起特大持枪杀人案。为尽快破案,甲市公安局在被害人家属同意后,通过电视台发布了悬赏通告,其主要内容是:①凡是提供线索,直接破案的,被害人家属奖励人民币50万元;②凡是提供线索,公安机关通过侦察破案的,公安机关给予重奖。问:该悬赏通告属于要约还是要约邀请?

分析:发布悬赏通告是一种民事法律行为,属于合同订立过程中的要约,任何人完成了悬赏通告所指定的行为即构成承诺,合同至此成立。

5. 承诺的概念和条件

(1) 承诺的概念。承诺是受要约人同意要约的意思表示,依照《合同法》的规定,承诺一旦生效,合同即成立,承诺是合同订立的一个重要环节,关系到合同的订立与否。

(2) 承诺的条件。依照《合同法》的规定,承诺必须具备以下条件:①承诺必须由受要约人作出;②承诺必须向要约人作出;③承诺的内容必须与要约的内容一致;④承诺必须在要约的有效期限内作出。

6. 承诺的生效

我国采到达主义,即承诺通知到达要约人时生效。承诺不需要通知的,根据交易习惯或要约的要求作出承诺的行为时生效。

7. 承诺的撤回

承诺的撤回,是指受要约人阻止承诺发生法律效力的意思表示。《合同法》规定,承诺可以撤回。撤回承诺的通知应当在承诺通知到达要约人之前或者与承诺通知同时到达要约人。

8. 承诺对要约内容的变更及其法律后果

承诺对要约内容的变更,可有实质性变更与非实质性变更之分别。受要约人对要约的内容中有关合同标的、数量、质量、价款或者报酬、履行期限、履行地点和方式、违约责任和解决争议方法等作出变更的,称为实质性变更,则要约失效,受要约人的意思表示为新要约,又称反要约。承诺对要约的内容作为非实质性变更的,除要约人及时表示反对或者要约表明承诺不得对要约的内容做出任何变更的以外,该承诺有效,合同的内容以承诺的内容为准。

> ? 学生提问:承诺只能撤回,不能撤销吗?
>
> 教师回答:是的,承诺到达要约人,合同即告成立。依法成立的合同,具有相当的法律效力,是不能任意反悔的。承诺到达对方后,不能撤销。

五、缔约过失责任

所谓缔约过失责任,是指在合同的订立过程中,一方因违背其依据诚实信用原则所应尽的义务,致另一方的信赖利益的损失,而应承担的民事责任。缔约过失的理论依据以诚信原则说为通说。

缔约过失的构成要件包括:①这种责任发生在合同的订立阶段;②一方当事人违反了依据诚实信用原则所产生的义务;③造成了另一方信赖利益的损失。所谓信赖利益的损失,是指一方实施某种行为后,另一方对此产生了信赖,并支付了一定的费用,因一方违反了诚实信用原则而使该费用不能得到补偿。

我国《合同法》规定发生缔约过失责任的情形有四种:一是假借订立合同,恶意进行磋商;二是故意隐瞒与订立合同有关的重要事实或者提供虚假情况;三是泄露或不正当使用在订立合同过程中知悉的对方当事人的商业秘密;四是其他违背诚实信用原则的行为。在上述情况下,一方必须给另一方造成了损失,才应承担缔约过失责任。

参考案例 6-2

建华公司在与盛达成公司商事洽谈的过程中,建华公司采取了保密措施的市场开发计划被对方得知。此后,盛达成公司推迟与建华公司签约,并开始有针对性地吸引建华公司的潜在客户,导致建华公司的市场份额锐减。问:建华公司可以要求盛达成公司承担何种法律责任?

分析:可以要求盛达成公司承担缔约过失责任。当事人在订立合同过程中知悉的商业秘密,无论合同是否成立,不得泄露或者不正当地使用。本案盛达成公司不正当地使用建华公司的商业秘密给对方造成损失的,应当承担损害赔偿责任。

第三节　合同的效力

一、合同的生效

1. 合同生效的概念和条件

合同生效，是指合同所产生的法律上的约束力。合同生效应当具备以下条件：

(1) 订立合同的当事人具有相应的民事行为能力。

(2) 订约双方当事人的意思表示要真实。

(3) 合同的内容不得违反法律或者社会公共利益。

2. 合同生效的时间

依法成立的合同，自成立时生效。法律、行政法规规定应当办理批准、登记等手续生效的，依照其规定。

二、无效合同

1. 无效合同的概念和特征

无效合同，就是不具有法律约束力和不发生履行效力的合同。无效合同具有以下特征：①无效合同具有违法性；②无效合同是自始无效的。

2. 无效合同的种类

无效合同从合同内容上可以分为三类，即：损害国家、集体或者第三人利益的合同；违反法律、法规强制性规定的合同；损害社会公共利益的合同。具体而言，有下列情形之一的，合同无效：

(1) 一方以欺诈、胁迫的手段订立合同，损害国家利益。

(2) 恶意串通，损害国家、集体或者第三人利益。

(3) 以合法形式掩盖非法目的。

(4) 损害社会公共利益。

(5) 违反法律、行政法规的强制性规定。

3. 免责条款的无效

免责条款是指双方当事人在合同中约定的，为免除或者限制一方或者双方当事人未来责任的条款。免责条款具有约定性，明示性和免责性的三个特征。《合同法》规定，合同中的下列免责条款无效：①造成对方人身伤害的；②因故意或者重大过失造成对方财产损失的。

三、可变更和可撤销的合同

可变更和可撤销的合同是指合同成立后，因存在法定事由，人民法院或者仲裁机构根据一方当事人的申请，变更合同的有关内容或者将合同予以撤销。

可变更和可撤销的合同的变更或撤销必须具备三个要件：一是必须具有法定事由；二是必须有一方当事人行使请求权；三是必须是由人民法院或者仲裁机构行使变更或者撤销权。

下列合同，当事人一方有权请求人民法院或者仲裁机构变更或者撤销：①因重大误解订立的合同；②在订立合同时显失公平的合同；③一方以欺诈、胁迫的手段或者乘人之危，使对方在违背真实意思的情况下订立的合同。受损害方有权请求人民法院或者仲裁机构变更或者撤销。

当事人请求变更的，人民法院或者仲裁机构不得撤销。撤销权应在法定的时间内行使，具有撤销权的当事人自知道或者应当知道撤销事由之日起 1 年内没有行使撤销权。具有撤销权的当事人知道撤销事由后明确表示或者以自己的行为放弃撤销权的，撤销权丧失。

四、合同无效与合同被撤销的法律后果

无效的合同或者被撤销的合同自始没有法律约束力。合同部分无效，不影响其他部分效力的，其他部分仍然有效。合同无效或者被撤销后，因该合同取得的财产，应当予以返还；不能返还或者没有必要返还的，应当折价补偿。有过错的一方应当赔偿对方因此所受到的损失，双方都有过错的，应当各自承担相应的责任。当事人恶意串通，损害国家、集体或者第三人利益的，因此取得的财产收归国家所有或者返还集体、第三人。

参考案例 6-3

建华公司新买了一辆汽车，并投了安宁保险公司的汽车险。2 个月后，新买的汽车在运行中突然发生自燃现象，所幸并无人员伤亡。建华公司向安宁保险公司请求赔付，保险公司一口拒绝，并取出双方订立的保险合同，指出其中第 28 条规定："汽车由于自燃原因造成的损害，保险公司不承担赔偿责任。"问：本案保险合同第 28 条的效力如何？

分析：本案保险合同的第 28 条属于格式条款，格式条款是指当事人为了重复使用而预先拟定，并在订立合同时未与对方协商的条款。《合同法》第 39 条规定，

采用格式条款订立合同的，提供格式条款的一方应当遵循公平原则确定当事人之间的权利和义务，并采取合理的方式提请对方注意免除或者限制其责任的条款，按照对方的要求，对该条款予以说明。

采用格式条款缔约者，提供方对于其中的免除责任、限制责任条款要尽到提示义务与说明义务，否则该条款没有法律效力。

第四节　合同的履行

一、合同的履行原则

合同的履行原则是指，合同当事人在履行合同过程中应当遵循的基本准则。合同当事人在履行合同的过程中应当遵循以下原则：

1. 诚实信用原则

在合同履行的过程中遵守诚实信用原则，主要表现为以下两个方面的内容：一方面，当事人除应遵守法定、约定义务以外，还应遵守依诚实信用原则所产生的附随义务。另一方面，在法律、合同对义务无规定、约定，或规定、约定不明确时，当事人应当依照诚实信用原则履行义务。

2. 适当履行原则

适当履行原则是指当事人应依合同约定的标的、质量、数量，由适当主体在适当的期限、地点，以适当的方式，全面完成合同义务的原则，即当事人的履行应符合履行具体规则。

3. 经济合理原则

经济合理原则是指在合同履行过程中，应讲求经济效益，以最少的成本取得最佳的合同效益。

4. 协作履行原则

协作履行原则是指在合同履行过程中，双方当事人应互助合作，共同完成合同义务的原则。协作履行原则具有以下几个方面的要求：第一，债务人履行合同债务时，债权人应适当受领给付；第二，债务人履行合同债务时，债权人应创造必要条件、提供方便；第三，债务人因故不能履行或不能完全履行合同义务时，债权人应积极采取措施防止损失扩大，否则，应就扩大的损失自负其责。

二、合同的履行规则

1. 合同条款存在缺陷时的履行规则

合同法本着尊重当事人订约自愿的精神，规定以协议补缺和规则补缺两种方式来解决合同条款的缺陷以利于当事人顺利履行合同的义务。

2. 合同条款约定不明的履行规则

合同生效后，当事人就质量、价款或者报酬、履行地点等内容没有约定或者约定不明确的，可以协议补充；不能达成补充协议的，适用下列规定：

(1) 质量要求不明确的，按照国家标准、行业标准履行；没有国家标准、行业标准的，按照通常标准或者符合合同目的的特定标准履行。

(2) 价款或者报酬不明确的，按照订立合同时履行地的市场价格履行；依法应当执行政府定价或者政府指导价的，按照规定履行。

(3) 履行地点不明确，给付货币的，在接受货币一方所在地履行；交付不动产的，在不动产所在地履行；其他标的，在履行义务一方所在地履行。

(4) 履行期限不明确的，债务人可以随时履行，债权人也可以随时要求履行，但应当给对方必要的准备时间。

(5) 履行方式不明确的，按照有利于实现合同目的的方式履行。

(6) 履行费用的负担不明确的，由履行义务一方负担。

执行政府定价或者政府指导价的，在合同约定的交付期限内政府价格调整时，按照交付时的价格计价。逾期交付标的物的，遇价格上涨时，按照原价格执行；价格下降时，按照新价格执行。逾期提取标的物或者逾期付款的，遇价格上涨时，按照新价格执行；价格下降时，按照原价格执行。

3. 债务人向第三人履行或者第三人向债权人履行债务的履行规则

当事人约定由债务人向第三人履行债务的，债务人未向第三人履行债务或者履行债务不符合约定，应当向债权人承担违约责任。当事人约定由第三人向债权人履行债务的，第三人不履行债务或者履行债务不符合约定，债务人应当向债权人承担违约责任。

三、合同履行中的抗辩权

1. 情事变更抗辩权

合同依法成立后，因不可归责于双方当事人的原因发生了不可预见的情势变更，致使合同的基础丧失或动摇，若继续维持合同原有效力将显失公平，因而允许变更或解除合同的原则。适用情事变更抗辩权应符合以下条件：

(1) 须有情势变更的事实，即作为缔约基础和环境的客观情况发生异常变化。

(2) 情势变更须发生在合同成立以后、履行完毕之前。

(3) 情势变更的发生不可归责于当事人，即应由不可抗力及其他意外事故引起。

(4) 情势变更是当事人所不可预见的。

(5) 情势变更使履行原合同显失公平。

适用情势变更原则，可以按照当事人的请求，对合同进行变更或解除。

2. 双务合同履行中的抗辩权

双务合同履行中的抗辩权，是指一方当事人依法具有的对抗对方当事人的履行请求，暂时拒绝履行其合同债务的权利，根据《合同法》的规定，双务合同的当事人依法享有以下抗辩权：

(1) 同时履行抗辩权是指双务合同的当事人一方在对方没有进行对待给付之前，可拒绝履行自己的债务的对抗权。行使同时履行抗辩权，发生使对方请求权延期的法律效果，但没有否定对方请求权的效力。

(2) 先履行抗辩权是指当事人互负债务，没有先后履行顺序的，应当同时履行。一方在对方履行之前有权拒绝其履行要求。一方在对方履行债务不符合约定时，有权拒绝其相应的履行要求。先履行抗辩权的行使，产生后履行一方中止履行自己债务的效力。先履行一方采取补救措施，变违约为适当履行后，先履行抗辩权消灭。

(3) 不安抗辩权是指因双务合同负担债务并负先给付义务之人，如果他方的财产在缔约后明显减少，有难为对待给付之虞时，在他方没有进行对待给付或提出担保之前，可拒绝自己的给付。《合同法》规定，应当先履行债务的当事人，有确切证据证明对方有下列情形之一的，可以中止履行：①经营状况严重恶化；②转移财产、抽逃资金，以逃避债务；③丧失商业信誉；④有丧失或者可能丧失履行债务能力的其他情形。当事人没有确切证据中止履行的，应当承担违约责任。

不安抗辩权的行使应通知对方。行使不安抗辩权的，在后履行义务人提供担保前，抗辩权行使人可中止履行合同；后履行义务人对履行提供担保的，不安抗辩权归于消灭，先履行义务人应恢复履行；先履行义务人中止履行后，如果对方在合理期限内未恢复履行能力，也未提供适当担保，中止履行一方可解除合同。

四、合同履行中的债的保全

债的保全又称合同的保全，是指为防止债务人的责任财产不当减少，以确保无特别担保的一般债权得以清偿而法律允许、合同债权人行使某些权利的法律制度。在合同保全制度中，债权人可以行使的权利有：代位权和撤销权。

代位权是指因债务人怠于行使其到期债权，对债权人造成损害的，债权人可以向人民法院请求以自己的名义代位行使债务人的债权，但该债权专属于债务人自身的除外。代位权的行使范围以债权人的债权为限。债权人行使代位权的必要费用，由债务人负担。

撤销权是指因债务人放弃其到期债权或者无偿转让财产，对债权人造成损害的，债权人可以请求人民法院撤销债务人的行为。债务人以明显不合理的低价转让财产，对债权人造成损害，并且受让人知道该情形的，债权人也可以请求人民法院撤销债务人的行为。撤销权的行使范围以债权人的债权为限。债权人行使撤销权的必要费用，由债务人负担。撤销权自债权人知道或者应当知道撤销事由之日起1年内行使。自债务人的行为发生之日起5年内没有行使撤销权的，该撤销权消灭。

参考案例 6-4

2008年6月1日，某甲向某乙借款20万元，约定2009年1月1日还本付息(利息按同期银行利率计算)。半年后，甲财产状况严重恶化，并将其贵重财产低价转让给朋友丙。债务到期后，乙要求甲偿还债务，甲无力归还。乙于是向法院起诉并申请强制执行甲的财产，但甲的财产已经所剩无几。问：乙是否可以诉请法院撤销甲对丙的低价转让行为？

分析：撤销权与代位权属于合同的保全措施。因本案债务人甲向丙地价转让财产，对债权人乙造成了损害，债权人可以请求人民法院撤销债务人的行为。

第五节　合同的变更和转让

一、合同的变更

1. 合同变更的概念与形式

广义上合同变更包括合同的主体及内容的变更。狭义的合同变更仅指合同内容的变更，而不包括合同主体的变更，即指合同成立后，履行完毕之前当事人依法对合同内容所作的修改。合同的变更形式有协议变更和依法变更两种。当事人协商一致，可以变更合同。法律、行政法规规定变更合同应当办理批准、登记等手续的，依照其规定。

2. 对合同变更的内容约定不明确的处理

在合同当事人以协商的形式变更合同的情况下，如果对合同变更的内容约定不明确的，就推定为合同未作变更，当事人仍应当依照原合同的约定履行各自的义务。

二、合同的转让

合同的转让，是指合同当事人依法将合同的全部或者部分权利义务转让给他人的法律行为。债权人可以将合同的权利全部或者部分转让给第三人，但有下列情形之一的除外：①根据合同性质不得转让；②按照当事人约定不得转让；③依照法律规定不得转让。合同的转让分为权利的转让、义务的转让和权利义务全部转让三种。

1. 合同权利的转让

合同权利的转让，是指合同中享有权利的一方当事人通过协议依法将自己的债权全部或者部分转让给另方当事人以外的第三人的法律行为。债权人转让权利的，应当通知债务人。未经通知，该转让对债务人不发生效力。债权人转让权利的通知不得撤销，但经受让人同意的除外。

债权人转让权利的，受让人取得与债权有关的从权利，但该从权利专属于债权人自身的除外。债务人接到债权转让通知后，债务人对让与人的抗辩，可以向受让人主张。债务人接到债权转让通知时，债务人对让与人享有债权，并且债务人的债权先于转让的债权到期或者同时到期的，债务人可以向受让人主张抵销。

2. 合同义务的转让

合同义务的转让，是指合同中的债务人将自己应当履行的义务转让给第三人的行为。债务人将合同的义务全部或者部分转移给第三人的，应当经债权人同意。

债务人转移义务的，新债务人可以主张原债务人对债权人的抗辩。债务人转移义务的，新债务人应当承担与主债务有关的从债务，但该从债务专属于原债务人自身的除外。

3. 合同权利义务的全部转让

当事人若欲将自己在合同中的权利和义务一并转让给第三人的，除了依照《合同法》规定的存有不得转让的情形之外，都可以转让。

法律、行政法规规定转让权利或者转移义务应当办理批准、登记等手续的，依照其规定。

当事人订立合同后合并的，由合并后的法人或者其他组织行使合同权利，履行合同义务。当事人订立合同后分立的，除债权人和债务人另有约定的以外，由分立的法人或者其他组织对合同的权利和义务享有连带债权，承担连带债务。

第六节　合同权利义务的终止

一、合同权利义务终止的原因

合同的权利义务终止，就是合同确立的当事人之间的权利、义务关系的消灭。合同终止后，当事人之间的权利义务关系消灭，合同的从债或担保物权消灭，债务人得请求债权人将负债字据返还或销毁。

合同权利义务可以因以下法定原因而终止：①债务已经按照约定履行；②合同解除；③债务相互抵销；④债务人依法将标的物提存；⑤债权人免除债务；⑥债权债务同归于一人；⑦法律规定或者当事人约定终止的其他情形。

1. 抵销

抵销，是指当事人双方互负给付的义务时，将两项债务相互充抵，使其相互在对等额内消灭，债务抵销，相应的债权也就抵销。我国合同法规定了法定抵销与合意抵销。法定抵销要件包括：

- 当事人互负到期债务；
- 该债务的标的物种类、品质相同的；
- 债务并非依照法律规定或者按照合同性质不得抵销的。

抵销是单方法律行为，当事人主张抵销的，应当通知对方。通知自到达对方时生效。抵销不得附条件或者附期限。合意抵销是指当事人互负债务，标的物种类、品质不相同的，经双方协商一致，也可以抵销。

2. 提存

提存，是指债务人于债务已届履行期时，将无法给付的标的物提交给提存机关，以消灭合同债务的行为。有下列情形之一，难以履行债务的，债务人可以将标的物提存：

- 债权人无正当理由拒绝受领；
- 债权人下落不明；
- 债权人死亡未确定继承人或者丧失民事行为能力未确定监护人；
- 法律规定的其他情形。

标的物不适于提存或者提存费用过高的，债务人依法可以拍卖或者变卖标的物，提存所得的价款。标的物提存后，除债权人下落不明的以外，债务人应当及时通知债权人或者债权人的继承人、监护人。标的物提存后，毁损、灭失的风险由债权人承担。提存期间，标的物的孳息归债权人所有。提存费用由债权人负担。债权人可以随时领取提存物，但债权人对债务人负有到期债务的，在债权人未履行债务或者提供担保之前,提存部门根据债务人的要求应当拒绝其领取提存物。债权人领取提存物的权利,自提存之日起5年内不行使而消灭,提存物扣除提存费用后归国家所有。

二、合同终止后的义务

合同的权利义务终止后,当事人的合同关系已经结束,但某些合同的特点决定当事人的义务具有延续性,或者具有不可替代性,因此,合同终止后,当事人仍应当履行某些义务,如当事人应当遵循诚实信用原则,根据交易习惯履行通知、协助、保密等义务。合同终止不影响合同中结算和清理条款的效力。

三、合同的解除

1. 合同解除的概念和形式

合同解除,是指合同有效成立后,因当事人一方或双方的意思表示,使基于合同而生的权利义务关系终止的行为。合同解除包括协议解除、约定解除和法定解除。协议解除,是指当事人通过协商而解除合同;约定解除,是指当事人基于合同中约定的解除事由行使解除权而解除合同;法定解除,是指当事人基于法律规定的事由行使解除权而解除合同。《合同法》规定,法定解除事由包括:①因不可抗力致使不能实现合同目的;②在履行期限届满之前,当事人一方明确表示或者以自己的行为表明不履行主要债务;③当事人一方迟延履行主要债务,经催告后在合理期限内仍未履行;④当事人一方迟延履行债务或者有其他违约行为致使不能实现合同目的;⑤法律规定的其他情形。

2. 合同解除的期限与程序

法律规定或者当事人约定解除权行使期限,期限届满当事人不行使的,该权利消灭。法律没有规定或者当事人没有约定解除权行使期限,经对方催告后在合理期限内不行使的,该权利消灭。当事人一方主张解除合同的,应当通知对方。合同自通知到达对方时解除。对方有异议的,可以请求人民法院或者仲裁机构确认解除合同的效力。法律、行政法规规定解除合同应当办理批准、登记等手续的,依照其规定。

3. 合同解除的法律后果

合同解除后,尚未履行的,终止履行;已经履行的,根据履行情况和合同性质,当事人可以要求恢复原状、采取其他补救措施,并有权要求赔偿损失。

第七节 违约责任

一、违约责任的概念和违约行为形态

1. 违约责任的概念

违约责任,又称违反合同的民事责任,是指合同当事人不履行合同义务或者履行合同义务不符合约定时所承担的法律后果。

2. 违约行为形态

违约行为形态,是根据违约行为违反合同义务的性质和特点,对违约行为所作的分类。违约行为可以分为以下几种类型:

(1) 履行不能是指债务人由于某种原因不能履行其债务。

(2) 迟延履行又称为逾期履行或债务人迟延,是指债务人能够履行,但在履行期届满时却没有履行债务的情形。

(3) 拒绝履行又称为毁约,是指债务人能够履行其债务而在履行期届满时对债权人表示不履行债务。

(4) 受领迟延又称为债权人迟延,是指债权人对于债务人之履行应当且能够受领而不为或不能受领。

(5) 不完全履行又称为不完全给付或不适当履行,是指当事人虽以适当的履行的意思进行了履行,但履行的内容不符合法律的规定或者合同的约定,即不符合债务的本旨。

(6) 预期违约。《合同法》规定,当事人一方明确表示或者以自己的行为表明不履行合同义务的,对方可以在履行期限届满之前要求其承担违约责任。预期违约可以分为明示预期违约与默示预期违约两个基本类型。

明示预期违约,又称为明示毁约,是指在合同有效成立后至合同约定的履行期届满前,一方当事人明确肯定的向另一方当事人明示其将不按约定履行合同义务。

默示预期违约,又称为默示毁约,是指在履行期到来之前,一方当事人有足够的证据证明对方将不履行或不能履行合同义务,而对方当事人又不愿意提供必要的担保。

二、违约责任的归责原则

归责原则,是指基于一定的归责事由而确定行为人是否应当承担责任的法律原则。我国《合同法》确定的违约责任的归责原则是严格责任原则。在一般情况下,违约责任的构成要件仅为违约行为。

三、违约责任的承担方式

根据《合同法》的有关规定，承担违约责任的方式有：继续履行，采取补救措施和赔偿损失，支付违约金或者定金等。

1. 继续履行

继续履行，是违约方不履行合同债务或履行合同债务不符合约定时，由法院强制违约方依照合同的规定继续履行的责任形式。强制继续履行是一种补救方法，是否请求继续履行是当事人的权利，强制继续履行可以与支付违约金、支付赔偿金、定金责任并存，但不得与解除合同并存。

2. 合同解除

合同解除是合同的权利义务终止的原因之一，因此，合同解除的法律效果是使合同关系终止。

3. 损害赔偿

赔偿损失是指违约方不履行合同而给他方造成损失时，为了弥补受害人的损失而向受害人支付一定数额金钱的责任方式。损害赔偿具有补偿性，即填补、弥补对方当事人因此所受的损失。

我国现行法在违约损害赔偿上采纳的一个基本原则就是完全赔偿原则。完全赔偿原则是指违约方应赔偿受害人因其违约行为所遭受的全部损失。违约给当事人造成的损失包括积极损失和消极损失。积极损失就是可得利益损失。由于一方当事人违反合同以后，另一方当事人不仅可能会遭受现有财产的损失，而且也可能会遭受可得利益损失，对于这些损失，违约方当事人都应当赔偿。

4. 违约金

违约金，是指当事人在合同中约定的或者由法律规定的，一方违约时应当向对方支付一定数量的货币。当事人可以约定一方违约时应当根据违约情况向对方支付一定数额的违约金，也可以约定因违约产生的损失赔偿额的计算方法。约定的违约金低于造成的损失的，当事人可以请求人民法院或者仲裁机构予以增加；约定的违约金过分高于造成的损失的，当事人可以请求人民法院或者仲裁机构予以适当减少。当事人就迟延履行约定违约金的，违约方支付违约金后，还应当履行债务。

5. 定金

定金，是指合同当事人为了确保合同的履行，依据双方约定由当事人一方在合同订立时或者在订立后履行前，按照合同金额的一定比例，预先给付对方当事人的金钱或有价证券。当事人可以依照《中华人民共和国担保法》约定一方向对方给付定金作为债权的担保。债务人履行债务后，定金应当抵作价款或者收回。给付定金的一方不履行约定的债务的，无权要求返还定金；收受定金的一方不履行约定的债务的，应当双倍返还定金。当事人既约定违约金，又约定定金的，一方违约时，对方可以选择适用违约金或者定金条款。

四、违约行为与侵权行为的竞合

违约行为与侵权行为的竞合，是指当事人一方的同一行为既构成违约行为也构成侵权行为。《合同法》规定，因当事人一方的违约行为，侵害对方人身、财产权益的，受损害方有权选择要求其承担违约责任或者依照其他法律要求其承担侵权责任。

第八节 几种主要的有名合同

一、买卖合同

买卖合同，是出卖人转移标的物的所有权于买受人，买受人支付价款的合同。依约定应交付标的物并转移标的物所有权的一方称为出卖人，应支付价款的一方称为买受人。买卖合同具有以下法律特征：①买卖合同是一方当事人转移标的物的所有权、另一方当事人支付价款的合同；②买卖合同是双务合同；③买卖合同是有偿合同；④买卖合同是诺成合同；⑤买卖合同为不要式合同。

标的物的所有权自标的物交付时起转移，但法律另有规定或者当事人另有约定的除外。标的物毁损、灭失的风险，在标的物交付之前由出卖人承担，交付之后由买受人承担，但法律另有规定或者当事人另有约定的除外。

在我国合同法上，特种买卖合同包括分期付款买卖合同、样品买卖合同、试用买卖合同、招标投标买卖合同和拍卖合同等。

1. 分期付款买卖

分期付款买卖是一种特殊的买卖形式，是买受人将其应付的总价款按照一定期限分批向出卖人支付的买卖。分期付款买卖在我国常常用于房屋及高档消费品的买卖。在分期付款买卖中，为保护买受人的利益，只有当买受人未支付到期价款的金额达到全部价款1/5的，出卖人方可要求买受人支付全部价款或者解除合同。出卖人解除合同的，可以向买受人要求支付该标的物的使用费。

2. 样品买卖合同

样品买卖，又称货样买卖，是指当事人双方约定一定的样品，出卖人交付的标的物应与样品具有相同品质的买卖。

3. 试用买卖合同

试用买卖，是指当事人双方约定，于合同成立时，出卖人将标的物交付买受人试验或检验，并以买受人在约定期限内对标的物的认可为生效要件的买卖合同。这种买卖常见于某些新产品的销售。

4. 招标买卖合同

招标投标买卖合同，是指由招标人向数人或公众发出招标通知或招标公告，在诸多投标中选择自己最满意的投标人并与之订立买卖合同的方式。

拍卖有广义、狭义之分。广义的拍卖是指竞争买卖，即众多欲订约的人通过竞争与出卖人订立合同，购买物品，它包括狭义的拍卖和投标拍卖两种情况。其中，狭义的拍卖，是指对物品的拍卖，即以公开竞价的方法，将标的物的所有权转移给最高应价者的买卖方式。从拍卖的方式上说，广义的拍卖泛指以竞争方式的缔约，包括拍卖和招标。

二、供用电、水、气、热力合同

供用电、水、气、热力合同是供方向用方供电、水、气、热力，用方支付价款的合同。本类合同的供方主体具有特殊性，其标的物是由有关单位垄断经营的，因此，法律需要对其予以特别的规制。供用电、水、气、热力合同为诺成性双务有偿合同。自当事人双方意思表示一致时即可成立生效；合同成立生效后，双方均负有对待给付的义务；任何一方从对方取得利益都须支付相应的财产代价。

三、赠与合同

赠与合同是指赠与人将自己的财产无偿给予受赠人，受赠人表示接受赠与的合同。就赠与合同的标的物而言，赠与物并不仅限于有体物所有权，土地使用权、股权、债权等无体物以及将来物都可以成为赠与合同的标的物。赠与合同具有以下法律特征：①赠与合同为单务、无偿合同；②赠与合同为诺成合同；③赠与合同原则上为不要式合同，但在当事人有特约以及不动产赠与中，赠与合同为要式合同。

四、借款合同

借款合同是借款人向贷款人借款，到期返还借款并支付利息的合同。借款合同采用书面形式，但自然人之间借款另有约定的除外。借款合同的内容包括借款种类、币种、用途、数额、利率、期限和还款方式等条款。借款合同具有以下法律特征：①借款合同是转让货币所有权的合同；②借款合同原则上是双务、诺成合同；③借款合同为有偿合同。

但自然人之间的借款合同为实践性合同，自贷款人提供借款时生效。并且，除当事人有明确约定外,自然人之间的借款合同为单务、无偿、不要式合同。

五、租赁合同

租赁合同是指当事人一方将物交付另一方使用、收益,另一方支付租金,并于使用、收益完毕后归还原物的协议。租赁合同具有以下法律特征:①租赁合同是转让财产使用权、收益权的合同;②租赁合同是双务、诺成合同;③租赁合同为有偿合同;④租赁合同是临时性和继续性合同;⑤租赁合同兼具债权与物权特征。

六、融资租赁合同

融资租赁合同是出租人根据承租人对出卖人、租赁物的选择,向出卖人购买租赁物,提供给承租人使用,承租人支付租金的合同。融资租赁合同集融资与融物因素于一身,涉及买卖、租赁两种合同及出卖人、出租人、承租人三方当事人,具有复杂的法律结构和权利义务关系,并发挥融资、担保、使用等多项经济功能,成为不同于传统有名合同的一种新型合同。

七、承揽合同

承揽合同是承揽人按照定作人的要求完成工作、交付工作成果,由定作人支付报酬的合同。按要求完成工作、交付工作成果并收取酬金的一方,为承揽人;提出工作要求、按约定接受工作成果并给付酬金的一方,为定作人。承揽合同具有以下法律特征:①承揽合同以一定工作的完成为目的;②承揽合同的标的物具有特定性;③承揽人完成工作的独立性;④承揽合同是诺成合同、不要式合同、有偿合同、双务合同。

八、建设工程合同

建设工程合同是承包人进行工程建设,发包人支付价款的合同。建设工程合同包括工程勘察、设计、施工合同。建设工程合同具有以下法律特征:①建设工程合同主体的特殊性,发包人只能是经批准投资建设工程的建设单位,承包人只能是具有相应资质的勘察、设计、施工单位;②建设工程合同的标的是建设工程;③国家管理的特殊性。合同的签订具有严格的程序性,合同的订立和履行,受国家的严格管理和监督;④建设工程合同应当采用书面形式。建设工程合同一般通过招标投标订立,发包人可以与总承包人订立建设工程合同,也可以分别与勘察人、设计人、施工人订立勘察、设计、施工承包合同。但发包人不得将应当由一个承包人完成的建设工程肢解成若干部分发包给几个承包人。

九、运输合同

运输合同，又称运送合同，是承运人将旅客及其行李或货物运送到约定地点，旅客、托运人或收货人支付票款或运费的合同。运输包括货物运输和旅客运输。此外，从运输所经由的途径来看，运输可分为陆上运输、海上运输与空中运输，对于海上运输有海商法予以适用，故运输合同不包括海上运输。运输合同具有以下法律特征：①运输合同为双务有偿合同；②运输合同为诺成合同；③运输合同一般为格式合同；④运输合同的承运人一方依法负有强制缔约义务。《合同法》规定，从事公共运输的承运人不得拒绝旅客、托运人通常、合理的运输要求。该规定即为承运人的强制缔约义务。

十、技术合同

技术合同是当事人就技术开发、转让、咨询或者服务订立的确立相互之间权利和义务的合同。订立技术合同，应当有利于科学技术的进步，加速科学技术成果的转化、应用和推广。技术合同为诺成性、双务有偿合同。技术合同包括技术开发合同、技术转让合同、技术咨询合同和技术服务合同。技术开发合同应当采用书面形式。

十一、保管合同

保管合同，又称寄托合同、寄存合同，是保管人保管寄存人交付的保管物，并返还该物的合同。保管合同具有以下法律特征：①保管合同的标的是保管行为；②保管合同为实践性合同；③保管合同一般为无偿合同。但当事人约定保管费的，保管合同为有偿合同；④保管合同为双务、不要式合同。

十二、仓储合同

仓储合同是保管人储存存货人交付的仓储物，存货人支付仓储费的合同。仓储合同具有保管合同的性质，其标的也是保管行为，因此，法律对仓储合同没有规定的，适用保管合同的规定。但仓储合同又与保管合同不同，其主要有以下特殊性：①仓储物为动产，而不能是不动产；②仓储合同为诺成性合同；③仓储合同为有偿合同。

十三、委托合同

委托合同，也称委任合同，是委托人和受托人约定，由受托人处理委托人事务的合同。在委托合同关系中，委托他人为自己处理事务的人称为委托人，接受委托的人为受托人。委托合同具有以下法律特征:①在委托合同中,受托人依据委托人的授权和指示处理事务;②委托合同建立在委托人与受托人相互信任的基础之上;③委托合同是诺成合同;④委托合同是不要式合同;⑤委托合同是双务合同,委托人和受托人均负有义务;⑥委托合同可以是有偿的,也可以是无偿的。

十四、行纪合同

行纪合同是行纪人以自己的名义为委托人从事贸易活动,委托人支付报酬的合同。在行纪合同关系中,委托对方为自己从事贸易活动,并向对方给付报酬的当事人为委托人;接受委托为对方从事贸易活动,并获得对方报酬的当事人为行纪人。行纪合同的主要法律特征有:①行纪人以自己的名义为委托人办理事务;②行纪合同是双务合同、有偿合同、诺成合同、不要式合同。

十五、居间合同

居间合同是居间人向委托人报告订立合同的机会或者提供订立合同的媒介服务,委托人支付报酬的合同。在居间合同关系中,报告订立合同机会或提供订立合同媒介服务,并接受对方报酬的一方为居间人。接受对方所提供的报告订立合同机会或订立合同媒介服务,并向对方支付报酬的一方为委托人。居间合同有如下的法律性质:①居间合同一般是有偿合同;②居间合同是诺成合同、不要式合同。

居间合同与委托合同、行纪合同都以信任为基础,居间人、受托人、行纪人都为委托人的利益为委托人办理事务,提供劳务,但是,三者之间的差异主要表现在以下两个方面:

1. 居间人、受托人、行纪人办理的事务的内容和性质不同

居间人为委托人办理的事务是为委托人报告订立合同的机会,或提供订立合同的媒介服务,其目的是促成委托人与第三人订立合同,其性质是事实行为;而在委托合同关系中,受托人为委托人办理的事务则十分广泛,可以是事实行为,如委托审计,也可以是法律行为,如委托买卖等;在行纪合同关系中,行纪人为委托人办理的事务是贸易活动,其性质是法律行为。

2. 居间人、受托人、行纪人与第三人的法律关系不同

在居间合同关系中,居间人不以委托人的名义,也不以自己的名义与第三人订立合同,居间人不参与委托人与第三人的关系;在委托合同关系中,受托人可以委托人的名义或自己的名义与第三人订立合同,并参与该合同关系;在行纪合同关系中,行纪人以自己的名义与第三人订立合同,与第三人直接产生权利义务关系。

参考案例 6-5

2009 年 7 月 20 日清晨，王某冒雨在公交车站等待搭乘某公交公司的车去上班，但是该路公交车到站后并未停车。王某在原地又等待了一段时间后，雨越下越大，已经错过上班时间，于是王某返回家中，整日未去工作。当日，单位根据内部管理制度规定，扣除王某工资 200 元。问：王某是否可以要求公交公司予以赔偿？

分析：从事公共运输的承运人有强制缔约义务。我国《合同法》第 289 条规定，"从事公共运输的承运人不得拒绝旅客、托运人的通常、合理的要求。"

本案公交公司故意拒载的行为违背了强制缔约义务，是造成王某误工的主要原因。但是王某本身采取补救措施不力，也存在一定的过错，其本可以选择搭乘其他车辆从而减少甚至避免损失，所以原告对损失的发生负有次要责任。综合以上情况，公交公司应赔偿王某的主要误工损失。

第九节　担保法律制度概述

一、担保的概念

担保是为促进资金融通和商品流通，保障债权的实现而设立的一种法律制度。从债权角度看，担保是保障债权人债权实现的民事法律行为；从债务角度看，担保也是保证债务人债务履行的民事法律行为。担保法律制度是规定担保这一民事法律行为的法律规范的总称。

二、担保的适用范围、种类和性质

1. 担保的适用范围

《中华人民共和国担保法》（以下简称《担保法》）规定，在借贷、买卖、货物运输、加工承揽等经济活动中，债权人需要以担保方式保障其债权实现的，可以依照担保法规定设定担保。该项规定表明，我国《担保法》规定的担保适用于民商事领域的经济活动。其他领域如因身份关系而产生的权利义务关系、因政府和国家机关管理行为而发生的权利义务关系均不适用于《担保法》规定的担保。

2. 担保的种类和基本原则

担保方式根据各自的不同性质分为人的担保、物的担保和金钱的担保。我国《担保法》规定了五种担保方式，即保证、抵押、质押、留置和定金。《担保法》规定，担保活动应当遵循平等、自愿、公平、诚实信用的原则。

3. 反担保

《担保法》规定,第三人为债务人向债权人提供担保时,可以要求债务人提供反担保。反担保,是指第三人为债务人向债权人提供担保时,债务人应第三人的要求为第三人提供的担保。反担保就债务人与第三人的关系来说也不过是一般意义上的担保,因而严格说来,反担保与担保并不存在质的差异,它仍然具有担保的特性,且在担保的成立条件、担保的形式、担保的效力等方面都适用关于担保的规定。

4. 担保的性质

担保受民商法一般原则的制约,又具有自身的一些特征:

(1) 从属性。担保是为了保障债务的履行而设立,因而从属于主债权。在合同关系中,担保合同是主合同的从合同,主合同无效,担保合同无效。担保合同与主合同之间的关系是从属关系。

(2) 选择性。我国合同法设立了担保制度,但并未规定当事人必须设立担保。当事人是否约定担保、约定何种担保方式等,均取决于当事人的选择。

(3) 保障性:保障主债权的实现是担保的最基本的作用。担保的设立,一方面在客观上具有迫使债务人积极履行债务的功效;另一方面,当债务人不能履行债务时,债权人可以行使担保权利,从而满足自己的债权。

参考案例 6-6

甲与乙订立买卖合同,合同价款30万元。丙为甲作信用保证,约定甲不能按期付款时,丙负责偿还。后来,甲与乙之间的买卖合同因重大误解而撤销。问,丙还需要承担保证责任吗?

分析:不需要。担保在成立、变更、效力等方面都从属于主合同,主合同的债务不再存在,担保之债也不再存在。

三、担保合同的成立方式

担保合同是要式合同,担保合同的方式包括:①在主合同之外单独订立书面合同;②当事人之间的具有担保性质的信函、传真等;③主合同中的担保条款。上述方式适用于保证、抵押、质押合和定金合同。另外,根据《担保法解释》的规定,保证合同可以保证人在主合同中以保证人身份签字的方式设立。

四、人的担保与物的担保并存的法律关系

1. 人保与第三人提供的物保并存时

债权人可选择要求保证人或者物的担保人承担担保责任，当事人对保证担保的范围或者物的担保的范围没有约定或者约定不明的，承担了担保责任的担保人，可以向债务人追偿，也可以要求其他担保人清偿其应当分担的份额。放弃第三人物保的，保证人在债权人放弃权利的范围内减轻或者免除保证责任。

2. 人保与债务人提供的物保并存时

保证人仅对保证人对物的担保以外的债权承担保证责任。放弃债务人提供的物保的，保证人免除相应的责任。

3. 债务人提供的物保与第三人提供的物保并存时

债权人可任意选择行使担保物权，但不可放弃债务人提供的物保，否则其他担保人在其放弃权利的范围内减轻或者免除担保责任。放弃指：①怠于行使担保物权，致使担保物的价值减少或者毁损、灭失；②免除担保人的担保责任。

五、保证

1. 保证、保证合同和保证人

(1) 保证的概念。保证是指保证人和债权人约定，当债务人不履行债务时，保证人按照约定履行债务或者承担责任的行为。保证方式中第三人是以自己的信用作保，实际上是以自己所有的财产作为债权人之债权实现的总担保。

(2) 保证合同的概念及特征。保证合同是保证人与主债中的债权人签订的合同。《担保法》规定，保证合同必须采用书面形式。保证合同是单务、无偿、诺成合同。保证合同为从合同。

(3) 保证人。我国《担保法》规定，具有代为清偿债务能力的法人、其他组织或者公民，可以作保证人。依《担保法》和《担保法解释》，不可以担当保证人的有：国家机关；事业单位、社会团体；企业法人的分支机构、职能部门。但企业法人的分支机构有法人书面授权的，可以在授权范围内提供保证。

2. 保证方式

我国《担保法》规定的保证方式有一般保证和连带责任保证。

(1) 一般保证。当事人在保证合同中约定，债务人不能履行债务时，由保证人承担保证责任的，为一般保证。一般保证人享有先诉抗辩权，即在主合同纠纷未经审判、仲裁，并就债务人的财产依法强制执行仍不能履行债务前，债权人要求保证人承担责任的，保证人有权拒绝。

(2) 连带责任保证。当事人在保证合同中约定保证人与债务人对债务承担连

带责任的，为连带责任保证；另外，当事人对保证方式没有约定或者约定不明确的，按照连带责任保证承担保证责任。在连带保证中，一旦主债务人到期不偿还债务的，债权人可请求债务人履行债务，也可要求保证人承担保证责任，也可一并要求债务人、保证人对债权人承担连带责任。

(3) 共同保证是指两个或者两个以上的保证人为同一债务作保证的行为。《担保法》规定，同一债务有两个以上保证人的，保证人应当按照保证合同约定的保证份额，承担保证责任，没有约定保证份额的，保证人承担连带责任，债权人可以要求任何一个保证人承担全部保证责任，保证人都负有担保全部债权实现的义务。已经承担保证责任的保证人，有权向债务人追偿，或者要求承担连带责任的其他保证人清偿其应当承担的份额。

(4) 最高额保证。保证人可以与债权人签订一个总的保证合同，为一定期限内连续发生的借贷合同或某项商品交易行为提供保证，只要债权人与债务人在保证合同约定的债权额度内进行交易，保证人即承担保证责任。这就是最高额保证形式。《担保法》规定，最高额保证未约定保证期间的，保证人可以随时书面通知债权人终止保证合同，但保证人对于通知到债权人前所发生的债权，承担保证责任。

? 学生提问：在一般保证方式下，债务人到期无力还债，债权人可以直接要求保证人代为偿还吗？

教师回答：不可以，一般保证人享有先诉抗辩权。也就是说，债权人没有对债务人进行起诉或仲裁，并就债务人财产依法强制执行之前，保证人有权拒绝债务人的要求。

3. 保证责任

(1) 保证范围即保证担保的范围，是指在保证关系中保证人所承担的保证责任的范围。保证范围包括当事人约定的保证范围和法定的保证范围。法定的保证担保范围包括主债权及利息、违约金、损害赔偿金和实现债权的费用。当事人对保证担保的范围没有约定或者约定不明确的，保证人应当对全部债务承担责任。

(2) 主合同变更时的保证责任承担。

主债权转让　关于主债权转让的，《担保法》规定，保证期间，债权人依法将主债权转让给第三人的，保证人在原保证担保的范围内继续承担保证责任。保证合同另有约定的，按照约定。

主债务转让　关于主债务转让的，《担保法》规定，保证期间，债权人许可债务人转让债务的，应当取得保证人书面同意，保证人对未经其同意转让的债务，不再承担保证责任。

另外，债权人与债务人协议变更主合同的，应当取得保证人书面同意，未经保证人书面同意的，保证人不再承担保证责任。保证合同另有约定的，按照约定。

(3) 保证期间与保证责任。保证期间为保证人承担保证责任的期间。保证期间可由当事人在保证合同中自由约定；当事人没有约定或者约定不明确的，则依法定。保证期间为除斥期间，不因任何事由发生中断、中止、延长的法律后果。

一般保证的保证人与债权人未约定保证期间的，保证期间为主债务履行期届满之日起 6 个月。在合同约定的保证期间和前款规定的保证期间，债权人未对债务人提起诉讼或者申请仲裁的，保证人免除保证责任；债权人已提起诉讼或者申请仲裁的，保证期间适用诉讼时效中断的规定。

连带责任保证的保证人与债权人未约定保证期间的，债权人有权自主债务履行期届满之日起 6 个月内要求保证人承担保证责任。在合同约定的保证期间和前款规定的保证期间，债权人未要求保证人承担保证责任的，保证人免除保证责任。

(4) 追偿权。保证人承担保证责任后，有权向债务人追偿。另外，人民法院受理债务人破产案件后，债权人未申报债权的，保证人可以参加破产财产分配，预先行使追偿权。

六、抵押权

1. 抵押权的概念和类型

(1) 抵押权的概念。抵押权是指债务人或者第三人向债权人提供一定的财产以担保债务的履行，在债务人不履行债务时，债权人有依照法律的规定以该财产折价或拍卖、变卖该财产的价款优先受偿的权利。在抵押法律关系中，享有抵押权的人是债权人，亦称抵押权人；提供一定担保财产的债务人或第三人，称为抵押人；抵押人提供的担保财产，称为抵押财产或抵押物。

(2) 不动产抵押权、动产抵押权和权利抵押权。根据不同的标准，可以将抵押权划分为不同的种类。根据抵押标的物的类别的不同将抵押权划分为不动产抵押权、动产抵押权和权利抵押权是比较普遍的分类。

不动产抵押权是指以不动产为抵押标的物而设立的抵押权。动产抵押权是指以动产为抵押标的物而设立的抵押权。动产抵押，以不转移动产的占有为要件，否则不属于抵押权。权利抵押权是以特定的财产权利作为抵押标的物而设立的抵押权。在我国，可供抵押的权利一般为土地使用权。

2. 抵押合同

抵押权的设立应当由抵押人和抵押权人订立书面抵押合同。抵押合同应当包括下列内容:①被担保的主债权种类、数额;②债务人履行债务的期限;③抵押物的名称、数量、质量、状况、所在地、所有权权属或者使用权权属;④抵押担保的范围;⑤当事人认为需要约定的其他事项。其中,被担保的主债权的种类、使抵押物特定化的属性是担保合同必须具备的内容;否则,抵押合同不成立。

在抵押合同中,当事人不得约定"流抵押条款",即订立抵押合同时,抵押权人和抵押人不得在合同中约定,在债务履行期届满抵押权人未受清偿时,抵押物的所有权转移为债权人所有。

3. 抵押物

根据我国《担保法》的规定,下列财产可以抵押:①抵押人享有所有权的房屋和其他地上定着物、机器、交通运输工具以及其他财产;②抵押人依法有权处分的国有土地使用权、房屋和其他财产;③抵押人依法承包并经发包人同意抵押的荒山、荒沟、荒丘、荒滩等荒地的土地使用权;随乡(镇)村企业厂房等建筑物抵押时一并抵押的乡(镇)村企业厂房等建筑物占用范围的土地使用权;④依法可以抵押的其他财产。

下列财产不得抵押:①法律禁止转让的财产,如土地所有权、各种禁止流通物;②法律限制转让的财产,主要是指集体所有的耕地、宅基地、自留地、自留山等土地使用权;③所有权、使用权不明或有争议的财产,以及已采取强制措施的财产;④以公益为目的的事业单位、社会团体的教育设施、医疗卫生设施和其他公益设施。⑤依法不得抵押的其他财产。

? 学生提问:某大学为了向银行贷款,以校车队所属的车辆作抵押,是否可以?

教师回答:可以,因为校车队所属车辆不是公益设施,如果以教学楼作抵押就不可以了。

4. 抵押权的设立

抵押合同必须采用书面形式。一项完整的抵押合同,应当包括以下内容:被担保的主债权种类、数额;债务人履行债务的期限;抵押物的名称、数量、质量、状况、所在地、所有权权属或者使用权权属;抵押担保的范围。这是指抵押人承担责任的范围;双方认为需要约定的其他事项。抵押合同不完全具备上述内容的,可以补正。

抵押权的设立原则上以登记为其生效要件。当事人以城市房地产或者乡(镇)、村企业的厂房等建筑物、林木、土地使用权、交通运输工具、企业的设备和其他动产为标的设立抵押权的，应当办理抵押物登记，抵押合同自登记之日起生效；当事人以其他财产抵押的，可以自愿办理抵押物登记，抵押合同自签订之日起生效。但未办理抵押物登记的，不得对抗第三人。

对于抵押权登记的效力，历来有两种主张：一是登记要件主义；二是登记对抗主义（又称"登记公示主义"）。依前者主张，抵押权的成立除当事人之间存在抵押合同外，还须进行登记，否则不生抵押权成立之效力。依后者主张，抵押权的成立只需在当事人间达成抵押合意即可，但未经登记不得对抗善意第三人。我国担保法在抵押权登记的效力上采取的是以登记要件主义为主，以登记对抗主义为辅的原则。

5. 抵押权的效力

(1) 对优先受偿范围的效力。抵押权优先受偿的范围，即抵押担保的范围，当事人可以通过抵押合同约定；当事人没有约定的，适用担保法的规定，即包括主债权及其利息、违约金、损害赔偿金、实现抵押权的费用。

(2) 对抵押标的物的效力。抵押权所及的标的物的范围除了包括抵押物本身外，还包括抵押物的从物、从权利、孳息、代位物，以及因添附而产生的附合物、混合物和加工物。

孳息包括天然孳息与法定孳息，但只有在债务履行期限届满，抵押物被法院依法扣押，且抵押权人将扣押抵押物的事实通知应清偿法定孳息的义务人后，抵押权的效力才及于孳息。

根据抵押权的物上代位性，抵押物因转让而获得的价款，或因毁损灭失而获得的赔偿，属于抵押物的代位物，在此情况下，抵押权的效力及于抵押物的代位物。

抵押物因附合、混合或者加工使抵押物的所有权为第三人所有的，抵押权的效力及于抵押物的补偿金；抵押物所有人为附合物、混合物或者加工物的所有人的，抵押权的效力及于附合物、混合物或者加工物；第三人与抵押物所有人为附合物、混合物或者加工物的共有人的，抵押权的效力及于抵押人对共有物享有的份额。

(3) 抵押权效力与承租权的效力。抵押人将其已出租的财产抵押，即租赁权成立在先，抵押权成立在后的，实行"抵押不破租赁"的原则。

抵押权设立在先，租赁权成立在后的，根据"物权优先于债权"的原则，当抵押权实现后，租赁合同对取得抵押物所有权的受让人不具有约束力，此种情况可以概括为"抵押破除租赁"。

(4) 对抵押物处分权的效力。抵押权以不移转标的物的占有为条件，所以抵押权设定后，抵押人仍然是标的物的所有人，在抵押期间对抵押物享有处分权。但为了保障抵押权人优先受偿权的实现，法律对抵押人处分抵押物作了一定的限制。这种限制表现为：在抵押期间，抵押人不能对抵押物为事实上的处分；抵押期间，抵押人转让已办理登记的抵押物的，应当通知抵押权人并告知受让人转让物已经抵押的情况，否则转让行为无效；抵押人转让抵押物的价款明显低于其价值的，抵押权人可以要求抵押人提供相应的担保，抵押人不提供的，不得转让抵押物；抵押人转让抵押物的价款，应当向抵押权人提前清偿所担保的债权或者向与抵押权人约定的第三人提存。

6. 抵押权的实现

(1) 抵押权实现的一般规定。债务履行期届满抵押权人未受清偿的，可以与抵押人协议以抵押物折价或者以拍卖、变卖该抵押物所得的价款受偿；协议不成的，抵押权人可以向人民法院提起诉讼。抵押物折价或者拍卖、变卖后，其价款超过债权数额的部分归抵押人所有，不足部分由债务人清偿。当抵押物的变价产生了其他费用，且当事人没有约定的，应按下列顺序清偿：①实现抵押权的费用；②主债权的利息；③主债权。

(2) 同一抵押物上存在数个抵押权时的清偿顺序。根据我国《担保法》的规定，同一财产向两个以上债权人抵押的，拍卖、变卖抵押物所得的价款按照下列顺序清偿：

抵押合同须登记生效的　按照抵押物登记的先后顺序清偿；顺序相同的，按照债权比例清偿；

抵押合同自签订之日起生效的　该抵押物已登记的，按照前一顺序清偿；未登记的，按照合同生效时间的先后顺序清偿，顺序相同的，按照债权比例清偿。抵押物已登记的先于未登记的清偿；

同一动产向两个以上债权人抵押的　当事人未办理抵押物登记，实现抵押权时，各抵押权人按照债权比例受偿。

(3) 同一抵押物上存在数个担保物权时的清偿顺序。同一抵押物上除存在有抵押权外，如果还存在质权、留置权等担保物权，则发生担保物权的竞合，此时，抵押物折价或者被拍卖、变卖所得的价款应优先清偿何种担保物权，其问题比较复杂，在司法实践中的一般规定是：同一财产法定登记的抵押权与质权并存时，抵押权人优先于质权人受偿；同一财产抵押权与留置权并存时，留置权人优先于抵押权人受偿。

(4) 物上保证人的求偿权。为债务人抵押担保的第三人为物上保证人。在抵押权人实现抵押权后，物上保证人有权向债务人追偿。

7. 最高额抵押

最高额抵押，是指抵押人与抵押权人协议，在确定的债权最高额限度内，以抵押物担保一定期限内连续发生的债权而设定的抵押权。

最高额抵押的特征十分显著：①抵押担保的是将来的债权，现在尚未发生；②

抵押担保的债权额不确定，但又设有最高额限制，而非担保的债权实际最高额；③实际发生的债权是连续的、不特定的；④债权人仅得对抵押财产行使最高额限度内的优先受偿权；⑤最高额抵押只须一次登记即可设置。

我国最高额抵押的适用范围依法为两种法律关系：一是借款合同；二是债权人与债务人就某项商品在一定期间内连续发生交易而签订的合同。

最高额抵押为约定成立，须有当事人的抵押协议，并应进行登记公示。最高额抵押合同与其担保的主债权合同之间基本上不存在从属性，故主债权合同中的债权转让后，受让人并不必然依最高额抵押合同而享有抵押权。我国法律规定，最高额抵押的主合同债权不得转让。

最高额抵押权的实现，以主债权确定并已届清偿期而未受清偿为先决条件。当连续性的债权交易结束时，若实际发生额超过最高额限度时，以最高额为限，超过部分，为普通债权，不得以抵押物优先受偿。实际发生额低于最高额的，则以实际发生额为限，依此对抵押物享有优先受偿权。

七、质押权

1. 质押权的概念和种类

(1) 质押权的概念。质押权，又称质权，是指债务人或第三人将其动产或权利移转给债权人占有，债务人不履行债务时，债权人可依法以该动产或权利的变价优先受偿的权利。其中，设立质权的债务人或第三人是出质人，享有质权的债权人是质权人。移交给质权人的动产为质物。

(2) 质押权的种类。我国《担保法》的规定，质权分为动产质权与权利质权。动产质权，是指出质人(债务人或第三人)将质物(动产)移转给质权人(债权人)占有，当债务人不履行债务时，债权人享有以该动产的变价优先受偿的权利。权利质权，是指为担保债权的清偿，出质人以依法可以质押的权利为标的物而设立的质权，当债务人届期不履行债务时，债权人有权将该权利转让以优先受偿。

2. 动产质权

(1) 动产质权的设立。

动产质权的设立，须出质人和质权人订立书面质押合同，质物已移转给债权人占有，两者缺一不可。在质押合同中，出质人和质权人不得约定，债务履行期限届满质权人未受清偿时，质物的所有权转移为质权人所有的“流质条款”。

(2) 动产质权的标的物。动产质押的标的物是各种动产，但须为可交易物，即法律允许流通的动产。

(3) 动产质押合同。质押合同是出质人与主债中的债权人(质权人)签订的合同。根据《担保法》规定，质押合同必须采用书面形式。一项完整的质押合同，应当包括:被担保的主债权种类、数额;债务人履行债务的期限;质物的名称、数量、质量、状况;质押担保的范围;质物移交的时间;双方认为需要约定的其他事项。质押合同不完全具备上述内容的,可以补正。质押合同自质物移交于质权人占有时生效。

约定于债务清偿期届满而未能清偿时,质物的所有权转移为质权人所有的,为流质合同。我国《担保法》规定,流质合同无效。

(4) 动产质权所担保的债权的范围。除质押合同另有约定的以外,动产质权所担保的债权的范围包括主债权及利息、违约金、损害赔偿金、质物的保管费用,以及实现质权的费用。

3. 权利质权

(1) 可以出质的权利的法定范围:

- 债权:我国担保法所列举的可以出质的债权有七种两类,其中汇票、本票、支票、债券、存款单属金钱给付类债权,而仓单、提单则属给付动产类债权;
- 依法可以转让的股份、股票;
- 依法可转让的知识产权中的财产权;具体是指商标专用权、专利权、著作权中的财产权;
- 依法可以质押的其他权利。如不动产上的收益权等。

(2) 权利质权的设定方式。权利质权的设立,一般依法律规定的该种权利的转让方式设立。

债权质权的设定　以汇票、支票、本票、债券、存款单、仓单、提单出质的,出质人应当在合同约定的期限内将权利凭证交付质权人,质押合同自权利凭证交付之日起生效;相应地,质权自质权人占有质押标的物时生效。

股份、股票权利质权的设定　以依法允许转让的股份、股票出质的,出质人与质权人应当订立书面合同,并且须向证券登记机构办理出质登记,质押合同自登记之日起生效;相应地,质权也于登记之日起设定。

知识产权质权的设定　以依法可以转让的商标专用权、专利权、著作权中的财产权出质的,出质人与质权人应订立书面合同,并向有关管理部门办理出质登记,质押合同自登记之日起生效,质权也随之生效。

4. 转质权

转质是指质权人以自己的责任或经出质人承诺,为担保自己的债务,将出质人提供的质物交付给自己的债权人占有而设定一个新的质权的行为。

转质包括两类:一是责任转质;二是承诺转质。责任转质,是指质权人于质权存续期间,不经出质人同意,而以自己的责任将质物转质于第三人,设定新质权。所谓承诺转质,是指质权人经出质人同意,为担保自己的债务,以其占有的质物为第三人再设定较自己质权有优先效力的新质权。

对于转质权制度，我国担保法本身没有规定，根据最高人民法院的司法解释，承诺转质一般是允许的，但禁止责任转质。具体来说：质权人在质权存续期间，为担保自己债务，经出质人同意，以其所占有的质物为第三人设定质权的，应当在原质权所担保的债权范围之内，超过的部分不具有优先受偿的效力；转质权的效力优于原质权。质权人在质权存续期间，未经出质人同意，为担保自己债务，在其所占有的质物上为第三人设定质权的无效；质权人对因转质而发生的损害承担赔偿责任。

? 学生提问：抵押和质押有什么区别呢？

教师回答：抵押和质押的不同点表现在很多方面，最典型的区别是抵押不转移占有，质押转移占有。比如把房屋抵押给银行取得贷款，房屋并不转移给银行占有；为了向朋友借贷，用古董花瓶作质，必须转移给朋友占有，否则没有法律效力，质押行为无效。

八、留置权

1. 留置权的概念与法律特征

(1) 留置权的概念。留置权，是指债权人按照合同约定占有债务人的财产，当债务人逾期不履行债务时，债权人有权留置该财产并依法以该财产折价或以拍卖、变卖该财产的价款优先受偿的权利。留置权中的债权人称为留置权人，被留置的财产称为留置物。

(2) 留置权的法律特征。留置权除具有担保物权的共性外，还有以下法律特征：

• 留置权是以属于债务人的特定动产为标的物的担保物权。

• 留置权是债权人在其债权受清偿前扣留并拒绝返还已合法占有的债务人的财产的权利。

• 留置权是具有双重物权效力的权利。当债务人不履行债务时，债权人可直接对其占有的标的物进行留置，以促使债务人履行其义务，这是留置权的第一次效力；其第二次效力是债务人经催告后仍不履行债务，债权人便可以留置物的变价实行优先受偿权。

• 留置权是法定担保物权。留置权的产生非依当事人的约定，而是直接依照法律的规定。

2. 留置权的成立条件

按照我国担保法及其有关法律规定，留置权中的牵连关系是指债权债务是因债权人取得占有的合同而设定。因保管合同、运输合同、加工承揽合同发生的债权，债务人不履行债务的，债权人有留置权。法律规定可以留置的其他合同，适用前述规定。当事人可以在合同中约定不得留置的物。

3. 留置权的效力

(1) 留置权效力的范围：

留置权所担保的债权的范围　留置权所担保的债权的范围包括主债权及利息、违约金、损害赔偿金、留置物保管费用和实现留置权的费用。

留置权标的物的范围　留置权标的物的范围包括动产本身及其从物、孳息和代位物。

(2) 留置权对留置物所有人的效力。留置物虽已脱离债务人的占有，但债务人并未丧失对留置物的所有权。故债务人仍可自由处分标的物，而且这种处分并不影响留置权。

(3) 留置权对留置权人的效力：

留置权人的权利有　对标的物的占有权；对标的物孳息的收取权；对标的物的保管使用权；必要费用的求偿权；就留置物优先受偿的权利。债务人不履行清偿义务超过履行期之后的宽限期，债权人才能将留置物折价或拍卖、变卖并从所得价金中优先受偿。

留置权人的义务有　对留置物的保管义务；不得擅自处分留置物的义务。除实现留置权时的变价受偿权外，留置权人未经债务人的同意不得擅自出租留置物，也不得以之为其他债权提供担保；返还留置物的义务。

4. 留置权的实现

债权人与债务人可在合同中事先约定，债权人留置财产后，债务人应当在不少于2个月的期限内履行债务。若合同未约定，债权人留置债务人财产后，确定2个月以上的期限，要求债务人在该期限内履行债务。

留置权的实现方式有两种：①折价抵债。即债权人与债务人协商一致，以转移标的物的所有权抵作债务人应当支付的款项；②拍卖、变卖留置物，以其价款优先受偿。

留置权人优先受偿的范围(即留置担保的范围)一般包括：主债权及利息、违约金、损害赔偿金、留置物的保管费用、实现留置权的费用。

九、定金

1. 定金的概念

定金是当事人在合同订立时或者代价支付期限以前，为担保合同的履行，由一方向对方支付的金钱。定金数额由当事人约定，但不得超过主合同标的额的20%。

定金应当以书面形式约定，当事人在定金合同中应当约定交付定金的期限。定金合同为实践性合同，从实际交付定金之日起生效。实际交付的定金数额多于或者少于约定数额，视为变更定金合同；收受定金一方提出异议并拒绝接受定金的，定金合同不生效。

定金交付后，交付定金的一方可以按照合同的约定以丧失定金为代价而解除主合同，收受定金的一方可以双倍返还定金为代价而解除主合同。对解除主合同后责任的处理，适用《合同法》的规定。

？学生提问：买卖合同双方约定定金10万元，实际上买方给付了8万元，那么定金数额究竟是多少呢？

教师回答：定金数额是8万元。因为定金合同是实践性合同，以实际交付为准。双方只有约定，没有交付，该定金合同没有成立。

2. 定金的效力

债务人履行债务后，定金应当抵作价款或者收回。给付定金的一方不履行约定的债务的，无权要求返还定金；收受定金的一方不履行约定的债务的，应当双倍返还定金。

当事人交付留置金、担保金、保证金、订约金、押金或者定金等，但没有约定定金性质的，当事人不能主张定金权利。

3. 定金罚则的适用

因当事人一方迟延履行或者其他违约行为，致使合同目的不能实现，可以适用定金罚则。但法律另有规定或者当事人另有约定的除外。当事人一方不完全履行合同的，应当按照未履行部分所占合同约定内容的比例，适用定金罚则。

因合同关系以外第三人的过错，致使主合同不能履行的，适用定金罚则。受定金处罚的一方当事人，可以依法向第三人追偿。因不可抗力、意外事件致使主合同不能履行的，不适用定金罚则。

【引例评析】

(1) 瑞肯公司的发盘显然是希望与建华公司订立合同的意思表示,其内容具体明确,属于要约。本案的关键问题是建华公司对原《售货合同》的修改是否属于实质性变更,如属于,则是一份新要约,合同尚未成立;如不属于,则是一份有效承诺,合同已经成立。

(2) 根据《国际贸易术语解释通则》,FOB 贸易术语意旨“船上交货(……指定装运港)”,即是当货物在指定的装运港越过船舷,卖方即完成交货,买方必须从该点起承担货物灭失或损坏的一切风险。买方必须支付货物在指定的装运港越过船舷之时起与货物有关的一切费用。

(3) 在 FOB 价格条件下,买方负担运费,船龄及运费支付问题与卖方无关,因而建华公司对船龄及运费条款的批注并不影响卖方瑞肯公司的权利和义务,不构成合同条款的实质性变更。

(4)《合同法》规定,承诺对要约的内容作为非实质性变更的,除要约人及时表示反对或者要约表明承诺不得对要约的内容做出任何变更的以外,该承诺有效,合同的内容以承诺的内容为准。本案的《售货合同》已经成立。

【小结】

重点阐述了合同的概念、合同的内容(条款)、合同的订立过程、合同的效力、合同的履行、合同的变更和违约责任,保证、抵押、质押、留置和定金五种合同的担保方式。简要介绍了合同法分则规定的 15 个有名合同的基本概念。

【复习与思考】

1. 名词解释

要约　承诺　缔约过失责任　代位权　不安抗辩权　抵押权　先诉抗辩权

2. 思考题

(1) 合同的主要条款。

(2) 格式条款的效力。

(3) 违约责任的构成要件和承担方式。

(4) 抵押权的实现。

3. 选择题(含多项选择)

(1) 某甲的儿子患重病住院，急需用钱又借贷无门，某乙趁机表示愿意借给2000元，但半年后须加倍偿还，否则以甲的房子代偿，甲表示同意。根据合同法规定，甲、乙之间的借款合同(　　)。

A. 因显失公平而无效

B. 因显失公平而可撤销

C. 因乘人之危而无效

D. 因乘人之危而可撤销

要点提示：判断此类合同属于可撤销合同还是无效合同，关键分析是否同时损害国家、集体或者第三人的利益。

(2) 当事人一方在履行期到来之前明确表示或者以自己的行为表明不履行合同义务的，对方(　　)。

A. 应等到履行期到来后追究其违约责任

B. 在有约定的情况下，可立即要求其承担责任

C. 可以在履行期届满之前要求其承担违约责任

D. 立即解除合同

要点提示：注意预期违约的相关规定。

(3) 下列违约责任补救方式可以并用的是(　　)。

A. 赔偿损失与实际履行

B. 实际履行与解除合同

C. 违约金与解除合同

D. 赔偿损失与修理、重作、更换

要点提示：违约方迟延履行的，可要求其继续履行，并承担迟延履行违约金或赔偿损失；采取补救措施可以与赔偿损失并存；符合合同解除条件，可以行使解除权并要求违约方支付违约金或赔偿损失，但是不能行使解除权并要求违约方继续履行。

4. 案例分析题

2008年6月1日，金诚公司向某银行借款50万元，合同约定的借款期限为2008年6月1日起至2009年6月1日止，金诚公司以价值35万元的企业设备作为抵押。2008年6月5日，双方为该抵押在工商局办理了抵押登记。同时，建华公司就此笔借款也提供了保证，但是没有明确约定保证方式。金诚公司在借款期限届满后未归还借款本息。

问题1：金诚公司与银行之间的抵押合同何时生效？为什么？

问题2：建华公司承担的是什么方式的保证责任？为什么？

问题3：假设银行放弃了抵押权，建华公司是否应对全部50万债权承担保证责

任？为什么？

要点提示：以企业的设备抵押的应当办理抵押物登记，抵押合同自办理抵押物登记之日起生效；保证合同中没有约定保证方式，按照《担保法》的规定，保证人应按照连带责任保证承担保证责任；人保与债务人提供的物保并存时，债权人放弃物的担保的，保证人在债权人放弃权利的范围内免除保证责任。

第七章　知识产权法

【引例】

2007年1月，建华公司的高级工程师李某为执行本公司任务研制出一种节能装置，并达到国际领先水平。2007年2月，建华公司将该装置样品提供给我国政府承认的某国际技术展览会展出。同年3月，李某未经公司同意，在向某国外杂志的投稿论文中透露了该装置的核心技术，该杂志将论文全文刊载。

2007年6月，甲公司依照杂志的报道很快研制了样品，并作好了批量生产的必要准备。建华公司于2007年7月向我国专利局递交专利申请书。2007年12月，乙公司也根据该杂志开始生产该节油装置。

2009年5月7日国务院专利行政部门授予建华公司发明专利，2009年7月，建华公司向法院提起诉讼，分别要求甲公司和乙公司停止侵害并赔偿损失。

问题：

1. 该发明专利属于建华公司还是李某？

2. 在甲公司已研制出样品，乙公司已开始生产的情况下，建华公司的发明为何仍因具有新颖性而被授予专利权？

【学习目标】

通过本章的学习，你应该能够：

(1) 了解知识产权的概念、特征；

(2) 掌握著作权、商标权、专利权和的概念、特征、保护期限及基本内容；

(3) 了解知识产权的保护。

第一节 知识产权法概述

一、知识产权的概念和特征

1. 知识产权的概念

知识产权，是指人们对脑力劳动创造的智力成果依法享有的权利。

广义的知识产权，是指一切在保护期限之内的人类创造的智力成果。广义的知识产权范围广泛并且有不同的划分，比如《世界知识产权组织公约》中，知识产权包括：文学、艺术和科学作品的权利；表演艺术家的演出、录音和广播的权利；人们在一切领域中的发明的权利；科学发现的权利；工业品外观设计的权利；商标、服务标志、厂商名称和标记的权利；制止不正当竞争的权利；一切其他来自工业、科学、文学和艺术领域中的智力创造活动的权利。

狭义的知识产权主要是工业产权和著作权两部分。其中，工业产权主要是指专利权和商标权。

2. 知识产权的特征

知识产权作为一种无形财产权，和一般的有形财产权相比，具有以下法律特征：

(1) 专有性。专有性又称独占性、排他性，即在一定的区域和期限内，知识产权专属于权利人，排除他人享有同样的权利。在知识产权保护期限内，非经权利人同意或法律规定，他人不得享有该项权利和使用该智力成果。

(2) 地域性。知识产权在一定地域内有效。根据国家主权原则，一国法律确认和保护的知识产权，原则上只能在该国领域内发生法律效力。在参加知识产权的国际公约与双边互惠协定的情况下，知识产权在公约或协定的范围内有效。

(3) 时间性。知识产权作为一种专有权在时间上的效力也不是无限的，其效力仅限于法定有效期限内。法定期限届满，知识产权自行终止，但著作权中的大部分人身权具有永久性。

二、知识产权法的概念

知识产权法是指调整知识产权在取得、利用、管理和保护过程中发生的社会关系的法律规范的总称。我国目前知识产权保护的法律法规主要有：2001 年 10 月 27 日第九届全国人民代表大会常务委员会第二十四次会议修正的《中华人民共和国著作权法》(以下简称《著作权法》)、2002 年国务院公布的《著作权法实施条例》；2008 年 12 月 27 日第十一届全国人民代表大会常务委员会第六次会议修正的《中华人民共和国专利法》(以下简称《专利法》)、2001 年国务院公布的《专利法实施细则》;2001 年 10 月 27 日第九届全国人民代表大会常务委员会第二十四次会议修正的《中华人民共和国商标法》(以下简称《商标法》)、2002 年国务院公布的《商标法实施条例》。

另外,我国还加入了《世界知识产权组织公约》、《保护工业产权巴黎公约》、《保护文学艺术作品伯尔尼公约》、《世界版权公约》等,加入 WTO 时,接受了《与贸易有关的知识产权协议》等一揽子协议,按照国际法规则和我国的立法程序,除了我国声明保留的条款外,这些公约和条约自动构成我国国内法的一部分。

第二节　著作权法

一、著作权的概念

著作权又称版权,是指公民、法人或非法人单位因文学、艺术和科学作品的创作而依法享有的一种专有的民事权利。

二、著作权的构成要素

1. 著作权的主体

著作权主体即著作权人,是指享受著作权权利和承担著作权义务的人。著作权属于作者,法律另有规定的除外。著作权的主体包括:

(1) 作者。即文学、艺术或科学作品的创作者。智力创作是自然人特有的能力,原则上只有自然人才能具备作者的法律特征。但是,根据《著作权法》的规定,由法人或者其他组织主持,代表法人或者其他组织意志创作,并由法人或者其他组织承担责任的作品,法人或者其他组织视为作者。

中国公民、法人或者其他组织的作品,不论是否发表,依照著作权法享有著作权。外国人、无国籍人的作品根据其作者所属国或者经常居住地国同中国签订的协议或者共同参加的国际条约享有著作权。外国人、无国籍人的作品首先在中国境内出版的,依法享有著作权。未与中国签订协议或者共同参加国际条约的国家的作者以及无国籍人的作品首次在中国参加的国际条约的成员国出版的,或者在成员国和非成员国同时出版的,受著作权法保护。

两人以上合作创作的合作作品著作权由合作作者共同享有。汇编作品的著作权由汇编人享有,但行使著作权时,不得侵犯原作品的著作权。

(2) 作者以外的其他著作权人。作者以外的其他人依照法律规定也可成为著作权人。比如职务作品由作者享有署名权,法人或者其他组织享有著作权的其他权利。或者职务作品的著作权由作者享有，法人或者其他组织在其业务范围内享有2年的优先使用权；继承人可以继承著作权的财产权；通过转让行为，受让人可获得著作权。

（3）依照法律，通过委托合同或劳务合同获得著作权的法人或非法人单位。受委托创作的作品，著作权的归属由委托人和受托人通过合同约定。合同未作明确约定或者没有订立合同的，著作权属于受托人。

? 学生提问：作者和著作权人是一个概念吗？

教师回答：不是，著作权人是作者的上位概念。著作权人除了作者之外，还包括因赠与、继承和转让等原因取得部分著作权（主要是其中的财产权）的著作权人。

2. 著作权的客体

著作权客体，指著作权保护的对象，即作品。著作权法所称的作品，是指文学、艺术和科学领域内，具有独创性并能以某种有形形式复制的智力创作成果。

作为著作权客体的作品，包括以下列形式创作的文学、艺术和自然科学、社会科学、工程技术等作品：①文字作品；②口述作品；③音乐、戏剧、曲艺、舞蹈、杂技艺术作品；④美术、建筑作品；⑤摄影作品；⑥电影作品和以类似摄制电影的方法创作的作品；⑦工程设计图、产品设计图、地图、示意图等图形作品和模型作品；⑧计算机软件；⑨法律、行政法规规定的其他作品。

不受著作权法保护的作品包括：①依法禁止出版、传播的作品。②法律、法规，国家机关的决议、决定、命令和其他具有立法、行政、司法性质的文件，及其官方正式译文；③时事新闻；④历法、通用数表、通用表格和公式。

3. 著作权的内容

著作权的内容包括著作权人的人身权和财产权。

（1）著作人身权。著作人身权不具有财产内容，与著作权人的人身不可分离。著作权人的人身权包括：①发表权，即决定作品是否公之于众的权利；②署名权，即表明作者身份，在作品上署名的权利；③修改权，即修改或者授权他人修改作品的权利；④保护作品完整权，即保护作品不受歪曲、篡改的权利。

（2）著作财产权。著作财产权是指著作权人享有的因作品的使用而获得报酬的权利。著作财产权包括使用权和获得报酬权。

使用权的内容比较丰富，包括：

• 复制权，即以印刷、复印、拓印、录音、录像、翻录、翻拍等方式将作品制作一份或者多份的权利；

• 发行权，即以出售或者赠与方式向公众提供作品的原件或者复制件的权利；

• 出租权，即有偿许可他人临时使用电影作品和以类似摄制电影的方法创作的作品、计算机软件的权利，计算机软件不是出租的主要标的的除外；

• 展览权，即公开陈列美术作品、摄影作品的原件或者复制件的权利；

• 表演权，即公开表演作品，以及用各种手段公开播送作品的表演的权利；

• 放映权，即通过放映机、幻灯机等技术设备公开再现美术、摄影、电影和以类似摄制电影的方法创作的作品等的权利；

• 广播权，即以无线方式公开广播或者传播作品，以有线传播或者转播的方式向公众传播广播的作品，以及通过扩音器或者其他传送符号、声音、图像的类似工具向公众传播广播的作品的权利；

• 信息网络传播权，即以有线或者无线方式向公众提供作品，使公众可以在其个人选定的时间和地点获得作品的权利；

• 摄制权，即以摄制电影或者以类似摄制电影的方法将作品固定在载体上的权利；

• 改编权，即改变作品，创作出具有独创性的新作品的权利；

• 翻译权，即将作品从一种语言文字转换成另一种语言文字的权利；

• 汇编权，即将作品或者作品的片段通过选择或者编排，汇集成新作品的权利；

• 应当由著作权人享有的其他权利。

获得报酬权，是指著作权人对其他人的上述使用作品的行为，享有要求其支付费用的权利，是著作权人最重要的财产权。

？学生提问：电影作品的著作权属于谁呢？

教师回答：电影作品的著作权归制片者享有。编剧、导演、作词、作曲等作者在电影作品中享有两项权利：署名权和获得报酬权。电影作品中的剧本、音乐等可单独使用的作品，其作者可单独行使其著作权。

三、著作权的保护期限

知识产权具有时间性，著作权也不例外。著作权的保护期，是指依法律的规定著作权人对作品依法享有的人身权、财产权的保护期限。《著作权法》规定，作者的署名权、修改权、保护作品完整权不受保护期限制，发表权、使用权和获得报酬权有下列时间限制：

公民的作品，其发表权、使用权和获得报酬权的保护期为作者终生及其死亡后50年，止于作者去世后第50年的12月31日；如果是合作作品，止于最后去世的作者去世后第50年的12月31日。

法人或者其他组织的作品、著作权（署名权除外）由法人或者其他组织享有的职务作品，其发表权、使用权和获得报酬权的保护期为50年，止于作品首次发表后第50年的12月31日。

电影、电视、录像、摄影作品，其发表权、使用和获得报酬权的保护期为50年，止于作品首次发表后第50年的12月31日。我国对计算机软件的保护也采用发表起算主义。

四、著作权的邻接权

邻接权，是指与著作权相邻、相近、相关、相联系的权利。在我国，邻接权主要是指出版者的权利、表演者的权利、录像制品制作者的权利、录音制作者的权利、电视台对其制作的非作品的电视节目的权利、广播电台的权利。邻接权与著作权密切相关，又是独立于著作权之外的一种权利。由于邻接权基于作品的传播而产生，所以邻接权人行使邻接权时，不得侵犯作品著作权人的著作权。

1. 出版者的权利

图书出版者对著作权人交付出版的作品，按照合同约定享有的专有出版权受法律保护，他人不得出版该作品。

图书出版者应当和著作权人订立出版合同，按照合同约定享有专有出版权，并支付报酬给著作权人。图书出版者重印、再版作品的，应当通知著作权人，并支付报酬。图书脱销后，图书出版者拒绝重印、再版的，著作权人有权终止合同。

参考案例	7-1

法律规定报刊享有转载权，但是《小鱼与花生》期刊不愿让别的刊物随意转载其刊物上发表的文章。问：《小鱼与花生》期刊应该怎么办？

分析：图书出版者的专有出版权、报刊的转载权都是法律明确的。《小鱼与花生》期刊如果不愿其刊发的文章被转载，可以在每一篇文章后都刊载作者“不许转载”的声明；并在本刊物的声明中载明“所有作者均已授予本刊专有使用权”。

仅仅在刊物上发表不得转载的声明是没有法律效力的，因为著作权属于作者，刊物仅享有相应的邻接权。

2. 表演者的权利

表演者，是指演员、演出单位或者其他表演文学、艺术作品的人。严格地讲，表演不是一种创作，而是通过特殊的技能和技巧，对别人创作的文学艺术作品进行解释和传播的行为。表演者对其表演享有下列权利：①表明表演者身份；②保护表演形象不受歪曲；③许可他人从现场直播和公开传送其现场表演，并获得报酬；④许可他人录音录像，并获得报酬；⑤许可他人复制、发行录有其表演的录音录像制品，并获得报酬；⑥许可他人通过信息网络向公众传播其表演，并获得报酬。

表演者在享有上述权利的同时，还应履行以下义务：①使用他人作品演出，表演者应当取得著作权人许可，并支付报酬。演出组织者组织演出，由该组织者取得著作权人许可，并支付报酬；②使用改编、翻译、注释、整理已有作品而产生的作品进行演出，应当取得改编、翻译、注释、整理作品的著作权人和原作品的著作权人许可，并支付报酬。

3. 录音、录像制作者的权利

录音、录像制作者，包括音像出版社、广播电台和其他录制录音、录像制品的人，对其制作的录音、录像制品，享有署名或复制或许可他人复制、发行、出租、通过信息网络向公众传播并获得报酬的权利。

录音、录像制作者使用他人作品制作录音、录像制品，应当取得著作权人许可，并支付报酬。录音、录像制作者使用改编、翻译、注释、整理已有作品而产生的作品，应当取得改编、翻译、注释、整理作品的著作权人和原作品著作权人许可，并支付报酬。

录音制作者使用他人合法录制作品制作录音制品，可以不经著作权人许可，但应当按照规定支付报酬；著作权人声明不许使用的不得使用。

4. 广播电视播放权

广播电视播放权，是指广播电视部门对其编制的广播电视节目，依法享有的许可或禁止他人进行营利性转播、录制、复制的权利。广播电台、电视台有权禁止未经其许可的下列行为：①将其播放的广播、电视转播；②将其播放的广播、电视录制在音像载体上以及复制音像载体。

在行使播放权时，广播电台、电视台如播放他人未发表的作品，应当取得著作权人许可,并支付报酬。广播电台、电视台播放他人已发表的作品,可以不经著作权人许可,但应当支付报酬。广播电台、电视台播放已经出版的录音制品,可以不经著作权人许可,但应当支付报酬。当事人另有约定的除外。

五、著作权的法律保护

1. 著作权行使的限制

对已发表作品非营业性的合理使用,依法限制了著作权人的财产权。合理使用作品,可以不经著作权人许可,不向其支付报酬,但应当指明作者姓名、作品名称,并且不得侵犯著作权人依照《著作权法》享有的其他权利。合理使用主要指:

(1) 为个人学习、研究或者欣赏,使用他人已经发表的作品。

(2) 为介绍、评论某一作品或者说明某一问题,在作品中适当引用他人已经发表的作品。

(3) 为报道时事新闻,在报纸、期刊、广播电台、电视台等媒体中不可避免地再现或者引用已经发表的作品。

(4) 报纸、期刊、广播电台、电视台等媒体刊登或者播放其他报纸、期刊、广播电台、电视台等媒体已经发表的关于政治、经济、宗教问题的时事性文章,但作者声明不许刊登、播放的除外。

(5) 报纸、期刊、广播电台、电视台等媒体刊登或者播放在公众集会上发表的讲话,但作者声明不许刊登、播放的除外。

(6) 为学校课堂教学或者科学研究,翻译或者少量复制已经发表的作品,供教学或者科研人员使用,但不得出版发行。

(7) 国家机关为执行公务在合理范围内使用已经发表的作品。

(8) 图书馆、档案馆、纪念馆、博物馆、美术馆等为陈列或者保存版本的需要,复制本馆收藏的作品。

(9) 免费表演已经发表的作品,该表演未向公众收取费用,也未向表演者支付报酬。

(10) 对设置或者陈列在室外公共场所的艺术作品进行临摹、绘画、摄影、录像。

(11) 将中国公民、法人或者其他组织已经发表的以汉语言文字创作的作品翻译成少数民族语言文字作品在国内出版发行。

(12) 将已经发表的作品改成盲文出版。

2. 著作权侵权行为

著作权侵权行为是指凡未经作者或其他著作权人许可,又不符合合理使用和法定许可使用的条件,擅自利用受著作权法保护的作品的行为。有下列侵权行为

的,应当根据情况,承担停止侵害、消除影响、赔礼道歉、赔偿损失等民事责任:

(1) 未经著作权人许可,发表其作品的。

(2) 未经合作作者许可,将与他人合作创作的作品当作自己单独创作的作品发表的。

(3) 没有参加创作,为谋取个人名利,在他人作品上署名的。

(4) 歪曲、篡改他人作品的。

(5) 剽窃他人作品的。

(6) 未经著作权人许可,以展览、摄制电影和以类似摄制电影的方法使用作品,或者以改编、翻译、注释等方式使用作品的,本法另有规定的除外。

(7) 使用他人作品,应当支付报酬而未支付的。

(8) 未经电影作品和以类似摄制电影的方法创作的作品、计算机软件、录音录像制品的著作权人或者与著作权有关的权利人许可,出租其作品或者录音录像制品的,著作权法另有规定的除外。

(9) 未经出版者许可,使用其出版的图书、期刊的版式设计的。

(10) 未经表演者许可,从现场直播或者公开传送其现场表演,或者录制其表演的。

(11) 其他侵犯著作权以及与著作权有关的权益的行为。

在民事责任赔偿损失的方式下,侵权人应当按照权利人的实际损失给予赔偿;实际损失难以计算的,可以按照侵权人的违法所得给予赔偿。赔偿数额还应当包括权利人为制止侵权行为所支付的合理开支。权利人的实际损失或者侵权人的违法所得不能确定的,由人民法院根据侵权行为的情节,判决给予50万元以下的赔偿。《著作权法》还规定了其他应承担民事责任、行政责任和刑事责任的情形。

第三节　专利法

一、专利和专利权

专利权,是对发明创造成果在一定期限内的专有的、排他的权利。"专利"一词,在不同的场合有不同的含义:其一是一种被授予专利权的发明创造;其二是指专利权的简称;其三是指有关的专利文件。

专利权作为知识产权的一种,它也具有独占性、地域性和期限性。专利权所保护的对象是发明创造,而对发明创造历来有两种保护方法:一种是申请专利,获得专利法的保护;另一种是不申请专利,而采用商业秘密(又称专有技术、非专利技术)的方法加以保护。

专利法是调整因确认发明创造的所有权和因发明创造的使用而产生的各种社会关系的法律规范。

二、专利申请人和专利权人

专利权的主体即专利权人，是指有权申请并取得专利权，享有专利权利并同时承担相应义务的自然人、法人和其他组织。我国《专利法》规定，作为专利权主体的可以是：发明人或者设计人，合法受让人，职务发明创造的单位，外国人。

专利申请人即专利申请权人，是指对某项发明创造根据法定或约定有权以自己的名义提出专利申请的人。在我国，职务发明创造的专利申请权属于发明人或设计人所属的单位，申请被批准后，该单位为专利权人；非职务发明创造申请专利的权利和专利权属于发明人或设计人本人。

专利权人和专利申请权人不同之处在于：专利权人是专利权的主体，而专利申请权人并不是。不一定所有的专利申请权人都能最终成为专利权人，从申请到审查有一个过程，只有最终被国务院专利行政部门授予专利权的才能成为专利权人。

1. 职务发明创造

职务发明创造，是指发明人或设计人为执行本单位的任务或者主要利用本单位的物质条件所完成的发明创造，具体包括以下四种情况：

(1) 在本职工作中作出的发明创造。

(2) 履行本单位交付的本职工作之外的任务所完成的发明创造。

(3) 退职、退休或者调动工作后1年内作出的，与其在原单位承担的本职工作或者分配的任务有关的发明创造。

(4) 主要利用本单位物质条件完成的发明创造。

虽然职务发明创造的专利申请权和专利权属于单位，但发明人或设计人仍然享有署名权；享有获得荣誉和物质、精神奖励的权利。

2. 共同发明创造和委托发明创造

两个以上单位或者个人合作完成的发明创造、一个单位或者个人接受其他单位或者个人委托所完成的发明创造，除另有协议的以外，申请专利的权利属于完成或者共同完成的单位或者个人；申请被批准后，申请的单位或者个人为专利权人。

专利申请权或者专利权的共有人对权利的行使有约定的，从其约定，没有约定的，共有人可以单独实施或者以普通许可方式许可他人实施该专利；许可他人实施该专利的，收取的使用费应当在共有人之间分配。除此情形外，行使共有的专利申请权或者专利权应当取得全体共有人的同意。

三、专利权的客体

专利权的客体即专利法所保护的对象，是指应该依法授予专利权的发明创造。我国《专利法》规定，本法所称的发明创造是指发明、实用新型和外观设计。

1. 发明

发明，是指对产品、方法或者其改进所提出的新的技术方案。发明是专利決的主要保护对象，发明是前所未有的创造性的技术成果，是最高层次的专利，比如最先创造出来的汽车、飞机、电灯、计算机，等。

发明有三种：产品发明、方法发明和改进发明。产品发明，是指人们通过智力劳动创造出来的各种成品或产品。方法发明，是指人们利用自然规律作用于某一物品或者物质，致使其或者发生新的部分质变，或者成为另一种新的物品或者物质的方法的发明。改进发明，是指人们对已有的产品发明和方法发明提出实质性改革的新的技术方案。

2. 实用新型

实用新型，是指对产品的形状、构造或者其结合所提出的适于实用的新的技术方案。实用新型又称为“小发明”，和发明专利相比，它的创造性要求有所降低。比如最先创造出来的电话是发明，对听筒和话筒进行改进以适合接听，就是实用新型，可申请实用新型专利。

3. 外观设计

外观设计，是指对产品的形状、图案或者其结合以及色彩与形状、图案的结合所作出的富有美感并适丁工业应用的新设计。外观设计应当具备下列条件：①外观设计是对产品的形状、图案、色彩或其组合所作出的新设计，其中色彩不能单独构成外观设计；②外观设计是对产品的外表所作的设计；③外观设计必须富有美感；④外观设计必须适合于工业上的应用。

4. 不受专利法保护的对象

《专利法》规定，对违反法律、社会公德或者妨害公共利益的发明创造，不授予专利权。对违反法律、行政法规的规定获取或者利用遗传资源，并依赖该遗传资源完成的发明创造，不授予专利权。

另外，对下列各项不授予专利权：①科学发现；②智力活动的规则和方法；③疾病的诊断和治疗方法；④动物和植物品种；⑤用原子核变换方法获得的物质；⑥对平面印刷品的图案、色彩或者两者的结合作出的主要起标识作用的设计。其中第④项中，对动物和植物品种的生产方法，可以依法授予专利权。

四、专利权的内容

专利权内容，即专利权人依法所享有的权利和承担的义务。《专利法》规定，专利权人享有以下权利：

1. 专利实施权

专利实施权又称独占权，是指专利权人对自己的专利享有独占的，排他的实施权。

发明和实用新型专利权被授予后，除专利法另有规定的以外，任何单位或者个人未经专利权人许可，都不得实施其专利，即不得为生产经营目的制造、使用、许诺销售、销售、进口其专利产品，或者使用其专利方法以及使用、许诺销售、销售、进口依照该专利方法直接获得的产品。

外观设计专利权被授予后，任何单位或者个人未经专利权人许可，都不得实施其专利，即不得为生产经营目的制造、许诺销售、销售、进口其外观设计专利产品。

2. 许可实施权

许可实施权是指专利权人通过签订专利实施许可合同的方式，允许他人在一定条件下使用其专利实施权的权利。

任何单位或者个人实施他人专利的，应当与专利权人订立实施许可合同，向专利权人支付专利使用费。被许可人无权允许合同规定以外的任何单位或者个人实施该专利。

3. 专利转让权

专利转让权是指专利权人可依法将专利实施权让与他人的权利，即发生了专利权主体的变更。

专利申请权和专利权可以转让。中国单位或者个人向外国人、外国企业或者外国其他组织转让专利申请权或者专利权的，应当依照有关法律、行政法规的规定办理手续。

转让专利申请权或者专利权的，当事人应当订立书面合同，并向国务院专利行政部门登记，由国务院专利行政部门予以公告。专利申请权或者专利权的转让自登记之日起生效。

4. 求偿权

当专利权人的上述三项权利受到不法侵犯时，专利权人既可以请求专利管理机关处理，也可以直接向人民法院起诉，从而依法追究专利侵权人的民事、行政、刑事责任。

专利权人在享受专利权的同时也应履行法律所规定的各项义务，专利权人的义务主要有：实施专利；缴纳年费的义务；按国家要求推广专利。

五、授予专利权的条件

授予专利权的条件，也是国务院专利行政部门在实质审查专利时的判断标准。

1. 授予发明和实用新型专利权的条件

授予专利权的发明和实用新型专利，应当具备新颖性、创造性和实用性。

(1) 新颖性。是指该发明或者实用新型不属于现有技术；也没有任何单位或者个人就同样的发明或者实用新型在申请日以前向国务院专利行政部门提出过申请，并记载在申请日以后公布的专利申请文件或者公告的专利文件中。

(2) 创造性。是指与现有技术相比，该发明具有突出的实质性特点和显著的进步，该实用新型具有实质性特点和进步。

(3) 实用性。是指该发明或者实用新型能够制造或者使用，并且能够产生积极效果。

以上所称现有技术，是指申请日以前在国内外为公众所知的技术。

2. 授予外观设计专利权的条件

授予外观设计专利，最主要的条件是新颖性。

授予专利权的外观设计，应当不属于现有设计；也没有任何单位或者个人就同样的外观设计在申请日以前向国务院专利行政部门提出过申请，并记载在申请日以后公告的专利文件中。

授予专利权的外观设计与现有设计或者现有设计特征的组合相比，应当具有明显区别。授予专利权的外观设计不得与他人在申请日以前已经取得的合法权利相冲突。

以上所称现有设计，是指申请日以前在国内外为公众所知的设计。

3. 关于新颖性的例外规定

申请专利的发明创造在申请日以前 6 个月内，有下列情形之一的，不丧失新颖性：

(1) 在中国政府主办或者承认的国际展览会上首次展出的；

(2) 在规定的学术会议或者技术会议上首次发表的；

(3) 他人未经申请人同意而泄露其内容的。

六、专利的申请

1. 申请原则

(1) 书面申请原则。申请发明或者实用新型专利的，应当提交请求书、说明书及其摘要和权利要求书等文件。

请求书应当写明发明或者实用新型的名称，发明人的姓名，申请人姓名或者名称、地址，以及其他事项。

说明书应当对发明或者实用新型作出清楚、完整的说明，以所属领域的技术人员能够实现为准；必要的时候，应当有附图。摘要应当简要说明发明或者实用新型的技术要点。

权利要求书应当以说明书为依据，清楚、简要地限定要求专利保护的范围。

依赖遗传资源完成的发明创造，申请人应当在专利申请文件中说明该遗传资源的直接来源和原始来源；申请人无法说明原始来源的，应当陈述理由。

申请外观设计专利的，应当提交请求书、该外观设计的图片或者照片以及对该外观设计的简要说明等文件。申请人提交的有关图片或者照片应当清楚地显示要求专利保护的产品的外观设计。

(2) 先申请原则。两个以上的申请人分别就同样的发明创造申请专利的，专利权授予最先申请的人。

同样的发明创造只能授予一项专利权。但是，同一申请人同日对同样的发明创造既申请实用新型专利又申请发明专利，先获得的实用新型专利权尚未终止，且申请人声明放弃该实用新型专利权的，可以授予发明专利权。

《专利法》规定，国务院专利行政部门收到专利申请文件之日为申请日。如果申请文件是邮寄的，以寄出的邮戳日为申请日。

(3) 优先权原则。任何单位或者个人将在中国完成的发明或者实用新型向外国申请专利的，应当事先报经国务院专利行政部门进行保密审查。保密审查的程序、期限等按照国务院的规定执行。

申请人自发明或者实用新型在外国第一次提出专利申请之日起 12 个月内，或者自外观设计在外国第一次提出专利申请之日起 6 个月内，又在中国就相同主题提出专利申请的，依照该外国同中国签订的协议或者共同参加的国际条约，或者依照相互承认优先权的原则，可以享有优先权。

申请人自发明或者实用新型在中国第一次提出专利申请之日起 12 个月内，又向国务院专利行政部门就相同主题提出专利申请的，可以享有优先权。

申请人要求优先权的，应当在申请的时候提出书面声明，并且在 3 个月内提交第一次提出的专利申请文件的副本；未提出书面声明或者逾期未提交专利申请文件副本的，视为未要求优先权。

参考案例 7-2

李某于 2008 年 5 月 8 日向中国专利局提出发明专利申请，2009 年 5 月 6 日就相同的主题再次向专利局提出申请，并声明要求优先权。问：如何确定该发明创造的专利申请日？

分析：李某就发明专利在12个月内，向中国专利局就相同的主题再次提出申请，适用优先权原则，首次申请日为后申请之申请日，因而该发明创造的专利申请日为2008年5月8日。

(4) 单一性原则。无论哪种专利申请，每件中只能包含一个发明或实用新型或外观设计。

一件发明或者实用新型专利申请应当限于一项发明或者实用新型。属于一个总的发明构思的两项以上的发明或者实用新型，可以作为一件申请提出。

一件外观设计专利申请应当限于一项外观设计。同一产品两项以上的相似外观设计，或者用于同一类别并且成套出售或者使用的产品的两项以上外观设计，可以作为一件申请提出。

2. 审查与批准

我国对于发明专利申请实行早期公开、迟延审查制，而对于实用新型、外观设计专利则实行形式审查制。

国务院专利行政部门收到发明专利申请后，经初步审查认为符合专利法要求的，自申请日起满18个月，即行公布。国务院专利行政部门可以根据申请人的请求早日公布其申请。自申请日起3年内，国务院专利行政部门可以根据申请人随时提出的请求，对其申请进行实质审查；申请人无正当理由逾期不请求实质审查的，该申请即被视为撤回. 国务院专利行政部门认为必要的时候，可以自行对发明专利申请进行实质审查。

发明专利已经在外国提出过申请的，国务院专利行政部门可以要求申请人在指定期限内提交该国为审查其申请进行检索的资料或者审查结果的资料；无正当理由逾期不提交的，该申请即被视为撤回。

国务院专利行政部门对发明专利申请进行实质审查后，认为不符合《专利法》规定的，应当通知申请人，要求其在指定的期限内陈述意见，或者对其申请进行修改；无正当理由逾期不答复的，该申请即被视为撤回。发明专利申请经申请人陈述意见或者进行修改后，国务院专利行政部门仍然认为不符合《专利法》规定的，应当予以驳回。

发明专利申请经实质审查没有发现驳回理由的，由国务院专利行政部门作出授予发明专利权的决定，发给发明专利证书，同时予以登记和公告。发明专利权自公告之日起生效。

实用新型和外观设计专利申请经初步审查没有发现驳回理由的，由国务院专利行政部门作出授予实用新型专利权或者外观设计专利权的决定，发给相应的专利证书，同时予以登记和公告。实用新型专利权和外观设计专利权自公告之日起生效。

国务院专利行政部门设立专利复审委员会。专利申请人对国务院专利行政部门驳回申请的决定不服的，可以自收到通知之日起 3 个月内，向专利复审委员会请求复审。专利复审委员会复审后，作出决定，并通知专利申请人。专利申请人对专利复审委员会的复审决定不服的，可以自收到通知之日起 3 个月内向人民法院起诉。

七、专利实施的强制许可

《专利法》规定，有下列情形之一的，国务院专利行政部门根据具备实施条件的单位或者个人的申请，可以给予实施发明专利或者实用新型专利的强制许可：①专利权人自专利权被授予之日起满 3 年，且自提出专利申请之日起满 4 年，无正当理由未实施或者未充分实施其专利的；②专利权人行使专利权的行为被依法认定为垄断行为，为消除或者减少该行为对竞争产生的不利影响的。强制许可涉及的发明创造为半导体技术的，其实施限于公共利益的目的和第②项规定的情形。

在国家出现紧急状态或者非常情况时，或者为了公共利益的目的，国务院专利行政部门可以给予实施发明专利或者实用新型专利的强制许可。

为了公共健康目的，对取得专利权的药品，国务院专利行政部门可以给予制造并将其出口到符合中华人民共和国参加的有关国际条约规定的国家或者地区的强制许可。

一项取得专利权的发明或者实用新型，比前已经取得专利权的发明或者实用新型具有显著经济意义的重大技术进步，其实施又有赖于前一发明或者实用新型的实施的，国务院专利行政部门根据后一专利权人的申请，可以给予实施前一发明或者实用新型的强制许可。给予实施强制许可的情形下，国务院专利行政部门根据前一专利权人的申请，也可以给予实施后一发明或者实用新型的强制许可。

除专利权人行使专利权的行为被依法认定为垄断行为和对取得专利权的药品强制许可两种情形外，强制许可的实施应当主要为了供应国内市场。取得实施强制许可的单位或者个人应当付给专利权人合理的使用费，取得实施强制许可的单位或者个人不享有独占的实施权，并且无权允许他人实施。

八、专利权的保护

1. 专利权的保护期限

《专利法》规定，发明专利权的期限为 20 年，实用新型和外观设计专利权的期限为10年，均自申请日起算。

2. 专利侵权

专利侵权行为，是指非法利用专利发明制造和非法妨碍利用专利发明创造的违法行为。

有下列情形之一的，不视为侵犯专利权：

(1) 专利产品或者依照专利方法直接获得的产品，由专利权人或者经其许可的单位、个人售出后，使用、许诺销售、销售、进口该产品的。

(2) 在专利申请日前已经制造相同产品、使用相同方法或者已经作好制造、使用的必要准备，并且仅在原有范围内继续制造、使用的。

(3) 临时通过中国领陆、领水、领空的外国运输工具，依照其所属国同中国签订的协议或者共同参加的国际条约，或者依照互惠原则，为运输工具自身需要而在其装置和设备中使用有关专利的。

(4) 专为科学研究和实验而使用有关专利的。

(5) 为提供行政审批所需要的信息，制造、使用、进口专利药品或者专利医疗器械的，以及专门为其制造、进口专利药品或者专利医疗器械的。

另外，为生产经营目的使用、许诺销售或者销售不知道是未经专利权人许可而制造并售出的专利侵权产品，能证明该产品合法来源的，不承担赔偿责任。

3. 专利侵权和专利违法行为的法律责任

我国《专利法》对专利侵权行为和专利违法行为，规定了三种责任形式：

(1) 民事责任。对于专利侵权行为，由当事人协商解决；不愿协商或者协商不成的，专利权人和利害关系人可以向法院起诉，还可以在起诉前向法院申请采取责令停止侵害行为、证据保全和财产保全措施。如果侵权行为成立，法院将根据不同情况追究侵权人的民事责任，具体责任形式如责令停止侵权，赔偿损失，消除影响等。

侵犯专利权的赔偿数额按照权利人因被侵权所受到的实际损失确定；实际损失难以确定的，可以按照侵权人因侵权所获得的利益确定。权利人的损失或者侵权人获得的利益难以确定的，参照该专利许可使用费的倍数合理确定。赔偿数额还应当包括权利人为制止侵权行为所支付的合理开支。

权利人的损失、侵权人获得的利益和专利许可使用费均难以确定的，人民法院可以根据专利权的类型、侵权行为的性质和情节等因素，确定给予1万元以上100万元以下的赔偿。

(2) 行政责任。处理专利侵权纠纷的行政机构是管理专利工作的部门，即国务院专利行政部门或者地方人民政府设立的专利管理机关。如果专利侵权行为成立，专利管理机关可以责令改正并予公告，没收非法所得，可以并处违法所得4倍以下的罚款;没有违法所得的,可以处 20 万元以下的罚款。

(3) 刑事责任。我国《刑法》第 216 条规定,假冒他人专利,情节严重的,处 3 年以下有期徒刑或者拘役,并处或者单处罚金。

《专利法》规定,向外国申请专利,泄露国家秘密的,由所在单位或者上级主管机关给予行政处分;构成犯罪的,依法追究刑事责任。

《专利法》规定,管理专利工作的部门不得参与向社会推荐专利产品等经营活动。管理专利工作的部门违反规定的,由其上级机关或者监察机关责令改正,消除影响,有违法收入的予以没收;情节严重的,对直接负责的主管人员和其他直接责任人员依法给予行政处分。

从事专利管理工作的国家机关工作人员以及其他有关国家机关工作人员玩忽职守、滥用职权、徇私舞弊,构成犯罪的,依法追究刑事责任;尚不构成犯罪的,依法给予行政处分。

? 学生提问:既然国家对专利的保护力度这么大,为什么专利还是经常被侵权呢?

教师回答:对利润的追求和缺乏商业道德当然是主要原因。另外,《专利法》规定,国务院专利行政部门应当完整、准确、及时发布专利信息,定期出版专利公报。法律的规定是为了引导研究者从事更高层次的研究,并减少重复研究,但也给某些不法侵权者有可乘之机。只有加大惩处力度,才能在法律的层面减少侵权现象,新《专利法》在这一方面作了比较大的修正。

第四节 商标法

一、商标和商标权

商标是商品生产者或经营者为其生产、经营的商品或者提供的服务使用的一种标记,以区别于他人生产、经营的商品或服务。商标作为区别商品或服务的标记,对于生产者或者经营者来说,商标是其商品、服务质量和信誉的标志;对于消费者来说,商标是指导他们消费行为的向导。

商标权是商标所有人对法律确认并给予保护的商标所享有的权利。经商标局核准注册的商标为注册商标,商标注册人对其注册商标享有的商标专用权,受法律保护。

商标法是调整商标申请注册和保护商标而发生的社会关系的法律规范的总称。

二、商标权的主体

商标权主体即商标权人,是指依法享有注册商标专用权并同时承担相应义务的自然人、法人或者其他组织。外国人和外国企业在我国也可申请商标注册,但应当按其所属国和我国签订的协议或者共同参加的国际条约办理,或者按对等原则办理。外国人或者外国企业在中国申请商标注册及办理其他商标事宜的,均应委托我国认可的具有商标代理资格的机构代理。

商标权可以共有,《商标法》规定,两个以上的自然人、法人或者其他组织可以共同向商标局申请注册同一商标,共同享有和行使该商标专用权。商标权共有人不能擅自处分他们共有的注册商标专用权,否则无效。

三、商标注册的原则

1. 自愿申请注册和强制注册相结合原则

在一般情况下,商品或服务是否使用商标及商标使用人对所使用的商标是否申请注册,由其自主决定。但是,国家规定必须使用注册商标的商品,必须申请商标注册,未经核准注册的,不得在市场销售。必须注册的商标范围,由国务院核准。

? 学生提问:哪些商品必须注册呢?

教师回答:国家规定必须使用注册商标的商品,目前主要有人用药品、烟草制品,没有注册,不能在市场上销售。虽然一般商品或服务不注册也不影响其合法性,但是商标法原则上只保护注册商标。

注册商标是指经商标局核准注册的商标。商标注册人享有商标专用权,受法律保护。注册商标包括商品商标、服务商标和集体商标、证明商标等种类。

自然人、法人或者其他组织对其生产、制造、加工、拣选、或者经销的商品,需要取得商标专用权的,应当向商标局申请商品商标注册。自然人、法人、或者其他组织对其提供的服务项目,需要取得商标专用权的,应当向商标局申请服务商标注册。商标法有关商品商标的规定,适用于服务商标。

集体商标,是指以团体、协会或者其他组织名义注册,供该组织成员在商事活动中使用，以表明使用者在该组织中的成员资格的标志。

证明商标是指由对某种商品或者服务具有监督能力的组织所控制，而由该组织以外的单位或者个人使用于其商品或者服务，用以证明该商品或者服务的原产地、原料、制造方法、质量或者其他特定商品的标志。

集体商标、证明商标注册和管理的特殊事项，由国务院工商行政管理部门规定。

2. 注册在先原则

注册在先原则又称为申请在先原则，是指两个或两个以上的商标注册申请人在同一种商品或者类似商品上，以相同或者近似的商标申请注册的，初步审定并公告申请在先的商标；同一天申请的，初步审定并公告使用在先的商标。

四、商标权的客体

1. 商标的法定构成要素

商标权客体即商标权人权利和义务指向的对象，也是我国《商标法》的保护对象，即中国商标主管机关核准的注册商标。在我国，未注册商标得不到法律的保护，其使用人也不享有商标专用权，但驰名商标不管是否在我国注册，均可依法获得一定的保护。

商标应当以一定的文字、图案、字母、数字、三维标志和颜色组合，以及它们的组合构成。商标标志必须具备显著的特征，便于识别，并且不得违反禁用条款。

2. 禁止作为商标的标志

根据我国商标法的规定，商标不得使用下列标志：

(1) 同中华人民共和国的国家名称、国旗、国徽、军旗、勋章相同或者近似的，以及同中央国家机关所在地特定地点的名称或者标志性建筑物的名称、图形相同的；

(2) 同外国的国家名称、国旗、国徽、军旗相同或者相似的，但该国政府同意的除外；

(3) 同政府间国际组织的名称、旗帜、徽记相同或者近似的，但经该组织同意或者不易误导公众的除外；

(4) 与表明实施控制、予以保证的官方标志、检验印记相同或者近似的，但经授权的除外；

(5) 同"红十字"、"红新月"的名称、标志相同或者近似的；

(6) 带有民族歧视性的；

(7) 夸大宣传并带有欺骗性的；

(8) 有害于社会主义道德风尚或者有其他不良影响的。

县级以上行政区划的地名或者公众知晓的外国地名，不得作为商标。但是，地名具有其他含义或者作为集体商标、证明商标组成部分的除外；已经注册的使用地名的商标继续有效。

> ？学生提问：县级以上行政区划的地名不得作为商标，为什么还有“上海”牌、“南京”牌香烟呢？
>
> 教师回答：在《商标法》修订前已经注册使用地名的商标，法律规定继续有效。另外，注意地理标志具有其他含义也可以使用，如四川“长寿”市、湖南“凤凰”县等地名也可作为商标注册。

3. 商标注册的禁止性规定

(1) 下列标志不得作为注册商标。

• 仅有本商品的通用名称、图形、型号的；

• 仅仅直接表示商品的质量、主要原料、功能、用途、重量、数量及其他特点的；

• 缺乏显著特征的。

但是上述标志经过使用取得显著特征，并便于识别的，可以作为商标注册。

(2) 就相同或者类似商品申请注册的商标是复制、模仿或者翻译他人未在中国注册的驰名商标，容易导致混淆的，不予注册并禁止使用。

(3) 就不相同或者不相类似商品申请注册的商标是复制、模仿或者翻译他人已经在中国注册的驰名商标，误导公众，致使该驰名商标注册人的利益可能受到损害的，不予注册并禁止使用。

认定驰名商标时，应当考虑相关公众对该商标的知晓程度；该商标使用的持续时间；该商标的任何宣传工作的持续时间、程度和地理范围；该商标作为驰名商标受保护的记录和其他因素。

五、商标注册的申请、审查和核准

1. 商标注册的申请

商标注册申请人应亲自或委托商标代理人到商标注册机关查询有关商标登记注册情况，以了解自己拟注册商标与他人注册商标是否混同。

申请人在提出商标注册申请时，应当按照《商标注册用商品和服务国际分类协定》分类提出申请，在一份申请中不得申请两件或两件以上的商标。申请人应当向商标局提交下列申请文件:商标注册申请书,商标图样十份,黑白墨稿,有关证明文件,其他说明等。

商标注册申请人自其商标在外国第一次提出商标注册申请之日起6个月内,又在中国就相同的商品以同一商标提出商标注册申请的,依照该外国同中国签订的协议或者共同参加的国际条约,或者按照相互承认优先权原则,可以享有优先权。但是,按此规定要求优先权的,应当在提出商标注册申请的时候提出书面声明,并且在3个月内提交第一次提出商标注册申请的副本;未提出书面声明或者逾期未提交商标注册申请文件副本的,视为未要求优先权。

商标在中国政府主办的或者承认的国际展览会展出的商品上首次使用的,自该商品展出之日起6个月内,该商标的注册申请人可以享有优先权。但是,按此规定要求优先权的,应当在提出商标注册申请的时候提出书面声明,并且在3个月内提交展出其商品的展览会名称、在展出商品上使用该商标的证据、展出日期等证明文件;未提出书面声明或者逾期未提交证明文件的,视为未要求优先权。为申请商标注册所申报的事项和所提供的材料应当真实、准确、完整。

2. 商标注册审查和核准

在我国,商标局作为商标主管机关依法对商标申请进行审查核定。符合《商标法》规定的,商标局作出初步审定决定并予以公告。对初步审定的商标,自公告之日起3个月内,任何人均可以提出异议。公告期满无异议或异议被驳回的,予以核准注册,发给商标注册证,并予以公告。

我国对商标注册申请既有形式审查,又有实质审查,这和世界上大多数国家的做法是一致的。

(1) 形式审查。形式审查主要审查商标申请人的申请资格,是否符合一类商品一件申请原则,商标申请文件是否齐全、规范,是否缴纳商标注册申请费;审查商标的申请日,编写申请号。商标局在形式审查中发现申请文件基本符合上述条件,予以受理,不足部分允许申请人限期补正;完全不符合条件,则予以退回,申请日不予保留。

(2) 实质审查。实质审查是由商标局对申请注册商标是否符合法定注册条件进行审查,即审查:商标是否由法定构成要素组成,是否具有显著性,是否与他人在先权利相冲突,是否使用了禁用的文字、图形等等。通过实质审查的商标予以初步审定并公告,反之则驳回申请。

通过形式审查和实质审查的商标申请,商标局将核准其商标注册,申请人自其商标核准注册之日起,取得商标权。

六、商标权的内容

商标权内容是指商标权人依法享有的权利和承担的义务。权利包括三项：

1. **商标专用权**

商标专用权是指商标权人在核准商品或服务项目上有使用注册商标的排他权，它是商标权人最重要、最基本的权利。如海尔公司对“海尔”电器商标有排他的使用权，其他任何人、单位在一定地域范围内未经海尔公司许可都不得在电器上使用“海尔”商标。驰名商标的专用权还表现在跨核准的商品或服务类别保护。

2. **转让权**

转让权是指商标权人依法将注册商标让与他人的权利。该转让导致商标权主体的变更。原来的商标权人不再享有商标权，而受让人获得了商标权。转让人和受让人应当签订转让协议，并共同向商标局提出申请，经商标局核准，予以公告。如当事人自行转让商标权，由商标局责令限期改正或撤销其注册商标。商标权人在行使注册商标转让权时，应严格依法定程序办理，有些特殊商标，如集体商标、证明商标不得随意转让。

3. **许可权**

许可权，是指商标权人依法按照书面商标权使用许可合同，许可他人使用其注册商标的权利。《商标法》规定，商标注册人可以通过签订商标许可使用合同，许可他人使用其注册商标。许可人应当监督被许可人使用其注册商标的商品质量。被许可人应当保证使用该注册商标的商品质量。经许可使用他人注册商标的必须在使用该注册商标的商品上标明被许可人的名称和商品产地。商标使用许可合同应当报商标局备案。

与转让权相比，被许可人获得的仅仅是注册商标的使用权，而受让人获得的是注册商标的所有权。

商标权人的义务主要有：①依法缴费的义务；②使用注册商标的义务，商标权人不得连续3年停止使用注册商标；③确保质量的义务，商标权人必须保证使用注册商标的商品或服务质量。

七、商标权的期限，续展和终止

注册商标的有效期为10年，自核准注册之日起算。10年保护期届满之后，需要继续使用的，可向商标局申请续展，且次数不受限制。所谓续展，是指为了延长注册商标的有效期限而继续注册。当事人应当在期满前6个月内申请续展，在此期间未能提出申请的，可以给予6个月的宽展期。宽展期满仍未提出申请的，注销其注册商标。每次续展注册的有效期为10年。

出现下列情形之一,商标权终止,即商标专用权的消灭:①商标权有效期限届满,而当事人未在法定期限内申请续展;②商标权人自行改变注册商标的;③商标权人自行改变注册商标的注册人名义,地址或者其他注册事项的;④商标权人自行转让注册商标的;⑤商标权人连续三年停止使用其注册商标的;⑥商标评审委员会做出撤销有争议的注册商标的;⑦其他可能导致商标权消灭的原因。

八、商标侵权行为及制裁

1. 商标侵权行为

商标侵权行为是指以营利为目的,非法侵犯他人注册商标专用权的行为。侵犯商标权的表现形式有以下几种:

(1) 未经商标注册人的许可,在同一种商品或者类似商品上使用与其注册商标相同或者近似的商标的。

(2) 销售侵犯他人注册商标专用权的商品。

(3) 伪造,擅自制造他人注册商标标识或者销售伪造,擅自制造的注册商标标识的行为。

(4) 经商标注册人同意,变更其注册商标并将该更换商标的商品又投入市场的行为。

(5) 给他人的注册商标专用权造成其他损害的。

主要指在同一种或类似商品上,将与他人注册的相同或近似的商标作为名称或商品装潢使用,并足以造成误认行为;故意为侵犯他人注册商标专用权行为提供仓储、运输、邮寄、隐匿等便利条件的行为。

2. 法律责任

因商标侵权行为引起纠纷的,由当事人协商解决;不愿协商或者协商不成的,商标注册人或者利害关系人可以向人民法院起诉,也可以请求工商行政管理部门处理。工商行政管理部门处理时,认定侵权行为成立的,责令立即停止侵权行为,没收、销毁侵权商品和专门用于制造侵权商品、伪造注册商标标识的工具,并可处以罚款。当事人对处理决定不服的,可以自收到处理通知之日起 15 日内向人民法院起诉;侵权人期满不起诉又不履行的,工商行政管理部门可以申请人民法院强制执行。

(1) 民事责任。承担民事责任的方式主要有:停止侵害,消除影响,赔偿损失。上述三种方式可单独或合并使用。此外,人民法院依情节还可对侵权人予以训诫,责令具结悔过,收缴进行非法活动的财物和非法所得等。

商标权人在要求侵权人赔偿损失时,可以选择以下任意一种计算方法:按商标权人所受的实际损失额作为赔偿金额;以侵权人在侵权期间因侵权所获的利润作为赔偿金额。

（2）刑事责任。我国《刑法》规定了与商标侵权有关的四类犯罪罪名：假冒注册商标罪，销售假冒注册商标罪，非法制造注册商标标识罪，销售非法制造的注册商标标识罪。上述罪名成立，犯罪人将会处以3年以下有期徒刑、拘役或者管制，并处或者单处罚金；情节特别严重的，处3年以上7年以下有期徒刑，并处罚金。

商标局、商标评审委员会以及从事商标注册、管理和复审工作的国家机关工作人员不得从事商标代理业务和商标生产经营活动。从事商标注册，管理和复审工作的国家机关工作人员玩忽职守、滥用职权、徇私舞弊，违法办理商标注册、管理和复审事项，收受当事人财物，牟取不正当利益，构成犯罪的，依法追究刑事责任；尚不构成犯罪的，依法给予行政处分。

【引例评析】

（1）该发明专利属于建华公司，职务发明创造的专利申请权和专利权属于发明人或设计人所属的单位。李某作为发明人享有署名权、获得荣誉和物质与精神奖励的权利。

（2）因建华公司将该装置样品提供给我国政府承认的某国际技术展览会展出，是在其提出专利申请以前6个月内，而且该发明的核心技术在论文中被透露也未经建华公司同意，符合法定情形，所以不丧失新颖性。本案甲公司的侵害尚未形成，建华公司无权要求其赔偿损失；乙公司在2009年5月7日，即建华公司被授予专利权后，实施的行为构成侵权。

【小结】

重点阐述了著作权的客体作品、内容、邻接权和著作权保护，专利权的主体、客体、内容、保护和专利实施的强制许可，商标权的主体、客体、内容和保护等法律问题。概要介绍了知识产权的概念、法律特征，以及我国主要的知识产权法。

【复习与思考】

1. 名词解释

知识产权　发明　实用新型　外观设计　商标权

2. 思考题

（1）知识产权的法律特征。

(2) 著作邻接权的概念及种类。

(3) 职务发明创造的概念及表现形式。

(4) 商标侵权行为的概念,表现形式及制裁方式。

3. 选择题(含多项选择)

(1) 我国公民著作权自(　　),并受著作权法保护。

A. 作品发表之日起产生

B. 作品完成创作之日起产生

C. 作品完成构思之日起产生

D. 作品经国家著作权登记之日起产生

要点提示:中国公民、法人、其他组织的作品,自作品创作完成之日起产生著作权,不论其是否发表;外国人在我国,其著作权自首次出版之日起受保护。

(2) 注册商标有效期满,需要继续使用的,应在期满前(　　)申请续展注册。

A. 1个月内　　B. 2个月内

C. 3个月内　　D. 6个月内

要点提示:商标权的保护期限不同于专利权和著作权,商标权在保护期限届满后,可以申请续展。

(3) 不能授予专利权的发明创造是(　　)。

A. 赌博新工具

B. 感冒的创新治疗方法

C. 新的感冒特效药的生产方法

D. 优良的油菜品种

要点提示:注意动植物的品种和培育的方法在授予专利权的效力上是不同的。

4. 案例分析题

甲于2008年3月1日开始使用“建华”牌商标,乙于同年5月1日开始使用相同的商标。甲、乙均于2009年5月10日向商标局寄出注册“建华”商标的申请文件,甲的申请文件于5月20日寄至,乙的文件于5月15日寄至。

问题:商标局应该初步审定公告谁的申请?为什么?

要点提示:商标采用申请在先原则。商标注册的申请日期,应该以商标局收到申请文件的日期为准。

第八章　票据法

【引例】

甲、乙两企业签订了50万元的买卖合同，乙企业发货后，甲企业于2009年5月10日向乙企业开出了一张50万元的银行承兑汇票。后乙企业因向丙公司购买价值50万元的设备，而将该汇票背书转让给丙公司。事后不久，乙企业发现丙公司是一家“骗子”公司，根本无货可供，于是立即通知付款人丁银行停止向丙公司支付票款。

丙公司并不直接向丁银行请求支付票款，而是将该汇票又背书转让给了A公司，以支付其所欠A公司的工程款。2009年7月10日，不知情的A公司向丁银行请求付款，丁银行以丙公司的欺诈行为无效以及乙企业的停止付款通知为由，拒绝付款。

问题：

1. 丁银行是否能以丙公司的欺诈行为无效为由拒绝向A公司付款？
2. A公司被拒绝付款后，如何行使追索权？

【学习目标】

通过本章的学习，你应该能够：

(1) 了解票据的概念和特征、票据法的概念；
(2) 掌握票据法律关系、票据行为、票据权利、票据抗辩；
(3) 了解票据权利的瑕疵、票据补救和涉外票据的法律适用；
(4) 掌握汇票的出票、背书、承兑、保证、付款和追索权；
(5) 掌握本票的出票和付款；
(6) 掌握支票的出票、付款、空头支票的法律责任。

第一节 票据法概述

一、票据的概念和特征

1. 票据的概念

票据,是指由出票人依法签发的、约定由自己或委托他人在见票时或者指定日期向持票人或收款人无条件支付一定金额的有价证券。

广义上的票据包括各种有价证券和凭证,如股票、国库券、企业债券、发票、提单等;狭义上的票据则仅指票据法上的票据。我国票据法上的票据包括汇票、本票和支票。

2. 票据的特征

(1) 票据是无因证券。票据上的权利人享有票据权利只以持有符合票据法规定的有效票据为必要,不必表明其取得票据的原因。谁合法占有票据,即为票据权利人。即使原因关系无效或有瑕疵,也不影响票据的效力。票据债务人也不得以原因关系对抗善意第三人。

(2) 票据是要式证券。票据法律严格规定了票据的制作格式和记载事项,不按票据法及相关法规的规定进行票据事项的记载,就会影响票据的效力甚至会导致票据的无效。此外,在票据上所为的一切行为,如出票、背书、承兑、保证、付款、追索等,也必须严格按照票据法规定的程序和方式进行,否则无效。

(3) 票据是文义证券。票据上的权利义务必须以精确的文字来表述,即使票据的书面记载内容与票据的事实不一致,也必须以该记载事项为准。如,当票据上记载的出票日与实际出票日不一致时,以票据上记载的出票日为准。

(4) 票据是有价证券。票据所表示的权利与票据不可分离。票据权利的发生必须作成票据,票据权利的转移必须交付票据,票据权利的行使必须提示票据。权利与票据融为一体。

(5) 票据是流通证券。票据的一个基本功能就是流通。票据权利可以依票据的背书和交付而转让。

票据具有支付、信用、结算、融资等基本功能。

参考案例 8-1

甲、乙两企业签订了一份价值50万元的买卖合同。乙企业发货后,甲企业向乙企业签发了50万元的支票,后甲企业与乙企业之间的买卖合同被确定无效。问:该支票是否有效?

分析:买卖合同无效,并不影响支票的效力。因为票据是无因证券,本案票据关系虽然因买卖关系而产生,但一经产生,就与买卖关系分离而独立存在。

二、票据法的概念

广义的票据法是规定票据的种类、签发、转让和票据当事人的权利与义务等内容的法律规范的总和。狭义的票据法即指1995年5月10日第八届全国人民代表大会常务委员会第十三次会议通过,2004年8月28日第十届全国人民代表大会常务委员会第十一次会议修正的《中华人民共和国票据法》(以下简称《票据法》)。

三、票据法律关系

票据法律关系,是指票据当事人之间因票据的签发、转让等行为而发生的权利和义务关系,包括票据关系和票据法上的非票据关系。

1. 票据法律关系的当事人

票据法律关系的当事人,也称票据法律关系主体,是指票据法律关系中,享有票据权利、承担票据义务的主体。票据当事人可以分为基本当事人和非基本当事人。

(1) 基本当事人。票据法律关系的基本当事人是指票据一经成立即已存在的当事人,包括出票人、收款人、付款人。他们是构成票据法律关系的必要主体,基本当事人在票据形式上的不存在或不完全,票据法律关系就不能成立,票据也就无效。

(2) 非基本当事人。票据法律关系的非基本当事人是指票据已经成立,通过各种票据行为而加入票据关系中的当事人。如背书人、保证人、参加付款人、预备付款人等。非基本当事人并不是任何票据都存在的。

2. 票据法律关系的内容

票据法律关系的内容是指参加票据法律关系的主体依法所享有的权利和承担的义务。

(1) 票据权利。票据权利指票据持票人向票据债务人请求支付票据金额的权利,包括付款请求权和追索权。

票据付款请求权,是指持票人向汇票的承兑人、本票的出票人、支票的付款人出示票据要求付款的权利,是第一次权利,又称主票据权利。行使付款请求权的持票人可以是票载收款人或最后的被背书人;担负付款请求权付款义务的主要是主债务人。

票据追索权，是指票据当事人行使付款请求权遭到拒绝或有其他法定原因存在时，向其前手请求偿还票据金额及其他法定费用的权利，是第二次权利，又称偿还请求权利。行使追索权的当事人除票载收款人和最后被背书人外，还可能是代为清偿票据债务的保证人、背书人。

(2) 票据义务。票据义务指票据债务人向持票人支付票据金额的责任。它是基于债务人特定的票据行为，如出票、背书、承兑等而应承担的义务，不具有制裁性质，主要包括付款义务和偿还义务。

实务中，票据债务人承担票据义务一般有四种情况：①汇票承兑人因承兑而应承担付款义务；②本票出票人因出票而承担自己付款的义务；③支票付款人在与出票人有资金关系时承担付款义务；④汇票、本票、支票的背书人，汇票、支票的出票人、保证人，在票据不获承兑或不获付款时的付款清偿义务。

(3) 票据权利的取得，有原始取得和继受取得两种：

票据权利的原始取得　票据权利的原始取得，是指持票人不经其他任何前手权利人，而最初取得票据。包括发行取得和善意取得。

发行取得是指权利人依出票人的出票行为，而原始取得票据权利。它是票据权利最主要的原始取得方式，也是其他取得方式的基础，没有票据权利的发行取得，其他取得方式无从谈起。

善意取得是指票据受让人依票据法规定的转让方法，善意地从无处分权人处取得票据，从而取得票据权利。

票据权利的继受取得　票据权利的继受取得，是指受让人从有处分权的前手权利人处取得票据，从而取得票据权利。它分票据法上的继受取得和非票据法上的继受取得。

票据法上的继受取得是指依票据法规定的转让方式，从有票据处分权的前手权利人处取得票据，从而取得票据权利。票据的背书转让，是最主要的票据权利继受取得方式。

非票据法上的继受取得是指非依票据法规定的转让方式而是依民事权利的转让方式取得票据权利，如依赠与而取得。

以欺诈、偷盗或者胁迫等手段出于恶意取得票据的，不得享有票据权利。

(4) 票据权利的行使。票据权利的行使是指持票人请求票据的付款人支付票据金额的行为，依据不同的票据种类，其权利的行使可能有不同的程序，可包括票据的提示承兑、提示付款、行使追索权等程序。

提示承兑　是指持票人向付款人出示汇票，并要求付款人承诺付款的行为。定日付款或出票后定期付款的汇票持票人，要行使票据权利时，首先要在汇票到期之日前向付款人提示承兑；见票后定期付款的汇票，持票人应当自出票日起1个月内向付款人提示承兑，这是远期汇票持票人行使票据权利的一个必经程序，如果省略此程序就不能请求付款。

提示付款 是指持票人在法定期限内向付款人请求付款的行为。其中支票自出票日起10日内向付款人提示付款；本票自出票日起2个月内向付款人提示付款；银行汇票，自出票日起2个月内向付款人提示付款；定日付款、出票后定期付款或者见票后定期付款的商业汇票，自到期日起10天内向承兑人提示付款。

行使追索权 票据到期被拒绝付款的，持票人可以对背书人、出票人以及票据的其他债务人行使追索权；在票据到期日前，如有汇票被拒绝承兑或被拒绝付款的，承兑人或者付款人死亡、逃匿的，承兑人或者付款人被依法宣告破产或因违法被责令终止业务活动的，持票人也可以行使追索权。

(5) 票据权利行使的时间和地点。由于票据具有流通性，法律对票据责任的兑现场所和时间有所规定，以便持票人行使票据权利。票据权利的行使场所一般是银行营业点，其时间就是银行营业的时间，即票据时效的最后期限是以银行的营业结束时间为限，而不能以当日的24点为限。

(6) 票据权利的保全。是指持票人为了防止票据权利的丧失，依据《票据法》的规定进行提示票据、要求承兑人或付款人提供拒绝承兑或拒绝付款的证明，这是一种中断时效的行为。

(7) 票据权利的消失。是指当法律规定的事实出现时，持票人所享有的票据权利上的付款请求权和追索权失去法律保护的情况。票据权利消失的原因有：①付款；②追索义务人清偿票据债务及追索费用；③票据时效期间届满；④票据记载事项欠缺；⑤保全手续欠缺。

其中，上述第③项涉及票据权利的消灭时效，《票据法》规定，票据权利在下列期限内不行使而消灭：①持票人对汇票、本票出票人和承兑人的权利，自票据到期日起2年。见票即付的汇票、本票，自出票日起2年；②持票人对支票出票人的权利，自出票日起6个月；③持票人对前手的追索权，自被拒绝承兑或被拒绝付款之日起6个月；④持票人对前手的再追索权，自清偿日或被提起诉讼之日起3个月。

除此之外，票据物质形态的消灭也可以使票据权利消灭，民法上一般债权的消灭事由如抵销、混同、提存、免除等也可以使票据权利消灭。

四、票据行为

1. 票据行为的概念

票据行为是以行为人在票据上进行必备事项的记载、完成签名并予以交付为要件，以发生或转移票据上权利、负担票据上债务为目的的要式法律行为。

2. 票据行为的种类

在我国票据法上，就票据行为来说，汇票包括出票、背书、承兑、保证；本票包括出票、背书、保证；支票包括出票和背书。

(1) 出票是指出票人签发票据并将其交付给收款人的票据行为。它是最基本的票据行为，其他票据行为必须在出票行为的基础上才能进行。

(2) 背书是指持票人将票据权利转让给他人或者将一定的票据权利授予他人行使的票据行为。《票据法》规定，持票人依背书连续证明自己的合法持票人身份。

(3) 承兑是指汇票付款人承诺在汇票到期日支付汇票金额的票据行为。汇票上的付款人一经承兑，就必须承担无条件的绝对的付款责任。

(4) 保证是指行为人对特定票据债务人的票据债务承担连带责任的票据行为。

五、票据抗辩

1. 票据抗辩的概念和种类

(1) 票据抗辩的概念。票据抗辩是票据债务人根据票据法的规定对票据债权人拒绝履行义务的行为。

(2) 票据抗辩的种类。票据抗辩可以根据不同的标准进行分类。通常根据抗辩事由和抗辩效力的不同，将票据抗辩分为对物的抗辩和对人的抗辩。

对物的抗辩　对物的抗辩是指因票据本身所存在的事由而发生的抗辩。包括：①票据行为不成立而为的抗辩；②依票据记载不能提出请求而为的抗辩；③票据载明的权利已经消灭或者因失效而为的抗辩；④票据权利的保全措施欠缺而为的抗辩；⑤票据上有伪造、变造情形而为的抗辩。

> ？学生提问：对物的抗辩不是很好理解，老师是否可以举例说明？
>
> 教师回答：比如，对于5月10日到期的汇票，持票人于4月20日提前请求付款，付款人可以以“依票据记载不能提出请求”行使抗辩权，拒绝付款；再如，支票自出票之日起已经超过6个月，支票失效，付款人可以以“票据载明的权利已经消灭或者因失效”提出抗辩，拒绝付款。对物的抗辩是基于票据本身存在的事由。

对人的抗辩　对人的抗辩是指因票据义务人与特定的票据权利人之间存在的一定关系而发生的抗辩。《票据法》规定，票据债务人可以对不履行约定义务的与自己有直接债权债务关系的持票人，进行抗辩。这种抗辩来源于票据当事人之间存在的一定个人因素的关系，而非票据本身，所以仅能对特定的票据权利人主张，又称为主观抗辩和相对抗辩。

参考案例 8-2

甲、乙两企业签订了一份价值50万元的买卖合同。乙企业发货后，甲企业向乙企业签发了50万元的支票，后甲企业收货时进行验收，发现货物存在严重的质量问题。问：甲企业是否可以进行票据抗辩？

分析：本案买卖合同是票据的基础关系，持票人乙企业是票据债务人甲企业在基础关系中的"直接相对人"，两者存在"直接"的债权债务关系。甲企业可以因乙企业不履行约定义务的行为进行票据抗辩。

对人的抗辩只能对"特定"债权人提出，比如本案乙企业已经将该票据背书转让给丙企业，丙企业是善意取得并且已经支付对价，则甲企业不得以乙企业的违约行为为理由对抗丙企业。

对物的抗辩可以对"任何"持票人提出。

2. 票据抗辩的限制

《票据法》规定，票据债务人不得以自己与出票人或者与持票人的前手之间的抗辩事由，对抗持票人。但是，持票人明知存在抗辩事由而取得票据的除外。

六、票据补救

票据补救是指在票据权利人因某种原因丧失对票据的实际占有，使票据权利的行使遭到一定障碍时，为使权利人的票据权利能够实现，而对其提供的特别的法律救济。

《票据法》规定，票据丧失，失票人可以及时通知票据的付款人挂失止付，但是，未记载付款人或者无法确定付款人及其代理付款人的票据除外。收到挂失止付通知的付款人，应当暂停支付。失票人应当在通知挂失止付后3日内，也可以在票据丧失后，依法向人民法院申请公示催告，或者向人民法院提起诉讼。即票据补救措施包括挂失止付、公示催告和提起诉讼。

1. 挂失止付

挂失止付是指票据权利人在丧失票据占有时，为防止可能发生的损害，保护自己的票据权利，通知票据上的付款人，请求其停止票据支付的行为。

2. 公示催告

公示催告是指在票据等有价证券丧失的场合，由法院依申请人的申请，向未知的利害关系人发出公告，告知其如果未在一定期间申报权利、提出证券，则法院会通过判决的形式宣告其无效，从而催促利害关系人申报权利、提出证券的一种特别诉讼程序。

3. 提起诉讼

失票人在丧失票据后，可以直接向法院提起民事诉讼，请求法院判令票据债务人向其支付票据金额。

七、票据权利的瑕疵

1. 票据的伪造与变造

票据的伪造是指假借他人的名义，而签发票据的行为。票据的变造是指无票据记载事项变更权限的人，对票据上记载事项加以变更，从而使票据法律关系的内容发生改变。

票据上的记载事项应当真实，不得伪造、变造。伪造、变造票据上的签章和其他记载事项的，应当承担法律责任。票据上有伪造、变造签章的，不影响票据上其他真实签章的效力。票据上其他记载事项被变造的，在变造之前签章的人，对原记载事项负责；在变造之后签章的人，对变造之后的记载事项负责；不能辨别是在票据被变造之前或者之后签章的，视同在变造之前签章。

2. 票据的更改和涂销

票据的更改和涂销是指将票据上的签名或其他记载事项加以更改或涂抹消除的行为。票据金额、日期、收款人名称不得更改，更改的票据无效。对票据上的其他记载事项，原记载人可以更改，更改时应当由原记载人签章证明。

? 学生提问：票据的伪造和变造有什么不同？

教师回答：票据法上所称“票据的伪造”仅限于伪造签章；“票据的变造”涉及票据的各种事项。

八、涉外票据的法律适用

1. 涉外票据的概念

涉外票据，是指出票、背书、承兑、保证、付款等行为中，既有发生在中华人民共和国境内又有发生在中华人民共和国境外的票据。

2. 法律适用

(1) 行为地法律。票据的背书、承兑、付款和保证行为，适用行为地法律。

(2) 出票地法律。汇票、本票出票时的记载事项、票据追索权的行使期限，适用出票地法律。

(3) 付款地法律。票据的提示期限、有关拒绝证明的方式、出具拒绝证明的期限、票据丧失时失票人请求保全票据权利的程序，适用付款地法律。支票出票时的记载事项，适用出票地法律，经当事人协议，也可以适用付款地法律。

第二节　汇票

一、汇票的概念、特征和种类

1. 汇票的概念

汇票是出票人签发的、委托付款人在见票时或者在指定日期无条件支付确定的金额给收款人或者持票人的票据。

2. 汇票的特征

(1) 汇票关系中有三个基本当事人，即出票人、付款人和收款人。但随着汇票的背书转让和设立保证，汇票将存在被背书人、保证人等非基本当事人。

(2) 汇票是一种委付证券，即由出票人委托付款人支付票据金额，而非自付证券。

(3) 汇票特有承兑制度，通常都需要由付款人进行承兑，以确认其愿意承担绝对的付款义务。在付款人未承兑时，汇票上所载的付款人并无绝对的付款义务。

(4) 汇票是一种信用证券，即不以见票即付为限，许多汇票都有一定的到期日，体现了汇票的信用功能。

(5) 汇票对于当事人特别是出票人和付款人，没有特别的限制，既可以是银行，也可以是公司、企业或个人。

3. 汇票的种类

(1) 银行汇票和商业汇票。根据出票人的不同，汇票分为银行汇票和商业汇票。

银行汇票　是以银行为出票人，同时以银行为付款人的汇票。通常情况下，银行汇票中的出票行为与付款行为同一银行。特殊情况下，也可能不是同一银行。

商业汇票　是以银行以外的其他公司、企业为出票人，以银行或者其他公司、企业等为付款人的汇票。商业汇票根据承兑人的不同，分为银行承兑汇票和商业承兑汇票。

我国票据法将汇票分为银行汇票和商业汇票。

> ？学生提问：如何理解根据承兑人的不同而进行的汇票分类？
>
> 教师回答：商业承兑汇票的特征是企业出票，企业承兑；银行承兑汇票的特征是企业出票，银行承兑。两者都属于商业汇票。

(2) 即期汇票和远期汇票。根据汇票付款期限的不同，汇票可以分为即期汇票和远期汇票。

即期汇票　也称为见票即付的汇票。是指汇票上没有到期日的记载或者明确记载见票即付，收款人或者持票人一经向付款人提示汇票、请求付款，该汇票即为到期，付款人就应当承担付款责任的汇票。

远期汇票　是指汇票上记载了到期日，付款人在到期时承担付款责任的汇票。根据记载到期日方式的不同，又可以分为定日付款的汇票、出票后定期付款的汇票、见票后定期付款的汇票。定日付款的汇票又称为定期汇票，是以确定的日期为到期日的汇票；出票后定期付款的汇票又称为约期汇票，是约定以出票日后一定期间届满为到期日的汇票；见票后定期付款的汇票又称为注期汇票，是收款人或者持票人向汇票上所记载的付款人提示见票并从付款人在汇票上注明见票日之后、一定期间届满时为到期日的汇票。

我国《票据法》规定汇票既可以是即期汇票也可以是远期汇票。在实际的票据使用过程中，银行汇票均为即期汇票，商业汇票多为远期汇票。

(3) 光单汇票和跟单汇票。根据汇票付款是否需要附随其他单据，汇票可以分为光单汇票和跟单汇票。

光单汇票　是在进行付款时无须附随其他单据的汇票，也就是票据法规定的通常的汇票。

跟单汇票　又称信用汇票、押汇汇票，是需要附随提单、仓单、保险单、装箱单、商业发票等单据，才能进行付款的汇票。

我国《票据法》并未特别区分光单汇票和跟单汇票，在国内贸易中，一般均为光单汇票，并且依票据法的规定为无条件支付的汇票。在国际贸易中，才依据有关的国际条约或者国际惯例，使用跟单汇票。

二、汇票的基本当事人

1. 出票人

出票人是指签发汇票的人。出票是最基本的票据行为，它要求行为人必须具有一定的行为能力。我国《票据法》明确规定，出票人必须具有完全民事行为能力，无民事行为能力或限制民事行为能力人的出票行为应由其法定代理人或监护人代理。

2. 付款人

付款人是指履行汇票支付责任的人。银行汇票的付款人是参加“全国联行往来”的银行；商业汇票的付款人是商品交易活动中接受货物的当事人或与出票人签订承兑委托协议的银行。

3. 收款人

收款人是指汇票上记载的享有票据权利的人。任何人都可以作为银行汇票的收款人。但作为商业汇票的收款人则要求较为严格，支付结算办法规定，商业汇票只能用于各企业单位之间合法的商品交易活动，禁止签发无商品交易的汇票。

三、出票

1. 绝对记载事项

《票据法》规定，汇票必须记载下列事项：①表明“汇票”的字样；②无条件支付的委托；③确定的金额；④付款人名称；⑤收款人名称；⑥出票日期；⑦出票人签章。汇票上未记载上述规定事项之一的，汇票无效。

票据金额以中文大写和数码同时记载，两者必须一致，两者不一致的，票据无效。票据金额、日期、收款人名称不得更改，更改的票据无效。

出票包括作成票据和交付两个行为。《票据法》第21条规定，汇票的出票人必须与付款人具有真实的委托付款关系，并且具有支付汇票金额的可靠资金来源。不得签发无对价的汇票用以骗取银行或者其他票据当事人的资金。

2. 相对记载事项

相对应记载事项未在汇票上记载，并不影响汇票本身的效力。《票据法》规定，相对应记载事项包括付款日期、付款地、出票地等事项。

(1) 付款日期。付款日期可以按照下列形式之一记载：①见票即付；②定日付款；③出票后定期付款；④见票后定期付款。付款日期为汇票到期日，汇票上未记载付款日期的，为见票即付。

(2) 付款地。汇票上未记载付款地的，付款人的营业场所、住所或者经常居住地为付款地。

(3) 出票地。汇票上未记载出票地的，出票人的营业场所、住所或者经常居住地为出票地。

汇票的出票人必须与付款人具有真实的委托付款关系，并且具有支付汇票金额的可靠资金来源。不得签发无对价的汇票用以骗取银行或者其他票据当事人的资金。

出票人签发汇票后，即承担保证该汇票承兑和付款的责任。

四、背书

1. 背书转让的方式

通常在票据的背面，都事先印制好若干背书栏的位置，载明表示将票据权利转让给被背书人的文句，而留出背书人及被背书人的空白，供背书人进行背书时填写。票据法一般并不限制背书的次数，在背书栏或票据背面写满时，可以在票据上粘贴"粘单"，进行背书。

背书绝对应记载的事项是背书人签章，没有背书人签章，背书无效；相对应记载的事项是背书日期，如果未记载背书日期，视为在汇票到期日前背书。《最高人民法院关于审理票据纠纷案件若干问题的规定》明确，背书人未记载被背书人名称即将票据交付他人的，持票人在票据被背书人栏内记载自己的名称与背书人记载具有同等法律效力。

2. 附条件的背书、部分背书、多头背书

背书不得附有条件。背书时附有条件的，所附条件不具有汇票上的效力，但背书仍然具有法律上的效力。

将汇票金额的一部分转让的背书或者将汇票金额分别转让给 2 人以上的背书无效。

3. 背书连续

背书连续，是指在票据转让中，转让汇票的背书人与受让汇票的被背书人在汇票上的签章依次前后衔接。

以背书转让的汇票，背书应当连续。持票人以背书的连续，证明其汇票权利；非经背书转让，而以其他合法方式如税收、继承、赠与取得汇票的，依法举证，证明其汇票权利，不受背书连续的限制。

4. 背书禁止

(1) 出票人的背书限制。《票据法》规定，汇票的出票人在票据上记载"不得转让"字样，其后手再背书转让的，该转让不发生票据法上的效力，而只有普通债权让予的效力，出票人对受让人不承担票据责任。

(2) 背书人的背书限制。背书人在汇票上记载"不得转让"字样，其后手再背书转让的，原背书人对后手的被背书人不承担担保责任。

(3) 法定背书禁止。汇票被拒绝承兑、被拒绝付款或者超过付款提示期限的，不得背书转让；背书转让的，背书人应当承担汇票责任。

5. 委托收款背书

委托收款背书是指以委托他人代替自己行使票据权利、收取票据金额而进行的背书。委托收款背书不是实质上的票据权利转让，而是以背书形式进行的委托。背书人是委托人，被背书人是受托人。被背书人行使票据权利后，应将所得金额归于背书人。委托收款背书的背书人在进行背书时，必须记载"委托收款"字样。

委托收款背书情形下，背书人仍是票据权利人，被背书人只是代理人，可以代为行使付款请求权和追索权，被背书人不得再以背书转让汇票权利。

6. 质押背书

汇票可以设定质押，质押背书确立的是一种担保关系，而不是票据权利的转让。因此，质权人并不享有票据权利，不得将其转让。如果转让的，原背书人对后手的被背书人不承担票据责任，但不影响出票人、承兑人以及原背书人之前手的票据责任。

质押时应当以背书记载"质押"字样，并签名盖章。如果出质人只记载了"质押"字样而未在票据上签章，或者出质人未在汇票或粘单上记载"质押"字样而是另行签订质押合同、质押条款的，不构成票据质押。

被背书人依法实现其质权时，可以行使汇票权利。质押背书的被背书人在实现债权时，不限定在设质的债权范围内，而是可以依票据请求全部票据金额的完全给付。超过的金额应向背书人为返还。

五、贴现

1. 汇票贴现的概念

汇票贴现是指在持票人需要资金时，将持有的未到期商业汇票，通过背书的方式转让给银行，银行在票据金额中扣除贴现利息后，将余款支付给贴现申请人的票据行为。贴现既是一种票据转让行为，又是一种银行授信行为。银行通过接受汇票而给持票人短期贷款，汇票到期时，银行就能通过收回汇票金额而冲销贷款。如果银行到期不获票据付款，则可以向汇票的所有债务人行使追索权。

2. 汇票贴现的限制

(1) 出票人在票据上记载"不得转让"字样，其后手以此票据进行贴现的，通过贴现取得票据的持票人不享有票据权利。

(2) 背书人在票据上记载"不得转让"字样，其后手以此票据进行贴现的，原背书人对后手的被背书人不承担票据责任。

(3) 商业汇票的持票人向非其开户银行申请贴现，与向其开户银行申请贴现具有同等的法律效力。但是，持票人有恶意或者与贴现银行恶意串通的除外。

(4) 再贴现和转贴现。再贴现是指票据到期前，贴现银行向中央银行背书转让票据，中央银行扣除再贴现利息后，将余额支付给贴现银行的一种票据行为。转贴现是贴现银行向其他商业银行背书转让票据的票据行为。两者均为票据尚未到期，贴现银行基于资金的需要，而向中央银行或其他商业银行转让票据权利的行为。

六、承兑

1. 汇票承兑的概念

承兑是指汇票付款人承诺在汇票到期日支付汇票金额的票据行为。承兑是汇票特有的一种制度。

2. 汇票承兑的一般原则

(1) 自由承兑原则。汇票的付款人可以依自己独立的意思，决定是否进行承兑，不受出票人指定其为付款人的限制。即使付款人与出票人存在一定的资金关系或依承兑协议，应为汇票进行承兑而未承兑，也只承担票据外责任。

(2) 完全承兑原则。付款人必须在持票人提示付款的当日，足额付款。

(3) 单纯承兑原则。付款人承兑汇票，不得附有条件；承兑如果附有条件的，视为拒绝承兑，不发生承兑的效力。这在票据法上称为单纯承兑原则。

3. 提示承兑

(1) 提示承兑的概念。提示承兑是指汇票的持票人，向汇票上所载的付款人出示汇票，请求其承诺付款的行为。

(2) 提示承兑期限。

- 见票即付的汇票无需提示承兑；
- 定日付款或者出票后定期付款的汇票，持票人应当在汇票到期日前向付款人提示承兑；
- 见票后定期付款的汇票，持票人应当自出票日起 1 个月内向付款人提示承兑。

付款人对向其提示承兑的汇票，应当自收到提示承兑的汇票之日起 3 日内承兑或者拒绝承兑。

(3) 提示承兑的效力。汇票未按照规定期限提示承兑的，持票人丧失对其前手的追索权。

4. 承兑的法律效力

付款人承兑汇票后，应当承担到期付款的责任。承兑人在完成承兑行为并将汇票交还承兑申请人之后，便产生以下法律效力：

(1) 汇票一经承兑，承兑人即成为汇票的主债务人，承兑人于汇票到期日必须向持票人无条件地当日足额付款，否则应承担延迟付款的法律责任。

(2) 承兑人不得以其与出票人之间的资金关系来对抗持票人，拒绝支付汇票金额。

(3) 承兑人的票据责任不因持票人未在法定期限(10 日)内提示付款而解除，承兑人仍应当对持票人承担付款责任。

持票人请求付款一旦遭到拒绝，即可行使追索权。

七、汇票的保证

1. 汇票保证的概念

汇票保证是指汇票债务人以外的第三人，担保特定的票据债务人能够履行票据债务的票据行为。当被担保的票据债务人不能履行票据义务时，保证人承担向票据权利人支付款项的义务。

2. 记载事项

《票据法》规定，保证人必须在汇票或者粘单上记载下列事项：①表明“保证”的字样；②保证人名称和住所；③被保证人名称；④保证日期；⑤保证人签章。

上述事项中，保证人未记载被保证人名称的，已承兑的汇票，承兑人为被保证人；未承兑的汇票，出票人为被保证人。保证人未记载保证日期的，以出票日期为保证日期。

3. 汇票保证的法律效力

(1) 保证人的责任。保证人对合法取得汇票的持票人所享有的汇票权利，承担保证责任，但是被保证人的债务因汇票记载事项欠缺而无效的除外。被保证的汇票，保证人应当与被保证人对持票人承担连带责任。汇票到期后得不到付款的，持票人有权向保证人请求付款，保证人应当足额付款。

保证人为 2 人以上的，保证人之间承担连带责任。

(2) 保证人的追索权。保证人清偿汇票债务后，可以行使持票人对被保证人及其前手的追索权。

(3) 保证附条件的法律后果。保证不得附有条件；保证附有条件的，不影响对汇票的保证责任。即汇票保证如果附有条件，保证依然有效，所附条件视为无记载，无论条件成就与否，保证人均须承担保证责任。

八、付款

1. 付款的概念

票据付款是指付款人或承兑人在票据到期时，对持票人所进行的票据金额的支付。完整的付款程序包括提示付款与支付。

2. 提示付款

(1) 提示付款人。提示付款人应为合法持票人。持票人也可以委托代理人进行提示。通过委托收款银行或者通过票据交换系统向付款人提示付款的，视同持票人提示付款。

(2) 提示付款的期限。持票人应当按照下列期限提示付款：

- 见票即付的汇票，自出票日起 1 个月内向付款人提示付款；
- 定日付款、出票后定期付款或者见票后定期付款的汇票自到期日起 10 日内向承兑人提示付款；
- 持票人未按照票据法规定的期限提示付款的，则丧失对前手的追索权。在作出说明后，承兑人或者付款人仍应当继续对持票人承担付款责任。

3. 付款人的审查义务

付款人及其代理付款人付款时，应当审查汇票背书的连续，并审查提示付款人的合法身份证明或者有效证件。

审查义务仅限于汇票的形式审查，并无实质审查的要求。付款人或代理付款人以恶意或者重大过失付款的，付款人的义务不能够免除，其他债务人也不能免除责任。

对定日付款、出票后定期付款或者见票后定期付款的汇票，付款人在到期日前付款的，如果发生错付，付款人应自行承担所产生的责任。

九、追索权

1. 行使追索权的实质条件

(1) 期前追索权。《票据法》规定，对于定日付款的汇票、出票后定期付款的汇票以及见票后定期付款的汇票，在汇票到期日前，发生下列情形之一时，持票人可以行使追索权：

- 汇票被拒绝承兑的；
- 承兑人或者付款人死亡、逃匿的；
- 承兑人或者付款人被依法宣告破产的；
- 承兑人或者付款人因违法被责令终止业务活动的。

在上述情况下，在票据到期前，持票人即可行使追索权，而无须待票据到期。

(2) 期后追索权。汇票到期后，如果汇票的付款人、承兑人或者代理付款人拒绝支付;或者付款人提示付款时,汇票上所载的付款场所不存在、付款人不存在或下落不明,无法进行提示,因而无法获得付款时,持票人可以行使追索权。

2. 行使追索权的形式条件

在已发生汇票到期时被拒绝付款,或者到期日前被拒绝承兑等情况时,并不能确定地发生追索权。追索权的行使,必须具备相应的形式条件。包括:

(1) 持票人行使追索权时,应当提供被拒绝承兑或被拒绝付款的有关证明。而持票人提示承兑或者提示付款被拒绝的,承兑人或者付款人必须出具拒绝证明,或者退票理由书。承兑人或者付款人出具的拒绝证明,是对拒绝承兑或者拒绝付款一事最直接、最便利的证明方式。

(2) 因承兑人或者付款人死亡、逃匿或者其他原因,持票人不能取得拒绝证明的,其他有关的证明也可以作为拒绝证明。根据票据管理实施办法的规定,这种证明主要包括:

- 医院或者有关单位出具的承兑人、付款人死亡的证明;
- 司法机关出具的承兑人、付款人逃匿的证明;
- 公证机关出具的具有拒绝证明效力的文书。

(3) 承兑人或者付款人被人民法院依法宣告破产的,人民法院的有关司法文书具有拒绝证明的效力。

(4) 承兑人或者付款人因违法被责令终止业务活动的,有关行政主管部门的处罚决定具有拒绝证明的效力。

3. 追索通知的时限

持票人应当自收到被拒绝承兑或被拒绝付款的有关证明之日起 3 日内,将被拒绝事由书面通知其前手;其前手应当自收到通知之日起 3 日内书面通知其再前手;持票人也可以同时向各票据债务人发出书面通知。这是追索权行使的附带条件。

持票人未按规定期限进行通知的,仍可行使追索权,但是因延期通知给其前手或者出票人造成损失的,应负赔偿责任。只是赔偿金额以票据金额为限。而如果持票人将通知按照法定地址或约定地址邮寄的,无论追索义务人是否收到或是否按时收到,均视为已经发出通知,发出时间以邮寄时间为准。

4. 追索与再追索

(1) 追索义务人的责任。汇票的出票人、背书人、承兑人和保证人对持票人承担连带责任。他们均为追索义务人,对持票人承担无条件给付汇票全部金额的责任。

(2) 追索权利人的权利行使方式。在同时存在若干个追索义务人的情况下,持票人可以选择其中的任何一个人,作为追索对象;也可以不限定一名追索对象,而向一个以上的追索义务人行使追索权;持票人还可以不受已经开始的追索权行使的限制,在未实现其追索权之前,再进行新的追索。

(3) 再追索。被追索人清偿债务后，与持票人享有同一追索权利，可以再向其他汇票债务人行使追索权，直至汇票上的债权债务关系因履行或其他法定原因而消灭为止。

(4) 追索权行使的例外。持票人为出票人的，对其前手无追索权；当持票人为背书人时，对其后手无追索权。

(5) 追索金额。

• 被拒绝付款的汇票金额；

• 汇票金额自到期日或者提示付款日起至清偿日止，按照中国人民银行规定的利率计算的利息；

• 取得有关拒绝证明和发出通知书的费用。

(6) 再追索金额的确定。

• 已清偿的全部金额；

• 前项金额自清偿日起至再追索清偿日止，按照中国人民银行规定的利率计算的利息；

• 发出通知书的费用。

> ? 学生提问：是不是可以将追索金额理解为全部损失？
>
> 教师回答：不可以，我们可以从法律规定中了解到追索金额只是持票人的直接损失，不包括“间接损失”。

第三节　本票和支票

一、本票

1. 本票的概念和特征

(1) 本票的概念。本票是出票人签发的，承诺自己在见票时无条件支付确定金额给收款人或者持票人的票据。

在理论上，本票依不同的标准可分为记名本票、指示本票和无记名本票；即期本票和远期本票；商业本票和银行本票。我国票据法上的本票仅指银行本票，而且均为即期本票。

银行本票是银行签发的，承诺自己在见票时无条件支付确定的金额给收款人或者持票人的票据。银行本票是银行提供的一种银行信用，见票即付，可当场抵用。

(2) 本票的特征。本票的特征主要表现在以下几个方面：

• 本票是票据的一种，具有一切票据所共有的性质，是无因证券、设权证券、文义证券、要式证券、金钱债权证券、流通证券等；

• 本票是自付证券，它是由出票人自己对收款人支付并承担绝对付款责任的票据。这是本票和汇票、支票最重要的区别。在本票法律关系中，基本当事人只有出票人和收款人，债权债务关系相对简单。

• 无须承兑（由于本票是由出票人本人承担付款责任，无须委托他人付款，所以，本票无须承兑就能保证付款）。

2. 出票

与汇票相同，本票出票也包括作成票据和交付票据。但出票人必须是银行，而且本票出票人的资格由中国人民银行审定。本票的出票人必须具有支付本票金额的可靠资金来源，并保证支付。

(1) 绝对应记载事项。本票的绝对应记载事项，即法定记载事项包括：

• 表明"本票"的字样；

• 无条件支付的承诺；

• 确定的金额；

• 收款人名称；

• 出票日期；

• 出票人签章。

(2) 相对应记载事项，主要是付款地和出票地。

• 付款地，本票上未记载付款地的，出票人的营业场所为付款地；

• 出票地，本票上未记载出票地的，出票人的营业场所为出票地。

3. 付款

本票的出票人在持票人提示见票时，必须承担付款的责任。本票自出票日起，付款期限最长不超过2个月。本票的持票人未按照规定期限提示见票的，丧失对出票人以外的前手的追索权。

二、支票

1. 支票的概念和特征

(1) 支票的概念。支票是出票人签发的，委托办理支票存款业务的银行或者其他金融机构在见票时无条件支付确定的金额给收款人或者持票人的票据。

支票依不同的标准可分为记名支票、无记名支票和指示支票；现金支票和转账支票，等。

(2) 支票的特征。支票的特征主要表现在以下几个方面:

• 支票是票据的一种,和汇票、本票一样具有票据所具有的共同特征。

• 票据法对支票付款人的资格有严格限制,仅限于银行或其他金融机构,不能是其他法人或自然人。

• 支票是见票即付的票据。

• 支票的无因性,受到一定限制。《票据法》规定,支票的出票人签发支票不得超过其付款时在付款人处实有的存款金额。超过其实有存款金额的,为空头支票,禁止签发空头支票。

2. 出票

支票必须记载下列事项:①表明“支票”的字样;②无条件支付的委托;③确定的金额;④付款人名称;⑤出票日期;⑥出票人签章。支票上未记载上述事项之一的,支票无效。

支票上的金额可以由出票人授权补记,未补记前的支票,不得使用。支票上未记载收款人名称的,经出票人授权,可以补记。支票上未记载付款地的,付款人的营业场所为付款地。支票上未记载出票地的,出票人的营业场所、住所或者经常居住地为出票地。出票人可以在支票上记载自己为收款人。

支票的出票人不得签发与其预留本名的签名式样或者印鉴不符的支票。出票人必须按照签发的支票金额承担保证向该持票人付款的责任。出票人在付款人处的存款足以支付支票金额时,付款人应当在当日足额付款。

支票限于见票即付,不得另行记载付款日期。另行记载付款日期的,该记载无效。

? 学生提问:汇票、本票、支票的记载事项有什么不同?

教师回答:和汇票相比,本票和支票的绝对应记载事项中没有“付款人名称”,相对应记载事项中没有“付款日期”,银行本票和支票均为“见票即付”,谈不上付款日期。

3. 付款

(1) 提示付款。支票的持票人应当在出票日起 10 日内提示付款;异地使用的支票,付款提示期限由中国人民银行另行规定。超过付款提示期限的,付款人可以拒绝付款。

(2) 逾期提示的法律后果。因超过提示付款期限付款人不予付款的,持票人仍享有票据权利，出票人仍应对持票人承担票据责任，支付票据所载金额。

(3) 付款的法律效力。付款人依法支付支票金额的，对出票人不再承担受委托付款的责任，对持票人不再承担付款责任。但是，付款人以恶意或重大过失付款的除外。

4. 签发空头支票的法律责任

(1) 民事责任。因出票人签发空头支票或者签发与其签名样式或预留印鉴不符的支票，给他人造成损失的，支票的出票人和背书人应当依法承担民事责任。

(2) 刑事责任。签发空头支票或者故意签发与其预留的本名签名式样或者印鉴不符的支票，骗取财物的，属于票据欺诈行为，依法追究刑事责任。

(3) 行政责任。签发空头支票的行政责任主要有以下三点：

• 签发空头支票或者故意签发与其预留的本名签名式样或者印鉴不符的支票，不以骗取财物为日的的，由中国人民银行处以票面金额 5%但不低于 1 000 元的罚款；

• 对逾期缴纳罚款的出票人，人民银行可以每日按罚款数额的 3%加处罚款，或填写《中国人民银行强制执行申请书》，向人民法院申请强制执行；

• 对于屡次签发空头支票的出票人，银行有权停止为其办理支票或全部支付结算业务。

【引例评析】

(1) 付款人丁银行不能以丙公司的欺诈行为为由拒绝向 A 公司付款。根据《票据法》的规定，凡是善意的、已付对价的正当持票人可以向票据上的一切债务人请求付款，不受前手权利瑕疵和前手相互间抗辩的影响。虽然丙公司在本案中是无处分权人，但 A 公司因不知情且已经支付对价，而善意取得该汇票的票据权利。

(2) 因在票据权利的行使期间内，持票人 A 公司可以向出票人甲企业、背书人乙企业、丙公司以及付款人丁银行中的一人、数人或者全体人行使追索权。

【小结】

重点阐述了票据行为、票据权利、票据抗辩、票据权利的瑕疵，汇票的出票、背书、承兑、保证、付款和追索权，银行本票的出票和付款，支票的出票、付款、空头支票的法律责任。简要介绍了票据关系和票据基础关系、票据补救和涉外票据的法律适用等问题。

【复习与思考】

1. 名词解释

汇票　本票　支票　出票　承兑

2. 思考题

(1) 票据的法律特征。

(2) 票据追索权的法律规定。

(3) 汇票背书的法律规定。

(4) 支票与银行承兑汇票的主要区别。

要点提示:区别主要表现在记载事项;资金不足时的处理;提示付款超期时的处理;票据权利的消灭时效等方面。

3. 选择题(含多项选择)

(1) 根据《票据法》的规定,汇票金额大写与数码记载不一致时,应该(　　)。

A. 以中文大写为准　　B. 以数码记载为准

C. 由出票人选择确定　　D. 该汇票无效

要点提示:票据是严格的要式证券,汇票金额大写与数码记载不一致的,票据无效。

(2) 根据《票据法》的规定,下列各项中,属于汇票法定禁止背书的情形有(　　)。

A. 汇票被拒绝承兑

B. 汇票被拒绝付款

C. 汇票超过付款提示期限

D. 汇票背书的次数过多以致在汇票上无法记载

4. 案例分析题

甲、乙企业签订了50万元的买卖合同,乙企业发货后,甲企业向乙企业开出了一张50万元的银行承兑汇票,同时在汇票上记载"不得转让"字样。后来乙企业将汇票背书转让给丙企业向付款人提示承兑时被拒绝。

问题:丙企业是否可以向出票人甲企业进行追索,为什么?

要点提示:汇票的出票人在票据上记载"不得转让"字样,其后手再背书转让的,该转让不发生票据法上的效力,而只有普通债权让予的效力,出票人对受让人不承担"票据责任"。

第九章　证券法

【引例】

甲公司是由自然人乙和自然人丙于2002年8月共同投资设立的有限责任公司。2006年4月,甲公司经过必要的内部批准程序,决定公开发行公司债券,并向国务院授权的部门报送有关文件,报送文件中涉及有关公开发行公司债券并上市的方案要点如下:

(1) 截止2005年12月31日,甲公司经过审计后的财务会计资料显示:注册资本为5000万元,资产总额为26000万元,负债总额为8000万元;在负债总额中,没有既往发行债券的记录;2003年度至2005年度的可分配利润分别为1200万元、1600万元和2000万元。

(2) 甲公司拟发行公司债券8000万元,募集资金中的1000万元用于修建职工文体活动中心,其余部分用于生产经营;公司债券年利率为4%,期限为3年。

(3) 公司债券拟由丁承销商包销。根据甲公司与丁承销商签订的公司债券包销意向书,公司债券的承销期限为120天,丁承销商在所包销的公司债券中,可以预先购入并留存公司债券2000万元,其余部分向公众发行。

问题:

1. 甲公司是否具备发行公司债券的主体资格?

2. 甲公司的净资产和可分配利润是否符合公司债券发行的条件?

3. 甲公司发行的公司债券数额和募集资金用途是否符合有关规定?如果公司债券发行后上市交易,公司债券的期限是否符合规定?

4. 甲公司拟发行的公司债券由丁承销商包销是否符合规定?公司债券的承销期限和包销方式是否符合规定?

【学习目标】

通过本章的学习,你应该能够:

(1) 了解证券的概念、特征和种类;证券法的概念和基本原则;
(2) 了解证券发行、承销、上市和交易法律制度;
(3) 掌握信息披露制度的概念和要求;
(4) 掌握证券交易所和证券公司的相关知识;
(5) 掌握证券违法行为的主要表现形式;
(6) 了解我国的证券监管制度。

第一节 证券法概述

一、证券的概念、特征和种类

1. 证券的概念

广义的证券是指以证明或设定权利为目的而做成的凭证,即记载并代表一定权利的凭证的统称。广义的证券通常包括货币证券、资本证券和商品证券。

狭义的证券仅指资本证券,是指资金需求者通过直接融资方式从资金供应者处直接获得货币后,向资金供应者签发的证券,主要包括股权证券和债权证券。

2. 证券的法律特征

(1) 证券是一种投资凭证。作为投资者权利的载体,证券可以证明投资者的投资,同时代表了投资者的一定权利,如红利请求权、参加股东大会的权利等。

(2) 证券是一种含有风险的权益凭证。证券是一定权益的体现,投资者凭券获取相应收益,如股息分红、赠股等,但同时证券又具有风险性,投资者可能因为证券行市的涨跌而获得收益或亏损。投资不同的证券,收益不同,风险也不同.

(3) 证券是一种可转让的权利凭证。证券可以根据当事人的意志在不同主体之间进行有偿或无偿地转让,通过转让证券持有者可以实现自身的权利。证券的可转让性,即流通性,是证券的生命力所在。

(4) 证券是一种面值均等的权利凭证。同一种证券其票面上标注的或代表的金额都是相等的。面值均等便于流通。

(5) 证券是一种要式凭证。传统意义上的证券一般采用书面形式,并对样式或格式、记载内容以及签章有所规范;现代证券多实行电子化或簿记方式,要式性依然存在。

3. 证券的种类

我国证券主要有股票、债券和证券投资基金及其衍生品种等几种:

(1) 股票是股份有限公司发行的,用以证明投资者的股东身份和权益,并据以获得股息和红利的可转让书面凭证。股票是最主要的证券表现形式。

根据不同的标准，股票可分为：普通股股票和优先股股票；记名股票和无记名股票；表决权股票和无表决权股票；有面额股票和无面额股票；A股、B股和H股股票等。

(2) 债券是指政府或金融机构或公司依法向投资者出具的，在一定时期内按约定的条件还本付息的一种有价证券。

根据不同的标准，债券可分为：政府债券、公司债券、企业债券和金融债券；固定利率债券和浮动利率债券；抵押债券、担保债券和信用债券；短期债券、中期债券和长期债券等。

(3) 证券投资基金是一种由众多不确定的投资者将不同的出资份额汇集起来，交由专业机构投资于股票或者债券等有价证券，所得的收益由投资者按出资份额分享的投资工具。

证券投资基金专为投资证券设立，不能投资于证券以外的项目。证券投资基金份额即证券投资基金的投资者持有的并证明其相关权益的有价证券。证券投资基金份额的上市交易适用证券法的规定。

(4) 经国务院依法认定的其他证券。主要包括证券衍生品种等，证券衍生品种是一个类概念，是指在传统证券基础上衍生出来的各种证券交易品种的总称，如股票指数、股票权证、股指期货等。其出现是证券市场风险规避的需要，但同时也带来新的证券交易风险。

二、证券市场的概念和分类

1. 证券市场的概念

证券市场是证券发行和交易的场所，由金融工具、交易场所以及市场参与主体等要素构成，是现代金融市场的重要组成部分。证券市场的实质是通过各类证券的发行和交易以募集和融通资金，并取得预期利益。

2. 证券市场的分类

根据证券市场功能的不同，可将证券市场分为证券发行市场和证券交易市场。

(1) 证券发行市场。又称一级市场或初级市场，是指证券发行主体将新发行和增资发行的股票或债券通过承销商出售给投资者的市场。其功能是为资金需求者提供筹集资金的服务，为投资者提供投资收益的机会。

(2) 证券交易市场。又称二级市场或次级市场，是指投资者把在发行市场上认购的证券再次或重复多次投入流通，实现证券在不同投资者之间不断买卖的市场。其功能是为已发行的证券提供流通场所，使新的投资者获得投资的机会。

三、证券法的概念和基本原则

1. 证券法的概念

广义上的证券法，是指与证券有关的一切法律规范的总称，既包括专门的证券法，也包括公司法、刑法等其他法律中涉及证券内容的部分。狭义上的证券法，即2005年10月27日第十届全国人大常委会第十八次会议修订通过的《中华人民共和国证券法》(以下简称《证券法》)。

2. 证券法的基本原则

证券法的基本原则是贯穿于证券立法、执法的始终，是证券法的指导思想和证券发行、交易活动必须遵循的基本准则。证券法的基本原则有：

(1) 保护投资者合法利益原则。

(2) 公开、公平、公正原则。它要求发行人在发行证券时，依法向社会公开与发行相关的一切真实情况；要求证券发行、交易活动中的所有参与者都有平等的法律地位，各自的合法权益能够得到同等保护；要求证券监督管理部门在履行职责时，对一切被监管对象给予公正待遇。

(3) 平等、自愿、有偿、诚实信用原则。

(4) 分业经营、分业管理的原则。《证券法》第6条明确规定，证券业和银行业、信托业、保险业实行分业经营、分业管理，证券公司与银行、信托、保险业务机构分别设立。证券行业风险较高，禁止混业有利于管理和降低风险。

(5) 国家集中统一管理和行业自律相结合的原则。在国家对证券发行、交易活动实行集中统一监督管理的前提下，依法设立证券业协会，实行自律性管理。

(6) 审计监督原则。国家审计机关依法对证券交易所、证券公司、证券登记结算机构、证券监督管理机构进行审计监督。

第二节 证券发行

一、证券发行

1. 证券发行的概念

一般认为，证券发行是指证券发行人为募集资金或调整股权结构，依法创设证券权利并以同一条件向投资者招募和出售证券的活动。有别于从银行募集资金的间接融资方式，证券发行是一种直接融资方式，由发行人直接向投资者募集资金。

2. 证券发行的分类

依据不同的标准，可以对证券发行进行不同的分类：

(1) 按照发行证券种类的不同，可将证券发行分为股票发行、债券发行和基金券发行。

(2) 按照发行主体的不同，可将证券发行分为公司发行、金融机构发行和政府发行。

(3) 按照发行对象的不同，可将证券发行分为公募发行和私募发行，也称公开发行和不公开发行。

新的《证券法》将对证券发行作了公开与不公开的划分。有下列情形之一的，为公开发行：①向不特定对象发行证券；②向累计超过 200 人的特定对象发行证券；③法律、行政法规规定的其他发行行为。非公开发行证券，不得采用广告、公开劝诱和变相公开方式。

(4) 按照发行目的的不同，可将证券发行分为设立发行和增资发行。这种分类主要适用于股票的发行。前者是指公司在设立过程中，为筹集股本而首次发行股份的发行方式，分为发起设立发行和募集设立发行；后者是指已成立的股份公司为追加资本而发行股份的发行方式，分为有偿增资发行、无偿增资发行和有偿无偿混合增资发行。

(5) 按照发行是否借助证券中介机构的不同，可将证券发行分为直接发行和间接发行。前者由发行人自己承担风险、自行办理发行事宜；后者发行人委托证券承销机构发行，自己不直接与投资者发生关系，分为代销、余额包销和包销三种形式。

(6) 按照发行价格与证券票面金额的关系，可将证券发行分为平价发行、溢价发行和折价发行。我国目前不允许折价发行。

二、证券发行制度和发行条件

1. 发行制度

国际上证券发行主要有注册制和核准制两种。

注册制下的证券发行只受信息公开制度的约束，证券管理机构审查信息资料的全面、准确和及时，不对证券自身的价值作任何判断，投资者根据公开的信息做出选择，风险自负。

核准制下的证券发行必须由审核机构在考察发行者的具体情形之后，做出是否符合发行实质条件的判断。我国证券市场的发行审查制度是核准制。

2. 发行条件

公开发行证券，必须符合《公司法》、《证券法》和国务院制定的有关行政法规的相关规定，各类证券的发行程序须符合其相应的法定要求。

(1) 股票设立发行的条件。以设立股份有限公司为目的的股票发行，应符合的条件主要有：

• 发起人应在 2 人以上 200 人以下，而且半数以上的发起人须在中国境内有住所；

• 除法律、行政法规另有规定外，股份有限公司的注册资本不低于人民币 500 万元，而且以募集设立方式设立股份有限公司的，发起人认购的股份不得少于公司股份总数的35%；

• 有符合法定要求的公司章程、公司名称、组织机构，有公司住所；

• 应由依法设立的证券公司承销，签订承销协议；

• 应当与银行签订代收股款协议；

• 依照法律规定聘请保荐人的，并报送保荐人出具的发行保荐书等。

(2) 新股发行的条件。公司发行股票并上市后，仍可能需要进一步募集资金支持生产，发行新股是融资的一种主要手段。新股发行的条件主要包括：

• 具备健全且运行良好的组织机构；

• 具有持续盈利能力，财务状况良好；

• 最近 3 年财务会计文件无虚假记载，无其他重大违法行为；

• 公司前一次公开发行股票所得资金的使用与其招股说明书所述用途相符，并且资金使用效益良好；

• 公司本次发行距前一次公开发行股票的时间不少于 12 个月；

• 上市公司最近 3 年进行过利润分配；

• 承销、保荐等条件。

首次公开发行股票并上市的，应该符合中国证监会于 2006 年 5 月 17 日公布的《首次公开发行股票并上市管理办法》。上市公司增发股票，应该符合中国证监会于 2006 年 5 月 7 日公布的《上市公司证券发行管理办法》。

(3) 公司债券的发行条件。公开发行公司债券应符合相应的条件(详见第三章公司法)。

上市公司发行可转换为股票的公司债券时，除应符合上述规定外，还应符合《证券法》关于公开发行股票的条件，并报证券监管机构核准。

3. 证券发行的保荐制度

证券发行中的相关制度包括证券发行信息公开制度和证券发行保荐制度等。保荐制度是证券法修订的新增内容。保荐制度，又称保荐人制度，是指由具有保荐资格的保荐人负责公开发行和上市证券的推荐和辅导，并对所推荐的发行人公开的信息质量和所作承诺依法进行审查并承担信用担保责任，督导发行人规范运作的制度。保荐人具有债券发行人的推荐人与担保人的双重身份，承担法定的推荐责任和连带担保责任，从而形成了对发行人的持续性监督机制。

《证券法》规定，在以下两种情形下，发行人应当聘请具有保荐资格的机构担任保荐人：①申请公开发行股票、可转换为股票的公司债券，依法采取承销方式的；②公开发行法律、行政法规规定实行保荐制度的其他证券的。

保荐人应当遵守业务规则和行业规范，诚实守信，勤勉尽责，对发行人的申请文件和信息披露资料进行审慎核查，督导发行人规范运作。

保荐人的资格及其管理办法由国务院证券监督管理机构规定。

三、证券的承销

1. 证券承销的概念

证券承销是指证券公司等证券经营机构依照承销协议包销或者代销发行人发行的股票和债券，并收取承销费用的行为。证券承销是证券间接发行时所采用的发行方式。

2. 证券承销的方式

我国证券承销分代销和包销两种方式。

(1) 证券代销。是指证券公司代发行人发售证券，在承销期结束时，将未售出的证券全部退还给发行人的承销方式。在代销方式下，发行人承担证券未售出的全部责任，证券公司免去了承担发行失败的风险。

(2) 证券包销。是指证券公司将发行人的证券按照协议全部购入或者在承销期结束后将剩余证券全部自行购入的承销方式。在包销方式下，证券公司承担证券发行失败的风险。证券包销分为全额包销和余额包销。

(3) 特殊的承销方式：承销团承销。承销团承销，又称联合承销，是指两个和两个以上的承销商组成承销团代替发行人向投资者出售证券的承销方式。我国《证券法》规定，向不特定对象公开发行的证券票面总值超过人民币 5 000 万元的，应当由承销团承销。承销团应当由主承销和参与承销的证券公司组成。

3. 证券承销的限制性规定

(1) 证券的代销、包销期限最长不得超过 90 日。

(2) 禁止事先预留所承销的证券。证券公司在代销、包销期内，对所代销、包销的证券应当保证先行出售给认购人，证券公司不得为本公司预留所代销的证券和预先购入并留存所包销的证券。

(3) 股票发行采取溢价发行的，其发行价格由发行人与承销的证券公司协商确定。

(4) 股票发行采用代销方式，代销期限届满，向投资者出售的股票数量未达到拟公开发行股票数量 70%的，为发行失败。发行人应当按照发行价并加算银行同期存款利息返还股票认购人。

承销期满后15日内,应当将承销情况报证监会备案。报告的承销情况主要是指承销合同的履行,其核心内容涉及证券发行的数量、比例和所筹得的资金,以及有无违法或违约。

第三节 证券交易

一、证券交易的一般规定

1. 交易证券的性质

可以上市交易的证券必须是按照有关法律规定的条件和程序发行的,并且已经交付给投资者的证券。非依法定程序发行的证券,不得买卖。

2. 证券交易的时间

依法发行的股票、公司债券及其他证券,法律对其转让期限有限制性规定的,在限定期限内不得买卖。如公司法规定,股份有限公司发起人持有的公司股份,一年内不得转让。

3. 证券交易的地点

经依法核准上市交易的股票、公司债券及其他证券,应当在上海或深圳证券交易所挂牌交易或者在国务院批准的其他证券交易场所转让。未上市股票则在依法设立的场外证券交易市场进行交易,价格由交易双方协商确定。

4. 证券交易的价格

在证券交易所挂牌交易的证券,采用公开的集中竞价交易方式,实行价格优先、时间优先原则,即多个买主与卖主之间,出价最低的卖主与进价最高的买主优先成交;出价相同时,最先出价者优先成交。

二、证券上市

1. 证券上市的概念

证券上市是指发行人发行的证券,依法定条件和程序,在证券交易所或其他法定交易市场公开挂牌交易的法律行为。在证券交易所内买卖的证券称为上市证券,发行上市证券的公司称为上市公司。证券上市是连接发行市场和流通市场的中间环节。

2. 证券上市的条件

(1) 股票上市的条件。股票上市必须具备的条件有:

- 股票经国务院证券监管机构核准已公开发行;
- 公司股本总额不少于人民币3000万元;

• 公开发行的股份达到公司股份总额的25%以上；公司股本总额超过人民币4亿元的，公开发行股份的比例为10%以上；

• 公司最近3年无重大违法行为，财会报告无虚假记载。

证券交易所可以规定高于上述《证券法》规定的条件，并报国务院证券监管机构批准。

股票上市须由证券发行人向证券交易所提出申请并报送相关文件，证券交易所依法审核同意后，由上市申请人与证券交易所签订上市协议，并由成功申请上市的公司在法定期限内公告有关文件。经过上述程序后，股票就可以在证券交易所挂牌交易了。

(2) 公司债券上市的条件。公司债券上市必须具备的条件有：

• 公司债券的期限为1年以上；

• 公司债券实际发行额不少于人民币5000万元；

• 还须符合公司债券发行的法定条件。

公司债券上市的程序与股票的上市程序大致相同。

3. 信息公开制度

上市公司在证券发行和交易过程中，必须真实、准确、完整、及时地按照法律规定的形式向公众投资者公开一切有关公司的重要信息。从而使证券能够在有效、公开、知情的市场中进行交易。信息公开制度，既包括证券发行时的发行公告，也包括日后的持续信息公开。

(1) 发行信息披露，又称初始信息披露，是证券公开发行时发行人依法承担的信息披露义务，是为了向社会公众募集或发行证券而进行的信息披露。发行信息披露主要包括首次公开发行股票并上市的信息披露和公司债券发行与上市的信息披露。

获准发行股票、公司债券的公司，应向社会公开股票发行的招股说明书及债券发行的公司债券募集办法，并将其置备于法定场所供公众查阅。发行公司债券或者发行新股的，还应当公告财务会计报告。

(2) 持续信息披露，可以是定期报告或临时报告两种形式。

定期报告　主要包括年度报告和中期(半年)报告。

年度报告，是最重要的定期报告，是指在每个会计年度结束时，由信息披露义务人依法制作并提交的、反映信息披露义务人本会计年度生产经营状况、财务情况等重大信息的法律文件。股票或公司债券上市交易的公司应当在每一会计年度结束之日起4个月内向国务院证券监管机构和证券交易所提交年度报告，并公告。

半年度报告，又称中期报告，是指在每个会计年度的上半年结束时，由信息披露义务人依法制作并提交的、反映信息披露义务人1年中前6个月的生产经营状况、财务情况等重大信息的法律文件。《证券法》规定，股票或公司债券上市交易的公司应在每一会计年度的上半年结束之日起2个月内向国务院证券监管机构机和证券交易所提交中期报告，并公告。

临时报告　临时报告是指信息披露义务人依法编制的反映公司重大事件的法律文件。《证券法》规定，发生可能对上市公司股票交易价格产生较大影响的重大事件，投资者尚未得知时，上市公司应当立即将有关该重大事件的情况向国务院证券监管机构和证券交易所报送临时报告，并予公告，说明事件的起因、目前的状态和可能产生的法律后果。

《证券法》还明确列举了下列事项为重大事件：①公司的经营方针和经营范围的重大变化；②公司的重大投资行为和重大的购置财产的决定；③公司订立重要合同，可能对公司的财产、负债、权益和经营成果产生重要影响；④公司发生重大债务和未能偿清到期重大债务的违约情况；⑤公司发生重大亏损或者重大损失；⑥公司生产经营的外部条件发生的重大变化；⑦公司的董事、1/3以上监事或者经理发生变动；⑧持有公司5%以上股份的股东或者实际控制人，其持有股份或者控制公司的情况发生较大变化；⑨公司减资、合并、分立、解散及申请破产的决定；(10)涉及公司的重大诉讼，股东大会、董事会决议被依法撤销或者宣告失效；⑪公司涉嫌犯罪被司法机关立案调查，公司董事、监事、高管人员涉嫌犯罪被司法机关采取强制措施；⑫国务院证券监管机构规定的其他事项。

? 学生提问：证券发行中发布虚假信息，使投资者遭受损失，应该由谁负责呢？

教师回答：应该由发行公司负责，承担赔偿责任；公司的董事、监事、高级管理人员和其他直接责任人员，以及保荐人、承销人，应当承担连带赔偿责任，除非能够证明自己没有过错；公司的控股股东、实际控制人过错的，也承担连带赔偿责任。制度的设计保障了投资人的知情权。

4. 证券上市的暂停与终止

证券在证券交易所上市交易后，某些法定情形的出现会导致证券上市的暂停或终止。前者是指发生法定原因时，上市证券暂时停止其在证券交易所挂牌交易的情形，暂停原因消除后既可恢复上市；后者是指发生法定原因时，原上市证券被取消上市资格，不能在证券交易所继续挂牌交易的情形。

三、证券交易

1. 证券交易的概念和法律特征

证券交易是指当事人之间在法定交易场所，按照特定交易规则，对依法发行并交付的证券进行买卖的行为。

证券交易是证券转让的一种，证券交易具有下列法律特征，①证券交易必须在法定交易场所进行；②证券交易是一种特定权利的买卖，该权利具有财产价值；③证券交易有其特定的交易规则；④证券交易是一种标准化合同的买卖，这是由每一种证券的面值均等决定的；⑤证券交易的对象是依法发行并交付的证券，非依法发行的证券不得买卖，而且证券必须已经到达原始投资者手中。

2. 证券交易的基本类型

目前实践中，证券交易的主要类型有：

(1) 现货交易，是指证券交易的双方当事人在成交后很短的时间内清算交割证券和价款的交易方式。现货交易中，证券出卖人必须持有证券，证券购买人必须持有相应货币，成交日期与交割日期间隔短(国际上一般不超过 20 日)，交易风险较低，是各国证券的主要形式。

(2) 期货交易，又称期货合约交易，与现货交易相对。是指交易双方成交后，清算和交割要按契约中规定的价格在远期进行。期货交易具有预先成交、定期交割和价格独立的特点，交易双方在达成合约时无意等到指定日期实际交割证券资产，通常是在买进期货合约后的适当时机再卖出，以谋取利益或减少损失，从而出现“多头交易”和“空头交易”。

(3) 期权交易，又称选择权交易，是指当事人为获得证券市场价格波动带来的利益，约定在一定时期内，以特定价格买进或者卖出指定证券，或者放弃买进或卖出指定证券的交易。期权的买方拥有执行期权的权利，无执行的义务；期权的卖方则仅有履行期权的义务。

(4) 信用交易。广义的信用交易包括买卖双方互相给予信用，涵盖期货交易、期权交易、保证金交易、证券抵押贷款等，狭义上仅指保证金交易。狭义的信用交易是指投资者自己提供保证金并申请取得经纪人信用，在买进证券时由经纪人提供贷款，在卖出证券时由经纪人贷给证券而进行的交易。我国《证券法》修改以后虽然没有明确信用交易的具体种类，但为信用交易预留了空间。

3. 证券交易方式

在我国，证券交易方式的典型形式是集中竞价交易，除此之外，协议转让、裁判转让、报价转让(也称做市商制度)、大宗交易、回购交易等非集中竞价交易也是重要的证券交易方式。

4. 禁止的交易行为

(1) 禁止内幕交易。内幕交易，是指证券交易内幕信息的知情人员利用内幕信息进行证券交易的行为。证券交易内幕信息的知情人和非法获得内幕信息的人，在内幕信息公开前，不得买卖该公司的证券，或者泄露该信息，或者建议他人买卖该证券。

内幕人员的界定　证券交易内幕信息的知情人包括：①发行人的董事、监事、高级管理人员；②持有公司5%以上股份的股东及其董事、监事、高级管理人员，公司的实际控制人及其董事、监事、高级管理人员；③发行人控股的公司及其董事、监事、高级管理人员；④由于所任公司职务可以获取公司有关内幕信息的人员；⑤证券监督管理机构工作人员以及由于法定职责对证券的发行、交易进行管理的其他人员；⑥保荐人、承销的证券公司、证券交易所、证券登记结算机构、证券服务机构的有关人员；⑦国务院证券监督管理机构规定的其他人。

内幕信息的界定　证券交易活动中，涉及公司的经营、财务或者对该公司证券的市场价格有重大影响的尚未公开的信息，为内幕信息。

内幕信息包括：①应提交临时报告的12项重大事件；②公司分配股利或者增资的计划；③公司股权结构的重大变化；④公司债务担保的重大变更；⑤公司营业用主要资产的抵押、出售或者报废1次超过该资产的30%；⑥公司的董事、监事、高级管理人员的行为可能依法承担重大损害赔偿责任；⑦上市公司收购的有关方案；⑧国务院证券监督管理机构认定的对证券交易价格有显著影响的其他重要信息。

(2) 禁止操纵市场，主要有以下规定：

• 禁止单独或者通过合谋，集中资金优势、持股优势或者利用信息优势联合或者连续买卖，操纵证券交易价格或者证券交易量；

• 禁止与他人串通，以事先约定的时间、价格和方式相互进行证券交易，影响证券交易价格或者证券交易量；

• 禁止在自己实际控制的账户之间进行证券交易，影响证券交易价格或者证券交易量；

• 禁止以其他手段操纵证券市场。

(3) 禁止制造或传播虚假信息。禁止国家工作人员、传播媒介从业人员和有关人员编造、传播虚假信息，扰乱证券市场。

禁止证券交易所、证券公司、证券登记结算机构、证券服务机构及其从业人员，证券业协会、证券监督管理机构及其工作人员，在证券交易活动中作出虚假陈述或者信息误导。各种传播媒介传播证券市场信息必须真实、客观，禁止误导。

(4) 禁止欺诈客户。禁止证券公司及其从业人员从事下列损害客户利益的欺诈行为：

• 违背客户的委托为其买卖证券；

• 不在规定时间内向客户提供交易的书面确认文件；

• 挪用客户所委托买卖的证券或者客户账户上的资金；

• 未经客户的委托，擅自为客户买卖证券，或者假借客户的名义买卖证券；

• 为牟取佣金收入，诱使客户进行不必要的证券买卖；

• 利用传播媒介或者通过其他方式提供、传播虚假或者误导投资者的信息；

• 其他违背客户真实意思表示，损害客户利益的行为。

(5) 其他禁止行为，主要有以下几项：

• 禁止法人非法利用他人账户从事证券交易；禁止法人出借自己或者他人的证券账户。

• 禁止资金违规流入股市。

• 禁止任何人挪用公款买卖证券。

证券交易所、证券公司、证券登记结算机构、证券服务机构及其从业人员如果在证券交易中发现了禁止的交易行为，应当及时向证券监督管理机构报告。

第四节　上市公司收购

一、上市公司收购的概念和法律特征

1. 上市公司收购的概念

上市公司收购是指收购人以获得上市公司的股份控制权或合并该公司而进行的批量股份购买行为。它是公司并购的一种重要形式，也是实现公司间兼并控制的重要手段。被收购公司也称为目标公司。

2. 上市公司收购的法律特征

上市公司收购不同于一般意义上的兼并、合并和股份转让，上市公司收购主要的法律特征有：

• 目标公司是股票公开上市的股份有限公司，其股份掌握在众多投资者手中；

• 上市公司收购无需经过目标公司经营者的同意；

• 上市公司收购的目的不单纯是投资，而是获得目标公司的控制权或对其实施兼并；

• 收购人须通过证券市场向多个投资者批量购买股份，从个别投资者手中购买股份的一般不称为收购。

二、上市公司的收购方式

投资者可以采取要约收购、协议收购及其他合法方式收购上市公司。

要约收购是指收购人通过向被收购公司的全体股东发出购买其所持该公司股份的书面意思表示，并按照其依法公告的收购要约中所规定的收购条件、收购价格、收购期限以及其他规定事项收购目标公司的股份的收购方式。《证券法》规定，通过证券交易所的证券交易，投资者持有或者通过协议、其他安排与他人共同持有一个上市公司已发行的股份达到30%时继续进行收购的，应当依法向该上市公司所有股东发出收购上市公司全部或者部分股份的要约。

协议收购是指收购人通过与被收购公司的管理层或股东反复磋商，达成书面转让股权的协议，并按照协议所约定的收购条件、收购价格、收购期限以及其他事项，收购目标公司股份的收购方式。协议收购是"一对一"谈判达成的，在理论上应属于一般的股权转让，但我国上市公司存在大量国有股、法人股不能在交易所流通，而且其转让可能涉及公有财产，不同于一般当事人之间的协议转让，所以证券法对协议收购进行了规定。

三、投资者的信息披露义务

通过证券交易所的证券交易，投资者持有或者通过协议、其他安排与他人共同持有一个上市公司已发行的股份达到5%时，应当在该事实发生之日起3日内，向国务院证券监督管理机构、证券交易所作出书面报告，通知该上市公司，并予公告；在上述期限内，不得再行买卖该上市公司的股票。

投资者持有或者通过协议、其他安排与他人共同持有一个上市公司已发行的股份达到5%后，其所持该上市公司已发行的股份比例每增加或者减少5%，应当依照前款规定进行报告和公告。在报告期限内和作出报告、公告后2日内，不得再行买卖该上市公司的股票。

四、上市公司收购的原则和程序

1. 上市公司收购的基本原则

上市公司收购的基本原则有：

(1) 目标公司股东待遇平等原则；

(2) 充分披露原则；

(3) 保护社会公众投资者利益原则；

(4) 保护中小股东利益原则。

2. 上市公司收购的程序

(1) 要约收购的程序：

• 置备并向国务院证券监管机构报送上市公司收购报告书，同时应当将收购报告书提交证券交易所；

• 收购人报送收购报告书之日起 15 日后，公告其收购要约；证券监管机构在报送之日起 15 日内发现收购报告书不符合规定的，应及时告知收购人，收购人不得公告其收购要约；收购要约约定的收购期限不得少于 30 日，并不得超过 60 日；

• 收购(股东可以根据自己的意愿办理股票预售手续，要约期满收购人可根据要约规定和股票预售情况全面收购或按比例部分收购)；收购要约的期限届满时，如果收购人持有的被收购公司的股份数达到该公司已发行的股份总数的 75% 以上的，该上市公司的股票应当在证券交易所终止上市交易；

• 上市公司收购结束后，收购人在 15 日内将收购情况报告国务院证券监管机构和证券交易所，并予公告。

(2) 协议收购的程序：

• 收购人与目标公司的股东就股权转让问题进行协商，并拟定协议草案。

• 协议草案经双方或各方有关机构批准。

• 签订收购协议。

• 达成协议后的 3 日内，收购人将该协议向国务院证券监管机构及证券交易所报告，并予公告；在公告之前不得履行协议。

• 履行收购协议。

• 收购结束后报告与公告。

3. 上市公司收购的法律后果

(1) 收购成功。收购结束后，收购人所持有的被收购的上市公司股份比例达 50%及以上，为收购成功，收购人取得目标公司的控制权。

(2) 收购失败。要约收购期满，收购人持有的普通股未达到该公司发行在外的股份总数的 50%的，为收购失败。收购要约人除发出新的收购要约外，其以后每年购买的该公司发行在外的普通股，不得超过该公司发行在外的普通股总数的 5%。

参考案例	9-1

2009 年 5 月，建华上市公司已发行股份 100 万股。经查，近期在证券交易所发生了四起买卖建华股票的行为：

(1) 李某于6月8日10时,在持有该股票3万股的情况下,购进1万股;同日15时,再次购进5000股。

(2) 王某于6月8日11时,在持有该股票4万股的情况下,购进1万股;次日10时,卖出1万股。

(3) 张某于6月8日14时,在持有该股票3.5万股的情况下,购进1.5万股;6月10日16时,购进5000股。

(4) 赵某于6月8日15时,在持有该股票2.5万股的情况下,购进1.5万股;次日14时,卖出1万股。问:上述哪些行为违反了《证券法》的规定?

分析:第(2)起行为和第(3)起行为,即王某和张某的行为违反了《证券法》关于投资人的信息披露义务。在这两种情形下,投资人通过证券交易所的证券交易,持有一个上市公司已发行的股份达到5%,应当在该事实发生之日起3日内,向国务院证券监督管理机构、证券交易所作出书面报告,通知该上市公司,并予公告。在这3日内,不得再行买卖该上市公司的股票。

第五节 证券机构

证券市场的主体主要由证券发行人、证券投资者和证券市场中介机构,即证券经营机构和证券服务机构构成。另外,证券业协会和证券交易所作为证券市场监管机构及自律组织,通过制定和执行相关规章、规则来维护证券市场的秩序,保证证券交易的安全和快捷。

一、证券交易所

1. 证券交易所的概念

证券交易所是为证券集中交易提供场所和设施,组织和监督证券交易,实行自律管理的法人。证券交易所既不直接买卖证券,也不决定证券价格,只是为买卖证券的当事人提供场所和各种服务。我国目前有两家证券交易所,即1990年12月设立的上海证券交易所和1991年7月设立的深圳证券交易所。证券交易所的设立和解散,由国务院决定。

2. 证券交易所的法律性质

(1) 证券交易所是为证券集中交易提供设施和服务的主体。证券交易分为场内交易和场外交易,证券交易所属于场内交易市场,是各国证券市场的典型组织形式。

(2) 证券交易所是组织和监督证券交易的主体。证券交易所主要功能之一是组织证券交易和监督证券交易，包括接受申报、撮合成交、发布证券交易行情、公布证券交易信息、制定证券交易规则；实时监控证券交易、监督证券发行人履行信息披露义务、处理异常交易等。证券交易所对证券交易实行组织和监督，从而维护证券市场交易秩序，保护投资者的利益。

(3) 证券交易所是实行行业自律管理的主体。证券交易所对其会员、上市公司和证券交易活动的监管强制性，体现在会员或上市公司一旦违反自律性规则，将受到自律性组织章程或规则的制裁，严重的将被取消会员或上市公司资格。证券交易所处于证券市场的一线监管地位，对于弥补政府监管的不足、弥补市场失灵、维护证券市场秩序起到了重要作用。

二、证券公司

1. 证券公司的概念

证券公司是指依照公司法的规定并经国务院证券监督管理机构审查批准的，专门从事证券经营业务，具有独立法人地位的金融机构。可以是有限责任公司，也可以是股份有限公司。证券公司必须在其名称中标明证券有限责任公司或者证券股份有限公司字样。

证券公司是证券市场的重要主体，是证券市场不可或缺的部分。证券公司是连接证券发行、上市、交易、清算、交收等环节，保证证券市场稳步发展的媒介和纽带。1987 年中国人民银行批准第一家证券公司成立，1998 年《证券法》颁布明确确立了证券公司独立的法律地位。

2. 证券公司的业务范围

经国务院证券监督管理机构批准，证券公司可以经营下列部分或者全部业务：①证券经纪；②证券投资咨询；③与证券交易、证券投资活动有关的财务顾问；④证券承销与保荐；⑤证券自营；⑥证券资产管理；⑦其他证券业务。

3. 证券公司的设立条件

设立证券公司，应当具备下列条件：

(1) 有符合法律、行政法规规定的公司章程。

(2) 主要股东具有持续盈利能力，信誉良好，最近 3 年无重大违法违规记录，净资产不低于人民币 2 亿元。

(3) 有符合规定的注册资本：经营业务属第①项至第③项范围的，注册资本最低限额为人民币 5 千万元；经营业务属第④项至第⑦项范围之一的，注册资本最低限额为人民币 1 亿元；经营业务属第④项至第⑦项范围中两项以上的，注册资本最低限额为人民币 5 亿元。证券公司的注册资本必须是实缴资本。

(4) 董事、监事、高级管理人员具备任职资格，从业人员具有证券从业资格。

(5) 有完善的风险管理与内部控制制度。

(6) 有合格的经营场所和业务设施。

(7) 法律、行政法规规定的和经国务院批准的国务院证券监督管理机构规定的其他条件。

? 学生提问:不同的证券公司,业务范围会不同吗?

教师回答:是的。证券公司的业务范围和注册资本有关,比如一家注册资本为6千万元的证券公司,可以从事证券经纪、证券投资咨询等业务,但是不能从事证券自营、证券承销、证券保荐等业务。

4. 经营管理和风险控制规制

(1) 证券公司的自营业务必须以自己的名义进行,不得假借他人名义或者以个人名义进行。

(2) 证券公司客户的交易结算资金应当存放在商业银行,以每个客户的名义单独立户管理。

证券公司不得将客户的交易结算资金和证券归入其自有财产。禁止任何单位或者个人以任何形式挪用客户的交易结算资金和证券。

(3) 证券公司破产或者清算时,客户的交易结算资金和证券不属于其破产财产或者清算财产。

(4) 客户的证券买卖委托,不论是否成交,其委托记录应当按照规定的期限,保存于证券公司。

(5) 证券公司办理经纪业务,不得接受客户的全权委托而决定证券买卖、选择证券种类、决定买卖数量或者买卖价格。

证券公司不得以任何方式对客户证券买卖的收益或者赔偿证券买卖的损失作出承诺。

(6) 证券公司的从业人员在证券交易活动中,执行所属的证券公司的指令或者利用职务违反交易规则的,由所属的证券公司承担全部责任。

(7) 证券公司应当妥善保存客户开户资料、委托记录、交易记录和与内部管理、业务经营有关的各项资料,任何人不得隐匿、伪造、篡改或者毁损。上述资料的保存期限不得少于20年。

三、证券登记结算机构

1. 证券登记结算机构的概念

证券登记结算机构是指为证券交易提供集中的登记、存管与结算服务，不以营利为目的的法人。在我国，设立证券登记结算机构，须经证券监管机构特许。

2. 证券登记结算机构的设立

国际上，证券登记结算机构的设立模式主要包括中央统一登记结算机构与分散登记结算机构两种。我国原来设有上海和深圳两个登记结算公司，2001 年统一为中国证券登记结算有限责任公司。

根据《证券法》的规定，设立证券登记结算机构须具备下列条件：

(1) 自有资金不少于人民币 2 亿元。

(2) 具有证券登记、存管和结算服务所必须的场所和设施。

(3) 主要管理人员和从业人员必须具有证券从业资格。

(4) 名称中应当标明证券登记结算字样。

(5) 证券监管机构规定的其他条件。

3. 证券登记结算机构的职能

(1) 证券账户、结算账户的设立。

(2) 证券的存管和过户。

(3) 证券持有人名册登记。

(4) 证券交易所上市证券交易的清算与交收。

(5) 受发行人的委托派发证券权益。

(6) 办理与上述业务有关的查询。

(7) 证券监管机构批准的其他业务。

四、证券服务机构

证券服务机构是指为证券的发行、交易和相关投资活动提供专业服务的中介机构。主要包括证券投资咨询机构、证券资信评估机构、律师事务所、会计师事务所、资产评估机构等。

1. 证券投资咨询机构及其从业人员的义务和责任

证券投资咨询机构及其从业人员不得有下列行为。

(1) 代理委托人从事证券投资。

(2) 与委托人约定分配证券投资收益或分担投资损失。

(3) 买卖本咨询机构提供服务的上市公司的股票。

(4) 利用传播媒介或其他方式提供、传播虚假或误导性信息。

(5) 法律法规禁止的其他行为。

有上述行为之一并给投资者造成损失的,依法承担赔偿责任。

2. 证券服务机构的连带赔偿责任

证券服务机构出具法律意见书、审计报告、资产评估报告、资信评级报告等文件、应当勤勉尽责,对所制作的文件资料的真实性、准确性、完整性负责。若有虚假记载、误导性陈述或重大遗漏给他人造成损失的,应当与发行人、上市公司承担连带赔偿责任,除非能够证明自己没有过错。

参考案例 9-2

李伟是一家证券投资咨询机构的从业人员,他经常代理个人投资客户从事证券投资,并于客户约定分享证券投资收益;因为对本投资咨询公司提供服务的上市公司比较了解,经常买卖这些上市公司的股票;还经常热情地为客户提供证券投资建议。问:李伟的这些行为合法吗?

分析:李伟的上述行为,只有为客户进行证券投资提出建议是合法的,其他都属于《证券法》禁止的行为。如果因此给投资者造成损失,应当承担赔偿责任。

五、证券业协会

证券业协会,又称证券业同业公会,是依法设立的对证券行业进行自律性管理的具有法人资格的社会团体组织。《证券法》强制规定证券公司应当加入证券业协会。证券业协会的权利机构是会员大会,会员大会由证券业协会的全体会员组成。

六、证券监督管理机构

我国证券业监管体制是由国务院证券监管委员会集中统一监管,辅以证券业协会和证券交易所的自律管理。

目前我国的证券监督管理机构是中国证券监督管理委员会,简称证监会。它成立于 1992 年,属国务院正部级事业单位,是全国证券期货市场的主管部门。它根据国务院的授权履行其行政监管职能,依法对全国证券业和期货业进行集中统一监管。

2005 年修订的《证券法》新增了跨境监管合作机制。目前,我国主要通过与其他国家或地区签署合作备忘录的方式来实现对外合作和跨境监管。

第六节　法律责任

证券违法行为是行为人在证券发行与交易过程中违反证券法律、法规的行为。证券违法行为可分为两类：一般的违法行为和严重的违法行为、即犯罪行为，具体包括内幕交易、操纵市场、欺诈客户和其他证券违法行为。依不同情形，违法行为人应承担民事责任、行政责任和刑事责任。违反证券法规定，应当承担民事赔偿责任和缴纳罚款、罚金等行政责任，其财产不足以同时支付时，先承担民事赔偿责任。

一、违反证券发行规定的法律责任

未经法定机关核准，擅自公开或者变相公开发行证券的，责令停止发行，退还所募资金并加算银行同期存款利息，处以非法所募资金金额1%以上5%以下的罚款；对擅自公开或者变相公开发行证券设立的公司，由依法履行监督管理职责的机构或者部门会同县级以上地方人民政府予以取缔。对直接负责的主管人员和其他直接责任人员给予警告，并处以3万元以上30万元以下的罚款。

发行人不符合发行条件，以欺骗手段骗取发行核准，尚未发行证券的，处以30万元以上60万元以下的罚款；已经发行证券的，处以非法所募资金金额1%以上5%以下的罚款。对直接负责的主管人员和其他直接责任人员处以3万元以上30万元以下的罚款。

发行人的控股股东、实际控制人指使从事上述违法行为的，依照上述规定处罚。

二、证券机构违法的法律责任

证券公司承销或者代理买卖未经核准擅自公开发行的证券的，责令停止承销或者代理买卖，没收违法所得，并处以违法所得1倍以上5倍以下的罚款；没有违法所得或者违法所得不足30万元的，处以30万元以上60万元以下的罚款。给投资者造成损失的，应当与发行人承担连带赔偿责任。对直接负责的主管人员和其他直接责任人员给予警告，撤销任职资格或者证券从业资格，并处以3万元以上30万元以下的罚款。

证券公司承销证券，有下列行为之一的，责令改正，给予警告，没收违法所得，可以并处30万元以上60万元以下的罚款；情节严重的，暂停或者撤销相关业务许可。给其他证券承销机构或者投资者造成损失的，依法承担赔偿责任。对直接负责的主管人员和其他直接责任人员给予警告，可以并处3万元以上30万元以下的罚款；情节严重的，撤销任职资格或者证券从业资格：

(1) 进行虚假的或者误导投资者的广告或者其他宣传推介活动。

(2) 以不正当竞争手段招揽承销业务。

(3) 其他违反证券承销业务规定的行为。

证券公司成立后,无正当理由超过 3 个月未开始营业的,或者开业后自行停业连续 3 个月以上的,由公司登记机关吊销其公司营业执照。

证券交易所、证券公司、证券登记结算机构、证券服务机构的从业人员或者证券业协会的工作人员,故意提供虚假资料,隐匿、伪造、篡改或者毁损交易记录,诱骗投资者买卖证券的,撤销证券从业资格,并处以 3 万元以上 10 万元以下的罚款;属于国家工作人员的,还应当依法给予行政处分。

三、违反证券交易规定的法律责任

证券交易内幕信息的知情人或者非法获取内幕信息的人,在涉及证券的发行、交易或者其他对证券的价格有重大影响的信息公开前,买卖该证券,或者泄露该信息,或者建议他人买卖该证券的,责令依法处理非法持有的证券,没收违法所得,并处以违法所得 1 倍以上 5 倍以下的罚款;没有违法所得或者违法所得不足 3 万元的,处以 3 万元以上 60 万元以下的罚款。单位从事内幕交易的,还应当对直接负责的主管人员和其他直接责任人员给予警告,并处以 3 万元以上 30 万元以下的罚款。证券监督管理机构工作人员进行内幕交易的,从重处罚。

操纵证券市场的,责令依法处理非法持有的证券,没收违法所得,并处以违法所得 1 倍以上 5 倍以下的罚款;没有违法所得或者违法所得不足 30 万元的,处以 30 万元以上 300 万元以下的罚款。单位操纵证券市场的,还应当对直接负责的主管人员和其他直接责任人员给予警告,并处以 10 万元以上 60 万元以下的罚款。

四、证券市场禁入处罚

违反法律、行政法规或者国务院证券监督管理机构的有关规定,情节严重的,国务院证券监督管理机构可以对有关责任人员采取“证券市场禁入”的措施。所谓证券市场禁入,是指在一定期限内直至终身不得从事证券业务或者不得担任上市公司董事、监事、高级管理人员的制度。

【引例评析】

(1) 甲公司具备发行公司债券的主体资格。

(2) 甲公司的净资产符合发行债券的条件。《证券法》规定,拟发行证券的有限责任公司净资产不低于 6000 万元。本题中甲公司的净资产为 18000 万元,符合法律规定。

甲公司的可分配利润符合法律规定。《证券法》规定，公司发行债券，其最近 3 年的可分配利润足以支付公司债券 1 年的利息。本题中，甲公司最近 3 年的可分配利润为 1 600 万元，足以支付债券的利息 320 万元。

(3) 公司发行债券的数额不符合法律规定。《证券法》规定，公司发行债券累计余额不得超过净资产的 40%。本题中，甲公司发行 8 000 万元的债券，超过了 18 000万元净资产的 40%。

募集资金的用途不符合法律规定。《证券法》规定，公开发行公司债券募集的资金，必须用于核准的用途，不得用于弥补亏损和非生产性支出。本题中，甲公司所募集的债券，有 1 000 万元用于修建职工文体活动中心，属于非生产性支出。

债券的期限符合法律规定。《证券法》规定，公司债券上市，其债券的期限应当为 1 年以上，本题中甲公司的债券的期限为 3 年。

(4) 甲公司拟发行的债券由丁承销商包销不符合法律规定。根据证券法，向不特定对象公开发行的证券票面总值超过人民币 5 000 万元的，应当由承销团承销。

承销期限不符合法律规定。根据《证券法》，证券代销、包销的期限最长不得超过 90 日。

包销的方式不符合法律规定。根据《证券法》，证券公司不得为本公司预先购入并留存所包销的证券。

【小结】

重点阐述了《证券法》规定的证券发行、承销、上市、交易、监管等证券活动中，证券发行审核制度、发行和交易的规则、保荐制度、信息披露制度、证券市场主体资格制度、证券经营机构的风险管理制度、上市公司收购的一般规则、证券市场监管制度等相关规定。简要介绍了证券发行人、证券公司、证券交易所、证券登记结算机构、证券服务机构、证券业协会等主体，以及证券违法行为的法律责任。

【复习与思考】

1. 名词解释

证券发行　证券承销　证券上市　内幕交易　证券公司

2. 思考题

(1) 证券的种类。

(2) 证券法的基本原则。

(3) 股票上市的条件。

(4) 证券交易的禁止性规定。

(5) 证券发行的保荐人制度。

3. 选择题(含多项选择)

(1) 发行公司债券,股份有限公司的净资产不得低于(　　)。

A. 500 万元　　B. 1000 万元

C. 3000 万元　　D. 5000 万元

(2) 下列关于股票和债券的表述中,正确的有(　　)。

A. 股票和债券都属于投资证券

B. 法律对股票和债券的发行条件有不同的规定

C. 有限责任公司和股份有限公司都可以发行股票和债券

D. 股票和债券都属于有价证券

要点提示:有限责任公司不可以发行股票。

4. 案例分析题

建华上市公司决定通过发行新股募集资金,用以扩大生产规模。在董事会草拟的方案中有以下主要内容:本次发行面值人民币 8000 万元的新股,全部向社会公开募集;委托银河证券公司独家代销,代销期为 95 日;为保证发行工作的顺利开展,准备向证券管理机构、证券交易所的有关人员每人送 1000 股;考虑到受股本扩张的影响,因此预期股票利率比同期银行利率低 0.1%。

问题:建华公司董事会草拟的方案中有哪些错误?

要点提示:我国《证券法》规定,向社会公开发行的证券票面总值超过人民币 5000万元的,应当由承销团承销;证券的代销、包销期限最长不得超过 90 日;证券交易所、证券管理机构的工作人员,在任期或法定期限内不得直接或化名、借他人名义持有、买卖股票,也不能收受他人赠送的股票;《公司法》规定,发行新股的预期利润率不得低于同期银行存款利率。

第四篇　市场运行规制法律制度

第十章　经济竞争法律制度

【引例】

甲旅行社的欧洲部副经理李某，在劳动合同未到期时提出辞职，未办移交手续即到了乙旅行社，并将甲社的欧洲合作伙伴情况、旅游路线设计、报价方案和客户资料等信息带到乙社。乙社原无欧洲业务，自李某加入后欧洲业务猛增，成为甲社的有力竞争对手。现甲社向人民法院起诉乙社和李某侵犯商业秘密。

问题：

1. 法院如认定乙社和李某侵犯甲社的商业秘密，须审查什么事实？
2. 如法院判定乙社和李某侵权成立，确定其赔偿责任可以采用何种办法？

【学习目标】

通过本章的学习，你应该能够：

(1) 了解不正当竞争的概念和特征；
(2) 了解反不正当竞争法的基本原则；
(3) 掌握不正当竞争行为；
(4) 了解反垄断法的定义、性质、地位和作用；
(5) 掌握垄断行为的认定、调查和法律责任；
(6) 了解产品质量的概念；
(7) 掌握产品质量的管理与监督体系；生产者、销售者不同的义务和责任；
(8) 掌握消费者和经营者的权利义务。

第一节 反不正当竞争法

一、不正当竞争的概念和特征

1. 不正当竞争的概念

不正当竞争，是指经营者违反反不正当竞争法的规定，损害其他经营者的合法权益，扰乱社会经济秩序的行为。不正当竞争是非法竞争的一种形态。

2. 不正当竞争的特征

(1) 主体特定。不正当竞争的行为主体，只能是从事竞争活动的经营者。并且必须是发生在市场交易中，即发生在商品买卖、提供劳务和服务过程中。

(2) 主观有过错。经营者主观有过错，必须因故意或过失，实施了不正当竞争行为。

(3) 行为的损害性。经营者所实施的违反自愿、平等、公平、诚实信用原则和公认的商业道德的行为，必须损害了其他经营者的合法权益、或扰乱了社会经济秩序。

二、反不正当竞争法的概念

广义的反不正当竞争法是指经过国家制定的，用以调整和限制在市场经济活动中形成的不正当竞争关系的法律规范的总称。包括专门立法及合同法、专利法、商标法、著作权法、食品卫生管理法、药品管理法、广告法等法律、法规中关于反不正当竞争行为的法律规范。

狭义的反不正当竞争法，指 1993 年 9 月 2 日第八届全国人大常务委员会第三次会议通过的《中华人民共和国反不正当竞争法》(以下简称《反不正当竞争法》)。

三、不正当竞争行为

《反不正当竞争法》规定，经营者在市场交易中，应当遵循自愿、平等、公平、诚实信用的原则，遵守公认的商业道德。不正当竞争的行为主要包括：

1. 限制竞争行为

限制竞争行为，是指经营者滥用其市场支配地位、政府及其所属部门滥用其行政权力或经营者相互之间通过合同、协议及其他方式排除竞争或损害竞争对手利益的行为。具体有以下行为种类：

(1) 公用企业或者其他依法具有独占地位的经营者的限制竞争行为。公用企业或者其他依法具有独占地位的经营者，不得限定他人购买其指定的经营者的商品，以排挤其他经营者的公平竞争。

(2) 政府机关的限制竞争行为。政府及其所属部门不得滥用行政权力，限定他人购买其指定的经营者的商品，限制其他经营者正当的经营活动。

政府及其所属部门不得滥用行政权力，限制外地商品进入本地市场，或者本地商品流向外地市场。

(3) 搭售或附加其他不合理条件的行为。经营者销售商品，不得违背购买者的意愿搭售商品或者附加其他不合理的条件。

(4) 招标投标中的串通行为。投标者不得串通投标，抬高标价或者压低标价；投标者和招标者不得相互勾结，以排挤竞争对手的公平竞争。

? 学生提问：两类招标投标中的串通行为有何区别？

教师回答：投标者串通投标，行为主体是投标者，损害了其他投标者的利益或招标者的竞争利益；投标者和招标者相互勾结，损害的是其他投标者的竞争权利。

2. 欺骗性交易行为

欺骗性交易行为，是指经营者在市场经营活动中，采用假冒、仿冒或者其他虚假手段，对自己的商品或服务作虚假的表示、说明或承诺，从而获得交易机会，损害同业竞争者利益及消费者利益的行为。具体有以下行为种类：

(1) 假冒他人的注册商标。

(2) 擅自使用知名商品特有的名称、包装、装潢，或者使用与知名商品近似的名称、包装、装潢，造成和他人的知名商品相混淆，使购买者误认为是该知名商品。

(3) 擅自使用他人的企业名称或者姓名，引人误认为是他人的商品。

(4) 在商品上伪造或者冒用认证标志、名优标志等质量标志，伪造产地，对商品质量作引人误解的虚假表示。

(5) 利用广告或者其他方法，对商品的质量、制作成分、性能、用途、生产者、有效期限、产地等作引人误解的虚假宣传。

广告的经营者在明知或者应知的情况下，代理、设计、制作、发布虚假广告。

3. 商业贿赂行为

商业贿赂，是指经营者为销售或者购买商品而采用财物或者其他手段贿赂对方单位或者个人的行为。

《反不正当竞争法》规定，经营者不得采用财物或者其他手段进行贿赂以销售或者购买商品。在账外暗中给予对方单位或者个人回扣的，以行贿论处；对方单位或者个人在账外暗中收受回扣的，以受贿论处。

经营者销售或者购买商品，可以以明示方式给对方折扣，可以给中间人佣金。经营者给对方折扣、给中间人佣金的，必须如实入账。接受折扣、佣金的经营者必须如实入账。

> ？学生提问：不允许有折扣或佣金吗？
>
> 教师回答：折扣和佣金并不是绝对禁止的，但是如果给予或接受折扣、佣金等，双方都应该如实入账。商业贿赂行为强调的是"账外暗中"给予或接受。

4. 虚假宣传行为

是指经营者利用广告或者其他的方式，对商品的质量、性能、用途、特点、使用方法等作与实际情况不符的引人误解的公开宣传。其从本质上也属于欺骗性交易行为。

5. 侵犯商业秘密行为

侵犯商业秘密行为是指经营者采用非法手段获取、披露或使用他人商业秘密的行为。商业秘密，是指不为公众所知悉、能为权利人带来经济利益、具有实用性并经权利人采取保密措施的技术信息和经营信息。具体有以下行为种类：

(1) 以盗窃、利诱、胁迫或者其他不正当手段获取权利人的商业秘密。

(2) 披露、使用或者允许他人使用以前项手段获取的权利人的商业秘密。

(3) 违反约定或者违反权利人有关保守商业秘密的要求，披露、使用或者允许他人使用其所掌握的商业秘密。

(4) 第三人明知或者应知前款所列违法行为，获取、使用或者披露他人的商业秘密，视为侵犯商业秘密。

6. 低价倾销行为

低价倾销行为，也称为不当低价销售行为，指经营者以排挤竞争对手为目的，以低于成本的价格销售商品。

有下列情形之一的，属于合理降价行为，不属于低价倾销：

(1) 销售鲜活商品。

(2) 处理有效期限即将到期的商品或者其他积压的商品。

(3) 季节性降价。

(4) 因清偿债务、转产、歇业降价销售商品。

7. 不正当有奖销售行为

不正当有奖销售，是指经营者在销售商品或提供服务时，以提供奖励(包括金钱、实物、附加服务等)为名，实际上采取欺骗或者其他不当手段损害用户、消费者的利益，或者损害其他经营者合法权益的行为。具体有以下行为种类：

(1) 采用谎称有奖或者故意让内定人员中奖的欺骗方式进行有奖销售。

(2) 利用有奖销售的手段推销质次价高的商品。

(3) 抽奖式的有奖销售，最高奖的金额超过 5 000 元。

参考案例 10-1

建华公司准备开展有奖销售活动，策划部作出了文字方案，其主要内容是：本次活动设两轮抽奖，第一次一等奖 5 名，各奖价值 4 000 元的彩电一台；所有奖券还将进行第二轮抽奖，第二轮一等奖 3 名，各奖价值 1 500 元的空调一台。问：该策划案的内容是否合法?

分析：根据该策划案，两轮抽奖的最高奖项可能达到 5 500 元。《反不正当竞争法》规定，抽奖式有奖销售最高奖项的限额为 5 000 元，在分多次开奖的情况下，合计最高奖项也不得超过 5 000 元，因而该策划案的内容违法。

8. 诋毁他人商誉行为

诋毁商誉行为，又称商业诽谤行为，是指经营者为了获得竞争利益，故意捏造、散布有损于他人商业信誉和商品声誉的虚假信息的行为。

四、对不正当竞争行为的监督检查

1. 国家监督检查

各级人民政府都应当采取措施，制止不正当竞争行为，为公平竞争创造良好的条件和环境。

工商行政管理部门是监督检查不正当竞争行为的机构，县级以上各级人民政府工商行政管理部门对不正当竞争行为进行监督检查；法律、法规规定由其他部门监督检查的，依照规定办理。监督检查部门在监督检查不正当行为时，有权行使下列职权：

(1) 按照规定程序询问被检查的经营者、利害关系人、证明人，并要求提供证明材料或者与不正当竞争行为有关的其他资料；

(2) 查询、复制与不正当竞争行为有关的协议、账册、单据、文件、记录、业务函

电和其他资料;

(3) 检查与各种不正当行为有关的财物,必要时可以责令被检查的经营者说明该商品的来源和数量,暂停销售,听候检查,不得转移、隐匿、销毁该财物。

监督检查部门工作人员监督检查不正当竞争行为时,应当出示检查证件。监督检查部门在监督检查不正当竞争行为时,被检查的经营者、利害关系人和证明人应当如实提供有关资料或者情况。

公用企业或者其他依法具有独占地位的经营者的限制竞争行为,由省级或者设区的市的监督检查部门责令停止违法行为,并可以根据情节处以罚款。

政府及其所属部门的限制竞争行为,由上级机关责令其改正;情节严重的,由同级或者上级机关对直接责任人员给予行政处分。

法律、行政法规另有规定的,适用其规定。

2. 社会监督

国家鼓励、支持和保护一切组织和个人对不正当竞争行为进行社会监督。任何国家工作人员都不得支持、包庇不正当竞争行为。

五、法律责任

经营者违反《反不正当竞争法》,应当根据情节,分别承担民事、行政和刑事责任。

1. 民事责任

经营者违反本法规定,给被侵害的经营者造成损害的,应当承担损害赔偿责任,被侵害的经营者的损失难以计算的,赔偿额为侵权人在侵权期间因侵权所获得的利润;并应当承担被侵害的经营者因调查该经营者侵害其合法权益的不正当竞争行为所支付的合理费用。

2. 行政复议

当事人对监督检查部门作出的处罚决定不服的,可以自收到处罚决定之日起60日内向上一级主管机关申请复议;对复议决定不服的,可以自收到复议决定书之日起15日内向人民法院提起诉讼;也可以直接向人民法院提起诉讼。

? 学生提问:《反不正当竞争法》第29条规定,提起行政复议的期限是15日,老师为什么说是60日呢?

教师回答:《行政复议法》第9条规定的期限是60日,在此,应优先适用《行政复议法》。

第二节　反垄断法

一、垄断与反垄断法的概念

1. 垄断的概念

法学上的垄断和经济学上的含义不尽相同，是指违反国家法律、法规、政策和社会公共利益，通过合谋性协议、安排和协同行动，或者通过滥用经济优势地位，排斥或者控制其他经营者正当的经济活动，在某一领域内实质上限制竞争的行为。

2. 反垄断法的概念

反垄断法是指通过规范垄断和限制竞争行为来调整企业和企业联合组织相互间竞争关系的法律规范的总和。反垄断法是我国经济法体系中的基本法律之一，反垄断法与反不正当竞争法同属于市场秩序规制法。

在世界范围内，反垄断法旨在维护公平竞争，保证市场发生最优化的运行。它保障企业获得与行使公正的竞争能力和竞争机会，保障企业平等的进入市场的自由权利；它谴责、打击所有分裂市场、取消、扭曲市场的企业行为。经济法学界，反垄断法被喻为“自由企业的大宪章”、“经济自由的宪法”。

我国现行的《反垄断法》是第十届全国人民代表大会常务委员会第二十九次会议于 2007 年 8 月 30 日通过、自 2008 年 8 月 1 日起施行的《中华人民共和国反垄断法》(以下简称《反垄断法》)。

二、反垄断法的立法宗旨和适用范围

1. 立法宗旨

《反垄断法》第 1 条即明确了该法的作用：预防和制止垄断行为，保护市场公平竞争，提高经济运行效率，维护消费者利益和社会公共利益，促进社会主义市场经济健康发展。反垄断法的立法宗旨是：①预防和禁止垄断行为；②保障企业的竞争自由。

2. 适用范围

(1) 中华人民共和国境内经济活动中的垄断行为。

(2) 中华人民共和国境外的垄断行为，对境内市场竞争产生排除、限制影响的。

经营者依照有关知识产权的法律、行政法规规定行使知识产权的行为，不适用反垄断法；但是，经营者滥用知识产权，排除、限制竞争的行为，适用反垄断法。

农业生产者及农村经济组织在农产品生产、加工、销售、运输、储存等经营活动中实施的联合或者协同行为，不适用反垄断法。

三、垄断行为

1. 垄断协议

垄断协议，是指排除、限制竞争的协议、决定或者其他协同行为。具体包括两类：

(1) 关于横向垄断协议。横向垄断协议，是指经营者为了限制竞争，共同获取垄断利润，与处于产业链同一环节的有横向竞争关系的其他经营者订立限制竞争的垄断协议。

《反垄断法》规定，禁止具有竞争关系的经营者达成下列垄断协议：

- 固定或者变更商品价格；
- 限制商品的生产数量或者销售数量；
- 分割销售市场或者原材料采购市场；
- 限制购买新技术、新设备或者限制开发新技术、新产品；
- 联合抵制交易；
- 国务院反垄断执法机构认定的其他垄断协议。

? 学生提问：《反垄断法》列出的第一种垄断行为就是横向垄断协议，是不是有其立法意图呢？

教师回答：是的，横向垄断协议是一种联合限制竞争行为。其目的是实现价格联合、划分市场、联合抵制，从根本上排除的相互间的竞争，甚至形成各自的市场支配地位，还排除了相互间竞争的可能。这是一种最严重的排斥竞争，危害最大而受处罚也最严厉的垄断行为。

(2) 关于纵向垄断协议。纵向垄断协议，是指处于同一产业链由供求关系的垂直环节的两个或两个以上经营者所订立的联合限制竞争的垄断协议。

《反垄断法》规定，禁止经营者与交易相对人达成下列垄断协议：

- 固定向第三人转售商品的价格；
- 限定向第三人转售商品的最低价格；
- 国务院反垄断执法机构认定的其他垄断协议。

(3) 垄断协议豁免制度。有些经营者达成的某些竞争协议虽然具有限制竞争的结果，但整体上有利于技术进步、经济发展和社会公共利益。因此，对经营者达成的这类协议予以“豁免”。《反垄断法》规定下列情形属于垄断协议豁免范围：

• 为改进技术、研究开发新产品的；

• 为提高产品质量、降低成本、增进效率，统一产品规格、标准或者实行专业化分工的；

• 为提高中小经营者经营效率，增强中小经营者竞争力的；

• 为实现节约能源、保护环境、救灾救助等社会公共利益的；

• 因经济不景气，为缓解销售量严重下降或者生产明显过剩的；

（属于上述情形，经营者还应当证明所达成的协议不会严重限制相关市场的竞争，并且能够使消费者分享由此产生的利益。）

• 为保障对外贸易和对外经济合作中的正当利益的；

• 法律和国务院规定的其他情形。

2. 滥用市场支配地位

(1) 市场支配地位的概念。市场支配地位，是指经营者在相关市场内具有能够控制商品价格、数量或者其他交易条件，或者能够阻碍、影响其他经营者进入相关市场能力的市场地位。

(2) 禁止滥用市场支配地位的情形。具有市场支配地位的经营者不得从事下列滥用市场支配地位的行为：

• 以不公平的高价销售商品或者以不公平的低价购买商品；

• 没有正当理由，以低于成本的价格销售商品；

• 没有正当理由，拒绝与交易相对人进行交易；

• 没有正当理由，限定交易相对人只能与其进行交易或者只能与其指定的经营者进行交易；

• 没有正当理由搭售商品，或者在交易时附加其他不合理的交易条件；

• 没有正当理由，对条件相同的交易相对人在交易价格等交易条件上实行差别待遇；

• 国务院反垄断执法机构认定的其他滥用市场支配地位的行为。

(3) 滥用市场支配地位的认定。滥用市场支配地位的构成要件有三个：首先是企业拥有市场支配地位，这是先决条件；其次，实施了滥用行为；最后，造成损害后果，对竞争秩序及公共利益造成了危害。

认定经营者具有市场支配地位，应当依据下列因素：①该经营者在相关市场的市场份额，以及相关市场的竞争状况；②该经营者控制销售市场或者原材料采购市场的能力；③该经营者的财力和技术条件；④其他经营者对该经营者在交易上的依赖程度；⑤其他经营者进入相关市场的难易程度；⑥与认定该经营者市场支配地位有关的其他因素。

有下列情形之一的，可以推定经营者具有市场支配地位：①一个经营者在相关市场的市场份额达到 1/2 的；②两个经营者在相关市场的市场份额合计达到 2/3 的；③三个经营者在相关市场的市场份额合计达到 3/4 的。

有上述第②项、第③项规定的情形，其中有的经营者市场份额不足 10%的，不应当推定该经营者具有市场支配地位。

被推定具有市场支配地位的经营者，有证据证明不具有市场支配地位的，不应当认定其具有市场支配地位。

3. 经营者集中

(1) 经营者集中的情形主要有以下类型：

• 经营者合并；

• 经营者通过取得股权或者资产的方式取得对其他经营者的控制权；

• 经营者通过合同等方式取得对其他经营者的控制权或者能够对其他经营者施加决定性影响。

(2) 申报制度。

经营者集中的申报　对经营者集中的情形，法律的原则是控制而非禁止，反垄断法规定了申报制度。

经营者集中达到国务院规定的申报标准的，经营者应当事先向国务院反垄断执法机构申报，未申报的不得实施集中。

可以不申报的情形　可以不申报的情形有两种：①参与集中的一个经营者拥有其他每个经营者 50%以上有表决权的股份或者资产的；②参与集中的每个经营者 50%以上有表决权的股份或者资产被同一个未参与集中的经营者拥有的。

审查经营者集中应当考虑的因素　审查经营者集中，应当考虑下列因素：①参与集中的经营者在相关市场的市场份额及其对市场的控制力；②相关市场的市场集中度；③经营者集中对市场进入、技术进步的影响；④经营者集中对消费者和其他有关经营者的影响；⑤经营者集中对国民经济发展的影响；⑥国务院反垄断执法机构认为应当考虑的影响市场竞争的其他因素。

关于国家安全的审查　对外资并购境内企业或者以其他方式参与经营者集中，涉及国家安全的，除依照本法规定进行经营者集中审查外，还应当按照国家有关规定进行国家安全审查。

4. 滥用行政权力排除、限制竞争

行政机关和法律、法规授权的具有管理公共事务职能的组织不得滥用行政权力，限定或者变相限定单位或者个人经营、购买、使用其指定的经营者提供的商品。

行政机关和法律、法规授权的具有管理公共事务职能的组织不得滥用行政权力，实施下列行为，妨碍商品在地区之间的自由流通：①对外地商品设定歧视性收费项目、实行歧视性收费标准，或者规定歧视性价格；②对外地商品规定与本地同类商品不同的技术要求、检验标准，或者对外地商品采取重复检验、重复认证等歧视性技术措施，限制外地商品进入本地市场；③采取专门针对外地商品的行政许可，限制外地商品进入本地市场；④设置关卡或者采取其他手段，阻碍外地商品进入或者本地商品运出；⑤妨碍商品在地区之间自由流通的其他行为。

行政机关和法律、法规授权的具有管理公共事务职能的组织不得滥用行政权力，以设定歧视性资质要求、评审标准或者不依法发布信息等方式，排斥或者限制外地经营者参加本地的招标投标活动。

行政机关和法律、法规授权的具有管理公共事务职能的组织不得滥用行政权力，采取与本地经营者不平等待遇等方式，排斥或者限制外地经营者在本地投资或者设立分支机构。

行政机关和法律、法规授权的具有管理公共事务职能的组织不得滥用行政权力，强制经营者从事本法规定的垄断行为。

行政机关不得滥用行政权力，制定含有排除、限制竞争内容的规定。

四、对涉嫌垄断行为的调查

反垄断法的执法机构，是国务院领导下监督和管理全国市场竞争工作的综合职能部门，地位要高于国家工商行政管理局。

反垄断执法机构调查涉嫌垄断行为，可以采取下列措施：①进入被调查的经营者的营业场所或者其他有关场所进行检查；②询问被调查的经营者、利害关系人或者其他有关单位或者个人，要求其说明有关情况；③查阅、复制被调查的经营者、利害关系人或者其他有关单位或者个人的有关单证、协议、会计账簿、业务函电、电子数据等文件、资料；④查封、扣押相关证据；⑤查询经营者的银行账户。

采取上述措施时，应当向反垄断执法机构主要负责人书面报告，并经批准。处理程序：

(1) 可以按照我国处理行政争议的行政调解、行政复议、行政裁决等的程序处理，被处罚的当事人对市场竞争管理机关的处罚决定不服的，可以在一定期限内向人民法院提起诉讼，通过诉讼程序解决争议。

(2) 反垄断法应规定市场竞争管理委员会有权决定采取排除措施，包括：①宣布限制竞争协议无效，制止正在进行的被禁止的垄断行为；②决定强制企业分解或转让部分经济力；③作出责令停业整顿决定等。

(3) 罚则应包括何种行为要处罚，根据违法行为的不同程度和情节，作出民事制裁，经济制裁和行政制裁，情节严重，触犯刑事法律构成犯罪的，还应追究其刑事责任。

五、法律责任

经营者实施垄断行为,给他人造成损失的,依法承担民事责任。

1. 经济性垄断的法律责任

(1) 垄断协议的法律责任。由反垄断执法机构责令停止违法行为,没收违法所得,并处以罚款。

(2) 滥用市场支配地位的法律责任。由反垄断执法机构责令停止违法行为,没收违法所得,并处以罚款。

(3) 经营者集中的法律责任。由反垄断执法机构责令停止实施集中、限期处分股份或者资产、限期转让营业以及采取其他必要措施恢复到集中前的状态,可以并处罚款。

2. 行政性垄断的法律责任

行政机关和公共组织滥用行政权力,实施排除、限制竞争行为的,由上级机关责令改正;对直接负责的主管人员和其他直接责任人员依法给予处分。反垄断执法机构可以向有关上级机关提出依法处理的建议。法律、行政法规对行政机关和公共组织滥用行政权力实施排除、限制竞争行为的处理另有规定的,依照其规定。

3. 拒绝审查、调查的法律责任

对反垄断执法机构依法实施的审查和调查,拒绝提供有关材料、信息,或者提供虚假材料、信息,或者隐匿、销毁、转移证据,或者有其他拒绝、阻碍调查行为的,由反垄断执法机构责令改正,对个人和单位分别处以罚款。构成犯罪的,依法追究刑事责任。

4. 反垄断执法机构工作人员的责任

垄断执法机构工作人员滥用职权、玩忽职守、徇私舞弊或者泄露执法过程中知悉的商业秘密,构成犯罪的,依法追究刑事责任;尚不构成犯罪的,依法给予处分。

5. 行政纠纷的处理程序

对反垄断执法机构针对经营者集中的处罚决定不服的,可以先依法申请行政复议;对行政复议决定不服的,可以依法提起行政诉讼。

对反垄断执法机构作出的其他处罚决定不服的,可以依法申请行政复议或者提起行政诉讼。

第三节 消费者权益保护法和产品质量法

一、消费者权益保护法概述

1. 消费者权益保护法的概念

(1) 消费者权益保护法。广义的消费者权益保护法是指调整生活消费关系的法律关系的总称,包括与保护消费者权益有关的各种法律,如民法通则、食品卫生法、商标法、产品质量法、反不正当竞争法等。狭义的消费者权益保护法,指1993年10月31日第八届全国人民代表大会常务委员会第四次会议通过的《中华人民共和国消费者权益保护法》(以下简称《消费者权益保护法》)。

(2) 消费者。消费包括生产资料的消费和生活资料的消费。我国《消费者权益保护法》规定,消费者为生活需要购买、使用商品或者接受服务,其权益受本法保护;本法未作规定的,受其他有关法律、法规保护。可见,我国《消费者权益保护法》规定的消费者是指生活资料的消费者。农民购买、使用直接用于农业生产的生产资料,也参照《消费者权益保护法》执行。

2. 产品质量法的概念

(1) 产品质量。产品质量,是指国家有关的法律、法规、质量标准以及合同约定的对产品适用、安全和其他特性的要求。

(2) 产品质量法。广义的产品质量法是指调整在产品生产和销售以及对产品质量监督管理等活动中所发生的社会关系的法律规范的总称。狭义的产品质量法,指2000年7月8日第九届全国人民代表大会常务委员会第十六次会议修正通过的《中华人民共和国产品质量法》(以下简称《产品质量法》)。

(3) 产品。产品质量法所称的产品是指经过加工、制作,用于销售的产品,未经加工的农产品、建设工程不适用产品质量法。但建设工程使用的建筑材料、建筑构配件和设备属于上述规定的产品范围的,适用《产品质量法》的规定。

3. 消费者法

《消费者权益保护法》与《产品质量法》都属于消费者法,《消费者权益保护法》从主体的角度作出了法律规定,《产品质量法》从客体的角度作出了法律规定。

两者在内容上相互补充,相互配合。经营者的义务主要体现在产品质量法上,产品质量法中对经营者义务的承担的规定对消费者权益保护法同样适用。

两者在调整对象和适用范围上也有重合。均调整着消费者和经营者、服务者之间的经济关系,以及与生活消费活动有关的国家管理机关、消费者组织之间的社会关系。

二、消费者权益保护法的基本原则

消费者权益保护法的主要原则有：

(1) 经营者与消费者进行交易，应当遵循自愿、平等、诚实、信用的原则。

(2) 国家保护消费者的合法权益不受侵害的原则。

(3) 运用社会监督手段保护消费者合法权益的原则。

三、消费者的权利

1. 保障安全权

消费者在购买、使用商品和接受服务时享有人身、财产安全不受损害的权利。消费者有权要求经营者提供的商品和服务，符合保障人身、财产安全的要求。

2. 知悉真情权

消费者在购买、使用商品或者接受服务时，有权询问、了解商品或服务的有关情况；经营者提供的商品或服务的情况必须是真实的。

3. 自主选择权

消费者享有自主选择商品或者服务的权利。消费者有权自主选择提供商品或者服务的经营者，自主选择商品品种或者服务方式，自主决定购买或者不购买任何一种商品、接受或者不接受任何一项服务。消费者在自主选择商品或者服务时，有权进行比较、鉴别和挑选。

4. 公平交易权

消费者在购买商品或者接受服务时，有权获得质量保障、价格合理、计量正确等公平交易条件，有权拒绝经营者的强制交易行为。

5. 获得赔偿权

消费者因购买、使用商品或者接受服务受到人身、财产损害的，享有依法获得赔偿的权利。

6. 依法结社权

消费者享有依法成立维护自身合法权益的社会团体的权利。

7. 知识获取权

消费者享有获得有关消费和消费者权益保护方面的知识的权利。消费者应当努力掌握所需商品或者服务的知识和使用技能，正确使用商品，提高自我保护意识。

8. 维护尊严权

消费者在购买、使用商品和接受服务时，享有其人格尊严、民族风俗习惯得到尊重的权利。

9. 监督批评权

消费者享有对商品和服务以及保护消费者权益工作进行监督的权利。

消费者有权检举、控告侵害消费者权益的行为和国家机关及其工作人员在保护消费者权益工作中的违法失职行为,有权对保护消费者权益工作提出批评、建议。

参考案例 10-2

消费者李某在五莲百货商场购买了一台价值3500元的彩色电视机,使用不到一个月,电视机因显像管有问题,不能正常显示。何某到原购买地点要求退货,但此时五莲百货商场因经营不善已被建华百货公司兼并。李某要求建华百货公司对此事负责,建华百货公司以五莲的事与自己无关为由拒绝。问:该案应如何处理?

分析:消费者享有获得赔偿权。《消费者权益保护法》规定,消费者在购买、使用商品或者接受服务时,其合法权益受到损害,因原企业分立、合并的,可以向变更后承受其权利义务的企业要求赔偿。因此,建华百货公司应承担相应的民事责任。

四、经营者的义务

1. 履行法律、法规的规定和与消费者约定的义务

经营者向消费者提供商品或者服务,应当依照《产品质量法》和其他有关法律、法规的规定履行义务。

经营者和消费者有约定的,应当按照约定履行义务,但双方的约定不得违背法律、法规的规定。

2. 接受消费者监督的义务

经营者应当听取消费者对其提供的商品或者服务的意见,接受消费者的监督。

3. 保证商品和服务安全的义务

经营者应当保证其提供的商品或者服务符合保障人身、财产安全的要求。

(1) 经营者负有说明警示义务。对可能危及人身、财产安全的商品和服务,应当向消费者作出真实的说明和明确的警示,并说明和标明正确使用商品或者接受服务的方法以及防止危害发生的方法。

(2) 缺陷报告义务。经营者发现其提供的商品或者服务存在严重缺陷,即使正确使用商品或者接受服务仍然可能对人身、财产安全造成危害的,应当立即向有关行政部门报告和告知消费者,并采取防止危害发生的措施。

4. 提供商品和服务真实信息的义务

经营者应当向消费者提供有关商品或者服务的真实信息，不得作引人误解的虚假宣传。

经营者对消费者就其提供的商品或者服务的质量和使用方法等问题提出的询问，应当作出真实、明确的答复。

商店提供商品应当明码标价。

5. 标明真实名称和标记的义务

经营者应当标明其真实名称和标记。租赁他人柜台或者场地的经营者，应当标明其真实名称和标记。

6. 出具售货凭证或者服务单据的义务

经营者提供商品或者服务，应当按照国家有关规定或者商业惯例向消费者出具购货凭证或者服务单据；消费者索要购货凭证或者服务单据的，经营者必须出具。

7. 保证商品或服务质量的义务

经营者应当保证在正常使用商品或者接受服务的情况下其提供的商品或者服务应当具有的质量、性能、用途和有效期限；但消费者在购买该商品或者接受该服务前已经知道其存在瑕疵的除外。

经营者以广告、产品说明、实物样品或者其他方式表明商品或者服务的质量状况的，应当保证其提供的商品或者服务的实际质量与表明的质量状况相符。

8. 履行“三包”或者其他责任的义务

经营者提供商品或者服务，按照国家规定或者与消费者的约定，承担包修、包换、包退或者其他责任的，应当按照国家规定或者约定履行，不得故意拖延或者无理拒绝。

? 学生提问：如果产品不合格，是不是就可以要求退货？

教师回答：“三包”是有顺序要求的，保修期内两次修理仍不能正常使用的，经营者应当包换或包退。

9. 不得以格式合同等方式排除或限制消费者权利和义务

经营者不得以格式合同、通知、声明、店堂告示等方式作出对消费者不公平、不合理的规定，或者减轻、免除其损害消费者合法权益应当承担的民事责任。

格式合同、通知、声明、店堂告示等含有上述所列内容的，其内容无效。

? 学生提问：是不是只要包含不公平、不合理的格式条款，合同就无效？

教师回答：是这些违法的条款无效，不是整个合同无效，可以说是合同部分无效。

10. 不得侵犯消费者人格权的义务

经营者不得对消费者进行侮辱、诽谤，不得搜查消费者的身体及其携带的物品，不得侵犯消费者的人身自由。

五、消费者协会

1. 消费者协会的性质

消费者协会是依法成立的对商品和服务进行社会监督的保护消费者合法权益的社会团体。消费者协会和其他消费者组织在各级人民政府的指导下，协助政府有关部门对经营活动进行社会监督。消费者组织不得从事商品经营和营利性服务，不得以牟利为目的向社会推荐商品和服务。

2. 消费者协会的职能

(1) 向消费者提供消费信息和咨询服务。

(2) 参与有关行政部门对商品和服务的监督、检查。

(3) 就有关消费者合法权益的问题，向有关行政部门反映、查询，提出建议。

(4) 受理消费者的投诉，并对投诉事项进行调查、调解。

(5) 投诉事项涉及商品和服务质量问题的，可以提请鉴定部门鉴定，鉴定部门应当告知鉴定结论。

(6) 支持消费者就损害其合法权益的行为提起诉讼。

(7) 通过大众传播媒介对损害消费者合法权益的行为予以揭露、批评。各级人民政府应当支持消费者协会的工作。

六、消费争议的解决

消费者和经营者发生消费者权益争议的，可以通过下列途径解决。

(1) 与经营者协商和解。

(2) 请求消费者协会调解。

(3) 向有关行政部门申诉。

(4) 根据与经营者达成的仲裁协议提请仲裁机构仲裁。

(5) 向人民法院提起诉讼。

消费者在购买、使用商品时,其合法权益受到损害的,可以向销售者要求赔偿。销售者赔偿后,属于生产者的责任或者属于向销售者提供商品的其他销售者的责任的,销售者有权向生产者或其他销售者追偿。消费者或者其他受害人因商品缺陷造成人身、财产损害的,可以向销售者要求赔偿,也可以向生产者要求赔偿。属于生产者责任的,销售者赔偿后,有权向生产者追偿。属于销售者责任的,生产者赔偿后,有权向销售者追偿。

消费者在接受服务时,其合法权益受到损害的,可以向服务者要求赔偿。

使用他人营业执照的违法经营者提供商品或服务,损害消费者合法权益的,消费者可以向其要求赔偿,也可以向营业执照的持有人要求赔偿。

消费者在展销会、租赁柜台购买商品或者接受服务,其合法权益受到损害的,可以向销售者或服务者要求赔偿。展销会结束或者柜台租赁期满后,也可以向展销会的举办者、柜台的出租者要求赔偿。展销会的举办者、柜台的出租者赔偿后,有权向销售者或服务者追偿。消费者因经营者利用虚假广告提供商品或者服务,其合法权益受到损害的,可以向经营者要求赔偿。广告的经营者发布虚假广告的,消费者可以请求行政主管部门予以惩处。广告的经营者不能提供经营者的真实名称,地址的,应当承担赔偿责任。

七、侵犯消费者合法权益行为的法律责任

1. 民事责任

(1) 承担民事责任的情形。《消费者权益保护法》规定,经营者提供商品或者服务有下列情形之一的,除本法另有规定外,应当依照《产品质量法》和其他有关法律、法规的规定,承担民事责任:

- 商品存在缺陷的。
- 不具备商品应当具备的使用性能而出售时未作说明的。
- 不符合商品或者其包装上注明采用的商品标准的。
- 不符合商品、实物样品等方式表明的质量状况的。
- 生产国家明令淘汰的商品或者销售的失效、变质的商品的。
- 销售的商品数量不足的。
- 服务的内容和收取的费用违反约定或法律规定的。
- 对消费者提出的修理、重作、更换、退货、补足商品数量、退还货款和服务费用或者赔偿损失的要求,故意拖延或者无理拒绝的。
- 法律、法规规定的其他损害消费者权益的情形。

(2) 承担民事责任的具体范围。

人身损害的民事责任　人身损害的民事责任包括:①经营者在提供商品或服务造成消费者或其他人身体伤害的,应当支付医疗费、治疗期间的护理费、因误工减少的收入及其他费用;②经营者提供商品或服务,造成消费者或其他受害人残疾的,除赔偿上述费用外,还应当支付残疾者生活自助用具费、生活补助费、残疾赔偿金以及由其抚养的人所必需的生活费等费用;③经营者提供商品或服务,造成消费者或其他受害人死亡的,应当支付丧葬费、死亡赔偿金以及由死者生前抚养的人所必需的生活费等费用;④经营者侵犯消费者的人格尊严或者侵犯消费者人身自由的,应当停止侵害、恢复名誉、消除影响、赔礼道歉,并赔偿损失。

财产损害的民事责任　除了消费者与经营者另有约定的以外,这些责任形式主要有以下几种:修理、重作、更换、退换、补足商品数量、退还货款和服务费用、赔偿损失。

(3) 几种特殊情况下的民事责任。

"三包"的民事责任　《消费者权益保护法》规定,对国家规定或者经营者与消费者约定包修、包换、包退的商品,经营者应当负责修理、更换或者退货。在保修期内两次修理不能使用的,经营者应当负责更换或者退货。对包修、包退的大件商品,消费者要求经营者修理、更换、退货的,经营者应当承担运输等合理费用。

以邮购方式销售商品中的民事责任　《消费者权益保护法》规定,经营者以邮购方式提供商品的,应当按照约定提供。未按照约定提供的,应当按照消费者的要求履行约定或者退回货款,并应当承担消费者必须支付的合理费用。

以预收款方式提供商品或服务中的民事责任　《消费者权益保护法》规定,经营者以预收款方式提供商品或者服务的,应当按照约定提供。未按照约定提供的,应当按照消费者的要求履行约定或者退回预收款;并应当承担预付款的利息、消费者必须支付的合理费用。

经营不合格商品的民事责任　依法经有关行政部门认定为不合格的商品,消费者要求退货的,经营者应当负责退货。

(4) 欺诈行为的惩罚性赔偿金制度。经营者提供商品或者服务有欺诈行为的,应当按照消费者的要求增加赔偿其受到的损失,增加赔偿的金额为消费者购买商品的价款或者接受服务的费用的1倍。

2. 行政责任

《消费者权益保护法》规定,经营者有下列侵犯消费者权益情形之一的,应承担行政责任,受到行政处罚。

(1) 生产、销售的商品不符合保障人身、财产安全要求的。

(2) 在商品中掺杂、掺假,以假充真,以次充好,或者以不合格商品冒充合格商品的。

(3) 生产国家明文淘汰的商品或者销售失效、变质的商品的。

(4) 伪造商品的产地，伪造或者冒用他人的厂名、厂址，伪造或者冒用认证标志、名优标志等质量标志的。

(5) 销售的商品应当检验、检疫而未检验、检疫或者伪造检验、检疫结果的。

(6) 对商品或者服务作引人误解的虚假宣传的。

(7) 对消费者提出的修理、重作、更换退货、补足商品数量、退还货款和服务费用或者赔偿损失的要求故意拖延或者无理拒绝的。

(8) 侵犯消费者人格尊严或者侵犯消费者人身自由的。

(9) 法律、法规规定的对损害消费者权益应当予以处罚的其他情形。

3. 刑事责任

以暴力、威胁等方法阻碍有关行政部门工作人员依法执行职务的，依法追究刑事责任。

国家机关工作人员玩忽职守或者包庇经营者侵害消费者合法权益的行为的，由其所在单位或者上级机关给予行政处分；情节严重，构成犯罪的，依法追究刑事责任。

八、产品质量的监督管理

1. 产品质量管理标准

(1) 安全合格标准。对于可能危及人体健康和人身、财产安全的工业产品，必须符合保障人体健康，人身、财产安全的国家标准和行业标准；未制定国家标准、行业标准的，必须符合保障人体健康和人身、财产安全的要求。

(2) 企业质量体系认证制度。国家根据国际通用的质量管理标准，推行企业质量体系认证制度。企业根据自愿原则，可以向国务院产品质量监督管理部门或者该部门授权的部门认可的认证机构，申请企业质量体系认证。经认证合格的，由认证机构颁发企业质量体系认证证书。

(3) 产品质量认证制度。国家参照国际先进的产品标准和技术要求，推行产品质量认证制度。企业根据自愿原则可以向国务院产品质量监督管理部门或者该部门授权的部门认可的认证机构申请产品质量认证。经认证合格的，由认证机构颁发产品质量认证证书，准许企业在产品或其包装上使用产品质量认证标志。

2. 产品质量监督检查

(1) 产品质量监督抽查制度。国家对产品质量实行以抽查为主要方式的监督检查制度，对可能危及人体健康和人身、财产安全的产品，影响国计民生的重要工业产品以及用户、消费者、有关组织反映有质量问题的产品进行抽查。

监督抽查工作由国务院产品质量监督管理部门规划和组织。县级以上地方人民政府管理产品质量监督工作的部门在本行政区域内也可以组织监督抽查,但要防止重复抽查。产品质量抽查的结果应当公布。

生产者、销售者对抽查检验的结果有异议的,可以自收到检验结果之日起15日内向实施监督抽查的产品质量监督部门或者其上级产品质量监督部门申请复检,由受理复检的产品质量监督部门作出复检结论。

(2) 产品质量监督检验制度。国家根据监督抽查的需要,可以对产品进行检验。产品质量检验机构必须具备相应的检测条件和能力,经省级以上人民政府产品质量监督管理部门或者其授权的部门考核合格后,方可承担产品质量检验工作。

检验抽取样品的数量不得超过检验的合理需要。进行产品检验不得向企业收取检验费用,监督抽查所需检验费用按照国务院规定列支。

(3) 产品质量检验认证制度。从事产品质量检验认证的社会中介机构依照法定的有关标准,对向其申请认证的产品质量进行检验与认证,并有义务对其认证过的产品的质量进行跟踪检查,对不符合认证标准而使用认证标志的,要求其改正;情节严重的,取消其使用认证标志的资格。

(4) 社会监督制度。用户、消费者以及保护消费者权益的社会组织对产品质量的监督。用户、消费者有权就产品质量问题,向产品的生产者、销售者查询,向产品质量监督管理部门、工商行政管理部门及有关部门申诉,有关部门应当负责处理。

消费者协会可以就消费者反映的产品质量问题建议有关部门进行处理,支持消费者对产品质量造成的损害向人民法院起诉。

九、生产者、销售者的产品质量义务

1. 生产者的产品质量义务

(1) 生产者产品质量的要求。

• 不存在危及人身、财产安全的不合理的危险,有保障人体健康和人身、财产安全的国家标准、行业标准的,应当符合该标准;

• 具备产品应当具备的使用性能,但是,对产品存在使用性能的瑕疵作出说明的除外;

• 符合在产品或其包装上注明采用的产品标准,符合以产品说明、实物样品等方式表明的质量状况。

(2) 生产者的产品或其包装上的标识的要求。

• 有产品质量的检验合格证明;

• 有中文标明的产品名称、生产厂厂名和厂址;

• 根据产品的特点和使用要求,需要标明产品规格、等级、所含主要成分的名称和含量的，应予以标明；

- 限期使用的产品，标明生产日期和安全使用期或者失效日期；
- 使用不当，容易造成产品本身损坏或者可能危及人身，财产安全的产品，有警示标志或者中文警示说明。

裸装的食品和其他根据产品的特点难以附加标识的裸装产品，可以不附加标识。

剧毒、危险、易碎、储运中不能倒置以及有其他特殊要求的产品，其包装必须符合相应要求，有警示标志或者中文警示说明标明储运注意事项。

(3) 禁止性规定。

- 生产者不得生产明令淘汰的产品。
- 生产者不得伪造产地，不得伪造或者冒用他人的厂名、厂址。
- 生产者不得伪造或者冒用认证标志、名优标志等质量标志。
- 生产者生产的产品，不得掺假、掺杂，不得以假充真，以次充好，不得以不合格的产品冒充合格产品。

2. 销售者的产品质量义务

(1) 销售者应当执行进货检查验收制度，验明产品合格证明和其他标识。

(2) 销售者应当采取措施，保持销售产品的质量。

(3) 销售者销售产品的标识应当符合生产者产品或其包装上标识的要求。

(4) 销售者不得销售失效、变质的产品。

(5) 销售者不得伪造产地，不得伪造或者冒用他人的厂名、厂址。

(6) 销售者不得伪造或者冒用认证标志、名优标志等质量标志。

(7) 销售者销售产品，不得掺杂、掺假，不得以假充真、以次充好，不得以不合格产品冒充合格产品。

十、违反产品质量法的法律责任

1. 违反产品质量的民事责任

因产品质量发生损害赔偿纠纷时，当事人可以通过协商或者调解解决。当事人不愿通过协商、调解解决或者协商、调解不成的，可以根据当事人各方的协议向仲裁机构申请仲裁。当事人各方没有达成仲裁协议的，可以向人民法院起诉。

(1) 销售者售出的产品，有下列情形之一的，应当负责修理、更换、退货；销售者给购买产品的用户、消费者造成损失的，应当赔偿损失：

- 不具备产品应当具备的使用性能而事先未作说明的；
- 不符合在产品或者其包装上注明的产品标准的；
- 不符合以产品说明、实物样品等方式表明的质量状况的。

遇到上述情况，销售者负责修理、更换、退货、赔偿损失后，如果属于生产者的责任或者属于向销售者提供产品的其他销售者的责任的，销售者有权向生产者、供货者追偿。

销售者应负责修理、更换、退货或者赔偿损失，而未提供上述服务的，由产品质量监督管理部门或者工商行政管理部门责令改正。

生产者之间、销售者之间、生产者与销售者之间订立的产品购销、加工承揽合同有不同约定的，合同当事人按照合同约定执行。

(2) 生产者或销售者因其产品存在缺陷而给用户造成人身、财产损害的，也应当追究其民事责任。

• 因产品存在缺陷造成人身、财产损害的，生产者应当承担赔偿责任。如果生产者能证明有下列情形之一的，可以不承担赔偿责任：未将产品投入流通的；产品投入流通时，引起损害的缺陷尚不存在的；将产品投入流通时的科学技术水平尚不能发现缺陷存在的；

• 由于销售者的过错使产品存在缺陷，造成人身、他人财产损害的，销售者应当承担赔偿责任；

• 销售者不能指明缺陷产品的生产者，也不能指明缺陷产品提供者的，销售者应当承担赔偿责任；

• 因产品存在缺陷造成人身、他人财产损害的，受害人可以向产品的生产者要求赔偿，也可以向产品销售者要求赔偿。属于产品生产者的责任，产品销售者赔偿的，产品的销售者有权向产品生产者追偿。属于产品销售者的责任，产品生产者赔偿的，产品的生产者有权向产品销售者追偿。

2. 违反产品质量法的行政责任

行政责任是有关行政主管机关依法对生产者、销售者及直接责任者作出的处罚决定。例如：责令停止生产、停止销售、没收违法生产、销售的产品及违法所行，罚款、吊销营业执照等。

3. 违反产品质量法的刑事责任。

生产者、销售者的下列行为应当负刑事责任：

• 生产、销售假药、劣药，已经危害或足以危害人体健康的；

• 生产、销售不符合卫生标准的食品；造成严重食物中毒事故的；

• 在食品、饮料、酒类中掺入有毒、有害物质，造成伤亡事故的；

• 生产销售假农药、假化肥、假种子，造成严重后果的；

• 生产或销售不符合卫生标准的化妆品，和不符合保障人身健康、财产安全标准的医疗器械、医用卫生材料、电器、压力容器、易燃易爆产品等。

4. 产品质量纠纷的诉讼时效

根据《产品质量法》的规定，因产品存在缺陷造成损害要求赔偿的诉讼时效期限为2年，自当事人知道或应当知道权益受到损害时计算。

因产品存在缺陷造成损害要求赔偿的请求权，在造成损害的缺陷产品交付最初用户、消费者满10年丧失；但是，尚未超过明示的安全使用期的除外。

【引例评析】

(1) 首先应该界定相关资料是否属于商业秘密，即甲社所称的“商业秘密”是否属于从公开渠道不能获得的；然后，认定获取商业秘密的手段是否合法，即乙社的欧洲客户资料和相关欧洲业务资料是否有合法来源；再次，对第三方侵权的主观状态进行认定，即乙社在聘用李某时是否明知或应知其掌握甲社的上述业务信息。

(2) 对于该违反了《反不正当竞争法》的侵权行为，应该由侵权人乙社和李某承担连带赔偿责任，按照甲社在侵权期间的利润损失进行赔偿。

如果甲社在侵权期间的利润损失无法计算，则按照乙社所获利润进行赔偿，李某承担连带赔偿责任。

【小结】

具体阐述了我国经济竞争法律制度，主要内容包括不正当竞争行为、垄断行为、消费者的权利和经营者的义务、产品质量管理标准制度、产品质量监督检查制度、生产者的产品质量义务和销售者的产品质量义务，违反反不正当竞争法的法律责任、对涉嫌垄断行为的调查和违反反垄断法的法律责任.消费者在自身权益受到损害时的解决方式和损害消费者权益的法律责任、生产者、销售者违反产品质量义务的法律责任。本章概要介绍了不正当竞争的概念和特征、反不正当竞争法的概念、垄断和反垄断法的概念、反垄断法的性质和作用、消费者和消费者保护法、产品、产品质量和产品质量法的概念。

【复习与思考】

1. 名词解释

不正当竞争　垄断　消费者　产品

2. 思考题

(1) 不正当竞争行为。

(2) 垄断行为。

(3) 消费者的权利。

(4) 消费争议的解决方式。

(5) 生产者的产品质量义务。

(6) 因产品存在缺陷造成人身、他人财产损害的，承担赔偿责任的主体。

3. 选择题(含多项选择)

(1) 因产品存在缺陷造成人身、财产损害的，受害人(　　)。

A. 可以向产品销售者要求赔偿，也可以向产品生产者要求赔偿

B. 应先向产品销售者要求赔偿，销售者拒绝赔偿的，方可向产品生产者要求赔偿

C. 只能向产品销售者要求赔偿

D. 只能向产品生产者要求赔偿

(2) 经营者在低于成本的价格销售商品时，不属于不正当竞争行为的是(　　)。

A. 销售鲜活商品

B. 季节性降价

C. 处理有效期限即将到期的商品

D. 因清偿债务、转产、歇业降价销售商品

(3) 消费者权益被侵犯，解决争议的方式有(　　)。

A. 和解　　B. 调解

C. 申诉　　D. 仲裁

4. 案例分析题

2009年5月1日，某市振华家具城举行大型家具展览。前来参展的新兴华家具公司通过金声广告公司宣传其新品红木家具，吸引来很多顾客。王某在看到广告介绍后，来到展台，并在导购小姐的介绍下买回一套红木衣柜，价值6万元。后经专家鉴定，确认该套家具并非红木所制，市值仅为3万元。王某到振华家具城要求退货，家具城答复家具展览已于2天前结束，且自己并无责任，要求王某到新兴华家具公司解决。王某遂以振华家具城为被告诉至法院，要求振华家具城承担法律责任。

问题1：在展览结束后，振华家具城是否应当承担责任？

问题2：王某可以通过哪些途径解决这项争议？

要点提示：我国消费者权益保护法规定，消费者在展销会、租赁柜台购买商品或者接受服务，其合法权益受到损害的，可以向销售者或者服务者要求赔偿。展销会结束或者柜台租赁期满后，也可以向展销会的举办者、柜台的出租者要求赔偿。展销会的举办者、柜台的出租者赔偿后，有权向销售者或者服务者追偿。

消费者因经营者利用虚假广告提供商品或者服务，其合法权益受到损害的，可以向经营者要求赔偿。广告的经营者发布虚假广告的，消费者可以请求行政主管部门予以惩处。

第五篇　宏观调控和对外经济贸易法律制度

第十一章　银行法

【引例】

李某准备进入中国银行某支行的自助银行取款，看到该自助银行门禁上有一个装置，上面有“进门前请先刷卡并输入密码”的提示语。李某按提示刷卡并输入密码后，自助银行的门却没有打开，无法入内在ATM机上进行刷卡取款的操作，李某于是离开。

次日，李某到同属“银联”的交通银行的ATM机上取款时，发现其借记卡内的资金短少了15000元，于是向警方报案。经查，被告人张某在数个金融机构设立的自助银行门禁系统上安装盗码器，窃取他人的银行借记卡磁条信息和密码，并使用窃取的磁条信息和密码伪造成银行借记卡，再通过ATM机从银行取款。后张某因信用卡诈骗罪获刑，但赃款已被挥霍一空。李某于是对中国银行某支行提起诉讼，要求赔偿其损失。

问题：

犯罪分子利用窃取的信息和密码伪造银行借记卡取款，造成的损失应由储蓄合同中的哪一方当事人承担？

【学习目标】

通过本章的学习，你应该能够：

(1) 了解我国中央银行、商业银行和银行业监督管理的立法概况；
(2) 掌握中央银行的法律地位、职责；
(3) 了解商业银行的业务范围；
(4) 掌握商业银行的设立、组织机构、业务管理、接管和终止；
(5) 掌握商业银行的监管。

第一节　中国人民银行法

一、中央银行法概述

中央银行是国家银行体系乃至整个金融体系的核心机构，是依法制定和执行国家货币信用政策，实施金融监督的国家机关。我国的中央银行就是中国人民银行。

中央银行法就是确立中央银行的地位和职责，调整中央银行的组织和活动的法律规范的总称。我国目前主要的中央银行法律规范，是2003年12月27日第十届全国人民代表大会常务委员会第六次会议修正通过的《中华人民共和国中国人民银行法》(以下简称《中国人民银行法》)。

银行业金融机构，是指在中华人民共和国境内设立的商业银行、城市信用合作社、农村信用合作社等吸收公众存款的金融机构以及政策性银行。在中华人民共和国境内设立的金融资产管理公司、信托投资公司、财务公司、金融租赁公司以及经国务院银行业监督管理机构批准设立的其他金融机构，适用中国人民银行法对银行业金融机构的规定。

二、中国人民银行的法律地位和职责

1. 中国人民银行的法律地位

中国人民银行是中华人民共和国的中央银行。

中国人民银行在国务院领导下，制定和执行货币政策，防范和化解金融风险，维护金融稳定。

2. 中国人民银行的职责

中国人民银行履行下列职责：①发布与履行其职责有关的命令和规章；②依法制定和执行货币政策；③发行人民币，管理人民币流通；④监督管理银行间同业拆借市场和银行间债券市场；⑤实施外汇管理，监督管理银行间外汇市场；⑥监督管理黄金市场；⑦持有、管理、经营国家外汇储备、黄金储备；⑧经理国库；⑨维护支付、清算系统的正常运行；⑩指导、部署金融业反洗钱工作，负责反洗钱的资金监测；⑪负责金融业的统计、调查、分析和预测；⑫作为国家的中央银行，从事有关的国际金融活动；⑬国务院规定的其他职责。

中国人民银行为执行货币政策，可以依照中国人民银行法的有关规定从事金融业务活动。

三、中国人民银行的组织机构

1. 中国人民银行的行长

中国人民银行设行长一人，副行长若干人。中国人民银行实行行长负责制。行长领导中国人民银行的工作，副行长协助行长工作。

中国人民银行行长的人选，根据国务院总理的提名，由全国人民代表大会决定；全国人民代表大会闭会期间，由全国人民代表大会常务委员会决定，由中华人民共和国主席任免。中国人民银行副行长由国务院总理任免。

2. 货币政策委员会

中国人民银行设立货币政策委员会。货币政策委员会的职责、组成和工作程序，由国务院规定，报全国人民代表大会常务委员会备案。

中国人民银行货币政策委员会应当在国家宏观调控、货币政策制定和调整中，发挥重要作用。

3. 中国人民银行的分支机构

中国人民银行根据履行职责的需要设立分支机构，作为中国人民银行的派出机构。中国人民银行对分支机构实行统一领导和管理。

中国人民银行的分支机构根据中国人民银行的授权，维护本辖区的金融稳定，承办有关业务。

四、中国人民银行的主要业务

1. 执行货币政策

货币政策是中国人民银行为实现其特定的经济目标，而采用的各种控制和调节货币供应量的方针和措施的总称。我国中央银行的货币政策一直是双重目标，即经济增长和稳定货币。货币政策与国家的财政政策和外汇政策共同构成了国家调节宏观经济的三个主要间接手段。

中国人民银行为执行货币政策，可以运用下列货币政策工具：①要求银行业金融机构按照规定的比例交存存款准备金；②确定中央银行基准利率；③为在中国人民银行开立账户的银行业金融机构办理再贴现；④向商业银行提供贷款；⑤在公开市场上买卖国债、其他政府债券和金融债券及外汇；⑥国务院确定的其他货币政策工具。

中国人民银行为执行货币政策，运用上述所列货币政策工具时，可以规定具体的条件和程序。

2. 为金融机构、政府部门提供服务的经营业务

(1) 持有、管理、经营国家外汇储备、黄金储备。

(2) 依照法律、行政法规的规定经理国库。

(3) 可以代理国务院财政部门向各金融机构组织发行、兑付国债和其他政府债券。

(4) 可以根据需要,为银行业金融机构开立账户。不得对银行业金融机构的账户透支。

(5) 应当组织或者协助组织银行业金融机构相互之间的清算系统,协调银行业金融机构相互之间的清算事项,提供清算服务。具体办法由中国人民银行制定。

(6) 会同国务院银行业监督管理机构制定支付结算规则。

(7) 根据执行货币政策的需要,可以决定对商业银行贷款的数额、期限、利率和方式。

3. 禁止性业务

(1) 对商业银行贷款的期限不得超过1年。

(2) 不得对银行业金融机构的账户透支。

(3) 不得对政府财政透支,不得直接认购、包销国债和其他政府债券。

(4) 不得向地方政府、各级政府部门提供贷款,不得向非银行金融机构以及其他单位和个人提供贷款,但国务院决定中国人民银行可以向特定的非银行金融机构提供贷款的除外。

(5) 不得向任何单位和个人提供担保。

五、金融监督管理

中国人民银行是国务院的金融职能管理部门,是国家最高的金融监管机关。中国人民银行依法监测金融市场的运行情况,对金融市场实施宏观调控,促进其协调发展。

中国人民银行有权对金融机构以及其他单位和个人的下列行为进行检查监督:①执行有关存款准备金管理规定的行为;②与中国人民银行特种贷款有关的行为;③执行有关人民币管理规定的行为;④执行有关银行间同业拆借市场、银行间债券市场管理规定的行为;⑤执行有关外汇管理规定的行为;⑥执行有关黄金管理规定的行为;⑦代理中国人民银行经理国库的行为;⑧执行有关清算管理规定的行为;⑨执行有关反洗钱规定的行为。上述所称中国人民银行特种贷款,是指国务院决定的由中国人民银行向金融机构发放的用于特定目的的贷款。

中国人民银行根据执行货币政策和维护金融稳定的需要,可以建议国务院银行业监督管理机构对银行业金融机构进行检查监督。国务院银行业监督管理机构应当自收到建议之日起30日内予以回复。

当银行业金融机构出现支付困难,可能引发金融风险时,为了维护金融稳定,中国人民银行经国务院批准，有权对银行业金融机构进行检查监督。

中国人民银行根据履行职责的需要，有权要求银行业金融机构报送必要的资产负债表、利润表以及其他财务会计、统计报表和资料。

中国人民银行应当和国务院银行业监督管理机构、国务院其他金融监督管理机构建立监督管理信息共享机制。

中国人民银行负责统一编制全国金融统计数据、报表，并按照国家有关规定予以公布。

中国人民银行应当建立、健全本系统的稽核、检查制度，加强内部的监督管理。

六、法律责任

1. 违反货币管理规定的法律责任

(1) 伪造、变造人民币，出售伪造、变造的人民币，或者明知是伪造、变造的人民币而运输，构成犯罪的，依法追究刑事责任；尚不构成犯罪的，由公安机关处15日以下拘留、1万元以下罚款。

(2) 购买伪造、变造的人民币或者明知是伪造、变造的人民币而持有、使用，构成犯罪的，依法追究刑事责任；尚不构成犯罪的，由公安机关处15日以下拘留、1万元以下罚款。

(3) 在宣传品、出版物或者其他商品上非法使用人民币图样的，中国人民银行应当责令改正，并销毁非法使用的人民币图样，没收违法所得，并处5万元以下罚款。

(4) 印制、发售代币票券，以代替人民币在市场上流通的，中国人民银行应当责令停止违法行为，并处20万元以下罚款。

2. 违反金融监管规定的法律责任

违法有关金融监管的规定，有关法律、行政法规有处罚规定的，依照其规定给予处罚；有关法律、行政法规未作处罚规定的，由中国人民银行区别不同情形给予警告，没收讳法所得，并处罚款；对负有直接责任的董事、高级管理人员和其他直接责任人员给予警告，并处罚款；构成犯罪的，依法追究刑事责任。

3. 违反人民银行纪律、业务规则的法律责任

中国人民银行有关人员违反提供贷款、对单位和个人提供担保、或擅自动用发行基金的，对负有直接责任的主管人员和其他直接责任人员，依法给予行政处分；构成犯罪的，依法追究刑事责任。造成损失的，负有直接责任的主管人员和其他直接责任人员应当承担部分或者全部赔偿责任。

地方政府、各级政府部门、社会团体和个人强令中国人民银行及其工作人员违法提供贷款或者担保的，对负有直接责任的主管人员和其他直接责任人员，依法给

予行政处分;构成犯罪的,依法追究刑事责任;造成损失的,应当承担部分或者全部赔偿责任。

中国人民银行的工作人员泄露国家秘密或者所知悉的商业秘密,构成犯罪的,依法追究刑事责任;尚不构成犯罪的,依法给予行政处分。

中国人民银行的工作人员贪污受贿、徇私舞弊、滥用职权、玩忽职守,构成犯罪的,依法追究刑事责任;尚不构成犯罪的,依法给予行政处分。

第二节　商业银行法与银行业监督管理法

一、商业银行概述

1. 商业银行的概念

商业银行,指依照商业银行法和公司法设立的,吸收公众存款、发放贷款、办理结算等业务的企业法人。商业银行是经营货币和资金的金融企业,具有独立的民事权利能力和民事行为能力,依法自主经营、自负盈亏,银行以其全部法人财产独立承担民事责任。商业银行依法接受中国人民银行的监督管理。

商业银行作为金融组织体系的基本主体,其职能主要包括:信用中介、支付中介、信用创造和金融服务四个基本职能。

2. 商业银行法的概念

商业银行法是规范商业银行的法人资格、业务范围、经营原则,银行的设立、变更和终止,清算和解散的条件、程序,银行业务的监督和管理以及银行的法律责任的法律规范。我国现行的商业银行法,是指 2003 年 12 月 27 日第十届全国人民代表大会常务委员会第六次会议修正的《中华人民共和国商业银行法》(以下简称《商业银行法》)。

二、商业银行的业务范围

商业银行遵循安全性、流动性、效益性原则从事经营活动。商业银行的业务按照资金来源和用途可以归纳为负债业务、资产业务和中间业务。《商业银行法》规定,商业银行可以经营下列部分或者全部业务:

1. 负债业务

负债业务是指商业银行通过一定的形式,组织资金来源的业务。主要包括:①吸收公众存款,吸收存款是商业银行最主要的负债业务;②向中央银行借款;③发行金融债券;④从事同业拆借。

2. 资产业务

资产业务是指商业银行利用其积聚的货币资金从事各种信用活动的业务，是商业银行取得收益的主要途径。主要包括：①现金资产业务；②发放短期、中期和长期贷款；③投资业务；④贴现业务。

3. 中间业务

中间业务是指商业银行并不运用自己的资金，代理客户承办支付和其他委托事项并从中收取手续费的业务。包括：办理国内外结算；买卖、代理买卖外汇；提供信用证服务及担保；代理收付款项及代理保险业务；等。

经营范围由商业银行章程规定，报国务院银行业监督管理机构批准。商业银行经中国人民银行批准，可以经营结汇、售汇业务。

三、商业银行的设立和组织形式

1. 商业银行的设立条件

设立商业银行，应当具备下列条件：①有符合《商业银行法》和《公司法》规定的章程；②符合注册资本最低限额要求，其中全国性商业银行为10亿元人民币，城市商业银行为1亿元人民币，农村商业银行为5千万元人民币。注册资本应当是实缴资本。国务院银行业监督管理机构根据审慎监管的要求可以调整注册资本最低限额，但不得少于上述规定的限额；③有具备任职专业知识和业务工作经验的董事、高级管理人员；④有健全的组织机构和管理制度；⑤有符合要求的营业场所、安全防范措施和与业务有关的其他设施。

设立商业银行，应当经国务院银行业监督管理机构审查批准。未经国务院银行业监督管理机构批准，任何单位和个人不得从事吸收公众存款等商业银行业务，任何单位不得在名称中使用“银行”字样。设立商业银行，还应当符合其他审慎性条件。

经批准设立的商业银行，由国务院银行业监督管理机构颁发经营许可证，并凭该许可证向工商行政管理部门办理登记，领取营业执照。

2. 商业银行的组织形式和组织机构

商业银行的组织形式、组织机构适用《公司法》的规定，即其组织形式为有限责任公司和股份有限公司。

《商业银行法》施行前设立的商业银行，其组织形式、组织机构不完全符合《公司法》规定的，可以继续沿用原有的规定，具体适用期限由国务院规定。

国有独资商业银行设立监事会。监事会的产生办法由国务院规定。

监事会对国有独资商业银行的信贷资产质量、资产负债比例、国有资产保值增值等情况以及高级管理人员违反法律、行政法规或者章程的行为和损害银行利益的行为进行监督。

3. 商业银行的分支机构

商业银行根据业务需要可以在我国境内外设立分支机构。设立分支机构必须经国务院银行业监督管理机构审查批准。在我国境内的分支机构,不按行政区划设立。商业银行在我国境内设立分支机构,应当按照规定拨付与其经营规模相适应的营运资金额。拨付各分支机构营运资金额的总和,不得超过总行资本金总额的60%。

经批准设立的商业银行分支机构,由国务院银行业监督管理机构颁发经营许可证,并凭该许可证向工商行政管理部门办理登记,领取营业执照。商业银行对其分支机构实行全行统一核算,统一调度资金,分级管理的财务制度。商业银行分支机构不具有法人资格,在总行授权范围内依法开展业务,其民事责任由总行承担。

经批准设立的商业银行及其分支机构,由国务院银行业监督管理机构予以公告。

四、商业银行的业务管理

1. 确定存款利率

商业银行应当按照中国人民银行规定的存款利率的上下限,确定存款利率,并予以公告。

2. 资产负债比例管理规定

商业银行贷款,应当遵守下列资产负债比例管理的规定:

(1) 资本充足率不得低于8%。

(2) 贷款余额与存款余额的比例不得超过75%。

(3) 流动性资产余额与流动性负债余额的比例不得低于25%。

(4) 对同一借款人的贷款余额与商业银行资本余额的比例不得超过10%。

(5) 国务院银行业监督管理机构对资产负债比例管理的其他规定。

3. 贷款业务其他管理措施

(1) 担保贷款和信用贷款。商业银行根据国民经济和社会发展的需要,在国家产业政策指导下开展贷款业务,贷款分为担保贷款和信用贷款。商业银行贷款,借款人原则上应当提供担保。但是经商业银行审查、评估,确认借款人资信良好,确能偿还贷款的,可以不提供担保。

商业银行不得向关系人发放信用贷款。并且,向关系人发放担保贷款的条件不得优于其他借款人同类贷款的条件。关系人是指:①商业银行的董事、监事、管理人员、信贷业务人员及其近亲属;②前项所列人员投资或者担任高级管理职务的公司、企业和其他经济组织。

参考案例 11-1

李某是某商业银行的信贷部经理。李某的儿子李小农投资设立了田庄公司，并担任董事长。田庄公司现拟向李某所在商业银行贷款，经查，田庄公司资信良好，确能偿还贷款。问：该银行能否在借款人没有提供担保的情况下，向田庄公司发放信用贷款？

分析：商业银行不得向关系人发放信用贷款。即使经商业银行审查、评估，确认借款人资信良好，确能偿还贷款的，也必须提供担保。本案例中，李小农属于关系人，其投资的田庄公司无法取得该银行的信用担保。

(2) 担保的处分。借款人应当按期归还贷款的本金和利息。借款人到期不归还担保贷款的，商业银行依法享有要求保证人归还贷款本金和利息或者就该担保物优先受偿的权利。

商业银行因行使抵押权、质权而取得的不动产或者股权，应当自取得之日起 2 年内予以处分。借款人到期不归还信用贷款的，应当按照合同约定承担责任。

(3) 同业拆借。同业拆借，应当遵守中国人民银行的规定。禁止利用拆入资金发放固定资产贷款或者用于投资。

拆出资金限于交足存款准备金、留足备付金和归还中国人民银行到期贷款之后的闲置资金。拆入资金用于弥补票据结算、联行汇差头寸的不足和解决临时性周转资金的需要。

(4) 投资业务的禁止性规定。商业银行的投资业务，指商业银行在金融市场购买有价证券，获取盈利的活动。

《商业银行法》规定，商业银行在我国境内不得从事信托投资和证券经营业务，不得向非自用不动产投资或者向非银行金融机构和企业投资，但国家另有规定的除外。

? 学生提问：商业银行不得投资不动产，也不得向企业投资吗？

教师回答：不得投资于“非自用”的不动产，并非所有不动产，比如商业银行自己建办公楼，则是可以的。

不得向非银行金融机构和企业投资，并非不得向所有企业投资，可以向金融企业投资。

五、商业银行的接管

1. 接管的条件

商业银行已经或者可能发生信用危机,严重影响存款人的利益时,国务院银行业监督管理机构可以对该银行实行接管。

信用危机的主要表现为,商业银行不能应付存款人的提款,不能清偿到期的债务,以及同业拒绝拆借资金,为原客户和市场所普遍拒绝其服务。商业银行有上述情况之一的,即可被视为发生信用危机。

2. 接管决定

接管的目的是对被接管的商业银行采取必要措施,以保护存款人的利益,恢复商业银行的正常经营能力。

接管由国务院银行业监督管理机构决定,并组织实施。国务院银行业监督管理机构的接管决定应当载明下列内容:①被接管的商业银行名称;②接管理由;③接管组织;④接管期限。

接管决定由国务院银行业监督管理机构予以公告。

3. 接管的实施与效力

接管自接管决定实施之日起开始,而非自接管决定作出之日起开始。自接管开始之日起,由接管组织行使商业银行的经营管理权力。

接管的直接法律效果,就是终止被接管商业银行的所有者和经营者对银行行使的经营管理权。但被接管人的法律主体资格并未丧失,被接管的商业银行的债权债务关系不因接管而变化。

4. 接管的期限

接管的期限由国务院银行业监督管理机构决定,并在接管决定中宣布,一般为1年,可根据实际情况延长或缩短。

接管期限届满,国务院银行业监督管理机构可以决定延期,但接管期限最长不得超过2年。

5. 接管的终止

有下列情形之一的,接管终止:

(1) 接管决定规定的期限届满或者国务院银行业监督管理机构决定的接管延期届满;

(2) 接管期限届满前,该商业银行已恢复正常经营能力;

(3) 接管期限届满前,该商业银行被合并或者被依法宣告破产。

六、商业银行的终止

商业银行的终止,是指商业银行法人资格的丧失。商业银行因解散、被撤销和被宣告破产而终止。

1. 商业银行的解散

商业银行因分立、合并或者出现公司章程规定的解散事由需要解散的,应当向国务院银行业监督管理机构提出申请,并附解散的理由和支付存款的本金和利息等债务清偿计划。经国务院银行业监督管理机构批准后解散。

商业银行解散的,应当依法成立清算组,进行清算,按照清偿计划及时偿还存款本金和利息等债务。国务院银行业监督管理机构监督清算过程。

2. 商业银行的撤销

商业银行因吊销经营许可证被撤销的,国务院银行业监督管理机构应当依法及时组织成立清算组,进行清算,按照清偿计划及时偿还存款本金和利息等债务。

3. 商业银行的破产

(1) 破产宣告。商业银行不能支付到期债务,经国务院银行业监督管理机构同意,由人民法院依法宣告其破产。

(2) 组织清算组。商业银行被宣告破产的,由人民法院组织国务院银行业监督管理机构等有关部门和有关人员成立清算组,进行清算。

? 学生提问:商业银行是否也是因资不抵债而宣告破产,也是由债权人或债务人提出破产申请吗?

教师回答:商业银行实行单一破产原因,即不能支付到期债务。不能支付到期债务与严重亏损、资不抵债是不同的概念,不能支付到期债务不一定是亏损。另外,注意商业银行的破产必须经过国务院银行业监督管理机构同意。

国务院银行业监督管理机构可以向人民法院提出对商业银行进行重整或者破产清算的申请。国务院银行业监督管理机构对出现重大经营风险的商业银行采取接管措施的,可以向人民法院申请中止以该金融机构为被告或者被执行人的民事诉讼程序或者执行程序。

(3) 财产分配。商业银行破产清算时,在支付清算费用、所欠职工工资和劳动保险费用后,应当优先支付个人储蓄存款的本金和利息。个人储蓄存款的本金和利息具有优先性,优先于其他存款,如企业的存款等。

七、商业银行的监管

1. 银行业监督管理立法

为了加强对银行业的监督管理，规范监督管理行为，防范和化解银行业风险，保护存款人和其他客户的合法权益，促进银行业健康发展，2003 年 12 月 27 日第十届全国人民代表大会常务委员会第六次会议通过了《中华人民共和国银行业监督管理法》（以下简称《银行业监督管理法》，该法于 2006 年 10 月 31 日经第十届全国人民代表大会常务委员会第二十四次会议作出了修正。

2. 银行业监督管理机构和对象

（1）银行业监督管理机构。国务院银行业监督管理机构负责对全国银行业金融机构及其业务活动监督管理的工作。国务院银行业监督管理机构，即中国银行业监督管理委员会，简称银监会。

国务院银行业监督管理机构根据履行职责的需要设立派出机构。国务院银行业监督管理机构对派出机构实行统一领导和管理。

? 学生提问：在地方设立的银监局，是受银监会和地方政府双重领导吗？

教师回答：不是，在地方设立的银监局直接隶属于银监会，不受地方政府的领导和管理。

（2）银行业监督管理的对象。

银行业金融机构　即指在中华人民共和国境内设立的商业银行、城市信用合作社、农村信用合作社等吸收公众存款的金融机构以及政策性银行。

其他金融机构　对在中华人民共和国境内设立的金融资产管理公司、信托投资公司、财务公司、金融租赁公司以及经国务院银行业监督管理机构批准设立的其他金融机构的监督管理，适用银行业监督管理法对银行业金融机构监督管理的规定。

境外设立的金融机构或金融机构的境外业务　国务院银行业监督管理机构依照本法有关规定，对经其批准在境外设立的金融机构以及前二款金融机构在境外的业务活动实施监督管理。

3. 银行业监督管理职责

（1）制定并发布对银行业金融机构及其业务活动监督管理的规章、规则。

（2）审查批准银行业金融机构的设立、变更、终止以及业务范围。

(3) 对申请设立金融机构的股东的资金来源、财务状况、资本补充能力和诚信状况进行审查。

(4) 审查批准或者备案银行业金融机构业务范围内的业务品种,依照法律、行政法规作出规定并公布。

(5) 批准设立银行业金融机构或者批准从事银行业金融机构的业务活动。

(6) 对银行业金融机构的董事和高级管理人员实行任职资格管理,制定具体办法。

(7) 可以依照法律、行政法规制定银行业金融机构的审慎经营规则。

审慎经营规则,包括风险管理、内部控制、资本充足率、资产质量、损失准备金、风险集中、关联交易、资产流动性等内容。

(8) 在规定的期限,对下列申请事项作出批准或者不批准的书面决定;决定不批准的,应当说明理由:

• 银行业金融机构的设立,自收到申请文件之日起 6 个月内;

• 银行业金融机构的变更、终止,以及业务范围和增加业务范围内的业务品种,自收到申请文件之日起 3 个月内;

• 审查董事和高级管理人员的任职资格,自收到申请文件之日起 30 日内。

(9) 对银行业金融机构的业务活动及其风险状况进行非现场监管,建立银行业金融机构监督管理信息系统,分析、评价银行业金融机构的风险状况。

(10) 对银行业金融机构的业务活动及其风险状况进行现场检查。并制定现场检查程序,规范现场检查行为。

(11) 对银行业金融机构实行并表监督管理。

(12) 对中国人民银行提出的检查银行业金融机构的建议,自收到建议之日起 30 日内予以回复。

(13) 建立银行业金融机构监督管理评级体系和风险预警机制,根据银行业金融机构的评级情况和风险状况,确定对其现场检查的频率、范围和需要采取的其他措施。

(14) 建立银行业突发事件的发现、报告岗位责任制度。

(15) 发现可能引发系统性银行业风险、严重影响社会稳定的突发事件的,应当立即向国务院银行业监督管理机构负责人报告;国务院银行业监督管理机构负责人认为需要向国务院报告的,应当立即向国务院报告,并告知中国人民银行、国务院财政部门等有关部门。

(16) 应当会同中国人民银行、国务院财政部门等有关部门建立银行业突发事件处置制度,制定银行业突发事件处置预案,明确处置机构和人员及其职责、处置措施和处置程序,及时、有效地处置银行业突发事件。

(17) 负责统一编制全国银行业金融机构的统计数据、报表，并按照国家有关规定予以公布。

(18) 对银行业自律组织的活动进行指导和监督。银行业自律组织的章程应当报国务院银行业监督管理机构备案。

(19) 开展与银行业监督管理有关的国际交流、合作活动。

4. 银行业监督管理措施

(1) 强制信息披露。

银行业监督管理机构根据履行职责的需要　有权要求银行业金融机构按照规定报送资产负债表、利润表和其他财务会计、统计报表、经营管理资料以及注册会计师出具的审计报告。

银行业监督管理机构根据审慎监管的要求　可以采取下列措施进行现场检查：进入银行业金融机构进行检查；询问银行业金融机构的工作人员，要求其对有关检查事项作出说明；查阅、复制银行业金融机构与检查事项有关的文件、资料，对可能被转移、隐匿或者毁损的文件、资料予以封存；检查银行业金融机构运用电子计算机管理业务数据的系统。

银行业监督管理机构根据履行职责的需要　可以与银行业金融机构董事、高级管理人员进行监督管理谈话，要求银行业金融机构董事、高级管理人员就银行业金融机构的业务活动和风险管理的重大事项作出说明。

银行业监督管理机构应当责令银行业金融机构按照规定　如实向社会公众披露财务会计报告、风险管理状况、董事和高级管理人员变更以及其他重大事项等信息。

(2) 强制整改。银行业金融机构违反审慎经营规则的，国务院银行业监督管理机构或者其省一级派出机构应当责令限期改正；逾期未改正的，或者其行为严重危及该银行业金融机构的稳健运行、损害存款人和其他客户合法权益的，经国务院银行业监督管理机构或者其省一级派出机构负责人批准，可以区别情形，采取下列措施：

- 责令暂停部分业务、停止批准开办新业务；
- 限制分配红利和其他收入；
- 限制资产转让；
- 责令控股股东转让股权或者限制有关股东的权利；
- 责令调整董事、高级管理人员或者限制其权利；
- 停止批准增设分支机构。

(3) 冻结账户。经国务院银行业监督管理机构或者其省一级派出机构负责人批准，银行业监督管理机构有权查询涉嫌金融违法的银行业金融机构及其工作人员以及关联行为人的账户；对涉嫌转移或者隐匿违法资金的，经银行业监督管理机构负责人批准，可以申请司法机关予以冻结。

5. 法律责任

银行业金融机构有下列情形之一，由国务院银行业监督管理机构责令改正，有违法所得的，没收违法所得，违法所得 50 万元以上的，并处违法所得 1 倍以上 5 倍以下罚款；没有违法所得或者违法所得不足 50 万元的，处 50 万元以上 200 万元以下罚款；情节特别严重或者逾期不改正的，可以责令停业整顿或者吊销其经营许可证；构成犯罪的，依法追究刑事责任：①未经批准设立分支机构的；②未经批准变更、终止的；③违反规定从事未经批准或者未备案的业务活动的；④违反规定提高或者降低存款利率、贷款利率的。

银行业金融机构有下列情形之一，由国务院银行业监督管理机构责令改正，并处 20 万元以上 50 万元以下罚款；情节特别严重或者逾期不改正的，可以责令停业整顿或者吊销其经营许可证；构成犯罪的，依法追究刑事责任：①未经任职资格审查任命董事、高级管理人员的；②拒绝或者阻碍非现场监管或者现场检查的；③提供虚假的或者隐瞒重要事实的报表、报告等文件、资料的；④未按照规定进行信息披露的；⑤严重违反审慎经营规则的；⑥拒绝执行《银行业监督管理法》规定的强制整改措施的。

【引例评析】

(1)《中华人民共和国商业银行法》第六条规定："商业银行应当保障存款人的合法权益不受任何单位和个人的侵犯。"相对于存款人而言，商业银行具有专业防范犯罪分子利用自助银行和 ATM 机犯罪的能力和条件，有责任承担起这个防范犯罪的义务。

(2) 商业银行应当根据自助银行和 ATM 机在被各种犯罪活动攻击后暴露出来的弱点，随时对其进行改进。在新的改进方法尚未出台时，商业银行还可以通过采取不断巡查、明示使用自助银行和 ATM 机时的注意事项、向储户通知犯罪手段、甚至是暂停使用等方法，来履行防范犯罪的义务，以确保金融管理秩序的正常运转，确保储户的存款安全，维护储户的合法权益。

(3) 本案中国银行某支行因向李某发行了借记卡，而与李某之间存在储蓄合同关系。《合同法》规定，当事人一方不履行合同义务或者履行合同义务不符合约定的，应当承担继续履行、采取补救措施或者赔偿损失等违约责任。中国银行在储蓄合同中，负有保障交易场所安全、防范犯罪发生、向储户及时通知犯罪手段和保障存款人合法权益不受侵犯的义务。某支行未尽相关义务，导致李某借记卡内的资金短少,应当承担赔偿责任。

【小结】

主要阐述了中国人民银行法、商业银行法和银行业监督管理法的立法情况,中国人民银行的法律地位、职责、组织机构、主要业务、金融监督管理和法律责任,商业银行的概念、职能、业务范围、设立和组织形式、业务管理、接管和终止,银行业监督管理机构和监督管理对象、银行业监督管理职责、银行业监督管理措施和法律责任等内容。

【复习与思考】

1. 名词解释

中央银行　商业银行

2. 思考题

(1) 中国人民银行的性质和法律地位。

(2) 商业银行的设立。

(3) 商业银行资产负债比例的法律规定。

(4) 商业银行对担保物或担保权利的处分。

(5) 商业银行投资业务的禁止性规定。

(6) 商业银行接管的条件和效力。

(7) 银行业监督管理的机构和对象。

3. 选择题(含多项选择)

(1) 在下列哪种情况下,中国人民银行可以对商业银行实施接管?(　　)

A. 严重违法经营　　B. 重大违约行为

C. 可能发生信用危机　　D. 擅自开办新业务

要点提示:《商业银行法》规定,商业银行已经或者可能发生信用危机,严重影响存款人的利益时,中国人民银行可以对该银行实行接管。

(2) 下列各项中,属于《商业银行法》规定的,在发放贷款时必须遵守的有(　　)。

A. 借款人不提供担保的,一律不予贷款

B. 不得向关系人发放信用贷款和担保贷款

C. 贷款银行的贷款余额与存款余额的比例不得超过75%

D. 贷款银行的流动性资产余额与流动性负债余额的比例不得低于25%

要点提示：借款人原则上应当提供担保，但是借款人资信良好，确能偿还贷款的，可以不提供担保；对关系人不得发放信用贷款，但是可以发放担保贷款。

4. 案例分析题

2007 年 5 月，甲商业银行因行使对某公司的抵押权而折价 1 200 万元取得作为抵押物的一幢大楼，并办理了过户手续。2009 年 9 月，该银行将大楼以 1 800 万元的价格出售给乙公司。见房地产利润丰厚，甲银行斥资 1 亿收购了丙房地产股份有限公司 51%的股份，成为丙房地产公司的一大股东。

此时，世界各国正逐步摆脱美国次贷危机引发的金融风暴的影响，经济出现一定的复苏，证券市场显现走出低谷的特征。甲银行为获取高额收益，将 1 亿元资金投入股市。

问题：甲银行的上述行为有无违法之处？

要点提示：《商业银行法》规定，商业银行因行使抵押权而取得的不动产，应当自取得之日起 2 年内予以处分；不得向非银行金融机构和企业投资；在我国境内不得从事证券经营业务。

第十二章　税法

【引例】

某白酒生产企业申报2008年度企业所得税应纳税所得额为—36万元。经税务机关核查，该企业发生100万元粮食类白酒广告支出，已作费用，全额在税前扣除；转让一台设备，取得净收入50万元，未作账务处理。

税务机关要求该企业作出相应的纳税调整，并限期缴纳税款。但该企业以资金困难为由未缴纳，虽经税务机关一再催缴，至2009年8月仍拖欠税款。

经税务机关了解，该企业的银行账户上没有相当于应纳税款金额的存款。2009年10月，税务机关得知，该企业有一到期债权20万元，一直未予追偿。税务机关拟行使代位权，追偿该企业到期债权20万元。

已知：该企业适用企业所得税税率为25%。

问题：

1. 该企业2008年度应纳税所得额为多少？应纳所得税税额为多少？

2. 税务机关是否有权行使代位权？

【学习目标】

通过本章的学习，你应该能够：

(1) 了解税法的概念和特征；

(2) 掌握我国的税收体制和现行主要税种；

(3) 掌握我国税收征管法的主要内容。

第一节　税法概述

一、税收的概念和基本特征

1. 税收的概念

税收是国家为了实现其职能，凭借政治权力，按照法定的标准和程序，强制地、无偿地参与社会产品分配和再分配，以取得财政收入的一种特定分配形式。

2. 税收的基本特征

(1) 强制性。税收是以国家权力为依托的，纳税人必须无条件地依照法律的规定履行纳税义务，否则将受到法律制裁。

(2) 无偿性。纳税人依法纳税，税款无偿归国家所有，国家不支付任何报酬。

(3) 固定性。税收由国家按照法律预先规定的范围、标准、环节征收，具有相对稳定性。非经国家依法调整，任何人不得随意改变。

二、税法的构成要素

1. 税法的概念

税法是国家制定的用以调整国家与纳税人之间在征纳税方面的权利及义务关系的法律规范的总称。它是国家及纳税人依法征税、依法纳税的行为准则。

2. 税法的分类

(1) 按照税法的基本内容和效力的不同，可分为税收基本法和税收普通法。我国目前还没有真正意义上的税收基本法。

(2) 按照税法的内容的不同，可分为税收实体法和税收程序法。税收实体法是规定税收法律关系主体的实体权利和义务的法律规范的总称。如《中华人民共和国个人所得税法》就是税收实体法。

税收程序法是指以国家税收活动中所发生的程序关系为调整对象的税法，是税务管理方面的法律。主要包括税收管理法、纳税程序法、发票管理法、税务机关组织法、税务争议的处理法等等。

3. 税法的构成要素

税法的构成要素一般包括总则、纳税义务人、征税对象、税目、税率、纳税环节、纳税期限、纳税地点、减税免税、罚则、附则等内容。其中纳税义务人、征税对象和税率是构成税法的三个最基本的要素。

(1) 纳税义务人，又称纳税主体，它是指税法规定的直接负有纳税义务的社会组织和个人。

纳税义务人和负税人并不是一个概念。缴纳税款的单位和个人称为纳税义务人，最终负担税款的单位和个人称为负税人。纳税人不一定负担税款，原因是存在着“税收转嫁”。

> ? 学生提问：税收怎么转嫁呢？
>
> 教师回答：比如消费税的纳税人，表面看是卷烟企业、化妆品企业、贵重首饰及珠宝企业等，但实际上最终负担者是消费者。

(2) 征税对象，又称征税客体，即对什么征税。每一种税法都规定了明确而具体的征税对象，征税对象是区别不同税种的重要标志，是征税的直接依据和税法的最基本要素。征税对象是区别不同税种的主要标志。

税目是征税对象的具体化，反应具体的征税对象，代表征税的广度。

(3) 税率是纳税额与征税对象之间的比例，是计算税额的尺度，是税法结构中的核心要素。税率是衡量税负轻重的重要标志，税率解决了征税的深度问题。

我国现行使用的税率有三种：

比例税率　比例税率是不分征税对象的大小，只限定一个比例的税率。我国的增值税、营业税、城建税、企业所得税等采用的是比例税率。

定额税率　定额税率是按单位征税对象直接规定固定的税额，而不采取百分比的形式，这是税率的一种特殊形式。我国的资源税、城镇土地使用税、车船使用税等采用的是定额税率。

累进税率　累进税率是按照征税对象的数额或其相对率的大小规定不同等级的税率，征税对象的数额或相对率越大，税率越高。累进税率又分为全额累进税率、超额累进税率和超率累进税率。

全额累进税率是将征税对象的全部数额划分为若干等级，规定不同等级的税率，达到某一个等级，全部按照相应的税率计征税款。目前，我国的税法制度中已不采用这种税率。

超额累进税率也是将征税对象的全部数额划分为若干等级，并规定不同等级的税率，但每一等级分别按照相应的税率计算税额，然后再相加得出应纳税款的总额。我国目前采用这种税率的有个人所得税等。

超率累进税率是将征税对象按照某种比例划分为若干等级，再规定不同等级的税率，达到某一个等级，全部按照相应的税率计征税款。目前，我国采用这种税率的是土地增值税。

三、我国的税法体系

税法体系是指各类税收法律规范构成的协调、统一的整体，其结构和分类与税法的调整对象直接相关。税法所调整的税收关系包括税收体制关系和税收征纳关系，因此相应的法律规范主要分为税收体制法和税收征纳法。税收征纳法又可进一步分为税收征纳实体法和税收征纳程序法。

税收征纳实体法按照涉及税种的不同，可作如下分类：

1. 流转税法

流转税法是规范流转税关系的法律规范的总称。流转税是对商品生产、流通和提供劳务的销售额或营业额，即流转额征税的各个税种的统称。流转税包括增值税、消费税、营业税和关税等。

流转税的特点是：①以产品销售额或营业额为征税依据；②与商品的价格有着密切的联系；③纳税义务人与负税人往往是分离的；④不论纳税人经营状况如何都要征收，是一种全天候税。

2. 所得税法

所得税法是规范所得税关系的法律规范的总称。所得税是以纳税人的所得额或收益额为征税对象的各个税种的统称。所得税包括企业所得税、外商投资企业和外国企业所得税、个人所得税等。

所得税的特点是：①征税客体是纳税人全年实际所得额或收益额；②以纳税人实际负担能力为征税原则，所得多则多征，所得少则少征，无所得则不征。

3. 财产税法

财产税法是规范财产税关系的法律规范的总称。财产税是以财产的价值额或租价额为征税对象的各个税种的统称。财产税主要包括房产税、车船税、契税等。

财产税的特点是以纳税人所占有或转移的财产为征税对象，面向财产所有人或使用人征收。

4. 行为税法

行为税法是规范行为税关系的法律规范的总称。行为税是以特定行为为征税对象的各个税种的统称。行为税主要包括固定资产方向调节税、屠宰税、筵席税、耕地占用税、城乡土地使用税、印花税等。

5. 资源税法

资源税法是规范资源税关系的法律规范的总称。资源税是为了促进合理开发利用资源，调节资源级差收入而对资源产品征收的各个税种的统称。主要有资源税等。

第二节　主要税种的规定

一、增值税

1. 增值税的概念

增值税是以商品法定增值额为征税对象的一种流转税。

增值是纳税人在生产经营活动中所创造的新增价值或商品的附加值，即纳税人在一定时期内销售产品或提供应税劳务，所得收入超过其购进商品或取得劳务时所支出金额的差额部分。

2. 增值税的主要规定

(1) 增值税的纳税人是指在中国境内销售货物或者提供加工、修理修配劳务，以及进口货物的单位和个人。增值税的纳税人分为一般纳税人和小规模纳税人两种。

(2) 增值税的征税对象为应税产品的增值额。

(3) 增值税的征税范围包括在中华人民共和国境内销售的货物、提供加工、修理、修配的劳务以及进口货物。

(4) 增值税的税率包括基本税率、低税率和零税率。基本税率为17%，低税率为13%，在一定情况下对出口商品实行零税率。

增值税的小规模纳税人适用6%的征收率，商业的小规模纳税人适用4%的征收率。

(5) 增值税实行价外征收。增值税为价外税，因此其销售额应当是不含增值税的，计算时应将含税价换算为不含税价。

二、消费税

1. 消费税的概念

消费税是对特定的消费品和消费行为征收的一种流转税。消费税的特点是：①只对部分特定消费品和消费行为征税，在普遍征收增值税的基础上，实行双重调节；②只在消费品生产、流通或消费的某一环节征税。消费税除金银首饰外，其他应税消费品都是在生产环节和进口环节征收；③根据不同消费品的种类、档次、结构、功能等情况，制定不同的税率，既采用从价定率、从量定额的征收方法，又采用了从量定额与从价定率相结合的复合计税方法。

2. 消费税的主要规定

(1) 消费税的纳税人。在中国境内生产、委托加工和进口应税消费品的单位和个人，为消费税的纳税人。

(2) 消费税的征税范围。消费税仅选择部分消费品征收。主要包括：

• 一些过度消费会对人类健康、社会秩序、生态环境等方面造成危害的特殊消费品，如烟、酒等；

• 奢侈品、非生活必需品，如贵重首饰、珠宝玉石、化妆品等；

• 高能耗及高档消费品，如小轿车、摩托车等；

• 不可再生和替代的资源类消费品，如汽油、柴油等；

• 具有一定财政意义的产品。

(3) 消费税的税率。根据不同的应税消费品，共有 13 个档次的税率，其中比例税率为 5%～20%，定额税率有 4 种。

(4) 消费税实行价内征收。消费税是价内税，其税金包含在价格当中，计算简便，易于征收。

三、营业税

1. 营业税的概念

营业税是对在我国境内提供应税劳务、转让无形资产或者销售不动产的单位和个人获得的营业收入征收的一种流转税。

2. 营业税的主要规定

(1) 营业税的纳税人。在中国境内从事交通运输、金融保险、邮电通信、建筑安装、文化娱乐以及转让无形资产或者销售不动产的单位和个人为营业税的纳税主体。

(2) 营业税的税目和税率。营业税的税目共有 9 个。税率主要有以下几档：

• 交通运输业、建筑业、邮电通信业、文化体育业适用 3%的税率；

• 服务业、转让无形资产、销售不动产适用 5%的税率；

• 金融保险业适用 8%的税率；

• 娱乐业适用 5%--20%的税率，由各地政府具体确定适用。

(3) 营业税实行价内征收。营业税属于价内税，计税价格内包含营业税，税金是计税价格的一部分。

四、企业所得税

1. 企业所得税的概念

企业所得税是指对中国境内内资企业，就其生产、经营的纯收益、所得额和其他所得额征收的一种税。

2. 企业所得税的主要规定

(1) 企业所得税的纳税人。纳税人为在中国境内实行独立经济核算的企业或其他组织。具体包括:国有企业、集体企业、私营企业、联营企业、股份制企业和有生产、经营所得和其他所得的其他组织等。个人独资企业、合伙企业不征收企业所得税,这两类企业征收个人所得税即可,这样能消除重复征税。

(2) 企业所得税的征税范围。征税范围是上述纳税人来源于中国境内、境外的生产、经营所得和其他所得。

(3) 企业所得税的税率。企业所得税的税率为25%的比例税率。

原《企业所得税暂行条例》规定,企业所得税税率是33%,另有两档优惠税率,全年应纳税所得额3万～10万元的,税率为27%,应纳税所得额3万元以下的,税率为18%;特区和高新技术开发区的高新技术企业的税率为15%。外资企业所得税税率为30%,另有3%的地方所得税。新所得税法规定法定税率为25%,内资企业和外资企业一致,国家需要重点扶持的高新技术企业为15%,小型微利企业为20%,非居民企业为20%。

(4) 企业所得税法定扣除项目。企业所得税法定扣除项目是据以确定企业所得税应纳税所得额的项目。《企业所得税条例》规定,企业应纳税所得额的确定,是企业的收入总额减去成本、费用、损失以及准予扣除项目的金额。

成本是纳税人为生产、经营商品和提供劳务等所发生的各项直接耗费和各项间接费用。

费用是指纳税人为生产经营商品和提供劳务等所发生的销售费用、管理费用和财务费用。

损失是指纳税人生产经营过程中的各项营业外支出、经营亏损和投资损失等。

除此以外,在计算企业应纳税所得额时,对纳税人的财务会计处理和税收规定不一致的,应按照税收规定予以调整。企业所得税法定扣除项目除成本、费用和损失外,税收有关规定中还明确了一些需按税收规定进行纳税调整的扣除项目。

五、个人所得税

1. 个人所得税的概念

个人所得税是对自然人(居民、非居民人)的个人所得额征收的一种税。

2. 个人所得税的主要规定

(1) 个人所得税的纳税人。我国个人所得税的纳税义务人是在中国境内居住有所得的人,以及不在中国境内居住而从中国境内取得所得的个人,包括中国国内公民,在华取得所得的外籍人员和港、澳、台同胞。

<u>居民纳税义务人</u>　在中国境内有住所,或者无住所而在境内居住满1年的个

人，是居民纳税义务人，应当承担无限纳税义务，即就其在中国境内和境外取得的所得，依法缴纳个人所得税。

非居民纳税义务人　在中国境内无住所又不居住或者无住所而在境内居住不满1年的个人，是非居民纳税义务人，承担有限纳税义务，仅就其从中国境内取得的所得，依法缴纳个人所得税。

在中国境内有住所或者无住所，而在境内居住满1年的个人，从中国境内和境外取得的所得；在中国境内无住所又不居住，或无住所而在境内居住不满1年的个人，从中国境内取得的所得，均应依法缴纳个人所得税。

(2) 个人所得税的征税范围。个人所得税的征税范围包括：上述纳税人的工资、薪金所得；个体工商户的生产、经营所得；对企事业单位的承包经营、承租经营所得；劳务报酬所得；稿酬所得；特许权使用费所得；利息、股息、红利所得；财产租赁所得；财产转让所得；偶然所得；经国务院财政部门确定征税的其他所得。

(3) 个人所得税的税率。第十届全国人民代表大会常务委员会第三十一次会议于2007年12月29日表决通过了《关于修改〈个人所得税法〉的决定》。根据决定，2008年3月1日起，我国个税免征额从1600元/月上调至2000元/月。

个人所得税根据不同的征税项目，分别规定了三种不同的税率：

工资、薪金所得，适用九级超额累进税率，按月应纳税所得额计算征税　该税率按个人月工资、薪金应税所得额划分级距，最高一级为45%，最低一级为5%，共九级。

适用五级超额累进税率　适用按年计算、分月预缴税款的个体工商户的生产、经营所得和对企事业单位的承包经营、承租经营的全年应纳税所得额划分级距，最低一级为5%，最高一级为35%，共五级。

比例税率　对个人的稿酬所得，劳务报酬所得，特许权使用费所得，利息、股息、红利所得，财产租赁所得，财产转让所得，偶然所得和其他所得，按次计算征收个人所得税，适用20%的比例税率。其中，对稿酬所得适用20%的比例税率，并按应纳税额减征30%；对劳务报酬所得一次性收入畸高的、特高的，除按20%征税外，还可以实行加成征收，以保护合理的收入和限制不合理的收入。

对个人的稿酬所得、劳务报酬所得、特许权使用费所得、财产租赁所得，每次收入不超过4000元的，减除费用800元；4000元以上的，减除20%的费用，其余额为应纳税所得额。

财产转让所得，以转让财产的收入额减除财产原值和合理费用后的余额，为应纳税所得额。

利息、股息、红利所得，偶然所得和其他所得，以每次收入额为应纳税所得额。

参考案例 12-1

澳大利亚人罗曼于2007年5月来华居住，于2008年7月离境回国。其间，罗曼在上海两所学校担任兼职外教，获得较为稳定的收入。问：罗曼是居民纳税人还是非居民纳税人？

分析：罗曼虽然在我国境内居住满了1年，但是这1年并不是税法意义上的1年。纳税年度上的1年是指从公历1月1日至同年12月31日。罗曼在中国境内居住未满1个纳税年度，因而是非居民纳税人。

第三节 税收征收管理法

一、税收征收管理法的概念和适用范围

税收征收管理法是调整、规范税收征收管理的法律规范的总称。2001年4月28日，第九届全国人民代表大会常务委员会第二十一次会议通过了修正的《中华人民共和国税收征收管理法》(以下简称《税收征收管理法》)，该法是我国目前主要的税收征收法律规范。

除了耕地占用税、契税、农业税、牧业税等农业税收，和关税及海关代征税收以外，其他税收的征收管理都适用《税收征收管理法》。

二、税务管理制度的主体

1. 税务行政主体——税务机关

国务院税务主管部门主管全国税收征收管理工作。各地国家税务局和地方税务局应当按照国务院规定的税收征收管理范围分别进行征收管理。

税务机关是指各级税务局、税务分局、税务所和按照国务院规定设立的并向社会公告的税务机构，如省级以下税务局的稽查局等。

2. 税务管理相对人——纳税人、扣缴义务人和其他有关单位

法律、行政法规规定负有纳税义务的单位和个人为纳税人。法律、行政法规规定负有代扣代缴、代收代缴税款义务的单位和个人为扣缴义务人。纳税人、扣缴义务人必须依照法律、行政法规的规定缴纳税款、代扣代缴、代收代缴税款。

纳税人、扣缴义务人和其他有关单位应当按照国家有关规定如实向税务机关提供与纳税和代扣代缴、代收代缴税款有关的信息。

3. 有关单位和部门

包括地方各级人民政府在内的有关单位和部门同样是税收征收管理法的遵守主体，必须遵守有关规定。

《税收征收管理法》规定，地方各级人民政府应当依法加强对本行政区域内税收征收管理工作的领导或者协调，支持税务机关依法执行职务，依照法定税率计算税额，依法征收税款。各有关部门和单位应当支持、协助税务机关依法执行职务。

三、税务管理

税务管理是税务机关在税收征收管理中对征纳过程实施的基础性的管理制度和管理行为。税务管理与税款征收、税务检查共同构成税收征收管理的重要内容。税务管理包括税务登记管理，账簿、凭证管理，发票管理和纳税申报管理等管理制度。

1. 税务登记管理

税务登记又称纳税登记，是税务机关对纳税人的开业、变动、歇业以及生产经营范围变化实行法定登记的一项制度，是确定纳税人履行纳税义务的法定手续，也是税务机关切实控制税源和对纳税人进行纳税监督的一种手段。税务登记包括开业登记，变更登记，停业、复业登记，注销登记，外出经营报验登记等。

(1) 开业税务登记。从事生产、经营的纳税人，应当自领取营业执照之日起，或依法成为纳税人之日起 30 日内，向所在地税务机关申请办理开业税务登记。

(2) 变更税务登记。纳税人税务登记的内容发生变化的，应当自工商行政管理部门办理变更登记之日起 30 日内，到原税务登记机关申报办理变更税务登记。

(3) 停业、复业税务登记。纳税人暂停或恢复生产经营活动的，都应当进行停业、复业登记。

(4) 注销税务登记。纳税人发生解散、破产、撤销以及依法终止履行纳税义务的，应当自有关机关批准或者宣告终止之日起 15 日内，或自营业执照被吊销之日起 15 日内向原税务登记机关申报办理注销税务登记。

(5) 外出经营报验登记。纳税人到外县(市)进行生产经营活动，应当向主管税务机关申请开具外出经营活动税收管理证明。

税务登记证件每年验审一次，每三年换证一次。

2. 账簿、凭证管理

从事生产、经营的纳税人、扣缴义务人按照国务院财政、税务主管部门的规定设置账簿，根据合法、有效凭证记账，进行核算。

纳税人、扣缴义务人应自领取营业执照之日起 15 日内设置账簿。扣缴义务人应当在法定扣缴义务发生之日起 10 日内，按照所代扣、代收的税种，分别设置代扣代缴、代收代缴税款账簿。

纳税人的财务会计制度以及处理方法，是其进行会计核算的依据。纳税人应当自领取税务登记证件之日起 15 日内，将其财务、会计制度或者财务、会计处理办法报送税务机关备案。

纳税人必须按照财政、税务主管部门规定的期限保管账簿、记账凭证、完税凭证及有关资料，除法律、行政法规另有规定者外，账簿、会计凭证、报表、完税凭证及其他有关纳税资料应当保存 10 年。

单位、个人在购销商品、提供或者接受经营服务以及从事其他经营活动中，应当按照规定开具、使用、取得发票。增值税专用发票由国务院税务主管部门指定的企业印制；其他发票，按照国务院税务主管部门的规定，分别由省、自治区、直辖市国家税务局、地方税务局指定企业印制。

纳税人对已开具的发票存根联和发票登记簿，应当保存 5 年。

3. 纳税申报

纳税人、扣缴义务人必须按照法定的或税务机关确定的申报期限、申报内容如实办理纳税申报和代扣代缴、代收代缴税款的申报手续，报送纳税申报表、财务会计报表及税务机关要求纳税人报送的其他纳税资料。纳税申报的方式有直接申报、邮寄申报、数据电文申报或其他方式申报。

四、税款征收

税款征收是税务机关依照税收法律、法规的规定，将纳税人依法应纳的税款以及扣缴义务人代扣代缴的税款通过不同的方式组织征收入库的活动。

1. 税款缴纳期限

纳税人、扣缴义务人按照法律、行政法规规定或者税务机关依照法律、行政法规的规定确定的期限，缴纳或者解缴税款。

纳税人因有特殊困难，不能按期缴纳税款的，经省、自治区、直辖市国家税务局、地方税务局批准，可以延期缴纳税款，但是最长不得超过 3 个月。

上述特殊困难是指：①因不可抗力，导致纳税人发生较大损失，正常生产经营活动受到较大影响的；②当期货币资金在扣除应付职工工资、社会保险费后，不足以缴纳税款的。

2. 税款征收方式

(1) 查账征收，指税务机关按照纳税人提供的账表所反映的经营情况，依照适用税率计算缴纳税款的方式。适用于账簿、凭证、会计等核算制度比较健全，能够据以如实核算生产经营情况，正确计算应纳税款的纳税人。

(2) 查定征收，是由税务机关根据纳税人的从业人员、生产设备、耗用原材料等因素，在正常生产经营条件下，对纳税人生产的应税产品查实核定产量、销售额并据以计算征收税款的一种方式。这种方式主要对生产不固定、账册不健全的单位适用。

(3) 查验征收，是指税务机关对纳税人应税商品，通过查验数量，按市场一般销售单价计算其销售收入并据以征税的方式。这种方式一般适用于经营品种比较单一，经营地点、时间和商品来源不固定的纳税单位。

(4) 定期定额征收是指税务机关通过典型调查，逐户确定营业额和所得额并据以征税的方式。这种方式一般适用于无完整考核依据的小型纳税单位。

(5) 其他征收方式，包括代扣代缴、代收代缴、委托代征、邮寄申报纳税等。

3. 税收征收措施

税收征收措施是指为保证税款即时征收入库，税收征收管理机关所采取的特殊措施。税收征收措施主要有：

(1) 加收滞纳金。纳税人、扣缴义务人未按期缴纳或解缴税款的，税务机关除责令限期缴纳外，从滞纳税款之日起，按日加收滞纳税款0.5‰的滞纳金。纳税人确有特殊困难，不能按期缴纳税款的，经县以上税务局(分局)批准，可以延期缴纳税款，但最长不得超过3个月。

(2) 核定应纳税额。纳税人有下列情形之一的，税务机关有权核定其应纳税额：

- 依照法律、行政法规的规定可以不设置账簿的；
- 依照法律、行政法规的规定应当设置账簿但未设置的；
- 擅自销毁账簿或者拒不提供纳税资料的；
- 虽设置账簿，但账目混乱或者成本资料、收入凭证、费用凭证残缺不全，难以查账的；
- 发生纳税义务，未按照规定的期限办理纳税申报，经税务机关责令限期申报，逾期仍不申报的；
- 纳税人申报的计税依据明显偏低，又无正当理由的。

税务机关核定应纳税额的具体程序和方法由国务院税务主管部门规定。

企业或者外国企业在中国境内设立的从事生产、经营的机构、场所与其关联企业之间的业务往来，应当按照独立企业之间的业务往来收取或者支付价款、费用；不按照独立企业之间的业务往来收取或者支付价款、费用，而减少其应纳税的收入或者所得额的，税务机关有权进行合理调整。

(3) 税收保全措施。纳税人在纳税期限到来前，有逃避纳税义务行为，可能导致征税决定不能执行，并且不能提供担保的，税务机关可以按照法定的程序通知银行暂停支付，或者扣押查封其财产。

(4) 税收强制执行措施。纳税期限已经届满，纳税人不仅未缴纳税款，而且在税务机关责令限期缴纳或扣押查封财产后仍未缴纳的，税务机关可以按照法定的程序通知银行扣缴税款，或者扣押、查封、拍卖纳税人的财产抵缴税款。

(5) 离境清税。欠缴税款的纳税人或者他的法定代表人需要出境的，应当在出境前向税务机关结清应纳税款、滞纳金或者提供担保。未结清税款、滞纳金，又不提供担保的，税务机关可以通知出境管理机关阻止其出境。

(6) 税款追征。因纳税人、扣缴义务人计算错误等失误，未缴或者少缴税款的，税务机关在3年内可以追征税款、滞纳金；有特殊情况的，追征期可以延长到5年。对于偷税、抗税、骗税的行为，实行无限期追征。因税务机关责任，致使纳税人、扣缴义务人未缴或者少缴税款的，税务机关在3年内可以要求他们补缴税款，但不得加收滞纳金。

4. 税收优先

(1) 税务机关征收税款，税收优先于无担保债权，法律另有规定的除外；纳税人欠缴的税款发生在纳税人以其财产设定抵押、质押或者纳税人的财产被留置之前的，税收应当先于抵押权、质权、留置权执行。

(2) 纳税人欠缴税款，同时又被行政机关决定处以罚款、没收违法所得的，税收优先于罚款、没收违法所得。

？学生提问：该如何确定担保债权和税收之间的优先顺序呢？

教师回答：在法律没有特别规定的情况下，担保债权优先于税收，税收优先于无担保债权；在纳税人欠缴的税款发生在纳税人以其财产设定抵押、质押或者纳税人的财产被留置之前的情况下，税收应当先于担保债权。

参考案例 12-2

2008年，甲公司欠缴税款200万元，税务机关责令甲公司限期缴纳，但甲公司以无力承担为由拒绝补缴。2008年5月，经批准，税务机关决定对甲公司采取强制执行措施。

在强制执行过程中，税务机关查明甲公司曾于2008年3月1日向乙银行贷款110万元，甲公司以110万元的公司债券作为质押，且甲公司拒绝偿还到期贷款。问：税务机关对乙银行是否享有优先权？

分析：税务机关享有优先权，因为甲公司对乙银行的质押行为发生在其欠缴税款之后。税务机关可以优先行使110万元公司债券的权利。

5. 税款退还

纳税人超过应纳税额缴纳的税款，税务机关发现后，应当立即退还。纳税人自结算缴纳税款之日起3年内发现的，可以向税务机关要求退还，税务机关查实后应立即退还。

五、税务检查

税务检查是税务机关以国家税收法律、行政法规为依据，对纳税人、扣缴义务人履行纳税义务和代扣代缴、代收代缴义务的情况进行的审查监督活动。

1. 税务机关在检查中的权利

(1) 检查纳税人的账簿、记账凭证、报表和有关资料，检查扣缴义务人代扣代缴、代收代缴税款账簿、记账凭证和有关资料；

(2) 到纳税人的生产、经营场所和货物存放地检查纳税人应纳税的商品、货物或者其他财产，检查扣缴义务人与代扣代缴、代收代缴税款有关的经营情况；

(3) 责成纳税人、扣缴义务人提供与纳税或者代扣代缴、代收代缴税款有关的文件、证明材料和有关资料；

(4) 询问纳税人、扣缴义务人与纳税或者代扣代缴、代收代缴税款有关的问题和情况；

(5) 到车站、码头、机场、邮政企业及其分支机构检查纳税人托运、邮寄应纳税商品、货物或者其他财产的有关单据、凭证和有关资料；

(6) 经县以上税务局(分局)局长批准，凭全国统一格式的检查存款账户许可证明，查询从事生产、经营的纳税人、扣缴义务人在银行或者其他金融机构的存款账户。税务机关在调查税收违法案件时，经设区的市、自治州以上税务局(分局)局长批准，可以查询案件涉嫌人员的储蓄存款。税务机关查询所获得的资料，不得用于税收以外的用途。

税务机关有权按照本法律规定的批准权限，采取税收保全措施或者强制执行措施。

税务机关调查税务违法案件时，对与案件有关的情况和资料，有权记录、录音、录像、照相和复制。

2. 税务机关在检查中的义务

税务机关派出的人员进行税务检查时，应当出示税务检查证和税务检查通知书，并有责任为被检查人保守秘密，未出示税务检查证和税务检查通知书的，被检查人有权拒绝检查。

3. 相对人在税务检查中的义务

纳税人、扣缴义务人必须接受税务机关依法进行的税务检查，如实反映情况，提供有关资料，不得拒绝、隐瞒。

税务机关依法进行税务检查时，有权向有关单位和个人调查纳税人、扣缴义务人和其他当事人与纳税或者代扣代缴、代收代缴税款有关的情况，有关单位和个人有义务向税务机关如实提供有关资料及证明材料。

六、法律责任

违反税法的行为包括违反税收征收管理法的行为和危害税收征管罪两大类，前者为违法行为，后者为犯罪行为。危害税收征管罪的种类有：偷税罪；抗税罪；逃避追缴欠税罪；骗取出口退税罪；虚开增值税专用发票、用于骗取出口退税、抵扣税款发票罪；伪造、出售伪造的增值税专用发票罪；非法出售增值税专用发票罪；非法购买增值税专用发票、购买伪造的增值税专用发票罪；非法制造、出售非法制造的用于骗取出口退税、抵扣税款发票罪；非法制造、出售非法制造的发票罪；非法出售用于骗取出口退税、抵扣税款发票罪；非法出售发票罪等。

违反税收征收管理法的法律责任包括：

1. 违反税务管理制度的法律责任

纳税人、扣缴义务人有违反税务登记、账簿凭证管理、纳税申报相关法律规定行为的，由税务机关责令限期改正，并可并处罚款。

2. 违反税款征收制度的法律责任

纳税人、扣缴义务人欠税的，税务机关应责令限期缴纳并加收滞纳金，逾期仍未缴纳的，除依法采取强制措施外，可以并处罚款。

纳税人、扣缴义务人偷税的，由税务机关加以追缴，加收滞纳金，并处罚款；构成犯罪的，依法追究刑事责任。

以假报出口或者其他欺骗手段，骗取国家出口退税款，由税务机关追缴其骗取的退税款，并处罚款；构成犯罪的，依法追究刑事责任。

以暴力、威胁方法拒不缴纳税款的，是抗税，除由税务机关追缴其拒缴的税款、滞纳金外，依法追究刑事责任。情节轻微，未构成犯罪的，由税务机关追缴其拒缴的税款、滞纳金，并处罚款。

3. 税务人员的法律责任

税务人员利用职务上的便利，收受或者索取纳税人、扣缴义务人财物或者谋取其他不正当利益，构成犯罪的，依法追究刑事责任；尚不构成犯罪的，依法给予行政处分。

税务人员徇私舞弊或者玩忽职守，不征或者少征应征税款，致使国家税收遭受重大损失，构成犯罪的，依法追究刑事责任；尚不构成犯罪的，依法给予行政处分。

税务人员滥用职权，故意刁难纳税人、扣缴义务人的，调离税收工作岗位，并依法给予行政处分。

税务人员对控告、检举税收违法违纪行为的纳税人、扣缴义务人以及其他检举人进行打击报复的，依法给予行政处分；构成犯罪的，依法追究刑事责任。

税务人员违反法律、行政法规的规定，故意高估或者低估农业税计税产量，致使多征或者少征税款，侵犯农民合法权益或者损害国家利益，构成犯罪的，依法追究刑事责任；尚不构成犯罪的，依法给予行政处分。

七、税务行政复议与诉讼

纳税人、扣缴义务人、纳税担保人同税务机关在纳税上发生争议时，必须先依照税务机关的纳税决定缴纳或者解缴税款及滞纳金或者提供相应的担保，然后可以依法申请行政复议；对行政复议决定不服的，可以依法向人民法院起诉。

当事人对税务机关的处罚决定、强制执行措施或者税收保全措施不服的，可以依法申请行政复议，也可以依法向人民法院起诉。

当事人对税务机关的处罚决定逾期不申请行政复议也不向人民法院起诉、又不履行的，作出处罚决定的税务机关可以采取本法第四十条规定的强制执行措施，或者申请人民法院强制执行。

【引例评析】

(1) 该企业净收入 50 万元，应做账务处理，为企业所得；100 万元广告支出，不属于可以扣除的费用，费用是指纳税人为生产经营商品和提供劳务等所发生的销售费用、管理费用和财务费用。因此，该企业 2008 年度

应纳税所得额＝－36＋100＋50＝114(万元)；

应纳所得税额＝114×25％＝28.5(万元)。

(2) 税务机关有权行使代位权。根据《税收征收管理法》等相关规定，欠缴税款的纳税人因怠于行使到期债权，对国家造成损害的，税务机关可以依照《合同法》的有关规定行使代位权、撤销权。

【小结】

重点阐述了税收的概念、税法的概念和构成要素、税法体系，增值税、营业税、

消费税、企业所得税及个人所得税的概念和主要法律规定，税务管理、税款征收、税务检查以及违反税收征收管理法的法律责任。

【复习与思考】

1. 名词解释

流转税法　所得税法　财产税法　行为税法　资源税法

2. 思考题

(1) 税法的构成要素。

(2) 税法体系。

(3) 我国现行主要税种的基本法律规定。

(4) 税务管理的内容。

(5) 欠税、偷税、骗税、抗税的法律责任。

3. 选择题(含多项选择)

(1) 根据营业税法律制度的规定，下列各项中，应缴纳营业税的是(　　)。

A. 某商场销售烟酒

B. 高某将闲置住房无偿赠予他人

C. 某房地产公司销售商品房

D. 某服装厂加工服装

(2) 根据税收征收管理法律制度的规定，纳税人发生的下列情形中，应办理税务注销登记的有(　　)。

A. 纳税人破产　　B. 纳税人变更法定代表人

C. 纳税人被吊销营业执照　　D. 纳税人暂停经营活动

4. 案例分析题

某工程师蔡某是机械专家，2009 年 5 月取得如下收入：

(1) 工资收入 5 500 元；

(2) 当月出版专著一本取得稿酬收入 15 000 元；

(3) 讲学一次取得收入 600 元；

(4) 购买某公司债券获得利息 5 000 元。

问题：李某当月应缴纳个人所得税税额是多少？

要点提示：①工资、薪金所得，以每月收入额减除 2 000 元后，适用九级超额累进税率。②对个人的稿酬所得，劳务报酬所得，利息、股息、红利所得，适用 20%的比例税率。其中，对稿酬所得适用 20%的比例税率，并按应纳税额减征 30%。对个人的稿酬所得、劳务报酬所得，每次收入不超过 4 000 元的，减除费用 800 元，其余额为应纳税所得额。利息、股息、红利所得，以每次收入额为应纳税所得额。

第十三章　会计法与审计法

【引例】

2009年5月20日，东周县审计局开会决定对该县国有企业深桦企业进行审计，22日该审计局的一名审计人员先期到达深桦企业进行审计，审计过程中发现深桦企业与该县另一企业龙门企业之间的一笔钢材购销合同存在疑点，于是决定到龙门企业进行调查。

5月25日，该审计局的两名审计人员来到龙门企业，向龙门企业的负责人口头说明了自己的身份，要求其提供与深桦企业钢材购销合同的相关情况。

经查，在这次审计活动中，东周县审计局：①实施审计前未组成审计组；②实施审计前未向被审计单位的上级主管部门通报情况；③实施审计3日前未向被审计单位送达审计通知书；④审计人员进行调查时，未出示审计人员的工作证件和审计通知书副本。

问题：

该审计局的上述审计活动中，哪些不符合关于审计程序的法律规定？

【学习目标】

通过本章的学习，你应该能够：

(1) 了解会计工作的管理体制；

(2) 掌握会计核算的基本制度和具体规定；

(3) 掌握会计监督和违反《会计法》的法律责任；

(4) 掌握审计机关的职责、权限和审计程序。

第一节　会计法

一、会计法概述

1. 会计的概念

会计是以货币作为主要计量单位，运用一系列专门方法，对企事业单位经济活动进行连续、系统、全面和综合的核算和监督并在此基础上对经济活动进行分析、预测和控制以提高经济效益的一种管理活动。会计就其内容而言，主要包括会计核算和会计监督。

2. 会计法的概念

会计法是指调整会计关系的法律规范的总称。会计关系包括对单位经济活动和财务收支进行核算和监督而产生的社会关系，以及在会计机构的设置和会计人员的从业资格等方面发生的社会关系等。

我国现行的会计法，主要指 1985 年 1 月 21 日第六届人民代表大会常务委员会第九次会议通过、1999 年 10 月 31 日，第九届人民代表大会常务委员会第十二次会议进行了第二次修正的《中华人民共和国会计法》(以下简称《会计法》)。另外，《企业会计准则》、《财政部门实施会计监督办法》、《企业会计制度》、《会计基础工作规范》、《会计从业资格管理办法》、《会计档案管理办法》，以及地方性会计法规等，与《会计法》共同构成了我国的会计法律制度。

二、会计工作管理体制的法律规定

1. 会计工作的管理

根据《会计法》的规定，我国会计工作的管理分以下三个层次：

(1) 国务院财政部门主管全国的会计工作。

(2) 县级以上地方各级人民政府财政部门管理本行政区域内的会计工作。

(3) 单位负责人对本单位的会计工作和会计资料的真实性、完整性负责。单位负责人，是指单位法定代表人或者法律、行政法规规定代表单位行使职权的主要负责人。

2. 会计机构和会计人员

(1) 会计机构的设置。

<u>依法设立或代理记账</u>　各单位应当根据会计业务的需要，设置会计机构，或者在有关机构中设置会计人员并指定会计主管人员；不具备设置条件的，应当委托经批准设立从事会计代理记账业务的中介机构代理记账。

设置总会计师　国有的和国有资产占控股地位或者主导地位的大、中型企业必须设置总会计师。总会计师的任职资格、任免程序、职责权限由国务院规定。

会计机构内部应当建立稽核制度。

> ? 学生提问:总会计师是单位财务部的负责人吗?
>
> 教师回答:总会计师不是一种专业技术职务,也不是会计机构负责人,而是一种行政职务。总会计师是单位行政领导成员,是单位财务会计工作的主要负责人。

(2) 会计人员的条件。

• 从事会计工作的人员,必须取得会计从业资格证书。

• 担任单位会计机构负责人(会计主管人员)的,除取得会计从业资格证书外,还应当具备会计师以上专业技术职务资格或者从事会计工作 3 年以上经历(会计人员从业资格管理办法由国务院财政部门规定)。

• 出纳人员不得兼任稽核、会计档案保管和收入、支出、费用、债权债务账目的登记工作。

• 因有提供虚假财务会计报告,做假账,隐匿或者故意销毁会计凭证、会计账簿、财务会计报告,贪污,挪用公款,职务侵占等与会计职务有关的违法行为:①被依法追究刑事责任的人员,不得取得或者重新取得会计从业资格证书;②尚未构成犯罪,因违法违纪行为被吊销会计从业资格证书的人员,自被吊销会计从业资格证书之日起 5 年内,不得重新取得会计从业资格证书。

• 会计人员每年接受面授培训的时间累计不得少于 24 小时。

(3) 会计工作的交接。会计人员调动工作或者离职,必须与接管人员办清交接手续。

一般会计人员办理交接手续,由会计机构负责人(会计主管人员)监交;会计机构负责人(会计主管人员)办理交接手续,由单位负责人监交,必要时主管单位可以派人会同监交。

三、会计核算

1. 会计核算的概念

会计核算,也称会计反映,是以货币为主要计量尺度,对会计主体的资金运动进行的反映。传统意义上的会计核算主要是指对会计主体已经发生或已经完成的经济活动进行的事后核算，也就是会计工作中记账、算账、报账的总称。

2. 会计核算的内容

《会计法》规定，单位对下列经济业务事项应当办理会计手续，进行会计核算：①款项和有价证券的收付；②财物的收发、增减和使用；③债权债务的发生和结算；④资本、基金的增减；⑤收入、支出、费用、成本的计算；⑥财务成果的计算和处理；⑦需要办理会计手续、进行会计核算的其他事项。

3. 会计年度

会计年度是以年度为单位进行会计核算的时间区间。我国以公历年度为会计年度。会计年度自公历1月1日起至12月31日止。每一会计年度具体还可划分为月度、季度和半年度。

4. 记账本位币

会计核算以人民币为记账本位币。业务收支以人民币以外的货币为主的单位，可以选定其中一种货币作为记账本位币，但是编报的财务会计报告应当折算为人民币。

5. 会计凭证

会计凭证是具有一定格式、用以记录经济业务的发生和完成情况的书面证明，包括原始凭证和记账凭证。原始凭证，又称单据，是指在经济业务发生时，由业务经办人员直接取得或者填制，用以表明某项经济业务已经发生或者完成情况并明确有关经济责任的一种凭证。记账凭证，又称传票，是指对经济业务按其性质加以归类，确定会计分录，并据以登记会计账簿的凭证。

会计凭证、会计账簿、财务会计报告和其他会计资料，必须符合国家统一的会计制度的规定。使用电子计算机进行会计核算的，其软件及其生成的会计凭证、会计账簿、财务会计报告和其他会计资料，也必须符合国家统一的会计制度的规定。任何单位和个人不得伪造、变造会计凭证、会计账簿及其他会计资料，不得提供虚假的财务会计报告。

会计机构、会计人员必须按照国家统一的会计制度的规定对原始凭证进行审核，对不真实、不合法的原始凭证有权不予接受，并向单位负责人报告；对记载不准确、不完整的原始凭证予以退回，并要求按照国家统一的会计制度的规定更正、补充。

原始凭证记载的各项内容均不得涂改；原始凭证有错误的，应当由出具单位重开或者更正，更正处应当加盖出具单位印章。原始凭证金额有错误的，应当由出具单位重开，不得在原始凭证上更正。记账凭证应当根据经过审核的原始凭证及有关资料编制。

参考案例 13-1

恒昌公司的会计方某在审查业务员李某交来的一张购货发票时，发现该发票在产品和规格等栏目中所填的内容与实际入库的情况有较大差异，于是向李某询问。李某称此系开票单位建华公司会计人员误操作所致，并在发票上进行更正和书写书面说明。方某将这张含有李某书面说明的更正过的发票作为原始凭证入账。问：李某和方某的行为是否合法？

分析：李某无权对原始凭证记载的内容加以更改，方某不应将该发票作为原始凭证入账。方某有权拒绝接受这张发票，并向恒昌公司负责人报告。李某应将这张发票拿回出票单位建华公司要求重开或更正。

6. 公司、企业会计核算的特别规定

公司、企业必须根据实际发生的经济业务事项，按照国家统一的会计制度的规定确认、计量和记录资产、负债、所有者权益、收入、费用、成本和利润。公司、企业进行会计核算不得有下列行为：

(1) 随意改变资产、负债、所有者权益的确认标准或者计量方法，虚列、多列、不列或者少列资产、负债、所有者权益。

(2) 虚列或者隐瞒收入，推迟或者提前确认收入。

(3) 随意改变费用、成本的确认标准或者计量方法，虚列、多列、不列或者少列费用、成本。

(4) 随意调整利润的计算、分配方法，编造虚假利润或者隐瞒利润。

(5) 违反国家统一的会计制度规定的其他行为。

四、会计监督

1. 会计监督的概念

会计监督，是指在会计工作中，通过记录、计算、分析和检查，对企业、机关、事业单位和其他经济组织等生产经营活动或预算执行情况进行监察和督促的一项管理活动。

2. 会计监督的分类和内容

(1) 单位内部的会计监督。各单位应当建立、健全本单位内部会计监督制度。单位内部会计监督制度应当符合下列要求：

• 记账人员与经济业务事项和会计事项的审批人员、经办人员、财物保管人员的职责权限应当明确，并相互分离、相互制约；

• 重大对外投资、资产处置、资金调度和其他重要经济业务事项的决策和执行的相互监督、相互制约程序应当明确；

• 财产清查的范围、期限和组织程序应当明确；

• 对会计资料定期进行内部审计的办法和程序应当明确。

(2) 国家监督。财政部门对各单位的下列情况实施监督：

• 是否依法设置会计账簿；

• 会计凭证、会计账簿、财务会计报告和其他会计资料是否真实、完整(在实施监督,发现重大违法嫌疑时,国务院财政部门及其派出机构可以向与被监督单位有经济业务往来的单位和被监督单位开立账户的金融机构查询有关情况,有关单位和金融机构应当给予支持)；

• 会计核算是否符合本法和国家统一的会计制度的规定；

• 从事会计工作的人员是否具备从业资格。

财政、审计、税务、人民银行、证券监管、保险监管等部门应当依照有关法律、行政法规规定的职责,对有关单位的会计资料实施监督检查。

(3) 社会监督。各单位必须依照有关法律、行政法规的规定,接受有关监督检查部门依法实施的监督检查,如实提供会计凭证、会计账簿、财务会计报告和其他会计资料以及有关情况,不得拒绝、隐匿、谎报。

3. 违反会计法的法律责任

(1) 违反会计核算与监督的法律规定的法律责任。由县级以上人民政府财政部门责令限期改正,并可以：

• 对单位并处 3 千元以上 5 万元以下的罚款；

• 对其直接负责的主管人员和其他直接责任人员,构成犯罪的,依法追究刑事责任(一般违法的,可以处 2 千元以上 2 万元以下的罚款;属于国家工作人员的,还应当由其所在单位或者有关单位依法给予行政处分)；

• 会计人员有违法行为,情节严重的,由县级以上人民政府财政部门吊销会计从业资格证书。

(2)"伪造、变造会计资料,编制虚假财务会计报告"和"隐匿或者故意销毁会计资料"的法律责任。由县级以上人民政府财政部门予以通报,并可以：

• 对单位并处 5 千元以上 10 万元以下的罚款；

• 对其直接负责的主管人员和其他直接责任人员,构成犯罪的,依法追究刑事责任。一般违法的,可以处 3 千元以上 5 万元以下的罚款;属于国家工作人员的,还应当由其所在单位或者有关单位依法给予撤职直至开除的行政处分;对其中的会计人员,并由县级以上人民政府财政部门吊销会计从业资格证书。

(3) 授意、指使、强令会计人员伪造、变造会计资料或者隐匿、故意销毁会计资料的法律责任。

- 构成犯罪的，依法追究刑事责任；
- 尚不构成犯罪的，可以处5千元以上5万元以下的罚款；属于国家工作人员的，还应当由其所在单位或者有关单位依法给予降级、撤职、开除的行政处分。

(4) 单位负责人对会计人员打击报复的刑事责任。

构成犯罪的，依法追究刑事责任；尚不构成犯罪的，由其所在单位或者有关单位依法给予行政处分。对受打击报复的会计人员，应当恢复其名誉和原有职务、级别。

(5) 实施监督管理中滥用职权、玩忽职守、徇私舞弊或者泄露国家秘密，商业秘密的法律责任。

财政部门及有关行政部门的工作人员在实施监督管理中滥用职权、玩忽职守、徇私舞弊或者泄露国家秘密，商业秘密，构成犯罪的，依法追究刑事责任；尚不构成犯罪的，依法给予行政处分。

(6) 泄漏检举人的法律责任。

将检举人姓名和检举材料转给被检举单位和被检举人个人的，由所在单位或者有关单位依法给予行政处分。

违反会计法规定，同时违反其他法律规定的，由有关部门在各自职权范围内依法进行处罚。

第二节　审计法

一、审计法概述

1. 审计的概念

审计，是由专职机构或人员，依照国家规定的法律法规，对被审计单位的财政、财务收支及其有关经济活动的真实性、合法性和效益性进行审查，评价经济责任，借以维护财经法律法规，改进经营管理，提高经济效益，加强宏观调控的独立性经济监督活动。

2. 审计法的概念

广义的审计法是指调整审计关系的法律规范的总称。审计关系，是指审计机关和审计人员在依法进行审计监督的过程中，与被审计单位之间发生的各种经济关系。狭义的审计法，主要指1994年8月31日第八届全国人民代表大会常务委员会第九次会议通过，2006年2月28日第十届全国人民代表大会常务委员会第二十次会议修正的《中华人民共和国审计法》(以下简称《审计法》)。

3. 审计原则

(1) 依法审计原则。审计机关依照法律规定的职权和程序，进行审计监督。审计机关依据有关财政收支、财务收支的法律、法规和国家其他有关规定进行审计评价，在法定职权范围内作出审计决定。

(2) 独立审计原则。审计机关依照法律规定独立行使审计监督权，不受其他行政机关、社会团体和个人的干涉。

(3) 公正廉洁原则。审计机关和审计人员办理审计事项，应当客观公正，实事求是，廉洁奉公，保守秘密。

(4) 强制原则。审计机关作出的审计结论和决定，被审计单位和有关人员必须执行，审计结论和决定涉及其他有关单位的，有关单位应当协助执行。

二、审计机关和审计人员

1. 审计机关

(1) 国家审计机关。国务院和县级以上地方人民政府设立审计机关。国务院设立审计署，在国务院总理领导下，主管全国的审计工作。审计长是审计署的行政首长。

地方各级审计机关分别在省长、自治区主席、市长、州长、县长、区长和上一级审计机关的领导下，对本级预算执行情况和其他财政收支情况进行审计监督，向本级人民政府和上一级审计机关提出审计结果报告。

审计机关根据工作需要，经本级人民政府批准，可以在其审计管辖范围内设立派出机构。派出机构根据审计机关的授权，依法进行审计工作。

(2) 内部审计机构。国务院各部门和地方各级人民政府及其各部门、国有的金融机构和企业事业组织，应当按照国家有关规定建立健全内部审计制度；其内部审计工作应当接受审计机关的业务指导和监督。

(3) 社会审计机构。社会审计机构是指依法独立承办审计查证和咨询服务，实行有偿服务、自收自支、独立核算、依法纳税的事业单位。我国的社会审计机构主要是会计师事务所和审计师事务所。

审计的单位依法属于审计机关审计监督对象的，审计机关按照国务院的规定，有权对该社会审计机构出具的相关审计报告进行核查。

2. 审计工作人员

(1) 审计人员应当具备与其从事的审计工作相适应的专业知识和业务能力。

(2) 回避与保密。审计人员办理审计事项，与被审计单位或者审计事项有利害关系的，应当回避。审计人员对其在执行职务中知悉的国家秘密和被审计单位的商业秘密，负有保密的义务。

(3) 审计人员依法执行职务，受法律保护。任何组织和个人不得拒绝、阻碍审计人员依法执行职务，不得打击报复审计人员。

(4) 审计机关负责人依照法定程序任免。审计机关负责人没有违法失职或者其他不符合任职条件的情况的，不得随意撤换。地方各级审计机关负责人的任免，应当事先征求上一级审计机关的意见。

三、审计机关职责

1. 对财政收支的审计监督

(1) 审计机关对本级各部门(含直属单位)和下级政府预算的执行情况和决算以及其他财政收支情况，进行审计监督。

(2) 审计署在国务院总理领导下，对中央预算执行情况和其他财政收支情况进行审计监督，向国务院总理提出审计结果报告。

(3) 地方各级审计机关分别在省长、自治区主席、市长、州长、县长、区长和上一级审计机关的领导下，对本级预算执行情况和其他财政收支情况进行审计监督，向本级人民政府和上一级审计机关提出审计结果报告。

2. 对财务收支的审计监督

(1) 审计署对中央银行的财务收支，进行审计监督。审计机关对国有金融机构的资产、负债、损益，进行审计监督。

(2) 审计机关对国家的事业组织和使用财政资金的其他事业组织的财务收支，进行审计监督。

(3) 审计机关对国有企业的资产、负债、损益，进行审计监督。

(4) 根据国务院的规定，对国有资本占控股地位或者主导地位的企业、金融机构进行审计监督。

(5) 审计机关对政府投资和以政府投资为主的建设项目的预算执行情况和决算，进行审计监督。

(6) 审计机关对政府部门管理的和其他单位受政府委托管理的社会保障基金、社会捐赠资金以及其他有关基金、资金的财务收支，进行审计监督。

(7) 审计机关对国际组织和外国政府援助、贷款项目的财务收支，进行审计监督。

3. 对被审计单位负责人的审计监督

审计机关按照国家有关规定，对国家机关和依法属于审计机关审计监督对象的其他单位的主要负责人，在任职期间对本地区、本部门或者本单位的财政收支、财务收支以及有关经济活动应负经济责任的履行情况，进行审计监督。

除《审计法》规定的审计事项外，审计机关对其他法律、行政法规规定应当由审计机关进行审计的事项，依照本法和有关法律、行政法规的规定进行审计监督。

四、审计机关权限

1. 获取有关资料权

审计机关有权要求被审计单位按照审计机关的规定提供预算或者财务收支计划、预算执行情况、决算、财务会计报告，运用电子计算机储存、处理的财政收支、财务收支电子数据和必要的电子计算机技术文档，在金融机构开立账户的情况，社会审计机构出具的审计报告，以及其他与财政收支或者财务收支有关的资料，被审计单位不得拒绝、拖延、谎报。

被审计单位负责人对本单位提供的财务会计资料的真实性和完整性负责。

2. 检查权

审计机关进行审计时，有权检查被审计单位的会计凭证、会计账簿、财务会计报告和运用电子计算机管理财政收支、财务收支电子数据的系统，以及其他与财政收支、财务收支有关的资料和资产，被审计单位不得拒绝。

3. 调查取证权

审计机关进行审计时，有权就审计事项的有关问题向有关单位和个人进行调查，并取得有关证明材料。有关单位和个人应当支持、协助审计机关工作，如实向审计机关反映情况，提供有关证明材料。

审计机关经县级以上人民政府审计机关负责人批准，有权查询被审计单位在金融机构的账户。

审计机关有证据证明被审计单位以个人名义存储公款的，经县级以上人民政府审计机关主要负责人批准，有权查询被审计单位以个人名义在金融机构的存款。

4. 采取强制措施权

审计机关进行审计时，被审计单位不得转移、隐匿、篡改、毁弃会计凭证、会计账簿、财务会计报告以及其他与财政收支或者财务收支有关的资料，不得转移、隐匿所持有的违反国家规定取得的资产。

审计机关对被审计单位违反上述规定的行为，有权予以制止；必要时，经县级以上人民政府审计机关负责人批准，有权封存有关资料和违反国家规定取得的资产；对其中在金融机构的有关存款需要予以冻结的，应当向人民法院提出申请。

审计机关对被审计单位正在进行的违反国家规定的财政收支、财务收支行为，有权予以制止；制止无效的，经县级以上人民政府审计机关负责人批准，通知财政部门和有关主管部门暂停拨付与违反国家规定的财政收支、财务收支行为直接有关的款项，已经拨付的，暂停使用。审计机关采取上述规定的措施不得影响被审计单位合法的业务活动和生产经营活动。

审计机关履行审计监督职责，可以提请公安、监察、财政、税务、海关、价格、工商行政管理等机关予以协助。

5. 建议权

审计机关认为被审计单位所执行的上级主管部门有关财政收支、财务收支的规定与法律、行政法规相抵触的，应当建议有关主管部门纠正；有关主管部门不予纠正的，审计机关应当提请有权处理的机关依法处理。

6. 通报和公布权

审计机关可以向政府有关部门通报或者向社会公布审计结果。审计机关通报或者公布审计结果，应当依法保守国家秘密和被审计单位的商业秘密，遵守国务院的有关规定。

五、审计程序

1. 组成审计组，通知被审计单位

审计机关根据审计项目计划确定的审计事项组成审计组，并应当在实施审计3日前，向被审计单位送达审计通知书；遇有特殊情况，经本级人民政府批准，审计机关可以直接持审计通知书实施审计。

被审计单位应当配合审计机关的工作，并提供必要的工作条件。

2. 审查取证

审计人员通过审查会计凭证、会计账簿、财务会计报告，查阅与审计事项有关的文件、资料，检查现金、实物、有价证券，向有关单位和个人调查等方式进行审计，并取得证明材料。

审计人员向有关单位和个人进行调查时，应当出示审计人员的工作证件和审计通知书副本。

3. 提出审计报告和出具审计意见书

审计组对审计事项实施审计后，应当向审计机关提出审计组的审计报告。审计组的审计报告报送审计机关前，应当征求被审计对象的意见。被审计对象应当自接到审计组的审计报告之日起10日内，将其书面意见送交审计组。审计组应当将被审计对象的书面意见一并报送审计机关。

审计机关按照审计署规定的程序对审计组的审计报告进行审议，并对被审计对象对审计组的审计报告提出的意见一并研究后，提出审计机关的审计报告；对违反国家规定的财政收支、财务收支行为，依法应当给予处理、处罚的，在法定职权范围内作出审计决定或者向有关主管机关提出处理、处罚的意见。

审计机关应当将审计机关的审计报告和审计决定送达被审计单位和有关主管机关、单位。审计决定自送达之日起生效。

4. 审计决定的变更或撤销

上级审计机关认为下级审计机关作出的审计决定违反国家有关规定的，可以责成下级审计机关予以变更或者撤销，必要时也可以直接作出变更或者撤销的决定。

六、法律责任

1. 被审计单位的法律责任

(1) 被审计单位违反审计法规定，拒绝或者拖延提供与审计事项有关的资料的，或者提供的资料不真实、不完整的，或者拒绝、阻碍检查的，由审计机关责令改正，可以通报批评，给予警告；拒不改正的，依法追究责任。

(2) 对本级各部门(含直属单位)和下级政府违反预算的行为或者其他违反国家规定的财政收支行为，审计机关、人民政府或者有关主管部门在法定职权范围内，依照法律、行政法规的规定，区别情况采取下列处理措施：①责令限期缴纳应当上缴的款项；②责令限期退还被侵占的国有资产；③责令限期退还违法所得；④责令按照国家统一的会计制度的有关规定进行处理；⑤其他处理措施。

(3) 对被审计单位违反国家规定的财务收支行为，审计机关、人民政府或者有关主管部门在法定职权范围内，依照法律、行政法规的规定，区别情况采取上述规定的处理措施，并可以依法给予处罚。

(4) 被审计单位的财政收支、财务收支违反法律、行政法规的规定，构成犯罪的，依法追究刑事责任。

2. 有关人员的法律责任

(1) 被审计单位违反审计法规定，转移、隐匿、篡改、毁弃会计资料以及其他与财政收支、财务收支有关的资料，或者转移、隐匿所持有的违反国家规定取得的资产，审计机关认为对直接负责的主管人员和其他直接责任人员依法应当给予处分的，应当提出给予处分的建议，被审计单位或者其上级机关、监察机关应当依法及时作出决定，并将结果书面通知审计机关；构成犯罪的，依法追究刑事责任。

(2) 被审计单位的财政收支、财务收支违反国家规定，审计机关认为对直接负责的主管人员和其他直接责任人员依法应当给予处分的，应当提出给予处分的建议，被审计单位或者其上级机关、监察机关应当依法及时作出决定，并将结果书面通知审计机关。

(3) 报复陷害审计人员的，依法给予处分；构成犯罪的，依法追究刑事责任。

(4) 审计人员滥用职权、徇私舞弊、玩忽职守或者泄露所知悉的国家秘密、商业秘密的，依法给予处分；构成犯罪的，依法追究刑事责任。

3. 审计复议或诉讼

审计机关在法定职权范围内作出的审计决定,被审计单位应当执行。

审计机关依法责令被审计单位应当上缴的款项,被审计单位拒不执行的,审计机关应当通报有关主管部门,有关主管部门应当依照有关法律、行政法规的规定予以扣缴或者采取其他处理措施,并将结果书面通知审计机关。

被审计单位对审计机关作出的有关财务收支的审计决定不服的,可以依法申请行政复议或者提起行政诉讼。

被审计单位对审计机关作出的有关财政收支的审计决定不服的,可以提请审计机关的本级人民政府裁决,本级人民政府的裁决为最终决定。

【引例评析】

《审计法》规定,审计机关根据审计项目计划确定的审计事项组成审计组,并应当在实施审计 3 日前,向被审计单位送达审计通知书。被审计单位应当配合审计机关的工作,并提供必要的工作条件。审计人员向有关单位和个人进行调查时,应当出示审计人员的工作证件和审计通知书副本。

所以东周县审计局的上述审计活动中,①、③、④项不符合审计程序的法律规定。审计机关实施审计前无需向被审计单位的上级主管部门通报情况,所以第②项是合法的。

【小结】

重点阐述了会计法和审计法的基本概念,会计工作管理体制的法律规定、会计核算、会计监督和违反会计法的法律责任,审计机关和审计人员、审计机关职责、审计机关权限、审计程序和违反审计法的法律责任。

【复习与思考】

1. 名词解释

会计核算　会计监督　审计

2. 思考题

(1) 应当办理会计手续,进行会计核算的经济业务事项。

(2) 会计凭证的法律规定。

(3) 会计监督的分类和主要内容。

（4）伪造、变造会计资料，编制虚假财务会计报告的法律责任。

（5）审计原则。

（6）审计机构的职权。

3. 选择题(含多项选择)

（1）哪种人员应当对本单位的会计工作和会计资料的真实性、完整性负责？（　　）

A. 会计人员　　B. 市场营销人员

C. 单位负责人　　D. 财会部门的负责人

（2）审计署在（　　）的领导下，主管全国的审计工作。

A. 全国人民代表大会　　B. 全国人大常委会

C. 国务院　　D. 国务院总理

（3）单位对下列哪些经济业务事项应当办理会计手续，进行会计核算？（　　）

A. 签订合同　　B. 款项和有价证券的收付

C. 财物的收发、增减和使用　　D. 资本、基金的增减

（4）下列哪些项目属于审计机关的职责范围？（　　）

A. 对私营企业的财务活动进行审计监督

B. 对国家机关的人事任免行为进行审计监督

C. 对政府及其部门的预算执行情况进行审计监督

D. 对国有金融机构的资产、负债、损益进行审计监督

第十四章　劳动法律制度

【引例】

2009 年 7 月，建华公司在应届毕业生招聘会上遴选了数名优秀毕业生，将依据行政法规和地方政府规章为引进人才办理上海市户口，并进行岗前培训。由于对这批新员工将付出较大的成本，公司准备在双方签订《劳动合同》的基础上，再签订一份 3 年期的《服务承诺》，如员工提前解除合同，须赔偿公司每年 1 万元的违约金。

问题：

1. 该 3 年期的《服务承诺》是否有效？
2. 建华公司是否可以要求提前解除合同的员工承担违约责任？

【学习目标】

通过本章的学习，你应该能够：

(1) 掌握劳动法的概念和调整对象、劳动合同法的适用范围；

(2) 了解劳动法律关系；

(3) 掌握劳动合同的订立、履行、变更、解除和终止；

(4) 了解劳动合同法的特别规定、劳动安全卫生和劳动保护；

(5) 掌握工作时间、休息休假和工资；

(6) 掌握劳动争议处理和法律责任。

第一节 劳动法概述

一、劳动法的概念和调整对象

1. 劳动法的概念

劳动法是调整劳动关系以及与劳动关系密切相联系的其他社会关系的法律规范的总称。

1994年7月5日,第八届全国人民代表大会常务委员会第八次会议于通过了《中华人民共和国劳动法》,确立了劳动合同制度。2007年6月29日,第十届全国人民代表大会常务委员会第二十八次会议于通过了《中华人民共和国劳动合同法》(以下简称《劳动合同法》),该法是我国完善劳动合同制度,明确劳动合同双方当事人的权利和义务,保护劳动者的合法权益,构建和发展和谐稳定的劳动关系的劳动法律制度的基本法。此外,《就业促进法》、《劳动争议调解仲裁法》、《劳动合同法实施条例》、《工伤保险条例》、《最低工资规定》等法律法规与《劳动合同法》共同形成了我国劳动保障法律体系。

2. 劳动法的调整对象

劳动法的调整对象是劳动关系以及与劳动关系密切相联系的其他社会关系。劳动关系,是指用人单位招用劳动者为其成员,劳动者在用人单位的管理下提供有报酬的劳动而产生的权利义务关系。

与劳动关系密切相联系的其他社会关系主要包括:因执行社会保险产生的关系;因组织工会产生的关系;因处理劳动争议产生的关系;因监督劳动法的执行而产生的关系等。

二、《劳动合同法》的适用范围

《劳动合同法》规定,中华人民共和国境内的企业、个体经济组织、民办非企业单位等组织(以下称用人单位)与劳动者建立劳动关系,订立、履行、变更、解除或者终止劳动合同,适用劳动合同法。国家机关、事业单位、社会团体和与其建立劳动关系的劳动者,订立、履行、变更、解除或者终止劳动合同,依照劳动合同法执行。事业单位与实行聘用制的工作人员订立、履行、变更、解除或者终止劳动合同,法律、行政法规或者国务院另有规定的,依照其规定;未作规定的,依照劳动合同法有关规定执行。

三、劳动法律关系

劳动法律关系是指劳动法律规范在调整劳动过程中形成的法律上的劳动权利和劳动义务关系。

1. 劳动法律关系的主体

劳动法律关系的主体是指在实现社会劳动过程中依照劳动法律规范享有权利并承担义务的当事人。也即是劳动法律关系的参加者。劳动法律关系一方是劳动者,另一方是用人单位。劳动者应当具有劳动权利能力和劳动行为能力。

劳动权利能力是指劳动者根据劳动法的规定,能够享有劳动的权利和承担劳动义务的能力。依照《劳动法》的规定:我国公民自16周岁起具有劳动权利能力。也就是说,公民自16周岁起即具有成为劳动法律关系主体的资格。

劳动行为能力是指劳动者能够以自己的行为依法行使劳动权利和履行劳动义务的能力。

2. 劳动法律关系的客体

劳动法律关系客体是指劳动法律关系主体双方的权利义务共同指向的对象。我国劳动法律关系的客体是劳动者的劳动行为。

3. 劳动法律关系的内容

劳动法律关系的内容是指劳动法律关系主体双方依法享有的权利和承担的义务。

(1) 劳动者的权利和义务。

劳动权利　劳动者的劳动权利是指任何具有劳动能力且愿意工作的人都有获得有保障的工作的权利。其内容包括:平等就业和选择职业的权利、获得劳动报酬的权利、获得休息休假的权利、获得劳动安全卫生保护的权利、接受职业培训的权利、享受社会保险和福利的权利、提请劳动争议处理的权利、结社权、集体协商权、民主管理权等。

劳动义务　劳动义务是指根据劳动法律规范的要求,劳动者在劳动和工作过程中应当履行的基本劳动义务。其内容包括:完成劳动任务、提高职业技能、执行劳动卫生规程、遵守劳动纪律职业道德等。

(2) 用人单位的权利和义务。

用人单位的权利　用人单位的权利主要有:招工权,用人权,奖惩权,分配权,知情权,依法约定试用期和服务期的权利等。

用人单位的义务　用人单位的义务主要有:依法建立和完善劳动规章制度,保障劳动者享有劳动权利、履行劳动义务等。

第二节　劳动合同

一、劳动合同的订立

1. 订立劳动合同应当遵循的原则

《劳动合同法》规定，订立劳动合同，应当遵循合法、公平、平等自愿、协商一致、诚实信用的原则。

(1) 合法原则。

主体合法　即用人单位和劳动者都具备订立劳动合同的主体资格。具体来说，用人单位必须符合法定设立条件并在《劳动合同法》所规定的用人单位的范围内；劳动者应当具有劳动权利能力和劳动行为能力。

劳动合同内容合法　即劳动合同中约定的权利和义务必须符合法律、法规和国家有关工作时间、工资、劳动安全与卫生和社会保险等强制性规定。

程序合法　订立劳动合同应当按照法定程序进行，遵守有关订立期限的要求，并以书面形式签订。依法订立的劳动合同具有约束力，用人单位与劳动者应当履行劳动合同约定的义务。

参考案例　14-1

李某与龙门公司签订了一份1年期的劳动合同，合同中约定：到期后若双方无异议，则该合同自动延续1年。劳动合同签订后，李某在龙门公司一直工作了2年10个月以后辞职。李某在提出辞职的同时，要求龙门公司另外支付10个月的工资，遭到公司的拒绝。问：李某的要求是否符合《劳动合同法》？

分析：李某的要求符合《劳动合同法》。本案中劳动合同约定期满后自动延续1年，可以认定2年时间内，李某与龙门公司间存在书面的劳动合同，另10个月，未签订合同。本来，李某主动提出辞职，终止劳动合同关系，用人单位无须支付经济补偿金。但因《劳动合同法》规定，建立劳动关系，应当订立书面劳动合同。已建立劳动关系，未同时订立书面劳动合同的，应当自用工之日起1个月内订立书面劳动合同。用人单位自用工之日起超过1个月不满1年未与劳动者订立书面劳动合同的，应当向劳动者每月支付2倍的工资。龙门公司应承担10个月未签订书面劳动合同的法律责任。

(2) 公平原则。是指用人单位和劳动者订立劳动合同时遵循公平原则确定双方的权利和义务。公平原则要求双方当事人权利义务的一致性。

(3) 平等自愿原则。平等是指用人单位和劳动者双方在订立劳动合同时具有相同的法律地位,一方不能将自己的意志强加给另一方。双方不存在一方命令一方服从的关系。自愿,是指在订立劳动合同时,用人单位和劳动者选择对方当事人、决定劳动合同内容都是真实意思表示。

(4) 协商一致原则。协商一致,是指订立劳动合同的双方当事人经过协商达成一致意见。

(5) 诚实信用原则。订立劳动合同时遵循诚实信用原则,要求当事人诚实地告知对方有关情况,不隐瞒真相;出于真诚的目的与对方磋商以期订立劳动合同。

2. 劳动合同的种类

劳动合同分为固定期限劳动合同、无固定期限劳动合同和以完成一定工作任务为期限的劳动合同。

(1) 固定期限劳动合同,是指用人单位与劳动者约定合同终止时间的劳动合同。用人单位与劳动者协商一致,可以订立固定期限劳动合同。

(2) 无固定期限劳动合同,是指用人单位与劳动者约定无确定终止时间的劳动合同。

《劳动合同法》规定,用人单位与劳动者协商一致,可以订立无固定期限劳动合同。有下列情形之一,劳动者提出或者同意续订、订立劳动合同的,除劳动者提出订立固定期限劳动合同外,应当订立无固定期限劳动合同:

• 劳动者在该用人单位连续工作满 10 年的;

• 用人单位初次实行劳动合同制度或者国有企业改制重新订立劳动合同时,劳动者在该用人单位连续工作满 10 年且距法定退休年龄不足 10 年的;

• 连续订立 2 次固定期限劳动合同,且劳动者没有劳动合同法规定的用人单位单方解除的情形,续订劳动合同的;

• 用人单位自用工之日起满 1 年不与劳动者订立书面劳动合同的,视为用人单位与劳动者已订立无固定期限劳动合同。

3. 劳动合同的法定内容

用人单位在与劳动者建立劳动关系、订立劳动合同时,应当如实告知劳动者工作内容、工作条件、工作地点、职业危害、安全生产状况、劳动报酬,以及劳动者希望了解的其他与订立和履行劳动合同直接相关的情况;用人单位有权了解劳动者与订立和履行劳动合同直接相关的年龄、身体状况、工作经历、知识技能以及就业现状等情况,劳动者应当如实说明。

用人单位与劳动者订立的劳动合同应当具备以下条款:

(1) 用人单位的名称、住所和法定代表人或者主要负责人。

(2) 劳动者的姓名、住址和居民身份证或者其他有效身份证件号码。

(3) 劳动合同期限。

(4) 工作内容和工作地点。

(5) 工作时间和休息休假。

(6) 劳动报酬。

(7) 社会保险。

(8) 劳动保护、劳动条件和职业危害防护。

(9) 法律、法规规定应当纳入劳动合同的其他事项。

参考案例　14-2

国秀公司通过人才市场举办的招聘活动,聘某名牌大学工商管理硕士刘某为销售主管,并签订了劳动合同,约定试用期为3个月。两个月后,公司发现刘某销售业绩平平,团队领导能力差,缺乏基本的管理常识,因而对刘某学历的真实性产生了怀疑。人力资源部对刘某的毕业证和学位证书进行核查,发现刘某的相关证件均系伪造。问:国秀公司是否可以解除与刘某的劳动合同?

分析:用人单位有知情权,有权了解劳动者与劳动合同直接相关的基本情况,劳动者应当如实说明。本案劳动者刘某以欺诈手段,使用人单位国秀公司在违背真实意思的情况下订立劳动合同,国秀公司可以依照劳动合同法规定的程序,解除与劳动者刘某的劳动合同。

4. 劳动合同的约定内容

用人单位与劳动者可以约定试用期、培训、保守秘密、补充保险和福利待遇等其他事项。

(1) 试用期。

<u>试用期期限</u>　试用期期限与劳动合同的期限相关。劳动合同期限3个月以上不满1年的,试用期不得超过1个月;劳动合同期限1年以上不满3年的,试用期不得超过2个月;3年以上固定期限和无固定期限的劳动合同,试用期不得超过6个月。

同一用人单位与同一劳动者只能约定1次试用期。以完成一定工作任务为期限的劳动合同或者劳动合同期限不满3个月的,不得约定试用期。

试用期包含在劳动合同期限内。劳动合同仅约定试用期的,试用期不成立,该期限为劳动合同期限。

试用期待遇　劳动者在试用期的工资不得低于本单位相同岗位最低档工资或者劳动合同约定工资的80%，并不得低于用人单位所在地的最低工资标准。用人单位在试用期解除劳动合同的，应当符合法律规定，并向劳动者说明理由。

(2) 服务期。用人单位为劳动者提供专项培训费用，对其进行专业技术培训的，可以与该劳动者订立协议，约定服务期。

劳动者违反服务期约定的，应当按照约定向用人单位支付违约金。违约金的数额不得超过用人单位提供的培训费用。用人单位要求劳动者支付的违约金不得超过服务期尚未履行部分所应分摊的培训费用。

用人单位与劳动者约定服务期的，不影响按照正常的工资调整机制提高劳动者在服务期期间的劳动报酬。

? 学生提问：如果用人单位为特定劳动者提供优厚的福利待遇，或者特殊的帮助，比如帮助劳动者办理上海市或北京市户口，并代为缴纳相关费用，也不能约定服务期吗？

教师回答：是的，《劳动合同法》只规定在用人单位提供"专项培训"的情形下，可以约定服务期。

(3) 竞业限制。竞业限制的人员限于用人单位的高级管理人员、高级技术人员和其他负有保密义务的人员。竞业限制的范围、地域、期限由用人单位与劳动者约定，竞业限制的约定不得违反法律、法规的规定。在解除或者终止劳动合同后，上述人员到与本单位生产或者经营同类产品、从事同类业务的有竞争关系的其他用人单位，或者自己开业生产或者经营同类产品、从事同类业务的竞业限制期限，不得超过2年。

用人单位与劳动者可以在劳动合同中约定保守用人单位的商业秘密和与知识产权相关的保密事项。

对负有保密义务的劳动者，用人单位可以在劳动合同或者保密协议中与劳动者约定竞业限制条款，并约定在解除或者终止劳动合同后，在竞业限制期限内按月给予劳动者经济补偿。劳动者违反竞业限制约定的，应当按照约定向用人单位支付违约金。

(4) 违约金。《劳动合同法》严格限制了在劳动合同中约定劳动者承担违约金义务的范围。除服务期与竞业限制的情形外，用人单位不得与劳动者约定由劳动者承担违约金。

5. 劳动合同的生效

劳动合同由用人单位与劳动者协商一致，并经用人单位与劳动者在劳动合同文本上签字或者盖章生效。劳动合同文本由用人单位和劳动者各执一份。

劳动合同生效的时间与劳动关系建立的时间不一定相同。用人单位自用工之日起即与劳动者建立劳动关系。

二、劳动合同的履行和变更

1. 劳动合同的履行

劳动合同法确立了用人单位和劳动者应当按照劳动合同的约定全面履行劳动合同原则，以及劳动者本人应当实际履行的原则。

用人单位与劳动者应当按照劳动合同的约定，全面履行各自的义务。用人单位应当按照劳动合同约定和国家规定，向劳动者及时足额支付劳动报酬。用人单位拖欠或者未足额支付劳动报酬的，劳动者可以依法向当地人民法院申请支付令，人民法院应当依法发出支付令。用人单位应当严格执行劳动定额标准，不得强迫或者变相强迫劳动者加班。用人单位安排加班的，应当按照国家有关规定向劳动者支付加班费。

劳动者拒绝用人单位管理人员违章指挥、强令冒险作业的，不视为违反劳动合同。劳动者对危害生命安全和身体健康的劳动条件，有权对用人单位提出批评、检举和控告。

2. 劳动合同的变更

(1) 不影响劳动合同履行的情形。用人单位变更名称、法定代表人、主要负责人或者投资人等事项，不影响劳动合同的履行。

(2) 企业合并、分立后劳动合同的履行。用人单位发生合并或者分立等情况，原劳动合同继续有效，劳动合同由承继其权利和义务的用人单位继续履行。

(3) 劳动合同变更的要素。《劳动合同法》规定，用人单位与劳动者协商一致，可以变更劳动合同约定的内容。变更劳动合同，应当采用书面形式。变更后的劳动合同文本由用人单位和劳动者各执一份。劳动合同变更的要素有二：其一为实质要件，即双方协商一致；其二为形式要件，即书面形式。

三、劳动合同的解除和终止

1. 劳动合同解除的概念

劳动合同的解除，是劳动合同当事人在劳动合同期限届满之前终止劳动合同关系的行为。劳动合同的解除分为协商解除和单方解除，单方解除分为用人单位单方解除和劳动者单方解除。

> ? 学生提问:劳动合同的解除和终止是一个含义吗?
>
> 教师回答:不是,劳动合同的解除一般是指提前终止,在合同期限届满之前终止劳动合同关系;劳动合同的终止一般指合同期满,也包括一些其他法定的情形。

2. 协商解除

用人单位与劳动者协商一致,可以解除劳动合同。

3. 用人单位单方解除

(1) 随时解除。劳动者有下列情形之一的,用人单位可以解除劳动合同:

- 在试用期间被证明不符合录用条件的;
- 严重违反用人单位的规章制度的;
- 严重失职,营私舞弊,给用人单位造成重大损害的;
- 劳动者同时与其他用人单位建立劳动关系,对完成本单位的工作任务造成严重影响,或者经用人单位提出,拒不改正的;
- 法定情形致使劳动合同无效的;
- 被依法追究刑事责任的。

有严重违反用人单位的规章制度情形的,依规章制度解除劳动合同的,规章制度应当符合以下条件:①内容必须合法;②制订应当经过一定的民主程序,《劳动合同法》规定,用人单位在制定、修改或者决定有关劳动报酬、工作时间、休息休假、劳动安全卫生、保险福利、职工培训、劳动纪律以及劳动定额管理等直接涉及劳动者切身利益的规章制度或者重大事项时,应当经职工代表大会或者全体职工讨论,提出方案和意见,与工会或者职工代表平等协商确定;③制订后应当以一定的形式公示,用人单位应当将直接涉及劳动者切身利益的规章制度和重大事项决定公示,或者告知劳动者。

(2) 通知解除。有下列情形之一的,用人单位提前 30 日以书面形式通知劳动者本人或者额外支付劳动者 1 个月工资后,可以解除劳动合同:

- 劳动者患病或者非因工负伤,在规定的医疗期满后不能从事原工作,也不能从事由用人单位另行安排的工作的;
- 劳动者不能胜任工作,经过培训或者调整工作岗位,仍不能胜任工作的;
- 劳动合同订立时所依据的客观情况发生重大变化,致使劳动合同无法履行，经用人单位与劳动者协商，未能就变更劳动合同内容达成协议的。

(3) 因经济性裁员而解除。有下列情形之一，需要裁减人员20人以上或者裁减不足20人但占企业职工总数10%以上的，用人单位提前30日向工会或者全体职工说明情况，听取工会或者职工的意见后，裁减人员方案经向劳动行政部门报告，可以裁减人员：①依照企业破产法规定进行重整的；②生产经营发生严重困难的；③企业转产、重大技术革新或者经营方式调整，经变更劳动合同后，仍需裁减人员的；④其他因劳动合同订立时所依据的客观经济情况发生重大变化，致使劳动合同无法履行的。

用人单位依上述情形裁减人员，在6个月内重新招用人员的，应当通知被裁减的人员，并在同等条件下优先招用被裁减的人员。

裁减人员时，应当优先留用下列人员：①与本单位订立较长期限的固定期限劳动合同的；②与本单位订立无固定期限劳动合同的；③家庭无其他就业人员，有需要扶养的老人或者未成年人的。

(4) 用人单位不得解除劳动合同的情形。劳动者有下列情形之一的，用人单位不得解除劳动合同：

- 从事接触职业病危害作业的劳动者未进行离岗前职业健康检查，或者疑似职业病病人在诊断或者医学观察期间的；
- 在本单位患职业病或者因工负伤并被确认丧失或者部分丧失劳动能力的；
- 患病或者非因工负伤，在规定的医疗期内的；
- 女职工在孕期、产期、哺乳期的；
- 在本单位连续工作满15年，且距法定退休年龄不足5年的；
- 法律、行政法规规定的其他情形。

4. 劳动者单方解除

(1) 通知解除。劳动者提前30日以书面形式通知用人单位，可以解除劳动合同。劳动者在试用期内提前3日通知用人单位，可以解除劳动合同。

(2) 随时解除。用人单位有下列情形之一的，劳动者可以解除劳动合同：

- 未按照劳动合同约定提供劳动保护或者劳动条件的；
- 未及时足额支付劳动报酬的；
- 未依法为劳动者缴纳社会保险费的；
- 用人单位的规章制度违反法律、法规的规定，损害劳动者权益的；
- 法定情形致使劳动合同无效的；
- 法律、行政法规规定劳动者可以解除劳动合同的其他情形。

用人单位以暴力、威胁或者非法限制人身自由的手段强迫劳动者劳动的，或者用人单位违章指挥、强令冒险作业危及劳动者人身安全的，劳动者可以立即解除劳动合同，不需事先告知用人单位。

5. 劳动合同的终止

有下列情形之一的，劳动合同终止：①劳动合同期满的；②劳动者开始依法享受基本养老保险待遇的；③劳动者死亡，或者被人民法院宣告死亡或者宣告失踪的；④用人单位被依法宣告破产的；⑤用人单位被吊销营业执照、责令关闭、撤销或者用人单位决定提前解散的；⑥法律、行政法规规定的其他情形。

劳动合同期满，有用人单位不得解除劳动合同的情形之一的，劳动合同应当续延至相应的情形消失时终止。但是，在本单位患职业病或者因工负伤并被确认丧失或者部分丧失劳动能力劳动者的劳动合同的终止，按照国家有关工伤保险的规定执行。

四、特别规定

1. 集体合同

企业职工一方与用人单位通过平等协商，可以就劳动报酬、工作时间、休息休假、劳动安全卫生、保险福利等事项订立集体合同。集体合同草案应当提交职工代表大会或者全体职工讨论通过。集体合同由工会代表企业职工一方与用人单位订立；尚未建立工会的用人单位，由上级工会指导劳动者推举的代表与用人单位订立。

2. 劳务派遣

(1) 劳务派遣的概念。劳务派遣，在我国又称劳动派遣、劳动力租赁。是指劳务派遣单位与被派遣劳动者订立劳动合同后，将该劳动者派遣到用工单位从事劳动的一种特殊的用工形式。

不同于普通的用人单位与劳动者两方当事人之间的劳动关系，劳务派遣法律关系涉及用人单位(派遣单位)、被派遣劳动者、用工单位(实际使用单位)三方法律主体。

(2) 设定劳务派遣企业的资质。劳务派遣单位应当依照公司法的有关规定设立，注册资本不得少于50万元。提高劳务派遣企业的准入门槛，有利于劳务派遣行为的规范运作。

(3) 三方主体的责、权、利。在劳务派遣三方主体中，劳务派遣单位必须履行签约义务，以明确其与被派遣劳动者之间的劳动关系。该劳务派遣合同除应当包括普通劳动合同的必备条款外，还须载明被派遣劳动者的用工以及劳务派遣的期限、工作岗位等情况。

劳务派遣劳动合同的期限由法律限定，劳务派遣单位应当与被派遣劳动者订立2年以上的固定期限劳动合同，按月支付劳动报酬；被派遣劳动者在无工作期间，劳务派遣单位应当按照所在地人民政府规定的最低工资标准，向其按月支付报酬。

用人单位应当与用工单位订立劳务派遣协议，劳务派遣协议应当约定派遣岗位和人员数量、派遣期限、劳动报酬和社会保险费的数额与支付方式以及违反协议的责任。

被派遣劳动者享有知情权、订立与解除劳动合同的权利、获得劳动报酬的权利，同工同酬等权利。

(4) 劳务派遣岗位。劳务派遣一般在临时性、辅助性或者替代性的工作岗位上实施。在整个用工制度中，直接聘用建立劳动关系是主要模式，劳务派遣是一种非主流的补充形式。

(5) 维护被派遣劳动者权益。除了明文规定被派遣劳动者的权利与用人单位及用工单位的义务以外，劳动合同法引入连带责任机制和国家赔偿机制，维护被派遣劳动者权益。在劳务派遣中，劳动的权益受到损害，劳务派遣单位与用工单位应当承担连带赔偿责任，即任何一方都负有全部承担劳动者所受损害的责任。而且，劳动合同法明确规定了相关行政部门的监管职权和法律责任，相关行政部门违法行政或者不作为造成被派遣劳动者损害的，也必须依法承担赔偿责任。

3. 非全日制用工

非全日制用工，是指以小时计酬为主，劳动者在同一用人单位一般平均每日工作时间不超过4小时，每周工作时间累计不超过24小时的用工形式。非全日制用工小时计酬标准不得低于用人单位所在地人民政府规定的最低小时工资标准。非全日制用工劳动报酬结算支付周期最长不得超过15日。

非全日制用工双方当事人可以订立口头协议。从事非全日制用工的劳动者可以与一个或者一个以上用人单位订立劳动合同；但是，后订立的劳动合同不得影响先订立的劳动合同的履行。非全日制用工双方当事人不得约定试用期。

非全日制用工双方当事人任何一方都可以随时通知对方终止用工。终止用工，用人单位不向劳动者支付经济补偿。

第三节 工作时间、休息休假和工资

一、工作时间

1. 一般性规定

工作时间是指劳动者为履行劳动义务，应当从事劳动的时间。具体是指劳动者每日工作的时数和每周工作的时数。国家实行劳动者每日工作时间不超过8小时、平均每周工作时间不超过40小时的工时制度。对实行计件工作的劳动者，用人单位应当根据劳动法规定的工时制度合理确定其劳动定额和计件报酬标准。

企业因生产特点不能确定工时制度的，经劳动行政部门批准，可以实行其他工作和休息办法。

2. 延长工作时间

(1) 时间规定。用人单位由于生产经营需要，经与工会和劳动者协商后可以延长工作时间，一般每日不得超过1小时；因特殊原因需要延长工作时间的在保障劳动者身体健康的条件下延长工作时间每日不得超过3小时，但是每月不得超过36小时。

有下列情形之一的，延长工作时间不受上述规定的限制：①发生自然灾害、事故或者因其他原因，威胁劳动者生命健康和财产安全，需要紧急处理的；②生产设备、交通运输线路、公共设施发生故障，影响生产和公众利益，必须及时抢修的；③法律、行政法规规定的其他情形。

(2) 报酬规定。安排劳动者延长时间的，支付不低于工资的150%的工资报酬；休息日安排劳动者工作又不能安排补休的，支付不低于工资的200%的工资报酬；法定休假日安排劳动者工作的，支付不低于工资的300%的工资报酬。

二、休息休假

用人单位应当保证劳动者每周至少休息1日。

劳动者的休假分为两种：节日休假和年休假。节日休假包括元旦、春节、清明节、国际劳动节、端午节、中秋节、国庆节以及法律、法规规定的其他休假节日。国家实行带薪年休假制度。劳动者连续工作1年以上的，享受带薪年休假。具体办法由国务院规定。

三、工资

工资是用人单位依国家规定或劳动合同的约定，以法定方式直接支付给劳动者的报酬。工资应当以货币形式按月支付给劳动者本人。不得克扣或者无故拖欠劳动者的工资。劳动者在法定休假日和婚丧假期间以及依法参加社会活动期间，用人单位应当依法支付工资。

1. 工资分配的原则

(1) 同工同酬。工资分配应当遵循按劳分配原则，实行同工同酬。

(2) 逐步提高。工资水平在经济发展的基础上逐步提高。国家对工资总量实行宏观调控。

(3) 自主分配用人单位根据本单位的生产经营特点和经济效益，依法自主确定本单位的工资分配方式和工资水平。

2. 最低工资保障制度

国家实行最低工资保障制度。最低工资的具体标准由省、自治区、直辖市人民政府规定，报国务院备案。

确定和调整最低工资标准应当综合参考下列因素：①劳动者本人及平均赡养人口的最低生活费用；②社会平均工资水平；③劳动生产率；④就业状况；⑤地区之间经济发展水平的差异。

第四节　劳动安全卫生和劳动保护

一、劳动安全卫生和劳动保护制度概述

劳动安全卫生和劳动保护制度，是国家为了改善劳动条件，保护劳动者在劳动过程中的生命安全、身体健康而制定的有关劳动安全与劳动卫生制度的总称。

劳动法从劳动安全卫生规程和标准、劳动安全卫生设施和条件、劳动防护用品、劳动安全卫生教育、监察、统计和事故处理等方面对劳动安全卫生和劳动保护作出了如下规定：

(1) 用人单位必须建立、健全劳动卫生制度，严格执行国家劳动安全卫生规程和标准，对劳动者进行劳动安全卫生教育，防止劳动过程中的事故，减少职业危害。

(2) 劳动安全卫生设施必须符合国家规定的标准。新建、改建、扩建工程的劳动安全卫生设施必须与主题同时设计、同时施工、同时投入生产和使用。

(3) 用人单位必须为劳动者提供符合国家规定的劳动安全卫生条件和必要的劳动防护用品，对从事有职业危害作业的劳动者应当定期进行健康检查。

(4) 从事特种作业的劳动者必须经过专门培训并取得特种作业资格。

(5) 劳动者在劳动过程中必须严格遵守安全操作规程。劳动者对用人单位管理人员违章指挥、强令冒险作业，有权拒绝执行；对危害生命安全和身体健康的行为，有权提出批评、检举和控告。

(6) 国家建立伤亡和职业病统计报告和处理制度。县级以上各级人民政府劳动行政部门、有关部门和用人单位应当依法对劳动者在劳动过程中发生的伤亡事故和劳动者的职业病状况，进行统计、报告和处理。

二、女职工特殊保护制度

我国劳动法保障妇女平等就业权，实行男女同工同酬。并根据妇女的生理特点和抚育子女的需要，作出下列特别规定：

1. 女职工禁忌的劳动

禁止安排女职工从事矿山井下、国家规定的第四级体力劳动强度的劳动和其他禁忌从事的劳动。

2. 对处于经期、孕期、产期、哺乳期的女职工的特别保护

(1) 经期保护。不得安排女职工在经期从事高处、低温、冷水作业和国家规定的第三级体力劳动强度的劳动。

(2) 孕期保护。不得安排女职工在怀孕期间从事国家规定的第三级体力劳动强度的劳动和孕期禁忌从事的劳动。对怀孕7个月以上的女职工,不得安排其延长工作时间和夜班劳动。

(3) 产期保护。女职工生育享受不少于90天的产假。

(4) 哺乳期保护。不得安排女职工在哺乳未满1周岁的婴儿期间从事国家规定的第三级体力劳动强度的劳动和哺乳期禁忌从事的其他劳动,不得安排其延长工作时间和夜班劳动。

三、未成年职工特别保护制度

未成年工是指年满16周岁未满18周岁的劳动者。不得安排未成年工从事矿山井下、有毒有害、国家规定的第四级体力劳动强度的劳动和其他禁忌从事的劳动。用人单位应当对未成年工定期进行健康检查。

第五节 劳动争议和法律责任

一、劳动争议

1. 劳动争议的概念和处理原则

劳动争议是指劳动关系当事人之间因执行劳动法律或履行劳动合同而发生的纠纷。具体包括以下争议:

(1) 因确认劳动关系发生的争议;

(2) 因订立、履行、变更、解除和终止劳动合同发生的争议;

(3) 因除名、辞退和辞职、离职发生的争议;

(4) 因工作时间、休息休假、社会保险、福利、培训以及劳动保护发生的争议;

(5) 因劳动报酬、工伤医疗费、经济补偿或者赔偿金等发生的争议;

(6) 法律、法规规定的其他劳动争议。

解决劳动争议,应当根据事实,遵循合法、公正、及时、着重调解的原则,依法保护当事人的合法权益。

2. 劳动争议处理程序

我国处理劳动争议的方式有:协商、调解、仲裁和诉讼。

(1) 协商。协商不是处理劳动争议的必经程序,发生劳动争议,劳动者可以与用人单位协商,也可以请工会或者第三方共同与用人单位协商,达成和解协议。当事人不愿协商、协商不成或者达成和解协议后不履行的,可以申请调解或仲裁。

(2) 调解。发生劳动争议,当事人可以到下列调解组织申请调解:①企业劳动争议调解委员会;②依法设立的基层人民调解组织;③在乡镇、街道设立的具有劳动争议调解职能的组织。当事人不愿调解、调解不成或者达成调解协议后不履行的,可以向劳动争议仲裁委员会申请仲裁。

企业劳动争议调解委员会由职工代表和企业代表组成。职工代表由工会成员担任或者由全体职工推举产生,企业代表由企业负责人指定。企业劳动争议调解委员会主任由工会成员或者双方推举的人员担任。

经调解达成协议的,应当制作调解协议书。调解协议书由双方当事人签名或者盖章,经调解员签名并加盖调解组织印章后生效,对双方当事人具有约束力,当事人应当履行。

自劳动争议调解组织收到调解申请之日起 15 日内未达成调解协议的,当事人可以依法申请仲裁。

达成调解协议后,一方当事人在协议约定期限内不履行调解协议的,另一方当事人可以依法申请仲裁。但因支付拖欠劳动报酬、工伤医疗费、经济补偿或者赔偿金事项达成调解协议,用人单位在协议约定期限内不履行的,劳动者可以持调解协议书依法向人民法院申请支付令。人民法院应当依法发出支付令。

(3) 仲裁是处理劳动争议的必经前置程序,未经仲裁的劳动争议不得向人民法院提起诉讼。

劳动争议仲裁委员会负责管辖本区域内发生的劳动争议。劳动争议由劳动合同履行地或者用人单位所在地的劳动争议仲裁委员会管辖。

劳动争议申请仲裁的时效期间为 1 年。仲裁时效期间从当事人知道或者应当知道其权利被侵害之日起计算。

当事人申请劳动争议仲裁后,可以自行和解。达成和解协议的,可以撤回仲裁申请。仲裁庭在作出裁决前,应当先行调解。调解达成协议的,仲裁庭应当制作调解书。

仲裁庭裁决劳动争议案件,应当自劳动争议仲裁委员会受理仲裁申请之日起 45 日内结束。案情复杂需要延期的,经劳动争议仲裁委员会主任批准,可以延期并书面通知当事人,但是延长期限不得超过 15 日。逾期未作出仲裁裁决的,当事人可以就该劳动争议事项向人民法院提起诉讼。

当事人对发生法律效力的调解书、裁决书，应当依照规定的期限履行。一方当事人逾期不履行的，另一方当事人可以依照民事诉讼法的有关规定向人民法院申请执行。受理申请的人民法院应当依法执行。

(4) 诉讼。当事人对劳动争议案件的仲裁裁决不服的，除法律另有规定的外，可以自收到仲裁裁决书之日起15日内向人民法院提起诉讼；期满不起诉的，裁决书发生法律效力。

当事人对发生法律效力的调解书、裁决书，应当依照规定的期限履行。一方当事人逾期不履行的，另一方当事人可以依照民事诉讼法的有关规定向人民法院申请执行。受理申请的人民法院应当依法执行。

二、法律责任

违反劳动法律制度，依不同情节，当事人应承担相应的民事责任、行政责任和刑事责任。其中民事责任主要有：

1. 用人单位支付经济补偿金

(1) 适用经济补偿金的情节。有下列情形之一的，用人单位应当向劳动者支付经济补偿：

• 有未按照劳动合同约定提供劳动保护或者劳动条件、支付劳动报酬等劳动者依法解除劳动合同情形的；

• 用人单位与劳动者协商一致解除劳动合同，由用人单位向劳动者提出的；

• 用人单位依法通知解除劳动合同的；

• 用人单位依法经济性裁员的；

• 固定期限劳动合同期满，除用人单位维持或者提高劳动合同约定条件续订劳动合同，劳动者不同意续订的情形外；

• 因用人单位被依法宣告破产或被行政处罚提前解散而终止劳动合同的；

• 法律、行政法规规定的其他情形。

(2) 经济补偿金的计算方式。经济补偿按劳动者在本单位工作的年限，每满1年支付1个月工资的标准向劳动者支付。6个月以上不满1年的，按1年计算；不满6个月的，向劳动者支付半个月工资的经济补偿。

劳动者月工资高于用人单位所在直辖市、设区的市级人民政府公布的本地区上年度职工月平均工资3倍的，向其支付经济补偿的标准按职工月平均工资3倍的数额支付，向其支付经济补偿的年限最高不超过12年。

本条所称月工资是指劳动者在劳动合同解除或者终止前12个月的平均工资。

2. 用人单位支付经济赔偿金

用人单位违反本法规定解除或者终止劳动合同，劳动者要求继续履行劳动合同的，用人单位应当继续履行；劳动者不要求继续履行劳动合同或者劳动合同已经不能继续履行的，用人单位应当依照经济补偿标准的 2 倍向劳动者支付赔偿金。

3. 劳动者承担赔偿责任

劳动者违反本法规定解除劳动合同，或者违反劳动合同中约定的保密义务或者竞业限制，给用人单位造成损失的，应当承担赔偿责任。

4. 其他民事责任

(1) 用人单位直接涉及劳动者切身利益的规章制度违反法律、法规规定，给劳动者造成损害的，应当承担赔偿责任。

(2) 用人单位提供的劳动合同文本未载明本法规定的劳动合同必备条款或者用人单位未将劳动合同文本交付劳动者，给劳动者造成损害的，应当承担赔偿责任。

(3) 用人单位自用工之日起超过 1 个月不满 1 年未与劳动者订立书面劳动合同的，应当向劳动者每月支付 2 倍的工资。

用人单位违反劳动合同法规定不与劳动者订立无固定期限劳动合同的，自应当订立无固定期限劳动合同之日起向劳动者每月支付 2 倍的工资。

(4) 用人单位违反劳动合同法规定与劳动者约定试用期，违法约定的试用期已经履行的，由用人单位以劳动者试用期满月工资为标准，按已经履行的超过法定试用期的期间向劳动者支付赔偿金。

(5) 用人单位违反劳动合同法规定，以担保或者其他名义向劳动者收取财物，或者劳动者依法解除或者终止劳动合同，用人单位扣押劳动者档案或者其他物品，给劳动者造成损害的，应当承担赔偿责任。

(6) 用人单位有下列情形之一的，由劳动行政部门责令限期支付劳动报酬、加班费或者经济补偿；劳动报酬低于当地最低工资标准的，应当支付其差额部分；逾期不支付的，责令用人单位按应付金额 50%以上 100%以下的标准向劳动者加付赔偿金：

• 未按照劳动合同的约定或者国家规定及时足额支付劳动者劳动报酬的；

• 低于当地最低工资标准支付劳动者工资的；

• 安排加班不支付加班费的；

• 解除或者终止劳动合同，未依照劳动合同法规定向劳动者支付经济补偿的。

(7) 劳动合同被确认无效，给对方造成损害的，有过错的一方应当承担赔偿责任。

(8) 用人单位有下列情形之一，给劳动者造成损害的，应当承担赔偿责任：

• 以暴力、威胁或者非法限制人身自由的手段强迫劳动的；

- 违章指挥或者强令冒险作业危及劳动者人身安全的；
- 侮辱、体罚、殴打、非法搜查或者拘禁劳动者的；
- 劳动条件恶劣、环境污染严重，给劳动者身心健康造成严重损害的；
- 用人单位违反本法规定未向劳动者出具解除或者终止劳动合同的书面证明，给劳动者造成损害的，应当承担赔偿责任；
- 用人单位招用与其他用人单位尚未解除或者终止劳动合同的劳动者，给其他用人单位造成损失的，应当承担连带赔偿责任；
- 劳务派遣单位违反劳动合同法规定，给被派遣劳动者造成损害的，劳务派遣单位与用工单位承担连带赔偿责任；
- 对不具备合法经营资格的用人单位的违法犯罪行为，依法追究法律责任；劳动者已经付出劳动的，该单位或者其出资人应当依照本法有关规定向劳动者支付劳动报酬、经济补偿、赔偿金；给劳动者造成损害的，应当承担赔偿责任；
- 个人承包经营违反本法规定招用劳动者，给劳动者造成损害的，发包的组织与个人承包经营者承担连带赔偿责任。

【引例评析】

(1) 本案中的《服务承诺》无效。《劳动合同法》规定，用人单位依法设定服务期的条件仅限于专项培训，即：①培训费用必须是专项的；②培训的性质必须是专业技术培训。而对新员工的岗前培训或老员工的转岗培训等所产生的培训费用，都是用人单位应尽的义务，不可以据此设定服务期。以为高校毕业生解决户口等为由，给毕业生设定服务期也是不合法的。

(2) 违反劳动合同，适用违约金的情形仅限于两种情况：①劳动者违反服务期约定的；②劳动者违反竞业限制的。既然建华公司与员工约定的《服务承诺》无效，则不可以要求提前解除合同的员工承担违约责任。

【小结】

重点阐述了劳动法的概念和调整对象、劳动合同法的适用范围、劳动法律关系，劳动合同的订立、履行和变更、解除和终止、劳动合同法的特别规定，工作时间、休息休假和工资，劳动安全卫生和劳动保护制度、女职工特殊保护制度、未成年职工特别保护制度，劳动争议和法律责任。

【复习与思考】

1. 名词解释

无固定期限劳动合同　劳务派遣　劳动争议

2. 思考题

(1) 劳动合同法的适用范围。

(2) 劳动合同的法定内容和约定内容。

(3) 劳动合同的解除。

(4) 用人单位支付经济补偿金、赔偿金的情形。

3. 选择题(含多项选择)

(1) 劳动合同期限为1年以上不满3年的,试用期不得超过(　　)。

A. 1个月　　B. 2个月

C. 3个月　　D. 6个月

(2) 我国劳动法规定,国家实行带薪年休假制度。根据这一规定,劳动者连续工作几年以上的,享受带薪年休假?(　　)

A. 1年　　B. 2年

C. 3年　　D. 5年

(3) 下列各项中,属于我国处理劳动争议方式的有(　　)。

A. 协商　　B. 调解

C. 仲裁　　D. 诉讼

4. 案例分析题

李某2008年7月毕业于上海同济大学建筑设计系,毕业后与某房地产公司签订了劳动合同,约定合同期限2年,月工资为5 000元,工作岗位为工程技术部助理。2009年1月,因该房地产公司业绩下滑,裁减了部分员工。李某被公司安排到下属某物业管理公司从事物业维修工作。李某不服安排,于是向劳动争议仲裁委员会申请仲裁。

问题1:房产公司能否单方决定变更李某的工作岗位?

问题2:如果当事人对仲裁裁决不服,应该如何处理?

要点提示:《劳动合同法》规定,用人单位与劳动者协商一致,可以变更劳动合同约定的内容;当事人对劳动争议案件的仲裁裁决不服的,除法律另有规定的外,可以自收到仲裁裁决书之日起15日内向人民法院提起诉讼。

第十五章　对外贸易法律制度

【引例】

假设有下列情形：中国甲厂、乙厂和丙厂代表中国丙烯酸酯产业向主管部门提出了对原产于A国、B国和C国的丙烯酸酯进行反倾销调查的申请，经审查终局裁定确定倾销成立并对国内产业造成了损害。

问题：

1. 本案是否可以征收反倾销税？

2. 如何确定该案反倾销税的纳税人？

【学习目标】

通过本章的学习，你应该能够：

(1) 了解我国对外贸易法律体系；

(2) 掌握我国对外贸易法的一般规定；

(3) 了解我国货物进出境管理制度；

(4) 掌握倾销和损害的基本概念，以及反倾销措施；

(5) 了解反补贴措施和保障措施。

第一节　我国的对外贸易管理制度

一、我国对外贸易立法概况

1. 对外贸易管理法律制度的概念

对外贸易管理法律制度，是指一个国家通过制定法律、法规，对货物进出口、技术进出口和国际服务贸易进行管理和控制的制度。

2. 我国对外贸易立法概况

2001 年 12 月 11 日，我国正式成为世界贸易组织(WTO)的成员国。加入世界贸易组织既是我国的机遇又是挑战。一方面，我们能够争取到更多平等的贸易机会，参与世界竞争，发展我国的经济；同时，我们又必须建立起有效的法律制度规范对外贸易行为，防御外国的不正当竞争，维护正常的贸易秩序。

国家对外贸易管理的手段通常可以分为关税措施和非关税措施两类，非关税措施主要包括主体许可制度、配额许可证制度、外贸用汇管制、检验检疫制度等。世界贸易组织的规则取向是关税减让，限制和废止非关税措施。为适应 WTO 的要求，我国对对外贸易管理的法律制度进行了全面的修订。

目前，我国对外贸易管理的法律制度，包括一部基本法即《中华人民共和国对外贸易法》(由第十届全国人民代表大会常务委员会第八次会议于 2004 年 4 月 6 日修订通过，以下简称《对外贸易法》)，及《中华人民共和国反倾销条例》(国务院 2004 年 3 月 31 日修订，以下简称《反倾销条例》)、《中华人民共和国反补贴条例》(国务院 2004 年 3 月 31 日修订，以下简称《反补贴条例》)、《中华人民共和国保障措施条例》(国务院 2004 年 3 月 31 日修订，以下简称《保障措施条例》)等大量有关对外贸易管理的法规、单行条例所组成。

? 学生提问：国家对外贸易法律和政策总的原则，可不可以理解为鼓励出口和限制进口呢？

教师回答：基本如此。就出口而言，一般情况下国家是鼓励的，但涉及重要的战略物资或技术，则可能会受到限制；就进口而言，为了本国的公共利益，一般采用限制进口的态度，管制比较明显。

二、对外贸易法

1.《对外贸易法》的结构

我国现行《对外贸易法》共 11 章 70 条，分为总则、对外贸易经营者、货物进出口与技术进出口、国际服务贸易、与对外贸易有关的知识产权保护、对外贸易秩序、对外贸易调查、对外贸易救济、对外贸易促进、法律责任和附则。

现行对外贸易法将原法中对我国入世承诺和世贸组织规则不相符的内容进行了修改；根据我国入世承诺和世贸组织规则，对我国享受世贸组织成员权利的实施机制作出了规定；并根据新情况和促进对外贸易健康发展的要求做了修改。

2. 对外贸易经营者

(1) 主体。《对外贸易法》规定，对外贸易经营者，是指依法办理工商登记或者其他执业手续，依照对外贸易法和其他有关法律、行政法规的规定从事对外贸易经营活动的法人、其他组织或者个人。修订后的外贸法赋予自然人以主体资格。

(2) 登记备案制。外贸经营权的获得经过修改后由“审批制”改为“登记备案制”。《对外贸易法》规定，从事货物进出口或者技术进出口的对外贸易经营者，应当向国务院对外贸易主管部门或者其委托的机构办理备案登记；但是，法律、行政法规和国务院对外贸易主管部门规定不需要备案登记的除外。备案登记的具体办法由国务院对外贸易主管部门规定。

? 学生提问：《对外贸易法》可以适用于香港、澳门地区吗？

教师回答：不适用。《对外贸易法》规定，中华人民共和国的单独关税区不适用本法。

3. 货物进出口与技术进出口

(1) 自由进出口原则。国家准许货物与技术的自由进出口。但是，法律、行政法规另有规定的除外。

(2) 统一的目录管理制度。国务院对外贸易主管部门会同国务院其他有关部门，制定、调整并公布限制或者禁止进出口的货物、技术目录，对货物和技术的进出口实行统一的目录管理制度。

自由进出口　实行自动许可的进出口货物，收货人、发货人在办理海关报关手续前提出自动许可申请的，国务院对外贸易主管部门或者其委托的机构应当予以许可；未办理自动许可手续的，海关不予放行。进出口属于自由进出口的技术，应当向国务院对外贸易主管部门或者其委托的机构办理合同备案登记。

限制进出口　国家对限制进口或者出口的货物，实行配额、许可证等方式管理；对限制进口或者出口的技术，实行许可证管理。实行配额、许可证管理的货物、技术，应当按照国务院规定经国务院对外贸易主管部门或者经其会同国务院其他有关部门许可，方可进口或者出口。国家对部分进口货物可以实行关税配额管理。

(3) 限制或禁止进出口的情。国家基于下列原因，可以限制或者禁止有关货物、技术的进口或者出口：

• 为维护国家安全、社会公共利益或者公共道德，需要限制或者禁止进口或者出口的；

• 为保护人的健康或者安全，保护动物、植物的生命或者健康，保护环境，需要限制或者禁止进口或者出口的；

• 为实施与黄金或者白银进出口有关的措施，需要限制或者禁止进口或者出口的；

• 国内供应短缺或者为有效保护可能用竭的自然资源，需要限制或者禁止出口的；

• 输往国家或者地区的市场容量有限，需要限制出口的；

• 出口经营秩序出现严重混乱，需要限制出口的；

• 为建立或者加快建立国内特定产业，需要限制进口的；

• 对任何形式的农业、牧业、渔业产品有必要限制进口的；

• 为保障国家国际金融地位和国际收支平衡，需要限制进口的；

• 依照法律、行政法规的规定，其他需要限制或者禁止进口或者出口的；

• 根据我国缔结或者参加的国际条约、协定的规定，其他需要限制或者禁止进口或者出口的。

另外，国家对与裂变、聚变物质或者衍生此类物质的物质有关的货物、技术进出口，以及与武器、弹药或者其他军用物资有关的进出口，可以采取任何必要的措施，维护国家安全。在战时或者为维护国际和平与安全，国家在货物、技术进出口方面可以采取任何必要的措施。

4. 国际服务贸易

(1) 市场准入和国民待遇。国际服务贸易涉及银行、保险、会计、律师、咨询、旅游等很多行业，我国在国际服务贸易方面根据所缔结或者参加的国际条约、协定中所作的承诺，逐步给予其他缔约方、参加方市场准入和国民待遇。

(2) 限制或者禁止有关的国际服务贸易。国家基于下列原因，可以限制或者禁止有关的国际服务贸易：

• 为维护国家安全、社会公共利益或者公共道德，需要限制或者禁止的；

• 为保护人的健康或者安全，保护动物、植物的生命或者健康，保护环境，需要限制或者禁止的；

• 为建立或者加快建立国内特定服务产业，需要限制的；

• 为保障国家外汇收支平衡，需要限制的；

• 依照法律、行政法规的规定，其他需要限制或者禁止的；

• 根据我国缔结或者参加的国际条约、协定的规定，其他需要限制或者禁止的。

5. 与对外贸易有关的知识产权保护

国家依照有关知识产权的法律、行政法规，保护与对外贸易有关的知识产权。

进口货物侵犯知识产权，并危害对外贸易秩序的，国务院对外贸易主管部门可以采取在一定期限内禁止侵权人生产、销售的有关货物进口等措施。

知识产权权利人有阻止被许可人对许可合同中的知识产权的有效性提出质疑、进行强制性一揽子许可、在许可合同中规定排他性返授条件等行为之一，并危害对外贸易公平竞争秩序的，国务院对外贸易主管部门可以采取必要的措施消除危害。

其他国家或者地区在知识产权保护方面未给予中华人民共和国的法人、其他组织或者个人国民待遇，或者不能对来源于中华人民共和国的货物、技术或者服务提供充分有效的知识产权保护的，国务院对外贸易主管部门可以依照本法和其他有关法律、行政法规的规定，并根据中华人民共和国缔结或者参加的国际条约、协定，对与该国家或者该地区的贸易采取必要的措施。

6. 对外贸易中的反垄断和反不正当竞争

在对外贸易经营活动中，不得违反有关反垄断的法律、行政法规的规定实施垄断行为。在对外贸易经营活动中实施垄断行为，危害市场公平竞争的，依照有关反垄断的法律、行政法规的规定处理。实施垄断行为，并危害对外贸易秩序的，国务院对外贸易主管部门可以采取必要的措施消除危害。

在对外贸易经营活动中，不得实施以不正当的低价销售商品、串通投标、发布虚假广告、进行商业贿赂等不正当竞争行为。在对外贸易经营活动中实施不正当竞争行为的，依照有关反不正当竞争的法律、行政法规的规定处理。实施不正当竞争行为，并危害对外贸易秩序的，国务院对外贸易主管部门可以采取禁止该经营者有关货物、技术进出口等措施消除危害。

7. 对外贸易调查

(1) 适用情形。为了维护对外贸易秩序，国务院对外贸易主管部门可以自行或者会同国务院其他有关部门，依照法律、行政法规的规定对下列事项进行调查：

• 货物进出口、技术进出口、国际服务贸易对国内产业及其竞争力的影响；

• 有关国家或者地区的贸易壁垒；

• 为确定是否应当依法采取反倾销、反补贴或者保障措施等对外贸易救济措施，需要调查的事项；

• 规避对外贸易救济措施的行为；

• 对外贸易中有关国家安全利益的事项；

• 其他影响对外贸易秩序，需要调查的事项。

(2) 调查手段

启动对外贸易调查，由国务院对外贸易主管部门发布公告。调查可以采取书面问卷、召开听证会、实地调查、委托调查等方式进行。

国务院对外贸易主管部门根据调查结果，提出调查报告或者作出处理裁定，并发布公告。有关单位和个人应当对对外贸易调查给予配合、协助。

8. 对外贸易救济

除了反倾销、反补贴、保障措施三大救济措施外，对外贸易法还规定了以下的外贸救济措施：

(1) 其他国家或者地区的产品以低于正常价值出口至第三国市场，对我国已建立的国内产业造成实质损害或者产生实质损害威胁，或者对我国建立国内产业造成实质阻碍的，应国内产业的申请，国务院对外贸易主管部门可以与该第三国政府进行磋商，要求其采取适当的措施。

(2) 因其他国家或者地区的服务提供者向我国提供的服务增加，对提供同类服务或者与其直接竞争的服务的国内产业造成损害或者产生损害威胁的，国家可以采取必要的救济措施，消除或者减轻这种损害或者损害的威胁。

(3) 因第三国限制进口而导致某种产品进入我国市场的数量大量增加，对已建立的国内产业造成损害或者产生损害威胁，或者对建立国内产业造成阻碍的，国家可以采取必要的救济措施，限制该产品进口。

(4) 与中华人民共和国缔结或者共同参加经济贸易条约、协定的国家或者地区，违反条约、协定的规定，使中华人民共和国根据该条约、协定享有的利益丧失或者受损，或者阻碍条约、协定目标实现的，中华人民共和国政府有权要求有关国家或者地区政府采取适当的补救措施，并可以根据有关条约、协定中止或者终止履行相关义务。

(5) 国务院对外贸易主管部门和国务院其他有关部门应当建立货物进出口、技术进出口和国际服务贸易的预警应急机制，应对对外贸易中的突发和异常情况，维护国家经济安全。

(6) 国家对规避本法规定的对外贸易救济措施的行为，可以采取必要的反规避措施。

9. 对外贸易促进

国家制定对外贸易发展战略，建立和完善对外贸易促进机制。国家根据对外贸易发展的需要，建立和完善为对外贸易服务的金融机构，设立对外贸易发展基金、风险基金。扶持和促进中小企业开展对外贸易，建立公共信息服务体系。通过进出口信贷、出口信用保险、出口退税及其他促进对外贸易的方式，发展对外贸易。

三、我国货物进出境管理制度

货物进出境管理制度根据具体手段的不同，可以分为关税制度和非关税制度。我国的关税制度以《海关法》为基础，以《进出口关税条例》等为补充。我国的非关税制度以《对外贸易法》为基础，以《货物进出口管理条例》、《进出口商品检验法》、《反倾销条例》、《反补贴条例》、《保障措施条例》等法律、法规为补充。

1. 关税制度

关税是指一国海关对进出境的货物或者物品征收的一种税。我国的海关关税分进口关税和出口关税。进口关税设普通税率和优惠税率。

(1) 普通税率。对原产于与中国未订有关税互惠协议的国家或者地区的进口货物，按照普通税率征收关税。

(2) 优惠税率。对原产于与中国订有关税互惠协议的国家或者地区的货物，执行优惠税率征税。经国务院关税税则委员会特别批准，适用普通税率进口的货物，可以按照优惠税率征税。

(3) 特别关税。任何国家或地区对原产于中国的货物征收歧视性关税或者给予其他歧视性待遇的，海关对原产于该国家或地区的货物，可以征收特别关税。

2. 进出口检验检疫制度

国家质量监督检验检疫总局负责对进出口商品进行检验，对进出境动植物以及进出境卫生进行检疫工作。对国家指定范围内的商品实施强制性检验检疫，即法定检验。对法定检验之外的进出口商品，可以抽样检验。对于法定检验的进口商品，未经检验，不得销售、使用；对于法定检验的出口商品，未检验合格的，不准出口。经当事人申请、国家质检部门批准，可以免予检验。

(1) 法定检验的范围。

• 对列入《商检机构实施检验的进出口商品种类表》的商品的检验；

• 出口食品的卫生检验；

• 出口危险货物包装容器的性能鉴定和使用鉴定；

• 对装运出口易腐烂变质食品、冷冻品的船舱、集装箱等运载工具的适载检验；

• 有关国际条约规定必须经商检机构检验的进出口商品的检验；

• 其他法律、行政法规规定须经商检机构检验的进出口商品的检验。

(2) 检验标准。进出口商品按下列标准进行检验：

• 法律、行政法规规定有强制性标准或者其他必须执行的标准的，按照法律、行政法规规定的检验标准检验；

• 法律、行政法规未规定有强制性标准或者其他必须执行的检验标准的，按照对外贸易合同约定的检验标准检验；

• 凭样品成交的，按照样品检验；

• 法律、行政法规规定的强制性标准或者其他必须执行的检验标准，低于对外贸易合同约定的检验标准的，按照对外贸易合同约定的标准检验；

• 法律、行政法规未规定有强制性标准或者其他必须执行的检验标准，对外贸易合同又未约定检验标准或者约定检验标准不明确的，按照生产国标准、有关国际标准或者国家检验机构指定的标准检验。

3. 外汇管理制度

外汇管理是指一国政府授权国家货币金融管理当局或其他国家机关，对外汇收支、买卖、借贷、转移以及国际间的结算、外汇汇率和外汇市场等实行的管制措施。我国对经常项目外汇和资本项目外汇实行不同的管理制度。

经常项目，指国际收支中经常发生的交易项目，包括贸易收支、劳务收支、单方面转移等。对经常项目，按照法律法规规定的情况下，可以自由兑换。

资本项目，指国际收支中因资本输出和输入而产生的资产与负债的增减项目，包括直接投资、各类贷款、证券投资等。对资本项目，国家实行审批制。

第二节　我国的贸易救济法律措施

一、贸易救济措施的概念

贸易救济措施，是指当外国产品大规模进入一国境内，可能或已经给该国相关产业造成一定损害或威胁时，该国采取合法手段对本国产业实施合理合法保护的措施。

我国贸易救济的手段目前主要有三种：反倾销、反补贴、保障措施。另外，《对外贸易法》还规定了其他一些措施。

二、反倾销

1. 倾销和损害

(1) 倾销，是指在正常贸易过程中进口产品以低于其正常价值的出口价格进入我国市场。对倾销的调查和确定，由商务部负责。

进口产品的出口价格低于其正常价值，是倾销的构成要件。WTO反倾销规则对正常价值的确定方法有三种，即出口国国内价格、向第三国出口的价格和推定价格。我国反倾销条例与WTO反倾销协议的规则一致。

进口产品的出口价格低于其正常价值的幅度，为倾销幅度。倾销幅度的确定，应当将加权平均正常价值与全部可比出口交易的加权平均价格进行比较，或者将正常价值与出口价格在逐笔交易的基础上进行比较。

(2) 损害，是指倾销对已经建立的国内产业造成实质损害或者产生实质损害威胁，或者对建立国内产业造成实质阻碍。倾销与损害之间存在因果关系。对损害的调查和确定，由商务部负责；其中，涉及农产品的反倾销国内产业损害调查，由商务部会同农业部进行。

2. 反倾销调查程序

(1) 发起。包括申请和主动立案两项内容。

申请　国内产业或者代表国内产业的自然人、法人或者有关组织（以下统称申请人），可以依法向商务部提出反倾销调查的书面申请。

申请书应当附具下列证据：①申请调查的进口产品存在倾销；②对国内产业的损害；③倾销与损害之间存在因果关系。

反倾销的申请应当有足够的国内生产者的支持，在表示支持申请或者反对申请的国内产业中，支持者的产量占支持者和反对者的总产量的50%以上，同时不低于国内同类产品总产量25%的，应当认定申请是由国内产业或者代表国内产业提出，可以启动反倾销调查。

商务部应当自收到申请人提交的申请书及有关证据之日起60日内，对申请是否由国内产业或者代表国内产业提出、申请书内容及所附具的证据等进行审查，并决定立案调查或者不立案调查。

商务部在决定立案调查前，应当通知有关出口国（地区）政府。

主动立案　在特殊情形下，商务部没有收到反倾销调查的书面申请，但有充分证据认为存在倾销和损害以及两者之间有因果关系的，可以决定立案调查。

无论是申请人提出申请，还是商务部主动立案，立案调查的决定，由商务部予以公告，并通知申请人、已知的出口经营者和进口经营者、出口国（地区）政府以及其他有利害关系的组织、个人（以下统称利害关系方）。

立案调查的决定一经公告，商务部应当将申请书文本提供给已知的出口经营者和出口国（地区）政府。

(2) 调查。商务部可以采用问卷、抽样、听证会、现场核查等方式向利害关系方了解情况，进行调查。商务部应当为有关利害关系方提供陈述意见和论据的机会。商务部认为必要时，可以派出工作人员赴有关国家（地区）进行调查；但是，有关国家（地区）提出异议的除外。

商务部进行调查时，利害关系方应当如实反映情况，提供有关资料。利害关系方不如实反映情况、提供有关资料的，或者没有在合理时间内提供必要信息的，或者以其他方式严重妨碍调查的，商务部可以根据已经获得的事实和可获得的最佳信息作出裁定。

利害关系方认为其提供的资料泄露后将产生严重不利影响的，可以向商务部申请对该资料按保密资料处理。商务部认为保密申请有正当理由的，应当对利害关系方提供的资料按保密资料处理，同时要求利害关系方提供一份非保密的该资料概要。按保密资料处理的资料，未经提供资料的利害关系方同意，不得泄露。

商务部应当允许申请人和利害关系方查阅本案有关资料；但是，属于按保密资料处理的除外。

(3) 初步裁定。商务部根据调查结果，就倾销、损害和两者之间的因果关系是否成立作出初裁决定，并予以公告。

(4) 终裁决定。初裁决定确定倾销、损害以及两者之间的因果关系成立的，商务部应当对倾销及倾销幅度、损害及损害程度继续进行调查，并根据调查结果作出终裁决定，予以公告。

在作出终裁决定前，应当由商务部将终裁决定所依据的基本事实通知所有已知的利害关系方。

(5) 反倾销调查的终止。有下列情形之一的，反倾销调查应当终止，并由商务部予以公告：

- 申请人撤销申请的；
- 没有足够证据证明存在倾销、损害或者两者之间有因果关系的；
- 倾销幅度低于2%的；
- 倾销进口产品实际或者潜在的进口量或者损害属于可忽略不计的；
- 商务部认为不适宜继续进行反倾销调查的。

3. 反倾销措施

反倾销措施包括临时反倾销措施、价格承诺和反倾销税。

(1) 临时反倾销措施。初裁决定确定倾销成立，并由此对国内产业造成损害的，可以采取下列临时反倾销措施：①征收临时反倾销税；②要求提供保证金、保函或者其他形式的担保。

临时反倾销税税额或者提供的保证金、保函或者其他形式担保的金额，应当不超过初裁决定确定的倾销幅度。

征收临时反倾销税，由商务部提出建议，国务院关税税则委员会根据商务部的建议作出决定，由商务部予以公告。要求提供保证金、保函或者其他形式的担保，由商务部作出决定并予以公告。海关自公告规定实施之日起执行。

临时反倾销措施实施的期限，自临时反倾销措施决定公告规定实施之日起，不超过4个月；在特殊情形下，可以延长至9个月。自反倾销立案调查决定公告之日起60日内，不得采取临时反倾销措施。

(2) 价格承诺。倾销进口产品的出口经营者在反倾销调查期间，可以向商务部作出改变价格或者停止以倾销价格出口的价格承诺。商务部可以建议但不得强迫出口经营者作出价格承诺。出口经营者不作出价格承诺或者不接受价格承诺的建议的，不妨碍对反倾销案件的调查和确定。出口经营者继续倾销进口产品的，商务部有权确定损害威胁更有可能出现。

是否接受价格承诺，由商务部决定，但在初裁决定前，不得寻求或者接受价格承诺。

商务部认为出口经营者作出的价格承诺能够接受并符合公共利益的，可以决定中止或者终止反倾销调查。接受价格承诺后继续进行调查，并作出倾销或者损害的否定裁定的，价格承诺自动失效；作出倾销和损害的肯定裁定的，价格承诺继续有效。

(3) 反倾销税。终裁决定确定倾销成立，并由此对国内产业造成损害的，可以征收反倾销税。征收反倾销税应当符合公共利益。反倾销税的纳税人为倾销进口产品的进口经营者。

反倾销税原则上对终局裁定公告之日起进口的产品适用。但是，下列两种情形并存的，可以对实施临时反倾销措施之日前90日内进口的产品追溯征收反倾销税，但立案调查前进口的产品除外：①倾销进口产品有对国内产业造成损害的倾销历史，或者该产品的进口经营者知道或者应当知道出口经营者实施倾销并且倾销对国内产业将造成损害的；②倾销进口产品在短期内大量进口，并且可能会严重破坏即将实施的反倾销税的补救效果的。

反倾销税的征收期限和价格承诺的履行期限不超过5年；但是，经复审确定终止征收反倾销税有可能导致倾销和损害的继续或者再度发生的，反倾销税的征收期限可以适当延长。

三、反补贴

1. 基本原理

进口产品存在补贴，并对已经建立的国内产业造成实质损害或者产生实质损害威胁，或者对建立国内产业造成实质阻碍的，我国可以依反补贴条例进行调查，采取反补贴措施，以消除这种损害、损害威胁或实质阻碍，保护我国相关产业。

? 学生提问：从某个角度上说，外国政府对商品的补贴是否会给我们带来实惠呢？

教师回答：短期是有这样的表象，但是长期来说，外国出口商品通过补贴方式将会占领我国市场，冲击我国相关产业。比如，我国曾经一度对西方含有明显补贴的粮农产品的进口持欢迎态度，使我国部分农产品由出口国转变为进口国，结果为他国所限制，农业产业受到了一定的影响。

2. 补贴

补贴，是指出口国（地区）政府或者其任何公共机构提供的并为接受者带来利益的财政资助以及任何形式的收入或者价格支持。

依照反补贴条例进行调查、采取反补贴措施的补贴，必须具有专向性。具有下列情形之一的补贴，具有专向性：①由出口国（地区）政府明确确定的某些企业、产业获得的补贴；②由出口国（地区）法律、法规明确规定的某些企业、产业获得的补贴；③指定特定区域内的企业、产业获得的补贴；④以出口实绩为条件获得的补贴，包括本条例所附出口补贴清单列举的各项补贴；⑤以使用本国（地区）产品替代进口产品为条件获得的补贴。

在确定补贴专向性时，还应当考虑受补贴企业的数量和企业受补贴的数额、比例、时间以及给予补贴的方式等因素。

补贴中的财政资助，包括：①出口国（地区）政府以拨款、贷款、资本注入等形式直接提供资金，或者以贷款担保等形式潜在地直接转让资金或者债务；②出口国（地区）政府放弃或者不收缴应收收入；③出口国（地区）政府提供除一般基础设施以外的货物、服务，或者由出口国（地区）政府购买货物；④出口国（地区）政府通过向筹资机构付款，或者委托、指令私营机构履行上述职能。

对补贴的调查和确定，由商务部负责。

3. 反补贴调查与反补贴措施

反补贴调查的程序与反倾销调查的程序相同。反补贴措施和反倾销措施类似，包括临时反补贴措施、价格承诺和反补贴税。实施条件和期限也基本与反倾销措施相同。

四、保障措施

1. 基本原理

进口产品数量增加，并对生产同类产品或者直接竞争产品的国内产业造成严重损害或者严重损害威胁（以下除特别指明外，统称损害）的，依照保障措施条例的规定进行调查，采取保障措施。

保障措施不要求有低价倾销行为，也不要求进口产品中含有补贴成分，只要进口产品大量增加，危害进口国就可以实施。

参考案例 15-1

2002年4月19日，因进口钢铁产品对国内钢铁产业造成严重损害，中国钢铁工业协会及上海宝钢、鞍钢、武钢、首钢总公司和邯郸钢铁集团有限公司等联合提交《关于对钢铁产品进行保障措施调查的申请》。问：我国是否可以仅仅对日本和美国采取保障措施？

分析：不可以。保障措施不同于反倾销或反补贴的一个很重要的方面是非歧视性，即保障措施不得对不同国家的产品有歧视。比如，日本曾对中国出口的大葱、生蘑菇进行反倾销，但是如果要对玉米采取保障措施，则所有国家的玉米都应当受该措施限制，而不能只是我国玉米受限制。本案，我国采取保障措施，则所有国家的钢材都应当受该措施的限制。

2. 保障措施的调查程序和保障措施的实施

保障措施的调查程序与反倾销调查的程序基本相同。保障措施具体包括临时保障措施和保障措施两种。

有明确证据表明进口产品数量增加，在不采取临时保障措施将对国内产业造成难以补救的损害的紧急情况下，可以作出初裁决定，并采取临时保障措施。临时保障措施采取提高关税的形式。

终裁决定确定进口产品数量增加，并由此对国内产业造成损害的，可以采取保障措施。实施保障措施应当符合公共利益。保障措施可以采取提高关税、数量限制等形式。

保障措施的实施期限不超过4年。符合法定条件的，保障措施的实施期限可以适当延长。一项保障措施的实施期限及其延长期限，最长不超过10年。

【引例评析】

（1）本案可以征收反倾销税。《反倾销条例》规定，终裁决定确定倾销成立，并由此对国内产业造成损害的，可以征收反倾销税。征收反倾销税应当符合公共利益。

（2）反倾销税的纳税人为倾销进口产品的进口经营者。本案反倾销税的纳税人应该使丙烯酸酯的进口经营者，而不应该是丙烯酸酯在A、B、C三国的生产者。

【小结】

重点阐述了我国对外贸易立法的概况、《对外贸易法》的结构、对外贸易经营者、货物进出口与技术进出口、国际服务贸易、与对外贸易有关的知识产权保护、对外贸易中的反垄断和反不正当竞争、对外贸易调查、对外贸易救济、对外贸易促进和我国货物进出境管理制度，贸易救济措施的概念、反倾销措施、反补贴措施和保障措施。

【复习与思考】

1. 名词解释

对外贸易法律制度　关税　经常项目　倾销　补贴

2. 思考题

（1）我国对货物和技术进出口的目录管理制度。

（2）进出境法定检验的范围。

（3）反倾销措施。

（4）反补贴和保障措施的基本原理。

3. 选择题（含多项选择）

（1）我国的进口关税设普通税率和优惠税率。对原产于与中国未订有关税互惠协议的国家或者地区的进口货物，执行下列哪种税率？（　　）

A. 优惠税率　　B. 普通税率

C. 变通税率　　D. 特别税率

（2）下列各项中，属于《对外贸易法》调整对象的有（　　）。

A. 与贸易有关的知识产权保护　　B. 货物进出口

C. 技术进出口　　D. 国际服务贸易

第六篇　经济仲裁和诉讼法律制度

第十六章　经济仲裁和经济诉讼

【引例】

2008 年 10 月，建华公司与阿根廷某钢铁公司（以下简称阿根廷公司）签订了一份购销合同，合同约定如果发生合同纠纷，由中国国际经济贸易仲裁委员会上海分会进行仲裁。后阿根廷公司未如期交货，构成违约。为此，建华公司向其住所地市中级人民法院提起诉讼，要求阿根廷公司承担违约责任，并赔偿其全部损失。

问题：

1. 建华公司的做法是否不当？
2. 如果建华公司申请仲裁，阿根廷公司不履行裁决，建华公司应该如何处理？
3. 如果裁决被人民法院裁定不予执行，建华公司应该如何处理？

【学习目标】

通过本章的学习，你应该能够：

(1) 掌握仲裁的概念和特征、仲裁法的适用范围；
(2) 掌握仲裁协议的法律规定；
(3) 了解仲裁机构、申请仲裁的条件以及仲裁程序的主要阶段；
(4) 掌握民事诉讼的概念、民事诉讼法的基本原则；
(5) 掌握民事诉讼的管辖和当事人制度；
(6) 掌握民事诉讼审判程序和执行程序；
(7) 掌握涉外仲裁和涉外诉讼的法律规定。

第一节 经济仲裁

一、仲裁与仲裁法概述

1. 仲裁的概念和特征

(1) 仲裁的概念。仲裁，亦称公断，是指双方当事人在争议发生之前或者争议发生之后，达成协议，自愿将该争议交给无直接利害关系的第三方作出裁决，争议双方有义务执行该裁决，从而解决争议的法律制度。

(2) 仲裁的特征。与其他解决争议的方法如协商、调解、诉讼不同，仲裁具有以下特征：

仲裁程序的灵活性、快捷性　与民事诉讼程序相比，仲裁具有极大的灵活性和便利性。表现在当事人有权选择是否仲裁、有权选择仲裁员、有权约定仲裁程序、有权选择不公开审理商业纠纷，这些优点是民事诉讼程序所不具备的，可以避免经历诉讼中的繁琐程序。

仲裁实行一裁终裁制，即一裁终局，是指仲裁庭审理案件只进行一次裁决，裁决作出后，即具有法律效力，当事人不得再向其他仲裁机构或有关部门申请复议，也不得再向人民法院提起诉讼。区别于诉讼的两审终审制，仲裁有利于当事人之间的纠纷迅速解决。

仲裁规则的可选择性　仲裁活动要遵循一定的程序。为保障当事人对仲裁程序进行选择的自主权，仲裁法对程序性的规定一般都是原则性的。为此，常设仲裁机构往往根据大量仲裁实践，制定一整套程序性的仲裁规则，以供当事人选择。当事人可以比较各常设仲裁机构的仲裁规则，选择最适合自己案件特点的仲裁规则；一旦当事人选择了某一仲裁规则，还可以就其中双方当事人认为不适合的规定另作约定。

仲裁事项的限定性　仲裁事项，即可仲裁的争议的范围，不仅取决于当事人的意愿，而且还取决于法律规定。主要包括经济纠纷、对外经济贸易纠纷、海事纠纷等平等主体的当事人之间的财产权益。目前在我国，诸如继承、婚姻、侵权等纠纷不适用于仲裁。

仲裁裁决的法律约束性　仲裁机构独立行使仲裁权，不受行政机关、社会团体和个人的干涉。

当事人一旦选择仲裁方式解决争议，仲裁机构所作的裁决即具有法律效力，对双方当事人都有约束力，当事人应当履行，否则权利人可以向人民法院申请强制执行。

2. 仲裁的种类

(1) 国内仲裁与涉外仲裁。根据争议内容是否包含涉外因素,可将仲裁分为国内仲裁和涉外仲裁。国内仲裁是指本国当事人之间为解决没有涉外因素的国内民商事纠纷的仲裁;涉外仲裁是指处理含有涉外因素的国际民商事仲裁,我国专指当事人一方或双方为外国的公民、其他组织、法人,并且发生在涉外经济领域的贸易、运输和海事纠纷的仲裁。我国的国内仲裁和涉外仲裁适用不同的制度。目前,我国主要有两个涉外仲裁委员会,即中国国际经济贸易仲裁委员会和中国海事仲裁委员会,均属于中国国际商会下的民间性的常设仲裁机构。

(2) 临时仲裁与机构仲裁。根据仲裁组织是否具有常设机构,可将仲裁分为临时仲裁和机构仲裁。临时仲裁是当事人根据仲裁协议,将他们之间的争议交给临时组成的仲裁庭裁决的仲裁;机构仲裁是指当事人将争议交给某一常设机构裁决的仲裁。我国仲裁法目前确认的仲裁是指机构仲裁。

3. 仲裁法的概念和适用范围

(1) 仲裁法的概念。广义的仲裁法是指国家制定的调整仲裁机构和当事人之间在民商事仲裁活动中产生的法律关系的法律规范的总称。狭义的仲裁法,是指1994年8月31日第八届全国人民代表大会常务委员会第九次会议通过、1995年9月1日起施行的《中华人民共和国仲裁法》(以下简称《仲裁法》)。

(2) 仲裁法的适用范围。《仲裁法》规定,平等主体的公民、法人和其他组织之间的合同纠纷和其他财产权益纠纷,可以仲裁。但下列情况不适用仲裁法:①婚姻、收养、监护、扶养、继承纠纷;②依法应当由行政机关处理的行政争议;③劳动争议和农业集体经济组织内部的农业承包合同纠纷的仲裁。

二、仲裁委员会和仲裁协会

1. 仲裁委员会

(1) 仲裁委员会的设立和组建。仲裁委员会是我国的常设性仲裁机构。《仲裁法》规定,仲裁委员会可以在直辖市和省、自治区人民政府所在地的市设立,也可以根据需要在其他设区的市设立,不按行政区划层层设立。仲裁委员会独立于行政机关,与行政机关没有隶属关系。各仲裁委员会的法律地位也是平等的,相互之间也没有隶属关系。

仲裁委员会只能在设区的市设立,并且只能成立一个统一的综合性仲裁委员会,不能按照不同专业设立各种专业性仲裁委员会或者专业性仲裁庭。仲裁委员会由设区的市的人民政府组织有关部门和商会统一组建,并且经省、自治区、直辖市的司法行政部门登记,取得法人资格。

仲裁委员会应当具备下列条件:①有自己的名称、住所和章程;②有必要的财产;③有该委员会的组成人员;④有聘任的仲裁员。

(2) 仲裁委员会的组成。仲裁委员会由主任1人、副主任2至4人和委员7至11人组成。仲裁委员会的主任、副主任和委员由法律、经济贸易专家和有实际工作经验的人员担任。仲裁委员会的组成人员中,法律、经济贸易专家不得少于2/3。仲裁员是对仲裁机构受理的争议案件,进行审理和裁决的人员。仲裁员应当由有完全民事行为能力、并且具备良好业务素质的人士担任。

《仲裁法》规定,仲裁委员会应当从公道正派的人员中聘任仲裁员。仲裁员应当符合下列条件之一:①从事仲裁工作满8年的;②从事律师工作满8年的;③曾任审判员满8年的;④从事法律研究、教学工作并具有高级职称的;⑤具有法律知识、从事经济贸易等专业工作并具有高级职称或者具有同等专业水平的。

仲裁委员会应当将聘任的仲裁员造就名册,供当事人选择。仲裁委员会可以根据不同专业,设置经济合同、知识产权、房地产、证券、投资等专业仲裁员名册。

2. 仲裁协会

中国仲裁协会,是全国性的社会团体法人,实行会员制。仲裁委员会是仲裁协会的法定会员。中国仲裁协会是仲裁委员会的自律性组织,根据仲裁法和民事诉讼法的有关规定制定仲裁规则,以及其他规范性仲裁文件,对仲裁委员会及其组成人员、仲裁员的违纪行为进行监督。中国仲裁协会设在北京。

三、仲裁协议

1. 仲裁协议的概念

仲裁协议是指双方当事人在争议发生前或者争议发生后,自愿达成的请求仲裁的意思表示。当事人协商一致,达成仲裁协议,是提交仲裁的前提条件。当事人如果没有订立仲裁协议或者仲裁协议无效,任何一方都不能强迫对方进行仲裁,仲裁机构也不能受理仲裁申请。

仲裁协议包括合同中订立的仲裁条款和以其他书面方式在纠纷发生前或者纠纷发生后达成的请求仲裁的协议。“其他书面形式”的仲裁协议,包括以合同书、信件和数据电文(包括电报、电传、传真、电子数据交换和电子邮件)等形式达成的请求仲裁的协议。

? 学生提问：该怎么理解仲裁协议的形式呢？

教师回答：仲裁协议必须是书面形式，可以是合同中订立的仲裁条款，也可以是合法的"其他书面方式"。

比如，中国甲公司与韩国乙公司签订了一份合同，合同中约定了仲裁条款："因本合同引起的或者与本合同有关的任何争议，均应提交中国国际商会国际经济贸易仲裁委员会，按照该会仲裁规则进行仲裁。"该条款即是一份合法有效的仲裁协议。

2. 仲裁协议的内容

仲裁协议应当具有下列内容：①请求仲裁的意思表示；②仲裁事项；③选定的仲裁委员会。

（1）请求仲裁的表示。在仲裁协议中，当事人应当明确表示愿意将争议提交仲裁解决。这种意思表示必须是双方当事人共同的意思表示而非单方同意，必须是双方当事人真实的意思表示而非遭受欺诈、胁迫等作出与内心意愿不符的意思表示。

（2）仲裁事项。仲裁事项是指当事人提交仲裁的争议范围。仲裁事项也是仲裁机构管辖权的根据和范围。

（3）选定的仲裁委员会。双方当事人在仲裁协议中明确写明由哪一个仲裁委员会进行仲裁，否则仲裁协议无法执行。对于国内仲裁，主要写明仲裁委员会所处的地点；涉外仲裁要写明仲裁委员会的名称和所处地点，但未写明地点的允许申请仲裁的当事人进行再次选择。

仲裁协议仅约定纠纷适用的仲裁规则的，视为未约定仲裁机构，但当事人达成补充协议或者按照约定的仲裁规则能够确定仲裁机构的除外。

3. 仲裁协议的效力

（1）仲裁协议的独立性。仲裁协议的独立性是指仲裁协议一旦达成，其效力就具有了独立性，不受主合同是否有效的影响。《仲裁法》规定，仲裁协议独立存在，合同的变更、解除、终止或者无效不影响仲裁协议的效力。

（2）对人民法院的效力——排斥司法管辖。有效的仲裁协议排斥了人民法院对该案件的管辖权，即当事人就仲裁协议约定范围内的事项向人民法院起诉，人民法院应驳回起诉，不予受理。另外，仲裁协议还是人民法院强制执行仲裁裁决的首要条件。一方当事人不履行仲裁裁决时，另一方当事人可以申请人民法院强制执行。人民法院对仲裁裁决的合法性审查，主要是审查程序上是否有违法事项。

(3) 仲裁协议的无效。有下列情形之一的，仲裁协议无效：

• 约定的仲裁事项超出法律规定的仲裁范围的；

• 无民事行为能力人或者限制民事行为能力人订立的仲裁协议；

• 一方采取胁迫手段，迫使对方订立仲裁协议的；

• 仲裁协议对仲裁事项或者仲裁委员会没有约定或者约定不明确的，当事人可以补充协议；达不成补充协议的，仲裁协议无效。

当事人对仲裁协议的效力有异议的，可以请求仲裁委员会作出决定或者请求人民法院作出裁定。一方请求仲裁委员会作出决定，另一方请求人民法院作出裁定的，由人民法院裁定。

当事人对仲裁协议的效力有异议，应当在仲裁庭首次开庭前提出。

四、仲裁程序

1. 申请和受理

当事人申请仲裁应当符合下列条件：①有仲裁协议；②有具体的仲裁请求和事实、理由；③属于仲裁委员会的受理范围。

当事人申请仲裁，应当向仲裁委员会递交仲裁协议、仲裁申请书及副本。仲裁申请书应当载明下列事项：①当事人的姓名、性别、年龄、职业、工作单位和住所，法人或者其他组织的名称、住所和法定代表人或者主要负责人的姓名、职务；②仲裁请求和所根据的事实、理由；③证据和证据来源、证人姓名和住所。

仲裁委员会收到仲裁申请书之日起 5 日内，认为符合受理条件的，应当受理，并通知当事人；认为不符合受理条件的，应当书面通知当事人不予受理，并说明理由。

仲裁委员会受理仲裁申请后，应当在仲裁规则规定的期限内将仲裁员名册送达申请人，并将仲裁申请书副本和仲裁规则、仲裁员名册送达被申请人。被申请人应当在仲裁规则规定的期限内向仲裁委员会提交答辩书，并由仲裁委员会将答辩书副本送达申请人。被申请人未提交答辩书的，不影响仲裁程序的进行。

申请人可以放弃或者变更仲裁请求。被申请人可以承认或者反驳仲裁请求，有权提出反请求。

2. 仲裁庭的组成

(1) 仲裁庭的组成。仲裁庭可以由 3 名仲裁员或者 1 名仲裁员组成。由 3 名仲裁员组成的，设首席仲裁员。当事人约定由 3 名仲裁员组成仲裁庭的，应当各自选定或者各自委托仲裁委员会主任指定 1 名仲裁员，第 3 名仲裁员由当事人共同选定或者共同委托仲裁委员会主任指定。第 3 名仲裁员是首席仲裁员。当事人约定由 1 名仲裁员成立仲裁庭的，应当由当事人共同选定或者共同委托仲裁委员会主任指定仲裁员。当事人没有在仲裁规则规定的期限内约定仲裁庭的组成方式或者选定仲裁员的，由仲裁委员会主任指定。仲裁庭组成后，仲裁委员会应当将仲裁庭的组成情况书面通知当事人。

(2) 仲裁员的回避。回避制度，是《仲裁法》的一项重要制度。仲裁员的回避是仲裁机构为使案件公正审理，切实保障当事人平等行使权利而实行的一项制度。仲裁员有下列情形之一的，必须回避，当事人也有权提出回避申请：①是本案当事人或者当事人、代理人的近亲属；②与本案有利害关系；③与本案当事人、代理人有其他关系，可能影响公正仲裁的；④私自会见当事人、代理人，或者接受当事人、代理人的请客送礼的。当事人提出回避申请，应当说明理由，在首次开庭前提出。回避事由在首次开庭后知道的，可以在最后一次开庭终结前提出。

仲裁员因回避或者其他原因不能履行职责的，应当依照本法规定重新选定或者指定仲裁员。因回避而重新选定或者指定仲裁员后，当事人可以请求已进行的仲裁程序重新进行，是否准许，由仲裁庭决定；仲裁庭也可以自行决定已进行的仲裁程序是否重新进行。

3. 开庭和裁决

(1) 开庭。仲裁应当开庭进行。当事人协议不开庭的，仲裁庭可以根据仲裁申请书、答辩书以及其他材料作出裁决。

仲裁不公开进行。当事人协议公开的，可以公开进行，但涉及国家秘密的除外。

仲裁委员会应当在仲裁规则规定的期限内将开庭日期通知双方当事人。当事人有正当理由的，可以在仲裁规则规定的期限内请求延期开庭。是否延期，由仲裁庭决定。申请人经书面通知，无正当理由不到庭或者未经仲裁庭许可中途退庭的，可以视为撤回仲裁申请。被申请人经书面通知，无正当理由不到庭或者未经仲裁庭许可中途退庭的，可以缺席裁决。

(2) 证据。举证责任由提出请求的当事人承担。当事人应当对自己的主张提供证据。仲裁庭认为有必要收集的证据，可以自行收集。仲裁庭对专门性问题认为需要鉴定的，可以交由当事人约定的鉴定部门鉴定，也可以由仲裁庭指定的鉴定部门鉴定。根据当事人的请求或者仲裁庭的要求，鉴定部门应当派鉴定人参加开庭。当事人经仲裁庭许可，可以向鉴定人提问。证据应当在开庭时出示，当事人可以质证。

(3) 辩论。当事人在仲裁过程中有权进行辩论。辩论终结时，首席仲裁员或者独任仲裁员应当征询当事人的最后意见。

(4) 仲裁笔录。仲裁庭应当将开庭情况记入笔录。当事人和其他仲裁参与人认为对自己陈述的记录有遗漏或者差错的，有权申请补正。如果不予补正，应当记录该申请。笔录由仲裁员、记录人员、当事人和其他仲裁参与人签名或者盖章。

(5) 和解。当事人申请仲裁后,可以自行和解。达成和解协议的,可以请求仲裁庭根据和解协议作出裁决书,也可以撤回仲裁申请。当事人达成和解协议,撤回仲裁申请后反悔的,可以根据仲裁协议申请仲裁。

(6) 调解。仲裁庭在作出裁决前,可以先行调解。当事人自愿调解的,仲裁庭应当调解。调解不成的,应当及时作出裁决。调解达成协议的,仲裁庭应当制作调解书或者根据协议的结果制作裁决书。调解书与裁决书具有同等法律效力。调解书应当写明仲裁请求和当事人协议的结果。调解书由仲裁员签名,加盖仲裁委员会印章,送达双方当事人。调解书经双方当事人签收后,即发生法律效力。在调解书签收前当事人反悔的,仲裁庭应当及时作出裁决。

(7) 裁决。裁决应当按照多数仲裁员的意见作出,少数仲裁员的不同意见可以记入笔录。仲裁庭不能形成多数意见时,裁决应当按照首席仲裁员的意见作出。裁决书应当写明仲裁请求、争议事实、裁决理由、裁决结果、仲裁费用的负担和裁决日期。当事人协议不愿写明争议事实和裁决理由的,可以不写。裁决书由仲裁员签名,加盖仲裁委员会印章。对裁决持不同意见的仲裁员,可以签名,也可以不签名。

仲裁庭仲裁纠纷时,其中一部分事实已经清楚,可以就该部分先行裁决。

对裁决书中的文字、计算错误或者仲裁庭已经裁决但在裁决书中遗漏的事项,仲裁庭应当补正;当事人自收到裁决书之日起 30 日内,可以请求仲裁庭补正。

裁决书自作出之日起发生法律效力。

五、人民法院对仲裁的支持与监督

由于仲裁实行一裁终局的原则,为保证裁决的公正和合理,保护当事人的合法权益,仲裁法规定了人民法院对仲裁活动的支持和法律监督制度。

1. 财产保全和证据保全

在我国,仲裁保全的管辖权属于人民法院,仲裁机构无权行使。

《仲裁法》规定,一方当事人因另一方当事人的行为或者其他原因,可能使裁决不能执行或者难以执行的,可以申请财产保全。当事人申请财产保全的,仲裁委员会应当将当事人的申请依照民事诉讼法的有关规定提交人民法院。申请有错误的,申请人应当赔偿被申请人因财产保全所遭受的损失。

在证据可能灭失或者以后难以取得的情况下,当事人可以申请证据保全。当事人申请证据保全的,仲裁委员会应当将当事人的申请提交证据所在地的基层人民法院。

2. 对仲裁裁决的执行

仲裁裁决具有强制力，裁决对双方当事人都有法律约束力，当事人应当履行。一方当事人不履行的，另一方当事人可以依照民事诉讼法的有关规定向人民法院申请执行。受申请的人民法院应当执行。对仲裁裁决的强制执行权，专属于人民法院。

3. 不予执行仲裁裁决

根据《仲裁法》和《民事诉讼法》的规定，有下列情形之一的，经人民法院组成合议庭审查核实，裁定不予执行：

- 当事人在合同中没有订有仲裁条款或者事后没有达成书面仲裁协议的；
- 裁决的事项不属于仲裁协议的范围或者仲裁机构无权仲裁的；
- 仲裁庭的组成或者仲裁的程序违反法定程序的；
- 认定事实的主要证据不足的；
- 适用法律确有错误的；
- 仲裁员在仲裁该案时有贪污受贿，徇私舞弊，枉法裁决行为的。

人民法院认定执行仲裁裁决违背社会公共利益的，裁定不予执行。

仲裁裁决被人民法院裁定不予执行的，当事人可以根据双方达成的书面仲裁协议重新申请仲裁，也可以向人民法院起诉。

4. 撤销仲裁裁决

《仲裁法》规定，当事人提出证据证明裁决有下列情形之一的，可以向仲裁委员会所在地的中级人民法院申请撤销裁决：

- 没有仲裁协议的；
- 裁决的事项不属于仲裁协议的范围或者仲裁委员会无权仲裁的；
- 仲裁庭的组成或者仲裁的程序违反法定程序的；
- 裁决所根据的证据是伪造的；
- 对方当事人隐瞒了足以影响公正裁决的证据的；
- 仲裁员在仲裁该案时有索贿受贿，徇私舞弊，枉法裁决行为的。

人民法院经组成合议庭审查核实裁决有上述规定情形之一的，应当裁定撤销。人民法院认定仲裁裁决违背社会公共利益的，应当裁定撤销。

当事人申请撤销裁决的，应当自收到裁决书之日起 6 个月内提出。人民法院应当在受理撤销裁决申请之日起 2 个月内作出撤销裁决或者驳回申请的裁定。

人民法院受理撤销裁决的申请后，认为可以由仲裁庭重新仲裁的，通知仲裁庭在一定期限内重新仲裁，并裁定中止撤销程序。仲裁庭拒绝重新仲裁的，人民法院应当裁定恢复撤销程序。一方当事人申请执行裁决，另一方当事人申请撤销裁决的，人民法院应当裁定中止执行。人民法院裁定撤销裁决的，应当裁定终结执行。

撤销裁决的申请被裁定驳回的，人民法院应当裁定恢复执行。

六、涉外仲裁

1. 涉外仲裁的概念

涉外仲裁是指仲裁法律关系的主体、内容、客体，或者引起、变更、消灭该法律关系的法律事实中的一项以上具有涉外因素的仲裁活动。涉外仲裁一般适用于解决不同国籍主体之间的民事争议，往往涉及两个以上国家的实体法和仲裁规则的选择适用问题。

涉外经济贸易、运输和海事中发生的纠纷的仲裁，适用仲裁法对涉外仲裁程序的特别规定的；没有特别规定的，适用仲裁法其他有关规定。

2. 涉外仲裁机构

涉外仲裁委员会可以由中国国际商会组织设立。涉外仲裁委员会由主任1人、副主任若干人和委员若干人组成，主任、副主任和委员可以由中国国际商会聘任。涉外仲裁委员会可以从具有法律、经济贸易、科学技术等专门知识的外籍人士中聘任仲裁员。

(1) 中国国际经济贸易仲裁委员会。中国国际经济贸易仲裁委员会，成立于1956年，设在北京，在深圳和上海设有仲裁委员会深圳分会和上海分会。按照《中国国际经济贸易仲裁委员会仲裁规则》规定，中国国际经济贸易仲裁委员会主要管辖中外当事人之间、外国当事人之间和中国当事人之间的产生于国际或涉外的契约性或非契约性的经济贸易等争议。

(2) 中国海事仲裁委员会。中国海事仲裁委员会成立于1959年，设在北京。仲裁解决产生于远洋、近洋、沿海和与海相通的可航水域的运输、生产和航行等有关过程中所发生的契约性或非契约件的海事争议。

3. 人民法院对涉外仲裁的支持与监督

涉外仲裁的当事人申请证据保全的，涉外仲裁委员会应当将当事人的申请提交证据所在地的中级人民法院。

涉外仲裁委员会作出的发生法律效力的仲裁裁决，当事人请求执行的，如果被执行人或者其财产不在中华人民共和国领域内，应当由当事人直接向有管辖权的外国法院申请承认和执行。

涉外仲裁规则可以由中国国际商会依照仲裁法和民事诉讼法的有关规定制定。

第二节　经济诉讼

一、经济诉讼的基本概念

1. 经济诉讼

所谓经济诉讼，是指人民法院在双方当事人和其他诉讼参与人参加下，审理和解决经济纠纷案件的活动。

经济诉讼活动所依据的程序法，主要是民事诉讼法。民事诉讼法是指国家制定的、规范法院与其他民事诉讼参与人诉讼活动，调整法院与诉讼参与人法律关系的法律规范的总称。狭义的民事诉讼法，指 1991 年 4 月 9 日第七届全国人民代表大会第四次会议通过，2007 年 10 月 28 日第十届全国人民代表大会常务委员会第三十次会议修正的《中华人民共和国民事诉讼法》(以下简称《民事诉讼法》)。

2. 经济诉讼的基本原则

我国民事诉讼法、行政诉讼法、刑事诉讼法共同的基本原则主要有：以事实为依据、以法律为准绳原则；公民在适用法律上一律平等原则；司法机关独立行使职权原则；使用本民族语言文字进行诉讼原则；公开审判原则等。除此之外，经济诉讼必须遵循民事诉讼法的特有原则，主要包括：

(1) 当事人诉讼权利平等原则。民事诉讼当事人有平等的诉讼权利。人民法院审理民事案件，应当保障和便利当事人行使诉讼权利，对当事人在适用法律上一律平等。

(2) 辩论原则。辩论原则，是指在人民法院主持下，当事人有权就案件事实、诉讼请求、适用法律、诉讼程序等争议的问题，以书面或口头的形式，各自陈述其主张和根据，互相反驳和答辩。人民法院审理民事案件时，当事人有权进行辩论。

(3) 调解原则。调解，是指在人民法院主持下，当事人就争议的问题，通过自愿协商，达成协议，解决其民事纠纷的活动。调解原则适用于解决民事权利义务争议的审判程序的全过程。人民法院审理民事案件，应当根据自愿和合法的原则进行调解；调解不成的，应当及时判决。

(4) 处分原则，是指诉讼当事人有权在法律许可的范围内，自由支配自己的民事权利和诉讼权利。处分原则贯彻于民事诉讼的全过程，原告有权起诉、撤诉，有权变更、增加或放弃诉讼请求；被告可以反驳、承认原告的诉讼请求，也可以提出反诉；当事人可以以和解、申请法院调解的方式解决纠纷，有权决定是否上诉。

(5) 社会支持起诉原则，是指机关、社会团体、企业事业单位对损害国家、集体或者个人民事权益的行为，可以支持受损害的单位或者个人向人民法院起诉。

另外,人民法院审理民事案件,应当依照法律规定实行合议制度、回避制度、公开审判制度和两审终审制度。

二、经济诉讼的主管和管辖

1. 法院受理民事案件的范围

民事诉讼主管是指法院受理民事案件的范围,经济纠纷属于法院受理民事案件的范围的,即可展开民事诉讼活动。《民事诉讼法》规定,人民法院受理公民之间、法人之间、其他组织之间以及他们相互之间因财产关系和人身关系提起的民事诉讼,适用民事诉讼法的规定。

具体来说,由法院受理的民事案件主要有下列几类:

- 民法调整的因财产关系和人身关系发生纠纷而引起的案件;
- 婚姻法、继承法、收养法调整的婚姻家庭关系发生纠纷的案件;
- 经济法调整的平等权利主体之间因民事性质的经济关系发生纠纷而引起的案件;
- 合同法、票据法、保险法等商法调整的商事关系发生纠纷的案件;
- 劳动法调整的用人单位与劳动者之间因劳动关系发生纠纷而引起的案件;
- 海商法调整的海上运输关系和船舶关系发生纠纷而引起的海事案件;
- 其他法律调整的社会关系发生争议,法律明确规定依照民事诉讼程序审理的案件;
- 适用民事诉讼法中特别程序、督促程序、公示催告程序审理的几类非民事权益争议案件。

2. 民事诉讼的管辖

民事诉讼的管辖,是指各级人民法院之间以及同级人民法院之间受理第一审民事案件的分工和权限。根据民事诉讼法的规定,管辖分为级别管辖、地域管辖、移送管辖和指定管辖。

(1) 级别管辖,是指上、下级人民法院之间受理第一审民事案件的分工和权限。确定我国四级人民法院第一审民事案件管辖范围的主要依据是案件的性质和影响的大小,以及案件的繁简程度和诉讼标的的金额大小等。

- 基层人民法院管辖第一审民事案件,法律另有规定的除外;
- 中级人民法院管辖下列第一审民事案件:①重大涉外案件;②在本辖区有重大影响的案件;③最高人民法院确定由中级人民法院管辖的案件,如专利纠纷案件,海事、海商纠纷案件;
- 高级人民法院管辖在本辖区有重大影响的第一审民事案件。
- 最高人民法院管辖下列第一审民事案件:①在全国有重大影响的案件;②

认为应当由本院审理的案件。

(2) 地域管辖。地域管辖，是指同级人民法院之间受理第一审民事案件的分工和权限。

一般地域管辖　一般地域管辖的原则是“原告就被告”，即以被告住所地为标准确定民事案件的管辖法院。对公民提起的民事诉讼，由被告住所地人民法院管辖；被告住所地与经常居住地不一致的，由经常居住地人民法院管辖。对法人或者其他组织提起的民事诉讼，由被告住所地人民法院管辖。同一诉讼的几个被告住所地、经常居住地在两个以上人民法院辖区的，各该人民法院都有管辖权。

公民的住所地是指公民的户籍所在地，公民的经常居住地是指公民离开住所地至起诉时已连续居住1年以上的地方，但公民住院就医的地方除外。法人的住所地是指法人的主要营业地或者主要办事机构所在地。

下列民事诉讼，由原告住所地人民法院管辖；原告住所地与经常居住地不一致的，由原告经常居住地人民法院管辖：

- 对不在中华人民共和国领域内居住的人提起的有关身份关系的诉讼；
- 对下落不明或者宣告失踪的人提起的有关身份关系的诉讼；
- 对被劳动教养的人提起的诉讼；
- 对被监禁的人提起的诉讼。

特殊地域管辖　特殊地域管辖，是指以诉讼标的所在地或者引起民事法律关系发生、变更、消灭的法律事实所在地为标准确定民事案件的管辖法院。

- 因合同纠纷提起的诉讼，由被告住所地或者合同履行地人民法院管辖。
- 因保险合同纠纷提起的诉讼，由被告住所地或者保险标的物所在地人民法院管辖。
- 因票据纠纷提起的诉讼，由票据支付地或者被告住所地人民法院管辖。
- 因铁路、公路、水上、航空运输和联合运输合同纠纷提起的诉讼，由运输始发地、目的地或者被告住所地人民法院管辖。
- 因侵权行为提起的诉讼，由侵权行为地或者被告住所地人民法院管辖。
- 因铁路、公路、水上和航空事故请求损害赔偿提起的诉讼，由事故发生地或者车辆、船舶最先到达地、航空器最先降落地或者被告住所地人民法院管辖。
- 因船舶碰撞或者其他海事损害事故请求损害赔偿提起的诉讼，由碰撞发生地、碰撞船舶最先到达地、加害船舶被扣留地或者被告住所地人民法院管辖。
- 因海难救助费用提起的诉讼，由救助地或者被救助船舶最先到达地人民法院管辖。
- 因共同海损提起的诉讼，由船舶最先到达地、共同海损理算地或者航程终止地的人民法院管辖。

专属管辖　是指法律规定某些特殊类型的案件只能由特定的法院管辖，具有排他性，不适用一般地域管辖和特殊地域管辖的原则，当事人也不得以协议变更管辖权。下列案件，由民事诉讼法规定的人民法院专属管辖：

• 因不动产纠纷提起的诉讼，由不动产所在地人民法院管辖；

• 因港口作业中发生纠纷提起的诉讼，由港口所在地人民法院管辖；

• 因继承遗产纠纷提起的诉讼，由被继承人死亡时住所地或者主要遗产所在地人民法院管辖。

共同管辖　两个以上人民法院都有管辖权的诉讼，原告可以向其中一个人民法院起诉；原告向两个以上有管辖权的人民法院起诉的，由最先立案的人民法院管辖。

协议管辖　是指双方当事人在纠纷发生之前或发生之后，以书面协议的方式约定解决他们之间纠纷的管辖法院。民事争议体现出一定的私权自治的特点，《民事诉讼法》规定，合同的双方当事人可以在书面合同中协议选择被告住所地、合同履行地、合同签订地、原告住所地、标的物所在地人民法院管辖，但不得违反民事诉讼法对级别管辖和专属管辖的规定。

(3) 移送管辖和指定管辖。

移送管辖　人民法院发现受理的案件不属于本院管辖的，应当移送有管辖权的人民法院，受移送的人民法院应当受理。受移送的人民法院认为受移送的案件依照规定不属于本院管辖的，应当报请上级人民法院指定管辖，不得再自行移送。

人民法院受理案件后，当事人对管辖权有异议的，应当在提交答辩状期间提出。人民法院对当事人提出的异议，应当审查。异议成立的，裁定将案件移送有管辖权的人民法院；异议不成立的，裁定驳回。

指定管辖　有管辖权的人民法院由于特殊原因，不能行使管辖权的，由上级人民法院指定管辖。

人民法院之间因管辖权发生争议，由争议双方协商解决；协商解决不了的，报请它们的共同上级人民法院指定管辖。

管辖权转移　上级人民法院有权审理下级人民法院管辖的第一审民事案件，也可以把本院管辖的第一审民事案件交下级人民法院审理。

下级人民法院对它所管辖的第一审民事案件，认为需要由上级人民法院审理的，可以报请上级人民法院审理。

参考案例 16-1

建华公司的主要经营地在上海市长宁区，龙门公司的主要经营地在上海市普陀区。建华公司和龙门公司在房屋租赁合同中约定：日后如果因为此合同及与此合同有关的事项发生争议，应向上海市第一中级人民法院提起诉讼。租赁合同所涉及的房屋在上海市闵行区。问：建华公司如果为此合同的履行问题向法院提起诉讼，哪个法院有管辖权？

分析：虽然建华公司和龙门公司，以书面协议的方式约定了解决它们之间合同纠纷的管辖法院。但是《民事诉讼法》规定，协议管辖不得违反民事诉讼法对级别管辖和专属管辖的规定。该案就级别管辖而言，应属于基层法院管辖的范围；且本案是关于不动产的争议，适用专属管辖的规定，由不动产所在地法院管辖。因此，建华公司应该向上海市闵行区法院提起民事诉讼。

三、诉讼参加人

1. 当事人

当事人是指民事权益发生争议，以自己的名义参加诉讼，并受人民法院裁判拘束的利害关系人。公民、法人和其他组织可以作为民事诉讼的当事人。法人由其法定代表人进行诉讼，其他组织由其主要负责人进行诉讼。

当事人有权委托代理人，提出回避申请，收集、提供证据，进行辩论，请求调解，提起上诉，申请执行。当事人可以查阅本案有关材料，并可以复制本案有关材料和法律文书。双方当事人可以自行和解。当事人必须依法行使诉讼权利，遵守诉讼秩序，履行发生法律效力的判决书、裁定书和调解书。

(1) 原告和被告。原告是因民事权益发生争议或受到侵害，向人民法院起诉要求保护其合法权益的公民、法人或其他组织。被告是因民事权益发生争议或被指控侵害他人民事权益，而被人民法院通知应诉的公民、法人或其他组织。原告可以放弃或者变更诉讼请求。被告可以承认或者反驳诉讼请求，有权提起反诉。

(2) 多数当事人诉讼。当事人一方或者双方为 2 人以上，其诉讼标的是共同的，或者诉讼标的是同一种类、人民法院认为可以合并审理并经当事人同意的，为共同诉讼。共同诉讼的一方当事人对诉讼标的有共同权利义务的，其中一人的诉讼行为经其他共同诉讼人承认，对其他共同诉讼人发生效力；对诉讼标的没有共同权利义务的，其中一人的诉讼行为对其他共同诉讼人不发生效力。

当事人一方人数众多的共同诉讼，可以由当事人推选代表人进行诉讼。代表人的诉讼行为对其所代表的当事人发生效力,但代表人变更、放弃诉讼请求或者承认对方当事人的诉讼请求,进行和解,必须经被代表的当事人同意。

(3) 第三人。民事诉讼中的第三人,是指对原、被告之间的诉讼标的享有独立请求权,或者与案件处理结果有法律上的利害关系,而参加到原、被告之间正在进行的诉讼中去的人。第三人分为有独立请求权的第三人和无独立请求权的第三人。

对当事人双方的诉讼标的,第三人认为有独立请求权的,有权提起诉讼。对当事人双方的诉讼标的,第三人虽然没有独立请求权,但案件处理结果同他有法律上的利害关系的,可以申请参加诉讼,或者由人民法院通知他参加诉讼,人民法院判决承担民事责任的第三人,有当事人的诉讼权利义务。

2. 诉讼代理人

诉讼代理人,是指在法律规定或当事人委托权权限范围内,以当事人的名义代理当事人进行民事诉讼活动的人。其代理活动的后果由当事人承担。无诉讼行为能力人由他的监护人作为法定代理人代为诉讼。法定代理人之间互相推诿代理责任的,由人民法院指定其中一人代为诉讼。

当事人、法定代理人可以委托 1 至 2 人作为诉讼代理人。律师、当事人的近亲属、有关的社会团体或者所在单位推荐的人、经人民法院许可的其他公民,都可以被委托为诉讼代理人。

委托他人代为诉讼,必须向人民法院提交由委托人签名或者盖章的授权委托书。授权委托书必须记明委托事项和权限。诉讼代理人代为承认、放弃、变更诉讼请求,进行和解,提起反诉或者上诉,必须有委托人的特别授权。代理诉讼的律师和其他诉讼代理人有权调查收集证据,可以查阅本案有关材料。

四、证据

1. 民事诉讼的证据

证据是用来证明案件真实情况的一切事实。民事诉讼证据包括:书证、物证、视听资料、证人证言、当事人陈述、鉴定结论、勘验笔录。证据应当符合客观性、关联性和合法性特征。

证据必须查证属实,才能作为认定事实的根据。在证据可能灭失或者以后难以取得的情况下,诉讼参加人可以向人民法院申请保全证据,人民法院也可以主动采取保全措施。

2. 举证责任

(1) 一般原则。民事诉讼法适用“谁主张谁举证”的原则,即当事人对自己提出的主张,有责任提供证据。当事人对自己提出的诉讼请求所依据的事实或者反驳对方诉讼请求所依据的事实有责任提供证据加以证明。没有证据或者证据不足以证明当事人的事实主张的，由负有举证责任的当事人承担不利后果。当事人因客观原因不能自行收集的证据，可申请人民法院调查收集。

(2) 举证责任倒置的规定。在特定的情况下，举证责任倒置，即由被主张人举证。《最高人民法院关于民事诉讼证据的若干规定》规定，下列侵权诉讼，按照以下规定承担举证责任：

• 因新产品制造方法发明专利引起的专利侵权诉讼，由制造同样产品的单位或者个人对其产品制造方法不同于专利方法承担举证责任；

• 高度危险作业致人损害的侵权诉讼，由加害人就受害人故意造成损害的事实承担举证责任；

• 因环境污染引起的损害赔偿诉讼，由加害人就法律规定的免责事由及其行为与损害结果之间不存在因果关系承担举证责任；

• 建筑物或者其他设施以及建筑物上的搁置物、悬挂物发生倒塌、脱落、坠落致人损害的侵权诉讼，由所有人或者管理人对其无过错承担举证责任；

• 饲养动物致人损害的侵权诉讼，由动物饲养人或者管理人就受害人有过错或者第三人有过错承担举证责任；

• 因缺陷产品致人损害的侵权诉讼，由产品的生产者就法律规定的免责事由承担举证责任；

• 因共同危险行为致人损害的侵权诉讼，由实施危险行为的人就其行为与损害结果之间不存在因果关系承担举证责任；

• 因医疗行为引起的侵权诉讼，由医疗机构就医疗行为与损害结果之间不存在因果关系及不存在医疗过错承担举证责任。

五、经济诉讼的保障制度

1. 财产保全

财产保全是指人民法院对于可能因当事人一方的行为或者其他原因，使判决不能执行或者难以执行的案件，可以根据对方当事人的申请，或依职权对当事人的财产采取限制性措施。财产保全分为诉中财产保全和诉前财产保全。

人民法院采取财产保全措施，可以责令申请人提供担保；申请人不提供担保的，驳回申请。

人民法院接受申请后，对情况紧急的，必须在48小时内作出裁定；裁定采取财产保全措施的，应当立即开始执行。

利害关系人因情况紧急，不立即申请财产保全将会使其合法权益受到难以弥补的损害的，可以在起诉前向人民法院申请采取财产保全措施。申请人应当提供担保,不提供担保的,驳回申请。

> ? 学生提问:财产保全是不是一定要申请人提供担保呢?
>
> 教师回答:诉中财产保全和诉前财产保全对是否提供担保的要求是不一样的。诉前财产保全,申请人必须提供担保;诉中财产保全,由法院决定是否要提供担保,法院责令申请人提供的,必须提供。没有责令申请人提供的,可以不提供担保。

2. 先予执行

(1) 先予执行的概念和适用范围。先予执行是指人民法院在诉讼过程中,根据当事人的申请裁定一方当事人预先付给对方当事人一定数额的金钱或其他财物的制度。

人民法院对下列案件,根据当事人的申请,可以裁定先予执行:①追索赡养费、扶养费、抚育费、抚恤金、医疗费用的案件;②追索劳动报酬的案件;③因情况紧急需要先予执行的案件。

(2) 先予执行的条件。人民法院裁定先予执行的,应当符合下列条件:①当事人之间权利义务关系明确,不先予执行将严重影响申请人的生活或者生产经营;②被申请人有履行能力。人民法院可以责令申请人提供担保,申请人不提供担保的,驳回申请。申请人败诉的,应当赔偿被申请人因先予执行遭受的财产损失。

六、审判程序

1. 第一审程序

(1) 第一审普通程序:

起诉和受理　起诉必须符合下列条件:①原告是与本案有直接利害关系的公民、法人和其他组织;②有明确的被告;③有具体的诉讼请求和事实、理由;④属于人民法院受理民事诉讼的范围和受诉人民法院管辖。起诉应当向人民法院递交起诉状,并按照被告人数提出副本。

人民法院收到起诉状,经审查,认为符合起诉条件的,应当在7日内立案,并通知当事人;认为不符合起诉条件的,应当在7日内裁定不予受理;原告对裁定不服的,可以提起上诉。

审理前的准备　人民法院应当在立案之日起5日内将起诉状副本发送被告,被告在收到之日起15日内提出答辩状。被告提出答辩状的,人民法院应当在收到之日起5日内将答辩状副本发送原告。被告不提出答辩状的，不影响人民法院审理。

人民法院对决定受理的案件，应当在受理案件通知书和应诉通知书中向当事人告知有关的诉讼权利义务，或者口头告知。合议庭组成人员确定后，应当在3日内告知当事人。审判人员必须认真审核诉讼材料，调查收集必要的证据。

开庭审理　包括庭审准备，法庭调查，法庭辩论及评议和宣判。

① 庭审准备。人民法院审理民事案件，应当在开庭3日前通知当事人和其他诉讼参与人。公开审理的，应当公告当事人姓名、案由和开庭的时间、地点。

开庭审理前，书记员应当查明当事人和其他诉讼参与人是否到庭，宣布法庭纪律。开庭审理时，由审判长核对当事人，宣布案由，宣布审判人员、书记员名单，告知当事人有关的诉讼权利义务，询问当事人是否提出回避申请。

② 法庭调查。法庭调查按照下列顺序进行：当事人陈述；告知证人的权利义务，证人作证，宣读未到庭的证人证言；出示书证、物证和视听资料；宣读鉴定结论；宣读勘验笔录。

当事人在法庭上可以提出新的证据。当事人经法庭许可，可以向证人、鉴定人、勘验人发问。

③ 法庭辩论。法庭辩论按照下列顺序进行：原告及其诉讼代理人发言；被告及其诉讼代理人答辩；第三人及其诉讼代理人发言或者答辩；互相辩论。

法庭辩论终结，由审判长按照原告、被告、第三人的先后顺序征询各方最后意见。

④ 评议和宣判。法庭辩论终结，应当依法作出判决，判决前能够调解的，还可以进行调解，调解不成的，应当及时判决。

合议庭成员在评议时权利平等，根据少数服从多数的原则做出决定。

人民法院对公开审理或者不公开审理的案件，一律公开宣告判决。当庭宣判的，应当在10日内发送判决书；定期宣判的，宣判后立即发给判决书。宣告判决时，必须告知当事人上诉权利、上诉期限和上诉的法院。

原告经传票传唤，无正当理由拒不到庭的，或者未经法庭许可中途退庭的，可以按撤诉处理；被告反诉的，可以缺席判决。被告经传票传唤，无正当理由拒不到庭的，或者未经法庭许可中途退庭的，可以缺席判决。

人民法院审理案件，其中一部分事实已经清楚，可以就该部分先行判决。

审理期限　人民法院适用普通程序审理的案件，应当在立案之日起6个月内审结。有特殊情况需要延长的，由本院院长批准，可以延长6个月；还需要延长的，报请上级人民法院批准。

(2) 简易程序。基层人民法院和它派出的法庭审理事实清楚、权利义务关系明确、争议不大的简单的民事案件，适用简易程序。简单的民事案件由审判员一人独任审理，原告可以口头起诉，可以用简便方式随时传唤当事人、证人。人民法院适用简易程序审理案件，应当在立案之日起3个月内审结。

2. 第二审程序

第二审程序，是指由于当事人不服第一审裁判而在法定期间内向上一级人民法院提起上诉，第二审人民法院审理上诉案件所适用的程序。当事人不服地方人民法院第一审判决的，有权在判决书送达之日起15日内向上一级人民法院提起上诉；当事人不服地方人民法院第一审裁定的，有权在裁定书送达之日起10日内向上一级人民法院提起上诉。

上诉应当递交上诉状。上诉状应当通过原审人民法院提出，并按照对方当事人或者代表人的人数提出副本。原审人民法院收到上诉状、答辩状，应当在5日内连同全部案卷和证据，报送第二审人民法院。原审人民法院收到上诉状，应当在5日内将上诉状副本送达对方当事人，对方当事人在收到之日起15日内提出答辩状。人民法院应当在收到答辩状之日起5日内将副本送达上诉人。对方当事人不提出答辩状的，不影响人民法院审理。

第二审人民法院对上诉案件，应当组成合议庭，开庭审理。经过阅卷和调查，询问当事人，在事实核对清楚后，合议庭认为不需要开庭审理的，也可以径行判决、裁定。第二审人民法院对上诉案件，经过审理，按照下列情形，分别处理：①原判决认定事实清楚，适用法律正确的，判决驳回上诉，维持原判决；②原判决适用法律错误的，依法改判；③原判决认定事实错误，或者原判决认定事实不清，证据不足，裁定撤销原判决，发回原审人民法院重审，或者查清事实后改判；④原判决违反法定程序，可能影响案件正确判决的，裁定撤销原判决，发回原审人民法院重审。当事人对重审案件的判决、裁定，可以上诉。

第二审人民法院的判决、裁定，是终审的判决、裁定。人民法院审理对判决的上诉案件，应当在第二审立案之日起3个月内审结。有特殊情况需要延长的，由本院院长批准。人民法院审理对裁定的上诉案件，应当在第二审立案之日起10日内作出终审裁定。

3. 特别程序

特别程序是人民法院解决某些非民事权益争议所设定的审理程序。人民法院审理选民资格案件、宣告失踪或者宣告死亡案件、认定公民无民事行为能力或者限制民事行为能力案件和认定财产无主案件，适用特别程序。

4. 审判监督程序

审判监督程序，又称再审程序，是对已经发生法律效力的判决、裁定认为确有错误的，人民法院依法重新审理所适用的程序。

各级人民法院院长对本院已经发生法律效力的判决、裁定，发现确有错误，认为需要再审的，应当提交审判委员会讨论决定。最高人民法院对地方各级人民法院已经发生法律效力的判决、裁定，上级人民法院对下级人民法院已经发生法律效力的判决、裁定，发现确有错误的，有权提审或者指令下级人民法院再审。

最高人民检察院对各级人民法院已经发生法律效力的判决、裁定，上级人民检察院对下级人民法院已经发生法律效力的判决、裁定，发现有民事诉讼法规定情形的，应当提出抗诉。地方各级人民检察院对同级人民法院已经发生法律效力的判决、裁定，发现有前述情形的，应当提请上级人民检察院向同级人民法院提出抗诉。接受抗诉的人民法院应当自收到抗诉书之日起30日内作出再审的裁定。

当事人对已经发生法律效力的判决、裁定，认为有错误的，可以向上一级人民法院申请再审，但不停止判决、裁定的执行。对违反法定程序可能影响案件正确判决、裁定的情形，或者审判人员在审理该案件时有贪污受贿，徇私舞弊，枉法裁判行为的，人民法院应当再审。当事人申请再审，应当在判决、裁定发生法律效力后2年内提出；2年后据以作出原判决、裁定的法律文书被撤销或者变更，以及发现审判人员在审理该案件时有贪污受贿，徇私舞弊，枉法裁判行为的，自知道或者应当知道之日起3个月内提出。

人民法院按照审判监督程序再审的案件，发生法律效力的判决、裁定是由第一审法院作出的，按照第一审程序审理，所作的判决、裁定，当事人可以上诉；发生法律效力的判决、裁定是由第二审法院作出的，按照第二审程序审理，所作的判决、裁定，是发生法律效力的判决、裁定；上级人民法院按照审判监督程序提审的，按照第二审程序审理，所作的判决、裁定是发生法律效力的判决、裁定。人民法院审理再审案件，应当另行组成合议庭。

5. 督促程序

督促程序，是指人民法院根据债权人的申请，以支付令的方式，催促债务人在法定期间内向债权人履行给付金钱和有价证券义务，若债务人在法定期间内未履行义务又未提出异议，债权人可以支付令为根据，申请人民法院强制执行的程序。

债权人请求债务人给付金钱、有价证券，符合下列条件的，可以向有管辖权的基层人民法院申请支付令：①债权人与债务人没有其他债务纠纷的；②支付令能够送达债务人的。

参考案例	16-2

国秀公司申请法院向龙门公司发出支付令，要求龙门公司支付50万元货款。

龙门公司接到支付令12天后，向法院提出书面异议，称国秀公司与龙门公司之间根本不存在债权债务关系。问：该支付令效力如何？国秀公司应该如何处理？

分析：督促程序适用于双方无争议的债权债务纠纷，本案因龙门公司的异议，支付令自动失效，督促程序终结。国秀公司可以依法向法院提起民事诉讼。

6. 公示催告程序

公示催告程序，是指人民法院根据申请人的申请，以公示的方法，告知并催促不明确的利害关系人在一定期限内申报权利，逾期无人申报权利或者虽有申报但被驳回，依法作出票据无效之除权判决的程序。

按照规定可以背书转让的票据持有人，因票据被盗、遗失或者灭失，可以向票据支付地的基层人民法院申请公示催告。依照法律规定可以申请公示催告的其他事项，适用公示催告程序。

人民法院决定受理申请人的申请，应当同时通知支付人停止支付，并在3日内发出公告，催促利害关系人申报权利。公示催告的期间，由人民法院根据情况决定，但不得少于60日。

支付人收到人民法院停止支付的通知，应当停止支付，至公示催告程序终结。公示催告期间，转让票据权利的行为无效。

七、执行程序

民事执行，也称民事强制执行，是指人民法院的民事执行组织依债权人的申请，依据已经生效且具有给付内容的法律文书，强制债务人履行义务的活动。

发生法律效力的民事判决、裁定，当事人必须履行。一方拒绝履行的，对方当事人可以向人民法院申请执行，也可以由审判员移送执行员执行。调解书和其他应当由人民法院执行的法律文书，当事人必须履行。一方拒绝履行的，对方当事人可以向人民法院申请执行。

发生法律效力的民事判决、裁定，以及刑事判决、裁定中的财产部分，由第一审人民法院或者与第一审人民法院同级的被执行的财产所在地人民法院执行。法律规定由人民法院执行的其他法律文书，由被执行人住所地或者被执行的财产所在地人民法院执行。

对依法设立的仲裁机构的裁决，一方当事人不履行的，对方当事人可以向有管辖权的人民法院申请执行。受申请的人民法院应当执行。

申请执行的期间为2年，从法律文书规定履行期间的最后一日起计算；法律文书未规定履行期间的，从法律文书生效之日起计算。申请执行时效的中止、中断，适用法律有关诉讼时效中止、中断的规定。

被执行人未按执行通知履行法律文书确定的义务，人民法院有权采取下列执行措施：①冻结、划拨被执行人的存款；②扣留、提取被执行人应当履行义务部分的收入；③查封、扣押、冻结、拍卖、变卖被执行人应当履行义务部分的财产；④搜查；⑤强制被执行人交付法律文书指定交付的财物或者票证；⑥强制被执行人迁出房屋或者强制退出土地；⑦强制执行或者委托有关单位或者其他人完成，费用由被执行人承担；⑧对其采取或者通知有关单位协助采取限制出境，在征信系统记录、通过媒体公布不履行义务信息以及法律规定的其他措施。

八、涉外民事诉讼程序的特别规定

当事人一方或双方是外国人、无国籍人、外国企业或组织、或者当事人之间民事法律关系的设立、变更、终止的法律事实发生在外国，或者诉讼标的物在外国的民事案件，为涉外民事案件。涉外民事诉讼程序，是指人民法院受理、审理、执行涉外民事案件所适用的诉讼程序。民事诉讼法对涉外民事诉讼中的一般原则、管辖、送达、期间、财产保全、仲裁和司法协助等问题作出特别规定。

1. 一般原则

(1) 适用我国民事诉讼法原则。根据诉讼程序依法院所在地法的国际惯例，我国法院审理涉外民事案件，应依照我国的民事诉讼法进行。民事诉讼法对涉外民事诉讼程序有特别规定的，适用特别规定；没有规定的，适用民事诉讼法的一般规定。

(2) 优先适用国际条约原则。我国缔结或者参加的国际条约、我国与其他国家缔结的民事司法协助中涉及民事诉讼的规定，如果与我国民事诉讼法的规定不一致的，应优先适用国际条约。但对于国际条约中我国政府声明保留的条款，人民法院不受其约束。

(3) 司法豁免原则。对享有外交特权与豁免的外国人、外国组织或者国际组织提起的民事诉讼，应当依照我国有关法律和我国缔结或者参加的国际条约的规定办理。享有司法豁免权的人因其所属主管机关宣布放弃司法豁免，或者享有司法豁免权的人因私人事务涉及诉讼的，或者享有司法豁免权的人向驻在国起诉引起反诉的，均不享有司法豁免权。

(4) 使用我国通用的语言、文字原则。人民法院审理涉外民事案件，应当使用中华人民共和国通用的语言、文字。当事人要求提供翻译的，可以提供，费用由当事人承担。涉外民事诉讼使用法院地国语言文字，是国际通用的原则，也是主权原则的体现。

(5) 委托中国律师代理诉讼原则。外国人、无国籍人、外国企业和组织在人民法院起诉、应诉，需要委托律师代理诉讼的，必须委托中国的律师。在我国领域内没有住所的外国人、无国籍人、外国企业和组织委托中国律师或者其他人代理诉讼，从中国领域外寄交或者托交的授权委托书，应当经所在国公证机关证明，并经中国驻该国使领馆认证，或者履行中国与该所在国订立的有关条约中规定的证明手续后，才具有效力。

2. 管辖

(1) 特殊地域管辖。因合同纠纷或者其他财产权益纠纷，对在中国领域内没有住所的被告提起的诉讼，如果合同在中国领域内签订或者履行，或者诉讼标的物在中国领域内，或者被告在中国领域内有可供扣押的财产，或者被告在中国领域内设有代表机构，可以由合同签订地、合同履行地、诉讼标的物所在地、可供扣押财产所在地、侵权行为地或者代表机构住所地人民法院管辖。

(2) 协议管辖。涉外合同或者涉外财产权益纠纷的当事人，可以用书面协议选择与争议有实际联系的地点的法院管辖。选择中国人民法院管辖的，不得违反民事诉讼法关于级别管辖和专属管辖的规定。

(3) 专属管辖。因在中国履行中外合资经营企业合同、中外合作经营企业合同、中外合作勘探开发自然资源合同发生纠纷提起的诉讼，由中国人民法院管辖。

3. 期间

涉外民事诉讼的被告在中国领域内没有住所的，人民法院应当将起诉状副本送达被告，并通知被告在收到起诉状副本后 30 日内提出答辩状。被告申请延期的，是否准许，由人民法院决定。

在中国领域内没有住所的当事人，不服第一审人民法院判决、裁定的，有权在判决书、裁定书送达之日起 30 日内提起上诉。被上诉人在收到上诉状副本后，应当在 30 日内提出答辩状。当事人不能在法定期间提起上诉或者提出答辩状，申请延期的，是否准许，由人民法院决定。

人民法院审理涉外民事案件的期间，不受民事诉讼法审限规定的限制。

4. 财产保全

依照民事诉讼法的规定，涉外民事诉讼的当事人可以向人民法院申请财产保全，利害关系人可以在起诉前向人民法院申请财产保全。人民法院裁定准许诉前财产保全后，申请人应当在 30 日内提起诉讼。逾期不起诉的，人民法院应当解除财产保全。

5. 仲裁

涉外经济贸易、运输和海事中发生的纠纷，当事人在合同中订有仲裁条款或者事后达成书面仲裁协议，提交中国涉外仲裁机构或者其他仲裁机构仲裁的，当事人不得向人民法院起诉；当事人没有仲裁条款或者仲裁协议的，可以向人民法院起诉。

当事人申请采取财产保全的，中国的涉外仲裁机构应当将当事人的申请，提交被申请人住所地或者财产所在地的中级人民法院裁定。

经中国涉外仲裁机构裁决的，当事人不得向人民法院起诉。一方当事人不履行仲裁裁决的，对方当事人可以向被申请人住所地或者财产所在地的中级人民法院申请执行。对涉外仲裁机构作出的裁决，被申请人提出证据证明仲裁裁决有民事诉讼法规定情形的，经人民法院组成合议庭审查核实，裁定不予执行。

仲裁裁决被人民法院裁定不予执行的，当事人可以根据双方达成的书面仲裁协议重新申请仲裁，也可以向人民法院起诉。

6. 司法协助

(1) 司法协助原则。根据中国缔结或者参加的国际条约，或者按照互惠原则，人民法院和外国法院可以相互请求，代为送达文书、调查取证以及进行其他诉讼行为。外国法院请求协助的事项有损于中国的主权、安全或者社会公共利益的，人民法院不予执行。

请求和提供司法协助，应当依照中华国缔结或者参加的国际条约所规定的途径进行；没有条约关系的，通过外交途径进行。

(2) 我国生效裁判、仲裁裁决在外国的执行。人民法院作出的发生法律效力的判决、裁定，如果被执行人或者其财产不在中国领域内，当事人请求执行的，可以由当事人直接向有管辖权的外国法院申请承认和执行，也可以由人民法院依照中国缔结或者参加的国际条约的规定，或者按照互惠原则，请求外国法院承认和执行。

中国涉外仲裁机构作出的发生法律效力的仲裁裁决，当事人请求执行的，如果被执行人或者其财产不在中国领域内，应当由当事人直接向有管辖权的外国法院申请承认和执行。

(3) 承认、执行外国生效裁判、仲裁裁决。外国法院作出的发生法律效力的判决、裁定，需要中国人民法院承认和执行的，可以由当事人直接向中国有管辖权的中级人民法院申请承认和执行，也可以由外国法院依照该国与中国缔结或者参加的国际条约的规定，或者按照互惠原则，请求人民法院承认和执行。

人民法院对申请或者请求承认和执行的外国法院作出的发生法律效力的判决、裁定，依照中国缔结或者参加的国际条约，或者按照互惠原则进行审查后，认为不违反中华人民共和国法律的基本原则或者国家主权、安全、社会公共利益的，裁定承认其效力，需要执行的，发出执行令，依照民事诉讼法的有关规定执行。违反中国法律的基本原则或者国家主权、安全、社会公共利益的，不予承认和执行。

国外仲裁机构的裁决，需要中国人民法院承认和执行的，应当由当事人直接向被执行人住所地或者其财产所在地的中级人民法院申请，人民法院应当依照中国缔结或者参加的国际条约，或者按照互惠原则办理。

【引例评析】

(1) 建华公司的做法不当。因为该购销合同中订立有仲裁条款，构成有效的仲裁协议，任何一方当事人都不能再向人民法院起诉。因此，建华公司应当依仲裁条款，向中国国际经济贸易仲裁委员会上海分会申请仲裁。

(2) 如果阿根廷公司不履行裁决，建华公司应当通过司法程序向有管辖权的阿根廷法院申请承认和执行仲裁裁决。

(3) 如果仲裁裁决被人民法院裁定不予执行，建华公司可以重新申请仲裁，也可以向有管辖权的人民法院起诉。

【小结】

重点阐述了仲裁的概念和特征、仲裁法的概念和适用范围、仲裁委员会和仲裁协会、仲裁协议、仲裁程序、人民法院对仲裁的支持与监督和涉外仲裁，经济诉讼的基本概念、经济诉讼的主管和管辖、诉讼参加人、证据、经济诉讼的保障制度、审判程序、执行程序和涉外民事诉讼程序的特别规定。

【复习与思考】

1. 名词解释

仲裁　诉讼

2. 思考题

(1) 仲裁的基本特征。

(2) 仲裁受理案件的范围。

(3) 仲裁协议的基本内容。

(4) 民事诉讼的基本原则。

(5) 民事诉讼的一般地域管辖。

(6) 财产保全和先予执行。

3. 选择题(含多项选择)

(1) 甲、乙两公司因合同纠纷，依协议向某仲裁委员会申请仲裁。裁决作出后，甲公司不服，则(　)。

A. 可以向另一仲裁机构再次申请仲裁

B. 向人民法院起诉

C. 向人民法院申诉

D. 仲裁裁决发生法律效力

要点提示:仲裁一裁终局,裁决作出后即具有法律效力,当事人不得再向其他仲裁机构或有关部门申请复议,也不得再向人民法院提起诉讼。

(2) 可以适用简易程序的人民法院有(　　)。

A. 基层人民法院　　B. 中级人民法院

C. 高级人民法院　　D. 最高人民法院

(3) 根据中国缔结或者参加的国际条约,或者按照互惠原则,人民法院和外国法院可以(　　)。

A. 相互请求　　B. 代为送达文书

C. 调查取证　　D. 进行其他诉讼行为

4. 案例分析题

国秀公司与龙门公司合同纠纷一案,由上海市普陀区人民法院经过审理,判决龙门公司支付货款 50 万元。龙门公司不服判决,向上海市第二中级人民法院提起上诉,中院判决驳回上诉,维持原判。龙门公司拒绝履行。后来,国秀公司发现龙门公司在江苏省苏州市有一批价值 50 万元左右的货物可供执行。

问题 1:国秀公司是否可以向江苏省苏州市有关法院申请强制执行?

问题 2:本案中,上海市普陀区法院和上海市第二中级人民法院是否有执行权?

要点提示:《民事诉讼法》规定,发生法律效力的民事判决、裁定,由第一审人民法院或者与第一审人民法院同级的被执行的财产所在地人民法院执行。

参 考 文 献

1. 顾功耘. 经济法教程[M]. 第2版. 上海:上海人民出版社,2006.
2. 顾功耘. 商法教程[M]. 第2版. 北京:北京大学出版社,2006.
3. 赵旭东. 商法学[M]. 北京:高等教育出版社,2007.
4. 刘建民. 新编经济法教程[M]. 上海:复旦大学出版社,2006.
5. 叶朱. 经济法概论[M]. 上海:上海财经大学出版社,2007.
6. 朱明. 经济法概论[M]. 北京:科学出版社,2008.
7. 隋彭生. 公司法[M]. 第3版. 北京:中国人民大学出版社,2007.
8. 郭禾. 知识产权法[M]. 第2版. 北京:中国人民大学出版社,2005.